Leben

des Generals

Grafen Bülow von Dennewitz.

Von

K. A. Varnhagen von Ense.

MELCHIOR
Historischer Verlag

Das gesuchte und seltene Werk

**Leben des Generals
Grafen Bülow von Dennewitz**
von Varnhagen von Ense

erscheint im Rahmen ausgewählter Literatur
als exklusive Reprint-Ausgabe in der
Historischen Bibliothek des Melchior Verlages.

Die Historische Bibliothek enthält wichtige
sowie interessante Bücher zur Geschichte
und lässt anhand dieser eindrucksvollen Zeitzeugen
bedeutende Ereignisse, Begebenheiten und Personen
aus längst vergangener Zeit wieder lebendig erscheinen.

Nachdruck der Originalausgabe von 1853
nach einem Exemplar aus Privatbesitz.

M
Reprint
© Melchior Verlag
Wolfenbüttel
2014
ISBN: 978-3-944289-55-7
www.melchior-verlag.de

Leben

des Generals

Grafen Bülow von Dennewitz.

MELCHIOR
Historischer Verlag

gest. von Trofsin.

GRAF BÜLOW VON DENNEWITZ.

Der Name von Bülow ragt unter den zahlreichen Trägern preußischen Waffenruhms von deffen Anbeginn glänzend hervor; seit dem Jahre 1813 strahlt er in deren erster Reihe. Die altritterliche, dann auch reichsfreiherrliche und gräfliche Familie, dem Norden von Deutschland angehörig und in den baltischen Ländern ausgebreitet, hat vom dreizehnten Jahrhundert an viele ihrer Mitglieder in den höchsten Würden und Aemtern des Staats und der Kirche gesehen, ihre größte Verherrlichung aber in dem Kriegshelden erlangt, deffen Leben darzustellen wir hier versuchen. Die auch in ihm ausgeprägte Eigenthümlichkeit, zu welcher in diesem Geschlecht Geist und Kraft von jeher sich mannigfach gestalten, erfordert einen näheren Blick auf seine Eltern und Brüder, so wie auf die häuslichen Umstände die ihn bei seiner Geburt empfingen und seinen Lebensgang bedingen halfen.

Sein Vater Friedrich Ulrich Arwegh von Bülow, Sohn des preußischen Gesandten am schwedischen Hofe, wurde zu Stockholm im Jahre 1726 geboren, wo bei seiner Taufe der König und die Königin von Schweden als Pathen gegenwärtig waren; außer dieser besonders geschätzten Ehre folgten dem Knaben von jenem frühen Aufenthalt in die Heimath auch geistige Einwirkungen, die, zuerst nur von den Eltern aufgenommen, allmählich in seinen Sinn übergingen, und später in ihm vorherrschend sich entwickelten. Gleich seinen beiden Brüdern trat

er früh in den vaterländischen Kriegsdienst, und machte als
Lieutenant im Regimente des Feldmarschalls Grafen von Schwerin den ersten schlesischen Krieg rühmlich mit, nahm aber nach
dem Frieden seinen Abschied, und zog sich auf das Erbgut Falkenberg in der Altmark zurück, das ihm nebst einem andern
Gute Schönberg durch den im Jahr 1738 erfolgten Tod seines
Vaters zugefallen war. Hier vermählte er sich nach freier Wahl
mit der Tochter eines Superintendenten, mit der er in vergnüg-
ter Ehe lebte. Seine Thätigkeit war, wie damals bei den
meisten Landedelleuten, vorzüglich auf die wirthschaftliche Verwaltung seines Besitzthums gerichtet. Daneben fehlte es nicht
an geistiger Beschäftigung. Er liebte die französische Litteratur,
in jener Zeit das Licht und die Lust alles schöngeistigen Stre-
bens, dem in Friedrich dem Großen ein so mächtiges Vorbild
glänzte; und er selbst von brennendem Eifer getrieben, versuchte
sich mit Erfolg in französischer Poesie. Seine zahlreichen Verse
sandte er zu freundschaftlicher Durchsicht nach Berlin an den
Akademiker Francheville, der sie denen des Königs ohne Bedenken gleichstellte, ja bisweilen vorzog. Einer seiner Freunde,
Herr von Brandt, wollte schon im Jahr 1753 eine Sammlung
dieser Gedichte drucken lassen, doch erst im Frühjahr 1757 wurde
dies durch einen andern Freund, Herrn von Wreech, eingelei-
tet, der die Muße seines Winterquartiers in der Nähe von
Leipzig benutzte daselbst einen Verleger zu gewinnen, bei dem
auch wirklich, doch wegen der großen Kriegsunruhen erst im
Herbste, das Buch unter dem Titel Recueil de quelques poé-
sies nouvelles zu großer Zufriedenheit des Dichters an das
Licht trat. Sehr bescheiden in Betreff seiner Leistungen wünschte
er doch durch dieselben sich den Strebensgenossen anzureihen, mit
dem Marquis d'Argens, mit dem Grafen Algarotti bekannt zu
werden; auch die Mitgliedschaft der Akademie reizte ihn; doch
sein Spott gegen den immerwährenden Sekretair derselben, Pro-

fessor Formey, dem schon er den Beinamen éternel anstatt perpétuel gab, konnte dieser Absicht nicht förderlich sein. Sein dichterischer Trieb indeß arbeitete ungehemmt fort, er schrieb Oden, Lieder, Episteln, Eklogen, auch ein Trauerspiel Dejanira. Später sandte er diese Dichtungen sogar an Voltaire, in dessen aufgeklärte Denkweise und heitre Kunstart er bewundernd einstimmte. In einem Lehrgedicht über die Leichtgläubigkeit, zu vier Gesängen angelegt, griff er den Aberglauben heftig an, Aufsätze in Prosa besprachen kühn die Mängel des Staatswesens, den Unsinn der Grundsätze, nach denen die weltlichen Dinge geleitet, die Menschen nur in Elend und Verderbniß gebracht werden. Dabei beklagt er, wie gegen Freunde, so auch gegen Voltaire selbst, daß ihm versagt sei in seiner Muttersprache zu dichten, da diese leider noch zu wenig gebildet und von den Deutschen selbst allgemein verachtet sei! Neben der Dichtkunst übte er auch mit Eifer die Musik, war des Tonsetzens kundig, und spielte mit Geschicklichkeit und Anmuth die damals siebensaitige Kniegeige. So mit edlen Künsten und Philosophie beschäftigt, konnte er einem Freunde scherzend schreiben, er unterhalte zwei Geliebte, die ihm keinerlei Ungelegenheit machten und die er beide zufrieden zu stellen hoffe. Daß er auch Freude an der schönen Natur hatte, bezeugt sein Wohlgefallen an seiner ländlichen Umgebung, sie ist fruchtbar und angenehm, ein stiller Bach, die taube Aland, fließt durch seinen Wohnort, die Elbe strömt in der Nähe, zwischen Wiesen und Eichenwäldern, es bieten sich die herrlichsten Anblicke dar; er ladet seine Freunde zum Mitgenuß ein. So scheint er in seiner stillen Zurückgezogenheit bei ansehnlichem Wohlstand ein thätig=behagliches frohes Leben geführt zu haben. Seine Frau, von der sich bei den Nachkommen nur der Name Sophie und die Erinnerung verständiger und wohlwollender Fürsorge erhalten hat, gebar ihm in den ersten zehn Jahren ihrer Ehe fünf

Söhne, deren Pflege und Erziehung er mit einsichtigem Freisinn leitete; von einer in das Haus aufgenommenen Französin lernten sie früh und mühelos das unentbehrliche Französisch, von einem Hofmeister die gewöhnlichen Schulkenntnisse; daß derselbe ein vorzüglicher Lateiner gewesen, läßt sich aus der Vorliebe schließen, mit welcher der älteste der Söhne noch im höchsten Alter lateinisch fertig sprach und schrieb. So sehr er darauf hielt, daß seinen Söhnen die Gelegenheit guten Unterrichts nicht fehlte, so wollte er doch, daß sie diesen nur aus freier Neigung, nicht aus Zwang benutzten. Daher durften sie, wenn die Lust sie dazu trieb, oft wochenlang im Freien umherstreifen, ohne daß ihnen deßhalb ein Vorwurf gemacht wurde. Die drei ältesten wünschten eines Tages ihr Heil auf eigne Hand zu versuchen und ihren Unterhalt selbstständig zu erwerben, wobei jeder seine besondern Fähigkeiten geltend machen wollte, im Nothfall sollte die Jagd aushelfen. Der Vater hatte nichts dagegen, gab jedem eine Flinte und eine Summe Geldes, und entließ sie mit der Weisung, binnen vier Wochen dürften sie nicht wiederkehren, bis dahin würde die Thür ihnen verschlossen sein. Aber schon nach vierzehn Tagen, nachdem sie eine Weile in der Nachbarschaft umhergestreift und in ihrer Art ein vergnügtes Leben geführt, doch weder durch abentheuerliche Reden noch durch Geigen- und Flötenspiel erheblichen Gewinn erlangt hatten, erschienen sie Abends vor dem Vaterhause und begehrten Einlaß. Der Vater gab den Bescheid, die gesetzte Frist sei noch nicht abgelaufen, und ließ das Thor nicht öffnen; die Mutter jedoch ließ sie still zu einer Hinterthüre ein, und am folgenden Tage war von der ganzen Sache nicht weiter mehr die Rede.

In diese friedlichen Verhältnisse und Beschäftigungen brachten die Zeitläufte des siebenjährigen Krieges vielfache Störung. Zwar glaubte beim Beginn und Schlusse des ersten Feldzugs

niemand an lange Dauer des Krieges, noch weniger an wirk=
liche Gefahr und Bedrängniß des Vaterlandes; aber gleichwohl
regte sich in dem gedienten Edelmann der kriegerische Sinn,
und er hätte gern an den Thaten und dem Ruhme seines Kö=
nigs Theil genommen, wäre der Wiedereintritt in das noch
ungeschwächte Heer nicht erschwert gewesen. Das zweite Kriegs=
jahr gab ihm jedoch Gelegenheit, durch die That seinen Eifer
und Muth rühmlich zu beweisen. Als nämlich im Anfange des
Oktobers 1757 die Franzosen aus Hannover in die Altmark
eindrangen, und hier wild hausten, eilte er, auf die Nachricht,
daß gegen diese plündernden Schaaren einige preußische Trup=
pen aus Magdeburg heranrückten, ihnen nach Arneburg entge=
gen, in der Hoffnung seinen Bruder dort zu finden, allein die
Truppen waren nur Milizen und jener nicht dabei; gleichwohl
ersah er bald, daß auch mit dieser Mannschaft etwas Tüchti=
ges auszurichten sei, sprach daher mit den Anführern, und rieth
ihnen die Franzosen in Osterburg, wo sie übel wirthschafteten,
zu überfallen. Sein Anschlag fand williges Gehör, er selbst
leitete die Ausführung, und überfiel an der Spitze dieser Schaar,
die durch einige bewaffnete Landleute verstärkt worden, den
Feind in Osterburg so rasch und heftig, daß derselbe mit Zu=
rücklassung seines Raubes und mehrerer Gefangenen eiligst die
Flucht nahm und in der nächsten Zeit sich nicht wieder sehen
ließ. Doch als die Milizen darauf wieder abgezogen waren,
kehrten die Franzosen in größerer Anzahl zurück, hoben Bü=
low'n in Falkenberg auf, und schleppten ihn nach Uelzen, wo
sie ihn, weil er dem Kriegerstande nicht angehörte, wollten er=
schießen lassen. Wirklich schwebte er in großer Gefahr, denn
die französischen Husaren, welche er mit solchem Schrecken in
die Flucht gejagt, hielten sich für beschimpft und verlangten
seinen Tod. Jedoch war der Herzog von Braunschweig recht=
zeitig benachrichtigt worden, und auf seine Drohung, daß er

seinerseits einen gefangenen französischen Stabsoffizier würde
erschießen lassen, befahl der Marschall von Richelieu den Ge=
fangenen freizugeben. Er blieb noch vielen Nachstellungen aus=
gesetzt, denn die Husarenoffiziere wollten durchaus ihren Schimpf
an ihm rächen; die Klugheit gebot, sich auf einige Zeit zu ent=
fernen, allein er glaubte seine Anwesenheit nothwendig, und bot
allen Gefahren muthig Trotz.

Später ließ die bedrängte Lage des Vaterlandes ihn noch=
mals die Lust empfinden, in die Reihen der Streiter zu treten,
er war schon ganz entschlossen dazu, und hoffte den nächsten
Feldzug in demselben Regimente, wo sein Bruder diente, mit=
zumachen. Wir wissen nicht, weßhalb die Sache sich wieder
zerschlug. Auch die Aussicht einer persönlichen Anstellung beim
Prinzen Heinrich von Preußen, der ihm besonders wohlwollte,
wurde durch zufällige Umstände vereitelt. Mit erneutem Eifer
wandte er sich zu den gewohnten Beschäftigungen, vollendete sein
Trauerspiel Dejanira, suchte auf dem litterarischen Gebiete Fuß
zu fassen, wünschte in den Staatsangelegenheiten thätig zu sein,
Unruhe und Ehrgeiz hatten sich seiner bemächtigt, fanden aber,
nachdem der Krieg beendigt und alles in stille Einschränkung
zurückgekehrt war, jetzt um so weniger eine Stätte der Befrie=
digung.

Der adliche Gutsherr auf seinem Grund und Boden war
damals ein mächtiger Gebieter, im Kreise der Seinen galt sein
Wille unbedingt, die angehörigen Bauern gehorchten ohne Wi=
derstreben, selbst die Staatsbehörden traten seinem Ansehn nur
schüchtern entgegen; vereinigte sich mit diesem noch persönliche
Auszeichnung, das Uebergewicht großen Verstandes und freier
Bildung, so konnte sich das Selbstgefühl eines solchen Ritters
leicht in's Maßlose steigern. Dies war hier der Fall. Bülow
lebte auf seinem Schlosse wie ein wahrer Freiherr; seinen An=
ordnungen, meist gerecht und zweckmäßig, fügte sich alles, er

sorgte für das Wohl seiner Untergebenen, war großmüthig, freigebig, sah gern muntre Gäste bei sich. Durch eine reiche Erbschaft, die ihm in Holstein zufiel, und drei dortige Güter zuwandte, sah er sich in den Stand gesetzt, nur um so stärker seiner Neigung zum Aufwand und den Launen seiner Freigebigkeit zu folgen. Er verschenkte Tausende an Freunde, bot Hülfe in jeder Noth, entzog sich keiner Anforderung. Vor allem jedoch wollte er Recht und Gerechtigkeit handhaben, jeder Unterdrückung oder Unbill sich entgegensetzen, sie von sich und Andern abhalten. Dies Rechtsgefühl wurde bei ihm zur Leidenschaft, und bei seinem raschen Geist und heftigen Gemüth mußte er nicht selten in den Fall kommen, zur Wahrung des Rechtes sehr willkürlich und gewaltsam zu verfahren. So gerieth er bald in vielfache Streitigkeiten und Gerichtshändel, die bedeutende Verluste zur Folge hatten und ihn nur heftiger aufreizten. Einst verging er sich so weit, einen Untersuchungsrichter, der in Falkenberg amtlich aufzutreten hatte, und sich von ihm nicht wollte bedeuten lassen daß er im Unrecht sei, durch seine Leute greifen, binden und rücklings auf einen Esel gesetzt durch das Dorf unter lautem Jubel der Bauern abführen zu lassen. Nur durch Aufopferung großer Summen entging er der diesem Frevel gebührenden Festungsstrafe. Wir lassen dahin gestellt, ob er wirklich, um den Ungerechtigkeiten hoher Beamten steuern zu können, selber habe Minister werden wollen, und sich deßhalb, wie erzählt wird, an den König gewendet, aber dann, durch die Antwort, das ginge nicht an, eben so überrascht als bestürzt, sich plötzlich von der äußern Welt abgekehrt und sein Schloß nicht mehr verlassen habe. Eine andre Erzählung läßt seinen Hang zur Einsamkeit allmählig und aus dem Zusammenwirken verschiedener Ursachen entstehen; der Tod seiner beiden Brüder hatte ihn tief erschüttert und nachdenklich gemacht, dazu kam der Verdruß über die Streitigkeiten, in denen er unterlegen und ihm

nach seiner Meinung Unrecht geschehen war, und endlich die
Entdeckung, daß sein Vermögen durch Aufwand, Freigebigkeit
und schlimmen Betrug zu sehr gelitten hatte, um die bisherige
Lebensweise fortsetzen zu können; die holsteinischen Güter muß=
ten aufgegeben werden, er sah sich wieder auf sein väterliches
Erbgut beschränkt. Mit Hülfe seiner verständigen Gattin blieb
sein Hauswesen noch immer auf gutem und sogar reichem Fuß,
an dem Nöthigen und Anständigen brauchte nicht gespart zu
werden, noch immer wurden Gäste gern gesehen und bestens
bewirthet; allein er selbst hielt sich meist auf seinem Zimmer,
und mied die Gegenwart der Fremden, ja bald auch der Sei=
nen. Diese Zurückgezogenheit begann um das Jahr 1773, als
er etwa siebenundvierzig alt war.

Von nun an erfolgte die völlige Umwandlung seines We=
sens. Keine französischen Verse mehr, keine philosophischen
Aufsätze; die beiden Geliebten, deren er sich früher gerühmt,
wurden verabschiedet; seine aufgeklärte, zu Voltaire und Frie=
drich dem Großen haltende Denkart schwand, an ihre Stelle
traten schwärmerische, geheimnißvolle Grübeleien. Der Keim
zu diesen mochte längst in seiner Seele gelegen haben, schon
von den Eltern her, die zu Stockholm der persönlichen Einwir=
kung und der Lehre Swedenborg's nicht fremd geblieben waren
und später in der Heimath beides, vielleicht mehr als sie woll=
ten, auf ihre Kinder übertragen hatten. Dieser schlummernde
Keim erwachte jetzt in voller Stärke, die wunderbaren Gesichte
des gelehrten Schwärmers erfüllten die Einsamkeit Bülow's,
der nun bald als entschiedener Sonderling erschien. Er legte
allen Zwang ab, trug ein langes orientalisches Gewand, und
ließ seinen Bart wachsen, der ihm bis zum Gürtel herabhing,
und der dem stattlichen schönen Mann in unsern Tagen zur
herrlichen Zierde gereicht hätte, in jener Zeit aber die Leute
verwunderte und erschreckte. Wenn er in seinem Patriarchen=

ansehn einmal unerwartet hervortrat, flohen Kinder und Dienerschaft meist scheu davon, wiewohl er gegen beide weder hart noch unfreundlich war, andern Leuten freilich, denen er aus irgend einem Grunde nicht gewogen war, pflegte er wohl den Gruß „Bestie!" entgegenzuwerfen. Doch verließ er selten den Gartensaal, in welchem er zu ebener Erde sich eingerichtet hatte, gewöhnlich nur um in der nahen Küche seine Tabackspfeife anzuzünden, oder bei außerordentlichen Anlässen. So wird erzählt, daß er einst, als ein zur Familie gehöriger vornehmer Würdenträger, auf den er längst einen Groll haben mochte, mit dieser als Gast bei Tische saß, plötzlich in seiner seltsamen Tracht hereingetreten und ruhig auf den Fremden zugeschritten sei, dann aber eine unter dem Gewand verborgne Karbatsche hervorgezogen und den Ueberraschten weidlich mit Schlägen zugedeckt habe. Durfte man in solchen Fällen gern das Vorhandensein eines wirklichen Irrsinns als Entschuldigung gelten lassen, so mußte man in andern eine solche Annahme durchaus verneinen. In wichtigern Sachen, wo seine Zustimmung oder sein Rath erfordert wurde, gab er die vernünftigste, zweckmäßigste Auskunft, für die Erziehung und später für die gehörige Unterstützung seiner Söhne traf er die besten Anordnungen, er wußte das Hauswesen in der Obhut seiner Frau wohlbesorgt, ließ ihr freie Hand, und hörte willig auf ihre freundlichen Mahnungen, wenn sie nöthig fand, seine Launen und Aufwallungen zu beschwichtigen. Ja bei Gelegenheit einer Ueberschwemmung, von welcher Falkenberg heimgesucht wurde, und während alle Leute rathlos verzweifelten, trat er plötzlich hervor, übersah mit Einem Blick die Lage der Dinge, gab mit Entschlossenheit die zweckmäßigsten Befehle, und traf überhaupt so gute Anordnungen, daß man ihm allein die Rettung des Dorfes zuschreiben mußte.

Die Seltsamkeiten wurden indeß immer auffallender. Er

unterhielt sich mit Geistern, die er berief oder die ihn freiwillig besuchten, und mit denen er oft ausführliche Reden wechselte. Im Garten vor den Fenstern seines Saales oder durch eine Thürspalte belauschten die Hausgenossen bisweilen sein sonderbares Treiben; sie sahen ihn in der Mitte eines Kreises von Stühlen stehend, bald nach dem einen bald nach dem andern hin lebhaft reden, es wurde klar, daß jeder derselben ihm den Geist einer Wissenschaft vorstellte, und was er diesen Geistern vortrug, hatte so bedeutenden Gehalt und richtigen Zusammenhang, daß die Hörer keinen Eindruck von Lächerlichem davon empfingen, sondern mit scheuer Ehrfurcht und ahndungsvollem Staunen erfüllt wurden. Ja diese ganze Vorstellungsart, die sich größtentheils auf Swedenborg zurückführen ließ, wirkte auf die jungen Gemüther so mächtig, daß die vier ältern Söhne für die schwärmerischen Gebilde Swedenborg's, die ihnen später auch aus den rechten Quellen bekannt wurden, eine entschiedene Zuneigung behielten.

Die Mischung von Aufklärung und Geisterwesen, von freiem Naturleben und lebhafter Geselligkeit, — denn das Haus blieb gastlich den häufigen Besuchen von Verwandten und Freunden offen, — mußte die aufgeweckten Knaben frühzeitig zum eignen Nachdenken reizen und ihre Geistesfähigkeiten rasch entwickeln. Sie hatten aus der Verwirrung, in welche so viele Widersprüche sie versetzten, mit eigner Kraft sich herauszuarbeiten, und in diesem gemeinsamen Streben jeder wieder die Besonderheiten zu bekämpfen, welche die andern dabei zeigten. So war denn das junge Geschlecht in beständiger Uebung geistiger Streitkräfte, immer bereit zu erforschen, zu prüfen, Sätze aufzustellen und zu widerlegen, alles dem eignen Urtheil unterzuordnen; die einzige Autorität, welche sie anerkannt hätten, die des Vaters, war in den meisten Fällen nicht anzurufen.

Bevor wir unter den Söhnen des merkwürdigen Mannes

unfern Helden besonders hervorheben, müssen wir die Reihe
seiner Brüder einen Augenblick betrachten, damit uns anschau=
lich werde, wie reich und mannigfach ein eigenthümlicher Geist
in diesem Geschlechte sich kräftig und fruchtbar entfaltete. Alle
fünf Brüder wählten als ersten Beruf den Kriegsdienst, der sie
doch nicht alle in gleichem Maße befriedigte und festhielt. Der
älteste, Karl Ulrich, geboren im Jahre 1750, wurde Lieutenant
im Regiment von Lottum, später von Braun, das in Berlin
stand; nach mehrjähriger eifriger Ausdauer, und nachdem er
den baierischen Erbfolgekrieg mitgemacht, wurde er des nach
seiner Ansicht unnützen Dienstes überdrüssig und verlangte sei=
nen Abschied, den aber der König verweigerte, und da jener
dennoch auf seinem Gesuch beharrte, ihn zur Haft bringen ließ
um sich eines bessern zu besinnen. Doch hier stieß Trotz auf
Trotz, und Karl saß ein ganzes Jahr auf der Wache des Neuen
Marktes, dem damaligen Haftort für Offiziere, ohne sich dem
Willen des Königs zu beugen. Der Gouverneur von Berlin,
General von Ramin, ein sonst harter und rücksichtsloser Mann,
verwandte sich für ihn, und bat den König, ihn zu entlassen,
es sei ja doch nicht viel an ihm; allein der König erwiederte:
„Das weiß ich besser! Er ist ein sehr guter Offizier." End=
lich, auf ein Bittschreiben der Mutter, erlangte Karl Ulrich den=
noch den ersehnten Abschied. Nach längerem Aufenthalt in Fal=
kenberg, wo er sich mit mancherlei Entwürfen beschäftigte, zog
er nach den Niederlanden, um an dem Kriege der aufständischen
Brabanter gegen den Kaiser Joseph den Zweiten Theil zu neh=
men; zu gleichem Zwecke gesellte sich ihm sein jüngerer Bruder
Dietrich; gegen Oesterreich zu fechten hieß beiden noch immer
für Preußen die Waffen führen; ersterer trat als Major ein,
und befehligte in dem Treffen bei Banniers unweit von Huy
1200 Freiwillige von den Truppen des Generals van der
Mersch. Doch der Aufstand hatte kein Gedeihen, die bewaff=

neten Schaaren gingen nach mehreren Unfällen auseinander, und beide Brüder kehrten in die Heimath nach Falkenberg zurück, wo indeß der Vater im Jahr 1791 gestorben war, und ein sehr geschmälertes Vermögen hinterlassen hatte. Sie nahmen ihre Erbtheile in Empfang und wollten damit in Handelsgeschäften ihr Glück versuchen. Sie begaben sich nach Hamburg und schifften von hier im September 1791 nach den Vereinigten Staaten von Nordamerika. Sie machten zuerst Fußwanderungen durch das Land, predigten hin und wieder, lebten eine Zeitlang als Jäger, dann aber in Philadelphia, von wo sie im Juli 1792 zurückkehrten, um ein vortheilhaftes Geschäft einzuleiten, das aber stets neue Verzögerungen erlitt; erst im Jahr 1795 kam es zur Ausführung, sie führten eine ganze Schiffsladung böhmischer Glaswaaren von Hamburg nach Boston hinüber; Karl, der nach der Rückkehr aus Brabant, ein pommersches Fräulein geheirathet und mit ihr zwei Kinder gezeugt hatte, nahm seine Familie diesmal mit; aber die Reise fiel unglücklich aus, der eine Sohn starb unterwegs, die Frau mißfiel sich in dem fremden Lande; dann schlug auch die Handelssache ganz fehl, sie würde früher reichen Ertrag gegeben haben, jetzt war sie verspätet, andre Schiffe hatten dieselbe Waare gebracht, deren Werth nun tief sank. Beide Brüder verloren auf diese Weise den Rest ihres Vermögens, und kamen auf verschiedenen Wegen nach Europa zurück. Karl zog zu seinem Bruder Friedrich Wilhelm, der zu Soldau ein Füsilierbataillon befehligte, und fand hier eine Anstellung als Salzinspektor, später lebte er auf den Gütern dieses Bruders, wo er im Jahr 1833 fast dreiundachtzig Jahr alt starb. Er war ein sehr ausgezeichneter Mann, von festem und freundlichem Gemüth, ein heller Kopf. Er liebte die Frauen, haßte die Pfaffen. In seiner Meinung stand Dietrich unter seinen Brüdern am höchsten, und aller nachherige Kriegsruhm des dritten Bruders konnte diese

Meinung nicht ändern. Er war, wie schon erwähnt, ein trefflicher Lateiner, liebte aber besonders die französische Sprache und Litteratur, von deren vorzüglichsten Schriftstellern er eine schöne Sammlung besaß. Als Sonderling glich er einigermaßen dem Vater, in Streitsucht und Hang zu Abentheuern glich er dem geliebten Heinrich Dietrich; mit Friedrich Wilhelm verband ihn die ehrenhafte Tüchtigkeit.

Der zweite Bruder, August Christian, diente nur kurze Zeit in dem Kürassierregiment Gendarmen, nahm schon als Junker den Abschied, heirathete ein Fräulein von Brück, und starb früh. Ein Sohn von ihm, Friedrich von Bülow, geboren im Jahr 1774, erwarb schon als Lieutenant ausgezeichneten Kriegsruhm, indem er 1807 die Grenadierschanze bei Kolberg gegen die wiederholten Angriffe französischer Uebermacht mit ausdauerndem Heldenmuth vertheidigte, den er auch in den Feldzügen des Befreiungskrieges, namentlich bei Halle und Dennewitz, ausgezeichnet bewährte. Zuletzt war er Kommandant von Küstrin, nahm in Folge seiner schweren Verwundungen als Oberst den Abschied, und führt noch als Greis mit unbeugsamem Eifer, wie früher den Degen, jetzt die Feder scharf und kräftig im Kampfe für die Sache des Vaterlandes, der Vernunft und Wahrheit.

Nun folgt Friedrich Wilhelm, der dritte Bruder, geboren zu Falkenberg am 16. Februar 1755. Von ihm, als dem eigentlichen Gegenstand unserer Schrift, wird gleich weiter die Rede sein.

Der vierte Bruder, Adam Heinrich Dietrich, geboren im Jahr 1757, wurde in der Familie stets Dietrich genannt, als Schriftsteller nannte er sich bald mit diesem Namen, bald Heinrich. Er verdient eine ausführlichere Darstellung, als wir hier von ihm geben können. In der Militairakademie zu Berlin erzogen, und durch Scharfsinn und Kühnheit wie durch Stärke und Gewandtheit ausgezeichnet, trat auch er schon früh in den

Kriegsdienst, zuerst bei einem Regiment zu Fuß, dann, als es ihm hier nicht mehr gefiel, bei einem Reiterregiment. Aber sein unruhiger, strebender Geist ertrug diese anscheinend unfruchtbaren, oft beengenden Verhältnisse nicht; er verließ den preußischen Dienst, und wandte sich nach Brabant, um gleich seinem ältesten Bruder in den Reihen der Aufständischen gegen Oesterreich zu fechten. Die Hoffnung, hier Gelegenheit zur Ausübung seiner Thatkraft zu finden, erfüllte sich nicht; er sah sich bei dem Erlöschen des Aufstandes genöthigt andre Lebenswege zu versuchen. Das Unternehmen, eine Schauspielertruppe zu bilden und zu führen, gab er mit großem Mißvergnügen schnell wieder auf. Seiner zweimaligen Reise nach Nordamerika mit seinem ältesten Bruder, und des traurigen Ausgangs derselben ist schon gedacht worden. Nachdem er in London eine Zeitlang mit widrigen Schicksalen gekämpft, gelangte er wieder nach Deutschland, kam nach Berlin und begehrte eine Anstellung im diplomatischen Fach, denn die Ueberzeugung stand in ihm fest, daß er in Staats- und Kriegssachen das Höchste zu leisten fähig sei. Da seine Wünsche gänzlich unbeachtet blieben, so warf er sich nun völlig auf die schon vorher nicht ohne Glück versuchte Schriftstellerei. Er schrieb über das Kriegswesen, tadelte die vorhandenen Einrichtungen, stellte neue Lehren und Ansichten auf, und verfuhr dabei mit solchem schwungvollen Selbstvertrauen, solch rücksichtsloser Verwegenheit, solchem Witz und Hohn, daß seine Schriften das größte Aufsehn, die staunendste Bewunderung, aber eben so den heftigsten Unwillen und Haß erregten. Sein hochfliegender Geist, zuerst durch ein Buch von Berenhorst auf jene Gegenstände gelenkt, durch eignes Nachdenken und gründliche Studien getragen, durch die außerordentlichen Thatsachen, welche die Gegenwart ihm vor Augen stellte, überzeugt und ereifert, glänzte hier in wahrhaft genialer Ueberlegenheit. Welches auch die Irrthümer sein mögen, die seiner

Theorie später nachgewiesen worden, wie bedeutend oft sein Urtheil fehlgehen mag, immer steht fest, daß seine Schriften geniale Erscheinungen sind, Meteore am litterarischen Himmel, von deren Aufblitz ganze Massen alter Vorurtheile zusammenstürzten, und deren Nachwirkung noch fortdauert in vielem, was seinen Ursprung verläugnet oder nicht mehr weiß. Er besuchte nochmals England, dann Frankreich, nirgends fand er Gedeihen oder Ruhe, auch in der Heimath nicht. Seine beißende Kritik des österreichisch-russischen Feldzugs vom Jahre 1805 erregte den Zorn der verletzten Mächte, der russische Gesandte Alopeus erwirkte in Berlin seine Verhaftung. Aus dem Gefängniß der Hausvoigtei gab er preußischen Generalen, die im Jahr 1806 gegen die Franzosen ins Feld rückten und seine Meinung zu wissen verlangten, gute Rathschläge, wurde dann aber bei Annäherung der Franzosen als Staatsgefangener nach Kolberg und von dort im folgenden Jahre nach Riga gebracht; von da fehlen alle Nachrichten, es blieb im Dunkel, ob er noch während der Ueberfahrt auf dem Schiffe, oder bald nach der Ankunft in Riga gestorben sei, ja die Vermuthung bestand, er sei weiter in's Innere von Rußland geschleppt worden und habe dort erst später seinen Tod gefunden. Selten hat die Natur auf zwei Brüder eine solche Fülle verwandter, doch sehr verschieden gestellter Gaben ausgeschüttet, wie auf diesen Dietrich und auf seinen Bruder Friedrich Wilhelm, und selten auch mag solch ähnliche Begabung zu so ungleichen Schicksalen sich entfaltet haben. In beiden war kriegerischer Genius wirksam; doch während der jüngere voll Ungeduld umherschweifte, und zuletzt nur durch Schriften darthun konnte, welche außerordentlichen Kräfte in ihm lagen, harrte der ältere mit festem Muth in der gewählten Bahn ruhig aus bis die Zeit der Thaten erschien, und dann von Sieg zu Sieg ihn dem Ziele des schönsten Ruhmes zuführte.

Der jüngste der Brüder, Georg Ludwig, war auf der Ritterakademie zu Brandenburg erzogen worden, diente gleichfalls im preußischen Heer, und erwarb in dem Befreiungskriege das eiserne Kreuz nebst andern Ehrenzeichen, nahm aber gleich nach dem Frieden als Major seinen Abschied, und starb im Jahr 1838. Obschon zweimal vermählt, hinterließ er doch keine Kinder.

Alle fünf Brüder, wie verschieden auch an Alter, Fähigkeiten und Neigungen, hatten doch viel Gemeinsames, sowohl in geistigen Anlagen und Trieben, als in Gemüths- und Sinnesart, und besonders in sittlicher, ehrenhafter Gesinnung. Ein feuriges, ungeduldiges Naturell, leicht in heftigen Zorn aufbrausend, eine schwer zu behandelnde Empfindlichkeit, ein streitsüchtiger Eigenwille, wurden aufgewogen durch die herzlichste Gutmüthigkeit, den thätigsten Diensteifer, den offensten Sinn für Wahrheit und Recht. Auch im Aeußern sollen wenigstens die drei ältern Brüder einander sehr ähnlich gewesen sein, nicht groß, aber schlank und kräftig, von feiner schmaler Gesichtsbildung, gebogener Nase, blauen Augen, in Gang und Haltung erregt; ein nervöses Zucken um die Mundwinkel hatten sie ebenfalls mit einander gemein, so wie den Abscheu gegen das Tabackrauchen, der allen Bülow's eigen sein soll. Auch hielten sie wacker zu einander, und wiewohl jeder seinen besondern Weg ungehindert ging, so blieben sie doch als brüderliche Freunde stets treu verbunden, in Rath und That stets einander nach Kräften hülfreich. —

Wir kehren zu unserm Helden zurück. Friedrich Wilhelm von Bülow genoß mit seinen Brüdern die gemeinsame Erziehung im väterlichen Hause bis in sein vierzehntes Jahr. Er nahm Theil an dem Unterricht, den Uebungen und Abentheuerlichkeiten, die dort im Schwange waren, doch zeichnete er sich nicht vor den andern aus, er galt sogar als minderbegabt.

Denken und Forschen stand aber in so großem Ansehen, daß er schon als kleiner Knabe von diesem Zuge mitergriffen war, und einst, während die Brüder im Freien herumsprangen, ganz still unter einem Tische sitzend gefunden wurde, und nicht hervorkommen wollte, weil er denken müsse, wie er sagte, und immer tiefer denken, so daß er davon schon ein Loch im Kopf habe. Jedoch hat grade in ihm der Hang zum Grübeln sich am wenigsten ausgebildet; der Eintritt in den Kriegsdienst gab ihm bald andre Beschäftigung. Im Januar 1768 kam er nach Berlin, und wurde Fahnenjunker in demselben Regiment von Braun, in welchem sein Bruder Karl Ulrich schon als Offizier diente. Das Regiment, welches unter den Fußregimentern die Zahl 13 führte, bekam im Jahr 1794 den General von Arnim zum Inhaber, und behielt dessen Namen bis zu seiner Auflösung, die nach den Ereignissen von 1806 erfolgte. Der Dienst war damals im ganzen Heere streng und hart, besonders aber in diesem Regiment, und man ließ absichtlich die jugendlichen Anfänger, oft noch unerwachsene Knaben, das ganze Gewicht einer Zucht fühlen, die sich durch die Rohheit und Tücke der Befehlshaber bisweilen zur wahren Grausamkeit steigerte. Erst nach vierjähriger schweren Prüfungszeit, in welcher alles Aeußerliche und Kleinliche des Waffenhandwerks in unaufhörlicher Wiederholung sorgfältig erlernt und geübt werden mußte, rückte Bülow am 24. Dezember 1772 zum Fähndrich auf, und nach abermaligem sechsjährigem Harren am 1. April 1778 zum Lieutenant. Nun erst konnte er freier aufathmen, und des näheren Umgangs mit seinem Bruder so wie überhaupt des Lebens einigermaßen froh werden. Die Strenge der Unterordnung und des Dienstes ließ zwar keineswegs nach, jeder Vorgesetzte durfte den Untergebenen nach Laune hart und rauh anlassen, durch schnöden unverdienten Tadel bitter kränken, die ganze Laufbahn war eine Schule des Erduldens und Selbstverläug=

nens, bis zu der scharfen Gränze, wo der Ehrenpunkt berührt wurde, und das freie Mannesgefühl plötzlich alle Schranken niederwarf; aber die Stellung zu den Kammeraden und zur Gesellschaft besserte sich mit jedem Vorrücken, und der Rang eines Lieutenants gab dem Ehrgeiz schon manche Befriedigung.

Die Hauptstadt Preußens war damals an Bevölkerung, Reichthum und Hülfsmitteln jeder Art kaum ein Viertheil dessen, was sie heute ist, an schaffender Thätigkeit, Bildung und Lebensgenuß vielleicht kaum ein Zehntheil. In allen Klassen zeigte sich eine ärmliche Beschränktheit, neben der freilich die wenigen Reichen verhältnißmäßig um so reicher schienen. Daneben erhob sich ein kecker Stolz, der andre Ueberlegenheit ansprach, des klügsten Verstandes, des raschesten Muthes, und der den strahlenden Waffenruhm des siegreichen Heeres gleichsam zum Gemeingut machte, an welchem auch der Geringste seinen Antheil haben konnte. Das zahlreiche Militair stand daher vorherrschend in Macht und Ansehn, nicht nur nach dem Willen und der Fügung von oben, sondern auch durch die zustimmende Meinung des Volkes selbst. Nach allen Seiten machte sich der Vorzug des Kriegerstandes geltend, und wenn die rohe Aeußerlichkeit des Ranges allein schon dazu genügte, so mußte jedes Bildungsstreben, das sich ihm beigesellte, diese Geltung nur um so kräftiger bestätigen und erhöhen. Bildung aber war damals in Berlin noch wenig verbreitet, der gesellige Ton und Verkehr entweder zwangvoll steif oder ungebunden gemein; Lust und Vergnügen selbst erschienen nur in niedriger Gestalt; edlere Sitte, geistiger Aufschwung gehörten zu den Ausnahmen. Wo jedoch inmitten dieses wüsten Treibens ein höheres Streben sich kund gab, da durfte man sicher annehmen, es sei von ächter Art, von Eifer und Ausdauer unterstützt, denn es hatte schon einer besondern Kraft bedurft, um aus der rohen Masse so weit sich loszuringen; Kenntnisse und Fertigkeiten waren selten, sie boten sich nicht auf offnem Markte jedem Vorübergehenden an, sondern mußten mit starkem Willen und manchen Opfern meist schwierig erworben werden. Daher sehen wir in jener Zeit mit dem Talent und der Geistesbildung fast immer auch Gediegenheit des Karakters verknüpft. Mit Zuversicht dürfen wir diese Bemerkungen auf die Jugendjahre anwenden, welche Bülow damals in Berlin verlebte, denn obgleich uns nähere bestimmte Angaben fehlen, so bezeugen doch die später sichtbar gewordenen Erfolge, daß ihn zu jener Zeit die Gegenstände des Wissens wie des Geschmacks vielfach angezogen und ernstlich beschäftigt haben, was auch durch Familiennachrichten ausdrücklich bestätigt wird. Bücher, Landkarten und Plane, die er als junger Offizier sorgfältig gesammelt, bekunden ein frühes Studium der Kriegswissenschaften. In der Mathematik, Erdkunde und Geschichte hatte er bereits zu Hause guten Grund gelegt, und grade für diese Wissenschaften bot Berlin gute Hülfsmittel zur Weiterbildung. Die Kenntniß des Französischen war durch den hohen Werth, den die Meinung der Welt darauf legte, vor allem auch durch das Beispiel des großen Königs, der nach der siegreichen Beendigung des siebenjährigen Krieges von den Seinen gleich einem höheren Wesen verehrt wurde, als Bedürfniß und Schmuck zu sehr erkannt und empfohlen, um bezweifeln zu lassen, daß Bülow die schon erlangte Fertigkeit fleißig gepflegt habe, zumal die zahlreiche und auch durch gesellige Bildung bedeutend hervorragende französische Kolonie noch mit allem Eifer auf ihre Sprache hielt, und zu fortgesetzter Uebung in derselben die reichste Gelegenheit bot. Ein höherer Sinn und Geist in Bülow bewährt sich auch besonders durch seine Liebe zur Musik. Schon im väterlichen Hause hatte er das Klavierspiel fleißig geübt, auch blies er die damals so sehr beliebte Flöte. Doch eine leidliche Fertigkeit, etwa zur bloßen Ausfüllung einsamer oder leerer geselligen Stunden, genügte seinem tiefen Ernst nicht; er wollte das Innere der wunderbaren Kunst erbringen, ihre Grundlagen kennen lernen. Das Glück begünstigte ihn hierin vorzüglich, und führte ihn zu dem berühmten Fasch, dem Kammermusikus des Königs, dem Begründer der nachher unter Zelter's Leitung blühenden Singakademie. Dieser war willig ihm den gewünschten Unterricht zu ertheilen, und Bülow erlernte von ihm die Theorie der Musik so gründlich, daß er bald in eignen Tonsetzungen sich versuchen konnte. Ein besondrer Umstand mag beigetragen haben, den lernbegierigen Offizier und den oft wunderlichen Musiker näher zu verbinden; Fasch hatte nämlich eine heftige Liebhaberei für alle Aeußerlichkeiten des Kriegswesens, kannte genau die sämmtlichen Regimenter, ihre Stärke, ihre Standorte, ihre Befehlshaber, merkte jede Veränderung an, die sich in diesen Verhältnissen ereignete, und beschränkte diese Kenntniß nicht auf Preußen, nicht auf die Landtruppen, sondern von allen Heeren und allen Flotten wußte er in dem erwähnten Betreff gute Rechenschaft zu geben, wobei ein reicher Vorrath von Land- und Seekarten ihm zu Statten kam. Der militairische Schüler mußte daher ihm höchst willkommen, jenem der Unterricht eines solchen Lehrers besonders freundlich und ergötzlich sein.

Man darf indeß nicht glauben, daß Bülow mit pedantischer Einseitigkeit sich ganz in Studien vertieft und darüber das frische Leben der Gegenwart versäumt habe. Im Gegentheil, beide Brüder genossen heiter und fröhlich, nach dem Maß ihrer Mittel, und oft über dasselbe hinaus, alle Freuden der Jugend, zu denen die Gelegenheit nicht fehlte. Der Vater hatte ihnen eine für die damalige Zeit ansehnliche Summe als Zulage zu ihrem Sold ausgesetzt; allein der jugendliche Leichtsinn erschöpfte gewöhnlich schon in der ersten Woche den ganzen Betrag, der für den Monat ausreichen sollte, dann mußten außerordentliche Hülfsquellen eröffnet und Schulden gemacht

werden, was nicht ohne lustige Einfälle und wunderliche Ge=
schichten ablief. Der so weltkluge als gütige Vater hatte dies
freilich vorhergesehen, und damit die Verlegenheiten nicht zur
beängstigenden Last aufwüchsen und den jungen Leuten ernsten
Verdruß bei den Vorgesetzten verursachten, so war er wieder=
holt bedacht, dem Obersten des Regiments hinreichende Gelder
anzuweisen, aus denen dieser dann die aufgelaufenen Schulden,
deren Uebersicht er einforderte, immer pünktlich abzahlte; diese
nachsichtsvolle und doch ernste Güte wirkte zugleich dahin, daß
ein gewisses Maß nicht überschritten und von ihr kein Mißbrauch
gemacht wurde. Auch an Herzensneigungen konnte es dieser
feurigen Jugend nicht fehlen. Beide Brüder waren den Frauen
hold, und fanden leicht Erwiederung. Der ältere, Karl, war
von den Reizen der schönen Gräfin Matuschka, Schwester der
nachmaligen Gräfin von Lichtenau, leidenschaftlich eingenommen,
und gedachte dieser frühen Eindrücke noch in späten Jahren mit
aller Innigkeit. Der jüngere, Friedrich Wilhelm, hatte der lie=
benswürdigen Schauspielerin Döbbelin, welche durch persönliche
Anmuth und künstlerische Begabung lange Zeit ein Liebling des
deutschen Theaterpublikums war, seine ganze Neigung zugewen=
det, so daß er, wie er selbst bekannte, um ihretwillen die größ=
ten Thorheiten hätte begehen können. Die Beständigkeit dieser
Neigung, auch nachdem die Zeit sie wesentlich verändert hatte,
bezeichnet deren bessern Ursprung; er verläugnete sie so wenig,
daß er noch im Jahr 1813, als er während des Waffenstill=
standes in Berlin war und eines Abends im Theater die Jä=
ger von Iffland aufführen sah, in welchen die nun ganz alte
Demoiselle Döbbelin die Oberförsterin spielte, mit lebhaftester
Theilnahme sich ihres noch immer glänzenden Erfolgs freute,
und seiner neben ihm sitzenden Schwägerin zuflüsterte: „Sehen
Sie da, mit dieser alten dicken Person wollte ich in meinem

zwanzigsten Jahr davonlaufen." Auch unterließ er nicht, die einstige Geliebte freundlich zu besuchen. —

Der kurzdauernde, thatenlose Krieg des Jahres 1778, spottweise der Kartoffelkrieg genannt, gab für Bülow keine Gelegenheit sich auszuzeichnen oder eigne Kriegserfahrung einzusammeln. Wohl aber mußten diese Anstalten und Bewegungen sein Nachdenken anregen, und ernstlicher auf den Beruf lenken, dem er sich gewidmet hatte. Wir finden eine Spur, daß in jener Zeit mehrere Offiziere der Berliner Besatzung zusammengetreten, um sich für ihr Fach höher auszubilden, und daß Bülow einer derselben gewesen. Merkwürdig ist es, daß während seine beiden ältern Brüder, unzufrieden mit ihrem Stande, denselben zu verlassen strebten, er gleichwohl mit voller Neigung und ungeschwächtem Eifer darin verblieb. Für ihn war, im Gegensatze seiner Brüder, die Erfüllung der oft peinlichen und wie es schien zwecklosen Aeußerlichkeiten des strengen Dienstwesens keine Fessel, die den Aufschwung des Geistes hinderte; neben der pünktlichen Beobachtung der vorgeschriebenen Formen und dem aufmerksamen Eifer bei dem lästigen Einerlei der ewigen Exerzierarbeit, trieb er mit ernstem Fleiß höhere militairische Studien, die er bald auf alle Zweige der Kriegswissenschaften ausdehnte.

Erst das Jahr 1786 brachte ihm am 26. Mai die Beförderung zum Premierlieutenant, nachdem er acht Jahre auf der vorhergehenden Stufe ausgeharrt. Er war jetzt einunddreißig Jahr alt, und konnte als ein ausgezeichneter, tüchtiger Offizier gelten, dessen Fähigkeiten und Betragen auch von seinen Obern rühmend anerkannt wurden. Unter seinen Kammeraden war er so beliebt als angesehen, bei vorkommenden Zwistigkeiten eben so bereit sie tapfer durchzuführen, als geneigt sie versöhnlich beilegen zu helfen, doch hatte er früh den entschiedensten Widerwillen gegen freche Raufsucht, und erklärte den Zweikampf als

Ehrenmittel für den größten Unsinn, dessen Zwange doch jeder sich unterwerfen müsse.

In diesem Jahre starb am 17. August Friedrich der Große, mit dessen Tod in Preußen eine große Umwandlung fast aller Verhältnisse begann. Der reiche Segen und der alles überstrahlende Ruhm seiner gewissenhaften und fürsorglichen Regierung hatte den großen König wider mannigfache Unzufriedenheit und Mißstimmung nicht schützen können, harte Urtheile und Vorwürfe wurden gehört, ein neues Geschlecht mit andern Ansprüchen war herangewachsen und regte sich ungeduldig, man empfand das strenge Alter Friedrichs als eine Last, von der man befreit zu sein wünschte. Von der neuen Regierung versprach man sich ein goldnes Zeitalter, in welchem heitre Menschlichkeit und milde Anmuth herrschen würde. Besonders in den Kreisen der vornehmen Welt begann ein freieres Leben, in das vieles sich einmischte, was jenen bisher fern gestanden hatte; unter den Einflüssen von Gunst und Neigung wurde die Geselligkeit bewegter und anziehender. Die Geliebte Friedrich Wilhelms des Zweiten, nachherige Gräfin von Lichtenau, war eben so gutmüthig als liebenswürdig, und hatte gleich dem Könige selbst viel Sinn für schöne Kunst. Bülow war durch seinen ältern Bruder, der die Gräfin Matuschka so eifrig verehrte, bei dieser ebenfalls eingeführt, und wurde nun leicht auch mit deren Schwester bekannt. Dem Könige selbst konnte der junge Offizier durch seine Musikliebe besonders empfohlen sein; für diesen mußte der Einblick in das Hofleben eine neue Schule der Erfahrung werden, sein gewandter Verstand sich bald mit den Formen der großen Welt auch deren Klugheit aneignen, die dem Gange dieses verwickelten Getriebes mit scharfer Beobachtung folgt, zugleich aber vor dessen Täuschungen und Verstrickungen sich zu hüten weiß.

Mit dem Ableben Friedrichs trat auch bald in dem politischen Verhalten Preußens eine merkliche Veränderung ein. Der alte König hatte während seiner letzten Jahre die Staatskräfte klüglich geschont, und deren Verwendung nach außen möglichst vermieden, um solche für Fälle dringender Noth ungeschwächt bereit zu haben; seine Politik war aus einer thätig eingreifenden eine mehr beobachtende, beschwichtigende geworden. Jetzt, im Gefühl der Machtfülle, welche dem Erben das gerüstete Heer und der reiche Schatz darboten, folgte ein regsameres Vortreten, ein thätigeres Einmischen. Von verschiedenen Seiten erhoben sich Spannungen, die eine kriegerische Lösung in Aussicht stellten; es gab Verwicklungen mit Oesterreich, mit Polen, im deutschen Reiche; preußische Truppen rückten in Lüttich ein, in Aachen, führten einen raschen Kriegszug nach Holland aus. Alles dieses mußte den militairischen Beobachter lebhaft anregen, seine kritische Prüfung herausfordern, seine Kenntniß und Umsicht erweitern. Dem Aufstand in Belgien, wohin seine zwei Brüder gezogen waren, widmete er schon deshalb eine nähere, besorgnißvolle Theilnahme. Doch alle diese Vorgänge traten in den Schatten beim Ausbruch der großen Ereignisse, die mit dem Jahr 1789 in Frankreich anhoben, und in stürmender Entwicklung sich ausbreiteten, bald alles Nahe und Ferne in ihren Wirbel rissen, und die ganze Lebenszeit des von ihnen ergriffenen Geschlechts so wie des nächstfolgenden überströmten, deren Schicksale mehr oder minder von dorther bedingt wurden. Daß Preußen bei diesen Ereignissen kein müssiger Zuschauer bleiben, sich gegen die revolutionairen Bewegungen erklären, und im Bunde mit Oesterreich sie bekämpfen würde, schien der Staatsklugheit gemäß, und wurde von vielen Seiten mit Zuversicht erwartet. Wie Bülow die ersten Anfänge der französischen Revolution betrachtet und beurtheilt habe, darüber fehlen uns nähere Nachrichten, jedoch wissen wir, daß im Beginn die neue Erscheinung von vielen Stimmen, auch aus den höchsten und gebildetsten Klassen mit freudigem Staunen und begeistertem Zuruf begrüßt wurde, und die beiden ältern Brüder Bülow's durften als entschiedene Anhänger eines Umschwunges gelten, der nur das Veraltete und Schlechte zu zerstören, und an dessen Stelle das Zeitgemäße und Gute aufzurichten versprach; die Verkündigung der Freiheit und der Herrschaft der Gesetze ließ noch nicht ahnden, welche Gewaltthaten der Willkür und Grausamkeit ihr folgen würden.

Indeß war Bülow im Jahr 1790 am 2. März zum Stabskapitain ernannt worden, was seiner Lage für den Augenblick wenig Vortheil brachte, seine Aussichten aber sehr verbesserte, da ein baldiges weiteres Aufrücken ihm dabei verheißen und die Hoffnung gegeben wurde, aus dem gewöhnlichen Dienstgange zu außerordentlicher Verwendung berufen zu werden. Er scheint mehrere Generale, die bei dem König in besondrem Ansehn standen, zu entschiednen Gönnern gehabt zu haben. Unter seinen Kammeraden hatte er Freunde, die es ihm für das Leben blieben; die Namen Schlieffen und Chazot werden schon in jener Zeit genannt. —

Im folgenden Jahr 1791 starb in Falkenberg sein Vater. Man fand ihn eines Morgens todt aufrecht an einem Tische stehend, auf den er beide Hände gestemmt hatte. Er war fünfundsechzig Jahre alt geworden, von denen er die achtzehn letzten fast ganz abgeschlossen auf seinem Zimmer, das niemand betreten durfte, verlebt hatte. Die mittlere Diele des Fußbodens fand sich von den gleichmäßigen Schritten seines täglichen, genau in derselben Richtung wiederholten Spazierganges stark abgenutzt und wie zur Rinne vertieft. In seiner Geistesverstimmung scheint er bis zuletzt unverändert geblieben; man hatte sich an seine wunderliche Art gewöhnt, und in sonstigen Dingen seinen hellen Verstand willig anerkannt, so wie auch seine Befehle, wenn er deren geben mochte, stets geehrt. Die Söhne staunten über die Seltsamkeiten des Vaters, lächelten auch wohl im Stillen darüber, allein ihrer scheuen Ehrfurcht that dies keinen Eintrag, und seine Swedenborg'schen Geistergebilde waren ihrem eignen Sinne, wie schon erwähnt, nicht fremd geblieben. Seine früheren großen Verluste abgerechnet, fand sich sein Vermögen noch ansehnlich genug und wohlgeordnet, die Güter in bestem Wirthschaftsstande, der wohl größtentheils dem stillen aber thätigen Walten der fürsorglichen Hausfrau zu verdanken war; sie scheint kurz vor ihm gestorben zu sein, wenigstens kann sie ihn nicht lange überlebt haben, denn wir finden ihrer nirgends mehr erwähnt. Die Söhne kamen in Falkenberg zusammen, wo sie auch bei Lebzeiten des Vaters sich so oft es thunlich zu vereinigen pflegten, alsbald in dialektische Streitigkeiten geriethen, und nach hitzigem Behaupten und Widersprechen doch immer zuletzt als brüderliche Freunde schieden. Da zwei von ihnen im Begriff standen nach Nordamerika zu reisen, so wurde diesen vorläufig eine Summe als Erbtheil ausgezahlt, die eigentliche Theilung des Nachlasses aber auf das nächste Jahr verschoben. Sie hatten unter allen Wortstreiten und Meinungshadern ein so herzliches Einverständniß und Vertrauen zu einander bewahrt, daß über die Erbschaft keinerlei Mißhelligkeit unter ihnen entstehen konnte, und jeder von ihnen die andern als die sichersten Vertreter seiner Rechte ansehn durfte. Das Gut Falkenberg, das auf 70,000 Thaler veranschlagt war, in der Familie zu erhalten, war Bülow's lebhafter Wunsch; indeß unterließ er nicht, das hiebei sich anders stellende Verhältniß der Brüder auf das billigste zu berücksichtigen. Dieser brüderliche Sinn spricht sich unbefangen und schlicht in einem Briefe aus, den Bülow unter dem 14. Oktober 1792 an seinen Bruder August richtete. „Ebenfalls wünschte ich, heißt es, daß Falkenberg in unserer Familie verbleiben möchte; der Ort, wo man geboren worden und die ersten Jahre des Lebens zugebracht, hat immer viel Anziehendes für uns, und man empfindet immer eine gewisse Anhänglichkeit an denselben; überdem so ist die Gegend um Falkenberg nicht unangenehm; dieses scheint mir auch Karl zu fühlen, indessen wünscht er sein Interesse damit zu verbinden, und ganz kann man ihm das nicht verdenken. Sowohl Karl als Dietrich sind wirklich nicht in den besten Umständen, ein großer Theil ihres Vermögens ist fort, und sie haben beide weiter keine Aussichten sich in eine bessere Lage zu setzen, sondern müssen sich durchaus so einschränken, daß sie mit dem Ihrigen auskommen; nun ist also natürlich, daß sie jedes Mittel ergreifen, wo Aussichten vorhanden ihr Vermögen zu vermehren, und das wäre bei einem öffentlichen Verkauf des Gutes allerdings möglich, es wäre möglich, daß es bis 80,000 Thaler getrieben würde, das wäre also auf jeden ein Gewinn von 2000 Thalern, dieses ist allerdings für Karl und Dietrich ein Objekt von Wichtigkeit, denn dieser Zuwachs des Kapitals würde ihre Lage schon um ein Großes verbessern; aus diesen Gründen kann man also deren Verlangen einer öffentlichen Versteigerung nicht ganz unbillig nennen." Das Gut selber anzunehmen hatte er keine Lust, denn die Sorgen der Wirthschaft, meinte er, seien nicht für ihn, am wenigsten neben seinem Militairverhältniß, welches aufzugeben ihm nicht in den Sinn kam. Nur um zu verhüten, daß Falkenberg zu niedrig wegginge, wollte er für sich bis auf 70,000 Thaler mitbieten lassen, vor allem aber versuchen, es dahin zu bringen, daß ihm, dem Bruder August, das Gut für jenen Preis ohne Versteigerung überlassen würde; doch hat letztere, wie es scheint, nicht können vermieden werden. —

Im Jahr 1792 kam auch der beschlossene Krieg gegen die französische Revolution wirklich zum Ausbruch. Preußen und Oesterreich, zu demselben Zweck eng verbündet, sammelten am Rhein und in den Niederlanden ihre Kriegsvölker. Wie wenig

jener Bund mit einer Macht, die bisher in Preußen vorzugs=
weise als der Feind galt, dem Geiste des preußischen Heeres
entsprach, und wie fremd und widrig dasselbe zuerst diese Ge=
nossenschaft ansah, ist aus vielen überlieferten Zeugnissen bekannt
genug. Aber die Abneigung gegen Oesterreich wirkte hiebei
nicht allein, sondern auch die Hinneigung zu Frankreich, die den
Erinnerungen des siebenjährigen Krieges zum Trotz unter den
gebildeten Offizieren sehr verbreitet war. Der Bruder des ver=
storbenen und Oheim des neuen Königs, der als tapfrer und
glücklicher Feldherr berühmte Prinz Heinrich, verhehlte bei kei=
ner Gelegenheit seine Vorliebe für die Franzosen, auch jetzt
nicht, da die Nation schon weniger in Litteratur, Kunst und
Gesellschaftsbildung, die ihn bisher mächtig angezogen hatten,
als in kühnen Staatsneuerungen eine gewaltsame Thätigkeit
ausübte, wie man sie bisher noch nie gesehen hatte. Von hoch=
stehenden Generalen, welche diesem Sinne mit Eifer zustimm=
ten, war besonders der nachherige Feldmarschall Graf von Kalck=
reuth namhaft. Bei manchen jüngern Offizieren, deren Bildung
dem Wechsel der Zeiten gemäß schon mehr eine deutsche war,
wirkten die Gedanken des Fortschrittes und der Verbesserungen,
welche aus den zu Paris aufgestellten Grundsätzen für die
ganze Menschheit hervorgehen sollten, mit verführerischem Zau=
ber; der damalige Lieutenant, spätere Feldmarschall von dem
Knesebeck sprach noch in hohem Alter mit wohlgefälligem Lä=
cheln von seiner damaligen Freiheitsliebe, die ihn bei altgesinn=
ten Vorgesetzten in den Ruf eines Jakobiners brachte, und die
er nun freilich als jugendlichen Irrwahn bezeichnete. So fehlte
es nicht an Stimmen, die den bevorstehenden Krieg nicht nur
für einen unpolitischen, dem preußischen Staate nachtheiligen,
sondern auch für einen ungerechten, gegen das Recht und Wohl
des Volkes gerichteten, erklärten. Die preußischen Offiziere, im
Handeln an den strengsten Gehorsam gewöhnt, glaubten um so

freier in Gedanken und Meinungen sein zu dürfen, und die Kühnheit ihrer Reden und Erörterungen stieg öfters zu einem Grade, der in späterer Zeit fabelhaft erscheinen muß. Die politischen Sachen wurden lebhaft verhandelt, die Partheien sprachen sich heftig gegeneinander aus, man tadelte und pries mit gleicher Verwegenheit; selbst ganz in der Nähe des Königs fielen solche Reibungen vor; auf das Dienst= und Pflichtverhältniß hatte dies nicht den geringsten Einfluß, hier galt nur der Wetteifer des Muthes und der Treue. Wiefern Bülow an diesen Wortkämpfen Theil nahm, sich zu der einen oder der andern Parthei hinneigte, können wir nicht bestimmt sagen, nur dürfen wir mit Gewißheit annehmen, daß ein so selbstthätiger, kräftiger, zum Streiten geübter Geist, wie der seinige, bei so wichtigen und folgenreichen Fragen nicht in stumpfer Gleichgültigkeit verblieben sein kann. Von seinem Bruder Heinrich Dietrich aber wissen wir, daß derselbe gleich im Beginne der französischen Freiheitsregungen sich mit Begeisterung für sie aussprach. Sie hatten allerdings noch nicht den Karakter der Wuth und des Schreckens, die später, nicht ohne Schuld der innern und äußern Angriffe, durch welche der mildere Verlauf unmöglich wurde, die weiteren Ereignisse furchtbar bezeichnete, und edle Gemüther mit gerechtem Abscheu erfüllte.

Als die preußischen Truppen sich nach dem Rhein in Bewegung setzten, waren die verschiedensten Meinungen doch alsbald in der Gesinnung und Ueberzeugung vereint, daß das Heer in kriegerischer Tüchtigkeit und Tapferkeit den alten Waffenruhm bewähren werde. An der raschen siegreichen Entscheidung wagte niemand zu zweifeln; sowohl die trefflich eingeübten, herrlich anzusehenden Truppen als ihr kriegserfahrener Feldherr, der Herzog Karl Wilhelm Ferdinand von Braunschweig, verbürgten den glänzendsten Erfolg. Wer konnte es mit solcher Taktik und Disziplin, wer mit solcher Führung aufnehmen! Man freute sich, die Ueberlegenheit der preußischen Waffen nicht nur den Franzosen, die man mehr mißachtete als haßte, sondern auch den verbündeten Oesterreichern, die man eifersüchtig und mißtrauisch ansah, auf's neue durch kühne und tapfre Thaten unwidersprechlich zu beweisen. Doch zeigte sich bald, daß die Franzosen, wenn auch im Einzelnen den Preußen bei weitem nicht gleich, jetzt andre waren, als zur Zeit des siebenjährigen Krieges; hiedurch, und durch den Unzusammenhang in der obersten Kriegsleitung der Verbündeten, so wie durch andre, tief in den eignen Gebrechen, in der Unzulänglichkeit der Personen und Mittel gegründete Ursachen, geschah es, daß der so ruhmredig angekündigte Feldzug in der Champagne wider alles Erwarten kläglich scheiterte. Nach vielen erduldeten Beschwerden, Zögerungen und Unschlüssigkeiten mußte das starke Heer, nachdem es schon Paris zu bedrohen geschienen, den traurigen Rückmarsch antreten, und dabei sogar die Vergünstigung des bisher verachteten Feindes in Anspruch nehmen.

Bülow hat diesen unseligen Ereignissen persönlich nicht beigewohnt; das Regiment, in welchem er diente, war in Berlin geblieben. Um so stärker mußten ihn die Nachrichten vom Kriegsschauplatz aufregen, die so unglaubliche Dinge meldeten, für welche der erklärende Aufschluß in der Ferne gar nicht zu finden war. Sein aus Amerika zurückgekehrter Bruder Heinrich Dietrich, in welchem, obschon er den preußischen Dienst aus Ueberdruß verlassen hatte, doch der preußische Offiziergeist feurig fortlebte, begann mit Eifer über die Kriegskunst nachzudenken, bestimmte Regeln für dieselbe aufzufinden, und wurde dabei zunächst auf eine Menge von Gebrechen geführt, die in der altberühmten Kriegsweise stattfanden, und die man früher kaum geahndet hatte. Bülow stimmte den Ansichten des Bruders keineswegs unbedingt bei, vertheidigte die bestehenden Einrichtungen, die er nicht umwerfen, sondern nur verbessern und kräftigen wollte. Auch in der Folge, als die Kritik und Theorie des Bruders zu größerer Ausbildung gelangte und zahlreiche bedeutende Anhänger gewann, bestritt er dieselbe vielfach, und blieb in der Hauptsache den alten Anschauungen und Vorschriften getreu.

Im nächsten Jahr 1793 sollte der Krieg preußischerseits mit größerem Nachdruck geführt werden. Bülow erhielt diesmal den Ruf an dem Feldzuge Theil zu nehmen, doch nicht im Regimente, sondern in besondrer Anstellung, die für ihn eine hohe Auszeichnung war. Schon seit einiger Zeit war er am Hofe des Prinzen Ferdinand günstig aufgenommen, und seine trefflichen Eigenschaften hatten ihm die Achtung der Eltern so wie die Zuneigung der jungen Prinzen gewonnen. Besonders der geniale Prinz Louis Ferdinand, der die Musik leidenschaftlich liebte und mit größter Meisterschaft Klavier spielte, fand sich zu Bülow hingezogen, der dieser Kunst mit gleichem Eifer und kaum minderem Talent ergeben war. Der Prinz hatte schon den vorigen Feldzug mitgemacht, und seine militairischen Fähigkeiten wie seinen herrlichen Kriegsmuth rühmlich dargethan; er sollte auch in diesem Jahre wieder zu Felde ziehen; allein der jugendliche Ungestüm, den er sowohl vor dem Feind als auch in andern Gelegenheiten gezeigt, wo die ungezügelte Leidenschaft ihn zu verderblichen Abwegen fortgerissen hatte, schien dringend zu erfordern, ihn nicht ferner gänzlich sich selbst zu überlassen, sondern ihm einen kundigen und gesetzten Freund an die Seite zu geben. Der Prinz war schon im einundzwanzigsten Jahr, und nicht mehr unter die Obhut eines eigentlichen Gouverneurs zu stellen, die er auch schwerlich würde geduldet haben, allein die Begleitung und schonende Aufsicht eines militairischen Führers mochte er sich gefallen lassen, und die Gesellschaft Bülow's, der dazu ersehen wurde, war ihm genehm und erwünscht. In der That schien dieser alle Eigenschaften zu ver=

einigen, die zu so schwieriger Aufgabe nöthig waren, und deren keine fehlen durfte, wenn der Erfolg den Erwartungen entsprechen sollte: Muth und Tüchtigkeit in jeder Art, heitrer Lebenssinn, taktvolle Klugheit, entschiedne Willenskraft und mannhafte Festigkeit. Welches Vertrauen mußte man in seinen Karakter setzen, um ein so schwieriges Amt bei diesem Prinzen ihm zu übertragen! Schon am 10. Januar wurde er aus dem Regiment abgerufen, und an den Ferdinandschen Hof gezogen. Bald nachher, am 2. März, erhielt er in Folge dieser Anstellung eine außergewöhnliche Rangerhöhung, und wurde zum Hauptmann von der Armee ernannt. Der Prinz, welcher als Oberstlieutenant diente, war klug genug einzusehen, daß der höhere Rang, den er seiner Geburt verdankte, hier kein Uebergewicht begründen dürfe, und fügte sich willig genug in das neue Verhältniß.

Durch seine glänzende Begabung, seinen ungestümen Lebenslauf und seinen unglücklichen frühen Tod hat Prinz Louis Ferdinand eine Berühmtheit erlangt, deren Inhalt sehr verschieden beurtheilt worden ist. Nicht ohne Grund hat man ihm sein ungeordnetes, zerstreutes und ausschweifendes Leben vorgeworfen, dabei jedoch meist nicht in Anschlag gebracht, was davon der freieren Lebensweise, die damals in allen Ständen und besonders in den höchsten herrschte, zuzurechnen ist, noch auch die eigenthümlichen Umstände nicht gehörig erwogen, durch die sein mächtiger Thatendrang fast nur auf die Enge des Privatlebens angewiesen war. Seine genialen Eigenschaften, seinen Heldenmuth, seine liebenswürdige Menschenfreundlichkeit, seinen aufstrebenden Geist, haben auch seine Widersacher stets anerkennen müssen. Seinen Tod, welchen gehässige Urtheile gern als die Folge leichtsinnigen Unbedachts und thörichten Wagnisses bezeichnen wollten, haben einsichtsvolle Richter als eine heldenmüthige, von dem Gefühl der Staatslage und der Kriegs=

ehre gebotene Selbstopferung angesehen, welche dem Beginn eines verzweifelten Kampfes die Weihe eines großen Beispiels gab. Diese letztere Ansicht ist im Verlaufe der Zeit immer stärker hervorgetreten, die besten vaterländischen Stimmen haben sich für sie entschieden; auch der General von der Marwitz, der in seinen kürzlich veröffentlichten Denkwürdigkeiten sonst mit rauher Strenge gern bittern Tadel ausspricht, giebt von dem Prinzen ein Bild, das in hohem Grade unsre Zuneigung und Achtung in Anspruch nimmt.

Das Verhältniß Bülow's zu dem Prinzen war gleich von Anfang ein sehr trauliches, auch mit den Eltern fand ein erwünschtes Vernehmen statt; ihm blieben sie sowohl als die Kinder, besonders die Schwester des Prinzen, Prinzessin Luise, später dem Fürsten Radziwill vermählt, die durch Sinn und Geist dem Bruder am nächsten stand, in der Folge stets befreundet und antheilvoll verbunden. Ein Vorfall, der das ganze Verhältniß zu erschüttern, ja zu lösen drohte, trug im Gegentheil dazu bei, demselben recht festen Halt zu geben. Bülow nahm an den mannigfachen, sowohl arbeitsamen als vergnüglichen Thätigkeiten Louis Ferdinands nach Maßgabe der eignen Stellung lebhaft Theil, und sein Bemühen, dessen Sinn von leichtfertigen Dingen auf ernste Gegenstände zu lenken, blieb nicht ganz unfruchtbar. Doch die leidenschaftlichen Aufwallungen des Prinzen zu mäßigen, reichte der Einfluß des Gefährten nicht immer aus, um so weniger als auch dieser selbst, wie sehr er ruhig und besonnen sein wollte, leicht in Heftigkeit ausbrach, und einmal aufgereizt schwer zu besänftigen war. So geschah es, daß einst bei der Mittagstafel der Prinz mit seiner Mutter einen Wortwechsel hatte, und als Bülow der letztern beistimmte, der Streit sich nun auf diesen wandte; Louis Ferdinand warf ein verletzendes Wort hin, Bülow sprang auf, Louis Ferdinand ebenfalls, und mit lauten Reden dicht an

Bülow herantretend fuhr er ihm dabei mit der Hand unter der Nase herum. „Prinz, rief Bülow, unterstehen Sie sich das noch einmal, so greif' ich zum Degen!" Der Prinz ließ nicht ab, da zum allgemeinen Entsetzen zog Bülow und drohte mit bloßem Degen dem Prinzen; man brachte sie auseinander, und Louis Ferdinand stürzte wüthend fort. Nach wenigen Minuten erhielt Bülow von ihm eine Ausforderung, doch ehe noch eine Antwort ertheilt war, kam der Prinz wieder, fiel ihm weinend an die Brust, und bat ihn reuevoll um Verzeihung. Durch diesen Vorfall wurde das bisher etwas ungewisse Verhältniß heilsam entschieden, und Bülow's Ansehn, das ganz auf dem Spiele stand, durch seinen muthigen Trotz für immer festgestellt. Die Prinzessin Ferdinand hatte zwar Bülow'n sonst sehr gern, trug es ihm aber lange nach, daß er ihren Sohn in ihrer Gegenwart bedroht und sie selbst mit Verletzung aller ihrem Range gebührenden Ehrfurcht so erschreckt habe; noch in später Zeit sagte sie einmal zu Bülow's Frau: „Liebe, was haben Sie für einen jähzornigen Mann!" worauf sie ihr die obige Geschichte erzählte, und in der ihr eignen Art hinzufügte: „Wenn ich es gekonnt, hätte ich ihm damals gern eine Ohrfeige gegeben!" —

Der Prinz betrachtete Bülow'n fortan wirklich als seinen Freund, und ihr gutes Vernehmen wurde selten getrübt. In manchen Meinungen und Urtheilen mochten sie weit auseinander sein; in der höchsten Auffassung ihres gemeinsamen Berufs als Krieger, in Vaterlandsliebe, Muth, Ehrgefühl und Menschlichkeit, herrschte die glücklichste Uebereinstimmung. Auch die beiderseitige Liebe zur Musik, so bedeutend für Geist und Gemüth, wo sie auf ächtem Grunde beruht und von entschiednem Talent getragen wird, mußte zur innigern Verknüpfung führen, so wie die Kriegserlebnisse zur Waffenbrüderschaft. Im

März reisten sie zusammen von Berlin an den Rhein zum Heere.

Nach einigem Verweilen zu Frankfurt am Main begab sich der Prinz in Begleitung Bülow's zur Belagerung von Mainz. Diese Festung, früher von den Franzosen unter dem General Custine durch überraschendes Vordringen leicht erobert, mußte jetzt durch gewaltige Kriegsmacht mit Anwendung aller Hülfsmittel der Belagerungskunst wiedergewonnen werden, und ließ eine hartnäckige Vertheidigung erwarten. Ungefähr 22,000 Franzosen unter dem General d'Oyré bildeten die Besatzung. Zur Wiedereinnahme und etwa nöthigen Abwehr von Entsatzversuchen des Feindes stand unter der unmittelbaren Befehlführung des Königs hier auf beiden Ufern des Rheins ein Heer von 50,000 Preußen zusammengezogen, ungerechnet einige österreichische und hessische Hülfsschaaren. Die Belagerung selbst leitete der General Graf von Kalckreuth. Nach einigen scharfen Gefechten, an denen der Prinz und sein Begleiter mit Auszeichnung Theil nahmen, begann am 6. April die völlige Einschließung. Der Feind machte wiederholte Ausfälle, besonders in der Nacht zum 31. Mai mit starker Macht und anfangs gutem Glück gegen das preußische Hauptquartier zu Marienborn, wo Prinz Louis in große Gefahr gerieth, doch durch seine Tapferkeit die Franzosen zurücktreiben half; auch Bülow erhielt bei dieser Gelegenheit für sein Verhalten große Lobsprüche. Durch mancherlei Widrigkeiten wurde die förmliche Beschießung noch immer verzögert, der ungeduldige Prinz suchte bisweilen in der Umgegend andre Abentheuer, zu denen Bülow ihn, da er ihn nicht zurückhalten konnte, nun lieber wohl gar begleitete. Eines Tages war der Prinz nicht zu finden, Bülow dachte sogleich, er müsse einer Sängerin, die Eindruck auf ihn gemacht hatte, nachgereist sein, schwingt sich auf's Pferd, findet bald die richtige Spur, und in einem nahen Städtchen den Prinzen

in einem Konzert, aber oben auf dem Orchester bei den Musi=
kern; Spiel und Gesang halten nun beide fest, nur beim ersten
Kanonenschuß, der sie plötzlich aus ihren Genüssen aufschreckt,
eilen sie spornstreichs in's Lager zurück. —

Erst in der Nacht zum 19. Juni wurden die Laufgräben
eröffnet, und in derselben Zeit eine bedeutende Feindesmacht,
die zum Entsatz heranzog, von den Preußen zurückgeschlagen.
Trotz der nun unaufhörlichen Beschießung und vielen dadurch
in der Stadt entstehenden Feuersbrünste hielten die Franzosen
muthig Stand, und hinderten durch tapfre Vertheidigung eini=
ger äußeren Schanzen das Vorrücken der Belagerungsarbeiten.
Diese Schanzen mußten gestürmt werden, vor allem die Flesche
vor der Welschen Schanze bei Zahlbach. Ein früherer Angriff
war mißglückt, doch in der Nacht zum 17. Juli machte Prinz
Louis Ferdinand mit 3 Bataillonen, er selbst an der Spitze der
Grenadiere von Manstein, einen kühnen Angriff, und eroberte
die Schanze, die sogleich zerstört wurde. Durch eine Kartät=
schenkugel wurde er hiebei am Schenkel, doch zum Glück nur
leicht verwundet. Bülow focht an des Prinzen Seite, führte
die Truppen mitten im Kartätschenhagel entschlossen zum Sturm,
und empfing als Belohnung seiner hier bewiesenen ausgezeich=
neten Tapferkeit den Orden pour le mérite. Die Belagerung
schritt darauf ungehindert vor, die Festung wurde hart be=
drängt, und schon nach wenigen Tagen, am 21. Juli, erfolgte
die Uebergabe.

Der Prinz war wegen seiner Wunde gleich am 17. zu
Schiff nach Mannheim gebracht worden, um seine Heilung da=
selbst in Ruhe abzuwarten. Ohne Zweifel begleitete Bülow
ihn oder folgte doch bald ihm nach, da mit der Einnahme von
Mainz ohnehin einiger Stillstand in den Kriegsbewegungen ein=
trat, indem vor allem die Herstellung der beschädigten Festungs=
werke und den Truppen einige Erholung nöthig war. Erst im

Anfange des Septembers konnte der Prinz, dessen Heilung sich sehr verzögert hatte, wieder beim Heer sich einfinden, und nahm auch ohne dienstlichen Beruf persönlich an den Gefechten Theil, die sich in seiner Nähe ereigneten, wobei natürlich Bülow nicht zurückbleiben konnte, selbst wenn eigner Eifer ihn weniger gespornt hätte; doch ihm war es eine Lust, wo es Kühnheit und Gefahr galt, nicht mehr der Aufseher, sondern der muntre Kammerad seines Prinzen zu sein. — Nachdem im Herbste die gewöhnliche Waffenruhe begonnen hatte, kam Louis Ferdinand nochmals nach Mannheim, und trat von hier mit Bülow am 28. November die Rückreise nach Berlin an. —

Der Prinzessin Ferdinand war die Unannehmlichkeit widerfahren, daß ein von ihr an Bülow gerichteter Brief, in welchem sie die ihr mißfälligen vielen Liebesabentheuer ihres Sohnes und andere Unregelmäßigkeiten desselben umständlich und mit Nennung von Namen besprochen hatte, von den Franzosen aufgefangen und durch die Pariser Zeitungen veröffentlicht worden war. In ihrer Verstimmung dachte sie den Prinzen mit Vorwürfen zu empfangen, allein die Nachrichten von dem Heldenmuthe, den er bei allen Gelegenheiten bewiesen, hatten ihren Zorn schon zum Theil entwaffnet, und seine unwiderstehliche Liebenswürdigkeit gewann gleich wieder ihr ganzes Herz. Bülow, der ebenfalls sich als tapfrer Offizier und zugleich als wahrer Freund des Prinzen bewährt, und ihn mit eignen, für seine Mittel beträchtlichen Opfern aus mancher Verlegenheit gerettet hatte, stand ebenfalls bestens in ihrer Gunst, und die ganze Familie erwies ihm die dankbarste Freundlichkeit. Der Winter verging unter Festlichkeiten und andern Vergnügungen, besonders auch musikalischen Genüssen, wobei doch die militairischen Studien, unter Bülow's Betrieb und Theilnahme, nicht verabsäumt wurden.

Ungeachtet der Krieg gegen Frankreich schon immer stärkern

Widerspruch, sowohl politischen als militairischen fand, wurde gleichwohl dessen Fortsetzung beschlossen und man rüstete sich zum neuen Feldzug. Bülow wurde kurz vor dessen Beginn am 3. April 1794 zum Major ernannt, wobei er in seiner bisherigen Anstellung verblieb. Er reiste mit dem Prinzen zum Heer, wo die preußischen Waffen bald Gelegenheit fanden, ihren alten Ruhm zu erneuern, und auch der Prinz und Bülow in glänzenden Kämpfen mit Auszeichnung fochten. Doch unsre Hülfsquellen, die auch bisher nur spärlich flossen, versiegen hier leider gänzlich, und wir haben außer jenen allgemeinen Angaben nichts mitzutheilen, was in Betreff Bülow's und seines Verhältnisses von Bedeutung wäre. Die trotz tapfrer Kriegsthaten doch nur geringen Erfolge der Preußen, die Unfälle der Oesterreicher in den Niederlanden, und das Mißtrauen, welches zwischen beiden Heeren herrschte und jedes in dem andern statt eines aufrichtigen Bundesgenossen einen geheimen Feind erblicken ließ, alles dieses schwächte den Kriegseifer auch der Muthigsten, und that den Meinungen derjenigen Vorschub, denen die Sache der Franzosen keine ganz unberechtigte und der Krieg gegen sie ein unpolitischer schien. Der Prinz Louis Ferdinand, obschon von französischen Emigranten umgeben und umschmeichelt, ließ bei manchen Anlässen die Sympathieen deutlich erkennen, welche der tapfre Feind und der Freiheitsgeist, der diesen beseelte, auch ihm einflößten; er nahm sich menschenfreundlich der gefangenen republikanischen Soldaten an, unterhielt sich gern mit ihnen, und freute sich ihrer oft lebhaften und muthvollen Antworten. Wiefern Bülow in diese Sympathieen einging, wissen wir nicht, doch haben wir allen Grund zu glauben, daß er bei seiner hellen vorurtheilslosen Denkart solchen Gesinnungen nicht ganz fremd geblieben sein könne. —

Das Jahr 1795 brachte zwischen Preußen und Frankreich den verrufenen, aber in den damaligen Umständen unvermeid=

lichen Baseler Frieden, und gleich darauf den Rückmarsch der preußischen Truppen, von denen ein großer Theil nach Westphalen zog um für das nördliche Deutschland zum Schutze seiner Neutralität bei dem zwischen Oesterreich und Frankreich noch fortgehenden Krieg eine Demarkationslinie zu besetzen. Diesen Truppen war auch Prinz Louis Ferdinand zugetheilt, der inzwischen Generalmajor und Inhaber eines Fußregiments geworden war. In dieser Stellung erschien es weder schicklich noch ausführbar, daß der Prinz neben seinen Adjutanten auch noch einen besondern militairischen Begleiter hätte; um jedoch das persönliche Verhältniß einigermaßen fortzusetzen und möglichst zu ehren, wurde Bülow'n der Vorschlag zu einer neuen dienstlichen Anschließung an den Prinzen gemacht, wo ihm durch dessen Gunst manche Vortheile in Aussicht standen. Doch Bülow fand es nicht angenehm, da gradezu der Untergebene zu werden, wo er bisher eine Art Vorgesetzter gewesen war; außerdem war der Prinz wie an Kraft und Geist auch an Selbstgefühl und Ungebundenheit gewachsen, und Bülow, der seinen eignen Stolz und Trotz kannte, mochte es gerathen finden sich allen Verwickelungen, die von daher kommen konnten, zu entziehen; er wahrte dadurch am besten seine Freundschaft mit dem Prinzen, daß er kein äußres Verhältniß zu ihm behielt. In der That bestand die achtungsvolle Zuneigung des Prinzen für ihn fortan ungetrübt, und das ganze Ferdinandsche Haus blieb ihm dankbar zugethan.

Seinem Wunsche gemäß, bei den leichten Truppen zu dienen, erhielt er unter dem 14. November 1795 eine Kompanie in der zweiten ostpreußischen Füsilierbrigade, deren Brigadekommandeur der Oberst von Stutterheim und deren Standort das Städtchen Soldau war. Bülow hatte sein Quartier in der noch stillern Umgegend. Aus dem lebhaften Getriebe des glänzenden Kriegs- und Hoflagers, von der Seite eines nach allen Seiten genußreich thätigen Prinzen und aus den geselligen Kreisen Berlin's plötzlich in die Einsamkeit der Provinz versetzt, mußte Bülow vielen gewohnten Lebensreiz entbehren; allein er scheint diesen Wechsel nicht schwer empfunden zu haben. Die neue Truppengattung, bei der er eingetreten war, die verschiedene Weise des Dienstes und Exerzirens, die neuen Bekanntschaften, die sich darboten, alles dies gab in der ersten Zeit hinreichende Beschäftigung für einen Mann, dem die Pflicht des Tages und die nächsten Aufgaben derselben vorzüglich angelegen waren. Die eingesammelten Anschauungen und Erfahrungen gewährten ihm überdies einen reichen Stoff zum Nachdenken, welches sämmtlichen Brüdern, wennschon in ungleichem Maß, erblich inwohnte, und dessen jeder sein bescheidenes Theil redlich verarbeitete. Die unsichern, oft verworrenen Schicksale der ältern Brüder, denen er unausgesetzt treue Liebe und thätige Theilnahme widmete, ließen es auch nicht an Verdruß und Sorgen fehlen, die jedoch seinen kräftigen und stets hoffenden Sinn nie beugen konnten. Seine Liebe zur Jagd fand hier ein ergiebiges Feld, und bildete sich zur Leidenschaft aus. Andern und höhern Genuß gewährte die Musik, in der sich zu üben und auszubilden ihm fast tägliches Bedürfniß wurde. Daß er auch nicht ohne angenehmen Frauenumgang blieb, dürfen wir bei seiner entschiedenen Neigung und bei dem vortheilhaften Eindruck den er stets machte, mit Gewißheit voraussetzen.

Beinahe zwei Jahre wurden in solchen Verhältnissen und Thätigkeiten hingebracht, eine Zeit, die für Bülow in jeder Art fruchtbar gewesen sein muß; denn in solcher umschränkten, den Menschen immer wieder auf sich selbst zurückweisenden Lage reifen am sichersten die Kräfte, der Karakter und das Talent, aus welchen einst ruhmvolle Thaten hervorgehen können. Auch wurde die Tüchtigkeit, in welcher Bülow sich zeigte, von seinen

Vorgesetzten wohlerkannt, und er auf ihre Empfehlung schon am 12. September 1797 zum Kommandeur eines neuen Füsilierbataillons bestimmt, dessen Errichtung vom 1. Oktober des genannten Jahres begann, und fast ganz der Leitung Bülow's überlassen blieb. Die Mannschaft wurde theils aus den bestehenden Bataillonen, theils durch freie Werbung zusammengebracht, es waren großentheils Ausländer, Russen, Oesterreicher, Sachsen, Hessen, hauptsächlich aber Polen, diese zum Theil Dienstpflichtige aus dem neuerworbenen Kreise von Bialystok. Eine schmucke muntre Uniform zog viele Freiwillige herbei; sie bestand in einem grünen Kollet mit violettem Kragen und Aufschlägen, einem Kasket mit grünem Federbusch, — bei den Offizieren hatte dieser unten weiße Federn; die Füsiliere waren mit Büchsen und statt des üblichen Seitengewehrs mit Faschinenmessern bewaffnet. Bülow, von einigen Offizieren begleitet, die er sich hatte auswählen dürfen, kam nach Soldau, hatte bald über 200 Mann beisammen und suchte diese Leute zuvörderst in militairische Ordnung und Zucht zu bringen, aus diesem Gemisch ein zusammengehöriges Ganzes, einen einheitlichen kriegstüchtigen Körper hervorzubilden.

In diese Zeit fiel der Tod des Königs; Friedrich Wilhelm der Zweite starb zu Berlin am 16. November 1797, und sein Sohn, Friedrich Wilhelm der Dritte, bestieg den Thron. Die neue Truppe hatte noch dem erstern Könige den Eid der Treue geschworen, nach kurzer Frist hatte sie diesen nun dem neuen Herrscher zu wiederholen. In den sonstigen Verhältnissen des Bataillons trat keine Veränderung ein, alles blieb in dem angeordneten Gange; nur die Uniform bekam später anstatt der violetten Kragen und Aufschläge grüne, und die Kaskets wurden mit Tschako's vertauscht. Dem jungen Könige war Bülow in den Rheinfeldzügen vortheilhaft bekannt geworden, hatte jedoch kein näheres persönliches Verhältniß mit ihm, und es wurde sogar die Meinung laut, er sei bei dem vorigen Könige zu sehr in Gunst gewesen, um es bei diesem sein zu können. Bülow achtete des Geredes nicht, kümmerte sich nicht um den Hof, und fuhr fort, die ihm obliegenden Pflichten nach bester Einsicht treulich zu erfüllen.

Er fand anfangs nicht geringe Schwierigkeiten, die nur mit der äußersten Geduld zugleich und Anstrengung zu überwinden waren. Er mußte der Rohheit und Gewaltsamkeit seiner Unteroffiziere entgegen treten, die alles mit Schlägen durchsetzen wollten, ja selbst einigen Offizieren hatte er die Willkür und Härte zu verweisen, mit der sie beim Exerziren die Leute behandelten. Dabei durfte doch der Eifer nicht geschwächt, dem nöthigen Ansehen der Vorgesetzten nichts vergeben werden. Er selbst war in Dienstsachen und Waffenübungen höchst aufmerksam und streng, rügte jedes Versehen, strafte jede Nachlässigkeit, allein er spannte seine Forderungen nicht zu hoch, war oft mit dem guten Willen zufrieden, nahm Rücksicht auf die Verschiedenheiten der Gemüthsarten und Fähigkeiten. In seinem Benehmen höchst anspruchslos, wohlwollend und freundlich, blieb er gleich weit entfernt von dem düstern Ernst, der knechtische Furcht erwecken, und von der unziemlichen Vertraulichkeit, die für leutselig gelten will. Fürsorglich, in allen Stücken streng rechtlich, vor allem bedacht, daß auch dem Geringsten kein Unrecht geschähe, wurde er bald von den Soldaten wie ein Vater angesehen, und wenn er hin und wieder seiner eignen Vorschrift vergaß, bisweilen — doch nicht ohne gegebenen Anlaß — in heftigem Zorn aufwallte, so trugen sie es ihm nicht nach, und seine Ausbrüche ließen keinen Groll zurück. Seine rastlosen Bemühungen hatten endlich den erwünschten Erfolg, das neue Füsilierbataillon durfte sich nach einem halben Jahre in Aussehn, Zucht und Waffenfertigkeit den besten alten Truppen gleichstellen.

Bülow nahm auch besonders die Eigenthümlichkeit des Felddienstes, zu dem die Füsiliere bestimmt waren, zum Augenmerk, er ließ sie die mannigfachsten Uebungen machen, bald in geschlossener, bald in zerstreuter Fechtordnung, lehrte sie die Vortheile des Bodens erkennen und benutzen, sich in verwickeltem Geländ und in der Dunkelheit zurechtfinden, im Vorrücken und Zurückgehen einander zweckmäßig unterstützen. Hiebei sah er nur auf das Wesentliche, ließ unnütze Förmlichkeiten unbeachtet, dehnte die Uebungen nie zu lange aus, und machte sie dadurch den Truppen angenehm, so daß diese zu ihnen oft nicht wie zu beschwerlicher Plage, sondern wie zu heitrer Lustbarkeit ausrückten. Bei den Schießübungen hielt er mehr auf sichres Treffen als auf schnelle Folge der Schüsse, abweichend von dem damals herrschenden Streben, das alle Vollkommenheit des Schießens in die rasche Wiederholung des Abfeuerns setzte, zu welchem Zweck sogar die Gewehre eigends eingerichtet wurden! Man wird es jetzt kaum glauben, daß Bülow hierüber mit seinem Brigade-Kommandeur manchen Streit zu bestehen hatte. Gegen die Angriffe der Reiterei lehrte er seine Truppe sich rasch im Vierecke formiren, auch in volle Vierecke oder Massen, die damals noch sehr ungewöhnlich waren; die hiezu von ihm ersonnenen zweckmäßigen Bewegungen, mit rascher Sicherheit ausgeführt, erregten die Bewunderung aller Männer vom Fach, und waren der Stolz seines Bataillons. Dergleichen vereinzelte Ausbildung mußte freilich gegen die Leistung der zahllosen Plänklerschwärme, welche die Franzosen ins Feld stellten, weit zurückstehen, zeigte aber die frühe Einsicht in ein wesentliches Erforderniß der neuern Kriegsart.

Von Bülow's Wohlwollen und Freigebigkeit sind namhafte Beispiele aufgezeichnet. Er veranlaßte, daß die vier Junker des Bataillons, deren Schulunterricht durch den Eintritt in den Kriegsdienst allzu früh abgebrochen worden, von dem Hofprediger in Soldau Lehrstunden erhielten, für die demselben von jeder Kompanie monatlich 2 Thaler gezahlt wurden. Die vorzüglichsten, musterhaftesten Soldaten nahm er in seine Leibkompanie, und gab ihnen Geldzulagen aus seinen eignen Mitteln, wodurch in dem ganzen Bataillon ein löblicher Ehrgeiz geweckt wurde, solchen Vorzugs auch theilhaft zu werden. Wo ein zufälliger Mangel eintrat, eine Noth oder Verlegenheit augenblickliche Hülfe forderte, bot er diese jederzeit bereitwillig dar, ohne erst zu fragen, ob ihm dafür ein Ersatz werden könne. Auf die Jagd nahm er, außer seinen Offizieren, auch gern Unteroffiziere und solche Gemeine mit, die sich zur Theilnahme besonders eigneten und sich dieser Auszeichnung würdig erwiesen hatten. Der Musik des Bataillons widmete er besondre Aufmerksamkeit; ein noch lebender Stabshornist versichert, der Herr Kommandeur habe jeden Mißton sogleich bemerkt und sogleich verbessern lassen; zuweilen habe er auch die Musiker zu sich beschieden, und ihnen auf der Flöte oder dem Fortepiano ein neues Stück so vorgetragen, wie es gespielt werden mußte.

Darin stimmen alle Nachrichten überein, daß Bülow in Soldau neben der eifrigen Beschäftigung mit seinem Bataillon auch höhere militairische Studien fleißig betrieben habe. Das damals gangbarste Buch, welches zugleich als ein neustes allen strebenden Offizieren dringend empfohlen war, Tempelhof's Geschichte des siebenjährigen Krieges, hat er eifrig durchgearbeitet, und in seinen späteren Siegen will man noch die Einflüsse wiederfinden, welche aus der vielfachen Betrachtung der Schlachten Friedrichs des Großen auf seine Kriegsanschauungen und Anordnungen übergegangen sind. Die genialen Ansichten seines Bruders Dietrich, denen er in manchen Beziehungen seinen Beifall nicht versagen konnte, haben jene Anhänglichkeit an ältere Grundsätze nie ganz aufzuheben vermocht. Auch seinen Offizieren empfahl er das Lesen militairischer Schriften, die er ihnen aus seinem Vorrath, wie seine Landkarten und Plane, bereitwillig darlieh.

Als im Sommer des Jahres 1798 Friedrich Wilhelm der Dritte nach Preußen kam, um die feierliche Huldigung des Landes zu empfangen, begab sich auch Bülow nach Königsberg, um die seinige bei dieser Gelegenheit dem Könige und der schönen Königin Luise darzubringen. Beide erwiesen sich ihm sehr gnädig, und der König sagte, ihm sei schon bekannt, wie eifrig Bülow die Ausbildung seines Bataillons betreibe, er möge nur so fortfahren. Von dem Anblick der Königin war Bülow aufs neue bezaubert, ihre Huld und Anmuth wetteiferten mit ihrer Schönheit, und in seinem Gemüth blieb der Eindruck der so würdigen als lieblichen Erscheinung unauslöschlich.

Wie Bülow hatte auch der Major von York ein neugebildetes Füsilierbataillon erhalten, das ebenfalls zur zweiten ostpreußischen Füsilierbrigade gehörte und in Johannisburg stand. Beide, ganz soldatisch gesinnt, erfahren und tüchtig, strebten zu gleichem Ziel, und erreichten dasselbe jeder in seiner Weise; sie mußten in derselben Thätigkeit häufig übereinstimmen, doch bei ganz verschiedener Gemüths= und Sinnesart persönlich einander abstoßen. Ohne besonders nahe und spannende Beziehungen zu einander zu haben, da beide demselben Oberbefehl untergeben und in verschiedenen Standorten waren, so scheint doch in dieser Zeit aus mancherlei Einwirkungen der Grund zu der Abneigung gelegt worden zu sein, die später, hauptsächlich in York, so stark hervortrat.

Unter Bülow's militairischen Freunden wird in dieser Zeit außer Chazot und Schlieffen vorzüglich der Stabskapitain Krauseneck genannt, der bei dem dritten Bataillon der zweiten ostpreußischen Füsilierbrigade in Heilsberg stand, Bülow'n öfters besuchte und an dessen Kriegsstudien Theil nahm. Auch die Namen Köhn von Jaski und Ernst von Pfuel werden erwähnt, jedoch fehlen uns nähere Angaben. Sein Umgang in der Stadt und auf den benachbarten Edelhöfen war nicht bedeutend; so bereit er war über einen ernsten Gegenstand zu streiten, so wenig liebte er das oberflächliche Geplauder, wie die gewöhnliche Gesellschaft es darbietet, auch vom Spiel war er kein sonderlicher Freund; er besuchte zwar Konzerte und Bälle, pflegte aber letztere schon zeitig zu verlassen. Daß während eines Besuchs auf einem benachbarten Gut ihm einst die Bataillonskasse nebst zwei Pferden gestohlen wurde, die er nur mit vieler Mühe wiederbekam, ließ ihn um so mehr alle längere Abwesenheit von Haus vermeiden.

Bisher hatte Bülow nie daran gedacht sich zu verheirathen, vielmehr öfters den Vorsatz geäußert ledig zu bleiben. Doch seiner harrte bereits ein besseres Geschick. Im Sommer 1802 besuchte er in Königsberg seinen Jugendfreund den Grafen von Schlieffen. Dieser führte ihn bei dem Obersten von Auer ein, der daselbst ein Dragonerregiment befehligte, und sah sich in dessen liebenswürdigen Familie freundlich aufgenommen. Auf Bülow machte die reizende und edle Erscheinung der dritten Tochter des Obersten, der zweiundzwanzigjährigen Marianne Auguste, einen tiefen Eindruck. Er wollte diesen bezwingen, und deßhalb seine Abreise beschleunigen. Sein Freund aber beredete ihn, dem Eindruck nachzugeben und um das Fräulein zu werben. Dies geschah, und seine Werbung wurde von dem Fräulein wie von den Eltern günstig erhört. Am 9. November 1802 wurde das schöne Paar in Königsberg getraut, und Bülow führte beglückt die treffliche Gattin heim. Er bezog nun in Soldau eine größere Wohnung, ein im ehemaligen Schloßgarten angenehm gelegenes Haus, und begann sich behaglicher einzurichten. Der neue Hausstand zog bald neue Theilnehmer herbei; wenige Wochen nach der Vermählung kam der junge Bruder der Gattin nach Soldau, der als Junker bei dem Füsilier=

bataillon eintrat, und seinem Schwager ein willkommener Hausgenosse wurde. Ein paar Monate später erschien Bülow's ältester Bruder Karl, der nach seinen traurigen Irrfahrten, gescheitert und verarmt, hier eine freudiggewährte Zuflucht fand, und bei dem edlen Bruder nun sorgenlos seinen wissenschaftlichen Neigungen lebte, bis es diesem gelang, ihm durch die nicht eben mühevolle und doch wohlausgestattete Stelle eines Salzinspektors eine angemessene Selbstständigkeit zu schaffen.

Auch Dietrich, der noch nicht wie Karl seine abentheuerlichen Einbildungen und wilden Entwürfe aufgeben, sondern in wechselnden Anläufen den Erfolg erstürmen wollte, der ihn stets floh, sprach in der äußersten Bedrängniß, die immer auf's neue sein Loos war, nicht vergebens die Hülfe des Bruders an. Er war mit litterarischen Plänen, unterstützt durch Vorschüsse eines Buchhändlers und des Hauptmanns von Nothardt, eines damals namhaften Offiziers von bedeutendem Vermögen und technischem Geiste, nach England gereist, und hoffte nun entschieden sein Glück zu machen. Allein seine Vorschläge fanden nirgends Eingang, er verzehrte das mitgebrachte Geld, machte Schulden, gerieth in Haft. Aus dieser befreite ihn Bülow durch das Opfer einer Summe, die für ihn um so bedeutender war, als sie die ihm selbst gebliebenen wenigen Hülfsquellen fast ganz erschöpfte, und seinen eignen neuen Lebensverhältnissen kaum entbehrlich schien. Dietrich ging nach Frankreich, in der Hoffnung dort irgendwie emporzukommen. Dem Bruder übrigens bezeigte er für dessen aufopfernde Liebe wenig Dank, er hatte von sich selbst eine so hohe Meinung, daß er es nur richtig und natürlich fand, wenn Andre für ihn sich opferten; er scheute sich nicht zu sagen: „Mein Bruder Wilhelm ist von uns Bülow's der dümmste, aber von allen Stabsoffizieren noch immer der klügste." —

Bülow's Ehe konnte in jedem Betracht als eine der glücklichsten gelten. „Beider Neigung, so schreibt hierüber eine edle zarte Hand, war gleich warm und innig, und beider Karaktereigenschaften standen im schönsten Einklange. War der edle Mann doch wohl zuweilen aufbrausend, oder in seinen Interessen allzu sorglos, so war die Frau dagegen sanft, verständig, eine treffliche Hauswirthin. Nicht eben schön, aber höchst anmuthig, heitern Sinnes und warmen Gefühls, wirkte sie wohlthuend durch ihre bloße Gegenwart. Sie hatte ein tiefes Verständniß für ihres Gatten großes und edles Gemüth, und ihr ganzes Bestreben war nur darauf gerichtet ihn zu beglücken, wie sie selber an seiner Seite glücklich war." Zwei Töchter, die sie ihm brachte, starben vor Ablauf des ersten Lebensjahres. Dies war der einzige Schatten, der dieses seltne Glück trübte. Eine später geborne dritte Tochter blieb am Leben. —

Im Jahr 1803 den 23. Juni wurde Bülow zum Oberstlieutenant befördert, wobei seine Anstellung dieselbe blieb. In Erfüllung seiner militairischen Pflichten, in Studien zur höhern Erkenntniß der Kriegskunst bewies er stets den gleichen Eifer, und auch die jüngern Offiziere leitete er unverdrossen an, sich für ihren Beruf in jeder Richtung auszubilden. Den jungen Auer liebte und behandelte er wie einen Sohn, und ließ ihn selten von seiner Seite.

Die Aussicht auf Anwendung der militairischen Fähigkeiten im wirklichen Kriege blieb indeß fortwährend verschlossen. Preußen hielt sich seit dem Baseler Frieden, der ihm nur eben jetzt erst nachträglich einen erwünschten Länderzuwachs als Entschädigung für die auf dem linken Rheinufer abgetretenen Landstriche gebracht hatte, allen Kriegsunternehmungen fern, und wußte sich dem Andrängen, das von Seiten der Mächte, welche den Krieg gegen Frankreich noch fortsetzten, mehrmals versucht wurde, immer glücklich zu entziehen. Es schien genügend, mit starkem, gerüstetem Heer inmitten aller Verwicklungen unangetastet dazustehen, und nöthigenfalls den Ausschlag geben zu können. So lange man mit Frankreich in gutem Einverständniß war, durfte man sich außer Gefahr glauben, und die Sicherheit war so groß, daß man bisweilen auch dieses Einverständniß nicht allzu sehr schonte.

Den staunenswerthen Feldzügen des jungen Bonaparte hatte man mit Bewunderung zugesehen, die Siege Moreau's in Deutschland ohne Unruhe betrachtet, da Preußen nicht unmittelbar davon berührt wurde, und die Nachtheile nur das längst aufgegebene deutsche Reich oder das Haus Oesterreich trafen, welches letztere in Preußen als verbündete Macht schwer zu denken war, dagegen herkömmlich als feindliche, wenigstens nebenbuhlerische galt. Diese damals für weise gehaltene Staatsklugheit hat sich in der Folge schlecht bewährt. Sie reichte nothdürftig hin, so lange Frankreich in der Unthätigkeit Preußens einen Vortheil sah, als aber Bonaparte sich in Frankreich der Oberherrschaft bemächtigt hatte, durch die völkerrechtswidrige Aufhebung und grausame Hinrichtung des Herzogs von Enghien seine völlige Rücksichtslosigkeit erschreckend aufdeckte, bald auch den Kaisertitel annahm, seine gewaltigen Kriegs- und Eroberungsplane immer weiter ausdehnte, und zudringlich nun auch Preußen in die Verwicklungen zog, in denen nicht mehr Zögern und Ausweichen, sondern nur kräftige Entscheidung gelten konnte, da fühlte man zu spät, daß man in eine Stellung gedrängt worden, in der man nicht wußte, wer Bundesgenosse oder Feind war. Der Bewunderung, die man dem Kriegshelden Bonaparte gezollt, mischte sich nun Mißtrauen und Haß gegen den Machthaber bei, der nichts mehr schonte, der alles zu verschlingen drohte. Wir können diesen Zeitpunkt als denjenigen bezeichnen, in welchem auch Bülow's politische Ansichten eine entschiednere Richtung nahmen, und sein Urtheil über den französischen Kaiser nicht anders mehr als in jenem Zwiespalte sich äußern konnte.

Doch kam der erste Anstoß, der Preußen aus seiner bisherigen Haltung aufrüttelte, nicht von französischer Seite her, sondern von russischer. Der Kaiser Alexander, verbündet mit Oesterreich, England und Schweden, verlangte im September 1805 für einen Theil seiner gegen Frankreich bestimmten Heeresmacht den Durchmarsch durch Preußen, und drohte denselben sogar zu erzwingen. Dergleichen Anmaßlichkeit und Nichtachtung durfte nicht geduldet werden. Die preußischen Truppen sammelten sich an der Weichsel, und alles ließ sich zum Kriege gegen Rußland an. Auch Bülow zog mit seinem Füsilierbataillon gegen die russische Gränze, wo es jedoch zu keinen Feindseligkeiten kam; sechs Wochen stand er mit seinen Leuten um und bei Lyck, da änderten sich die Verhältnisse durch diplomatische Unterhandlungen, und das Bataillon kehrte ruhig in sein Standquartier Soldau zurück. Doch nicht auf lange! Die Sturmwolken, welche im Osten sich verzogen hatten, stiegen von Westen her plötzlich auf; der französische Kaiser, dessen Kriegsschaaren auf allen Wegen gegen Oesterreich eiligst vordrangen, ließ eine derselben in Franken ungefragt über preußisches Gebiet ziehen. Was die Russen nur gedroht, aber auf Preußens kriegsmuthig Entgegentreten unterlassen, hatten die Franzosen ohne Scheu verübt, und durch diese Gewaltthat das preußische Ehrgefühl übermüthig herausgefordert; von allen Seiten erscholl der Ruf zu den Waffen, um diese Schmach zu rächen. Die preußische Kriegsmacht, kaum zurückgekehrt aus der gegen Rußland genommenen Stellung, mußte schleunigst in entgegengesetzter Richtung sich zusammenziehen. Auch Bülow erhielt Befehl mit seinem Bataillon auszumarschiren, und sollte sich den Truppen anschließen, die nach Sachsen und Thüringen vorzurücken bestimmt waren.

Kriegsfreudig zog Bülow mit seiner muntern Schaar von Soldau gegen die Mitte des Novembers aus, und setzte seinen Marsch unausgesetzt nach Berlin fort. Unterwegs, als das Bataillon in dem Städtchen Schubin eben Rasttag hielt, empfing Bülow eine Königliche Kabinetsordre vom 15. November, die ihm seine Ernennung zum Kommandeur des Fußregiments Prinz Louis Ferdinand ankündigte. Bülow, der diese Anstellung aus schon angeführten Gründen nicht wünschte, besonders aber seine Füsiliere nicht gern verlassen wollte, schrieb augenblicklich an den König, und bat, in seiner jetzigen Stellung bleiben zu dürfen. Beim Einmarsch in Berlin, wo der König mit großem Gefolge schon am Thore des Bataillons harrte, hörte man diesen zu Bülow sagen: „Also, mein lieber Bülow, Sie wollen Ihre grünen Männer nicht verlassen?" worauf Bülow antwortete: „Laßen Euer Majestät mir gnädigst mein Bataillon, da ich mich höchst ungern von demselben trennen möchte." Der König schloß das Gespräch mit den freundlichen Worten: „Behalten Sie Ihr Bataillon, da es Ihnen so am Herzen liegt." Hiemit war also der Wunsch gewährt; die Füsiliere aber, von denen die vordersten das Gespräch mitangehört, die übrigen es von diesen erfahren hatten, brachen später in vollen Jubel aus, und wollten Leib und Leben für ihren Befehlshaber laßen, der es auch mit ihnen so treu meinte.

Das Bataillon setzte seinen Marsch an die sächsische Gränze fort, wo es vorläufig Halt machte. Da weithin kein Feind vorhanden war, und alsbald anstatt des gehofften raschen Vordringens ein unschlüßiges Abwarten eintrat, so benutzte Bülow diesen Stillstand zu wiederholtem und längeren Aufenthalt in Berlin. Hier sah er den Prinzen Louis Ferdinand wieder, dessen Schwester Prinzessin Luise, nebst ihrem Gemahl dem Fürsten Radziwill; der ganze Ferdinand'sche Hof nahm ihn wie einen alten vertrauten Freund auf. In diesem Kreise, der im höchsten Grad aufgeregt und mit jeder Zögerung unzufrieden war, blieb ihm die wahre Lage der politischen Dinge kein Geheimniß, er sah entgegengesetzte Meinungen sich bekämpfen und aufheben, ohne daß ein entscheidender Wille sie beherrschte. Muth und Eifer mühten sich vergebens in dem Gewirr von Widersprüchen ab, welche von allen Seiten laut wurden. Heftige, verwegene Meinungen traten ohne Scheu hervor, überall wurden die Tagesfragen verhandelt, bittre Tadelworte ausgesprochen, die stürmischen Erörterungen gingen oft bis zur Wuth. Besonders machte sich der Oberst von Massenbach in solchen maßlosen Reden Luft, und wollte allen Leuten seine Ansichten aufdringen, die ihm selber nicht klar waren. Bülow empfand bei diesen Erhitzungen nur Unbehagen, und sein Widerwille gegen rednerische Kriegskünstler verschonte selbst den edlen Scharnhorst nicht, den er nur immer den Schulmeister zu nennen pflegte. Auch mit seinem Bruder Dietrich hatte er lebhafte Kämpfe, die bittre Unzufriedenheit desselben mit seinem eignen Schicksal mischte sich in die schnöden Urtheile, die er mit größter Verachtung über Personen und Sachen hinwarf. An Vaterlandsgefühl und Kampfesmuth stand Bülow keinem der damaligen Eiferer nach, aber er wollte beides in Handlungen bewähren, nicht in Redensarten. Unwillig abgewandt von diesen Widrigkeiten suchte er sich mit dem Prinzen Louis Ferdinand und Fürsten Radziwill in der gemeinsamen Neigung zur Musik zu erfrischen; der Prinz nahm oft in seiner Verzweiflung die Zuflucht zum Fortepiano, wobei Bülow als Kenner und Theilnehmer ihm doppelt willkommen. Dieser machte auch damals mit Dussek, dem Kapellmeister des Prinzen, nähere Bekanntschaft, und mit der Sängerin Schmalz, deren jugendliches Auftreten vielen Beifall erwarb.

Die großen Siege des Kaisers Napoleon, besonders der bei Austerlitz erfochtene, der Oesterreich zum Frieden zwang, und Rußland ohne Kriegsboden ließ, veränderten schnell die politische Lage der Dinge, und Preußen, anstatt jetzt noch trotzig die Entscheidung der Waffen zu wollen, ließ sich in Unterhandlungen ein. Dem Scheine nach boten diese zuerst große Vortheile für Preußen, allein die Nachgiebigkeit selbst, durch die sie erlangt waren, minderte sie schon, noch mehr die Verwicklungen, die daraus hervorgingen und stets neue Verlegenheiten verursachten. —

Inzwischen war der größte Theil der Truppen bei völlig friedlichem Anschein der Dinge, abermals heimgekehrt, und auch Bülow mit seinem Bataillon im Dezember glücklich wieder in Soldau eingetroffen. Der Frieden mit Frankreich schien sich zu befestigen. Das Heer sah in ihm keine Vortheile, sondern nur Schmach, und gab seinen Unwillen vielfach zu erkennen; doch konnte dies den Gang der Dinge nicht ändern, die nur zu schnell eine neue Wendung nahmen. Preußen hatte für seine fränkischen Markgrafschaften das Kurfürstenthum Hannover von Napoleon eingetauscht, und begann sich in der neuen Besitzung einzurichten. Die dadurch hervorgerufene Feindschaft Englands, dessen König auf Hannover nie verzichtet hatte, wurde bald durch die Wegnahme von 600 preußischen Schiffen und durch die Stockung des Handels merkbar, wovon besonders die Provinzen Preußen und Pommern litten. Ein Krieg gegen Frankreich, meinte man, hätte diesen Nachtheil vermieden, und viel größeren Gewinn, als den erlangten sehr zweideutigen, bringen können. Neue Schwierigkeiten, die zwischen Preußen und Frankreich sich erhoben, neue Vorschläge und Forderungen die letzteres machte, hielten die Gemüther in Spannung, und die Kriegseifrigen gaben noch nicht die Hoffnung auf, es zum Bruche kommen zu sehen. Allerdings war auch ein Theil des Heeres noch auf dem Kriegsfuß.

Auch Bülow's Beförderung zum Obersten, die am 23. Mai

1806 erfolgte, ließ ihn noch in seiner Stellung bei seinen Füsilieren, was ganz seinen Wünschen entsprach, denn auch der Aufenthalt in Soldau war ihm lieb geworden, und sein häusliches Leben daselbst erhielt aus der Vergleichung, die das glänzende Leben der Hauptstadt erst kürzlich dafür dargeboten hatte, nur neuen Reiz. Er war zum Hausvater geschaffen, war ein liebevoller Gatte, ein zärtlicher Kinderfreund. Um so schmerzlicher traf ihn der frühe Verlust seiner beiden Töchter, besonders der zweiten, deren kräftige Natur eine herrliche Entwicklung zu versprechen schien. Wir versagen uns nicht, den Brief, welchen Bülow bei diesem Anlaß an seinen Bruder Ludwig schrieb, unverändert hier mitzutheilen; er giebt ein ächtes tiefes Gefühl in seinem natürlichen Ausdruck zu erkennen. Der Brief ist vom 20. Juli 1806 aus Soldau, und lautet wie folgt: „Lieber Ludwig! Obgleich seit einiger Zeit Umstände unser näheres Zusammentreffen gewissermaßen gehindert haben, so bin ich doch überzeugt, daß Du an meinem Schicksale Theil nimmst. So glücklich ich auch in vieler Rücksicht bin, besonders in meiner treuen Gefährtin, so viel und schweres Unglück trifft mir auf einer andern Seite. Die Hand des Schicksals beugt mich tief, denn mein so blühendes, schönes und außerordentlich starkes Kind ist mir am 10. dieses frühmorgens wieder durch den Tod entrissen, und so beweine ich nun den Verlust meiner beiden Kinder. Dieses mein letztes ist am Durchbruch der Zähne verstorben. Der alte Schulze, der mein kleines freundliches Kind gesehen, wird uns auch bedauern, grüße ihn tausendmal und lebe wohl."

Andre Bekümmerniß und Sorge verursachte ihm sein Bruder Dietrich, dessen scharfe, höhnische Tadelschriften immer maßloser wurden, und ein Aufsehen erregten, das dem Verfasser wenig Gewinn aber desto größere Gefahr brachte. Der Unglückliche mußte schreiben um zu leben, er schrieb verletzend und

schonungslos, um viele Leser zu haben, und weil er nicht an=
ders konnte; dabei befand er sich doch stets in bedrängender
Noth, und bedurfte der brüderlichen Unterstützung. Mit Mühe
gelang es, einige Handschriften ihm zu entwinden, deren Ver=
öffentlichung ihn sogleich auf die Festung gebracht hätte, ein
Schicksal, das für ihn schon jetzt befürchtet wurde, und dem er
nicht lange mehr entgehen sollte! —

Preußen hatte sich durch den Kaiser Napoleon in eine
Stellung verlocken lassen, die nichts übrig ließ, als ferner die=
sem zu folgen und sein Walten anzuerkennen. Doch die alte
Selbstständigkeit mit solcher Unterordnung zu vertauschen, war
dem preußischen Stolz eine zu harte Zumuthung, er lehnte sich
heftig dagegen auf, besonders im Heer und Volk, und auch die
diplomatische Sprache nahm wieder einen hohen Ton. Na=
poleon, der Preußens Lage richtiger übersah, als man dies in
Berlin unter den Täuschungen aller Art, denen man hingege=
ben war, vermochte, kümmerte sich nicht um das Mißvergnügen,
noch weniger um die Drohungen, mit denen Preußen seinen
Uebergriffen entgegen trat. Er stiftete den Rheinbund, und zog
zu demselben auch solche Länder, auf die er Preußen als in
dessen Bundesgenossenschaft gehörig, vertröstend angewiesen
hatte. Die Unzufriedenheit wuchs, die Spannung stieg immer
höher. Da geschah die Entdeckung, daß Napoleon noch treu=
loser auch über Preußens wirklichen Besitzstand anmaßlich ver=
fügte, und in geheimen Friedensverhandlungen mit England
diesem das Kurfürstenthum Hannover, das er selbst kurz vor=
her Preußen aufgedrungen hatte, zurückzugeben versprach. Nun
schien der Bruch nicht länger zu vermeiden, alles forderte ihn,
mit Ungestüm das Heer, das die vorjährige Schmach zu rächen
hatte. Der Sommer des Jahres 1806 verging unter Zöge=
rungen. Auch Bülow gehörte zu den Offizieren, die laut ihren
Unwillen äußerten und die Staatsleitung beschuldigten ohne

Muth und Ehre zu sein; man sprach von bestochenen Verräthern; die Namen Haugwitz, Lucchesini, Lombard, die wohl andre Vorwürfe, doch nicht diesen verdienten, wurden mit Abscheu genannt. Freunde warnten ihn, er werde sich mißliebig machen, ja sei es schon geworden; doch er achtete nicht darauf. —

Die Kriegsrüstungen waren indeß ernstlicher geworden, und im Herbst rückten bedeutende Streitkräfte in's Feld. Das Füsilierbataillon Bülow's aber, nach dem zweimaligen vergeblichen Ausmarsch um so begieriger auf den dritten, der endlich ernst zu werden versprach, blieb diesmal daheim. Was der Truppe wie ihrem Anführer damals ein ärgerliches Mißgeschick, eine unverdiente Zurücksetzung war, sollte bald als eine traurige Gunst erscheinen. Unter einem Zusammenfluß von Umständen und Einwirkungen, die nicht schlimmer gedacht werden konnten, wurde der Krieg eröffnet, am 10. Oktober fiel bei Saalfeld der heldenmüthige Prinz Louis Ferdinand, und am 14. Oktober, dem Unglückstage Friedrichs des Großen, erlag das preußische Heer in zwei Schlachten, die schon vor ihrem Beginn verloren waren. Ungeheuer war der Eindruck, den im ganzen Lande die Nachricht dieser Niederlage bewirkte, man war auf Unfälle gefaßt gewesen, auf theilweises Zurückweichen, aber nicht auf solches Verderben; der Schrecken, den es verursachte, mehrte und vervollständigte dasselbe; die feige Uebergabe der vielen und starken Festungen, des noch rettbaren Heertheils bei Prenzlau, sind einzig aus diesem betäubenden Schrecken zu erklären.

Bülow ließ sich durch die allgemeine Erschütterung nicht irren, er kannte seine Pflicht, und erfüllte diese mit Unverdrossenheit. Und wenn das ganze Heer zertrümmert sei, meinte er, sein Bataillon stehe noch kriegsfertig da, und werde jederzeit leisten, was braven Soldaten möglich. Er verdoppelte seine Aufmerksamkeit auf den Dienst, auf die Mannschaft, und suchte

diese wie in strenger Zucht, so in guter Stimmung zu erhalten.
Wirklich hatte er die Befriedigung, daß seine Leute, trotz der
Verlockungen des benachbarten polnischen Aufstandes, mit weni=
gen Ausnahmen treu bei der Fahne blieben. Schweren Kum=
mer verursachte ihm in dieser Zeit auch die politische Haft sei=
nes Bruders Dietrich. Kaum hatte er dessen Abführung von
Berlin nach Kolberg vernommen, so schrieb er an den dortigen
Kommandanten, um den Unglücklichen ihm aufs wärmste zu
empfehlen, und stellte diesem alle Hülfsmittel zu Gebot, über
die er im Augenblicke verfügen konnte, und die in dieser un=
gewissen Zeit ihm selbst und den Seinigen kaum entbehrlich
waren. —

Nach den unglücklichen Schlachten in Thüringen, deren
Unheil mit jedem Tage zu größeren Folgen in ungeahndeter
Größe sich entwickelte, hatte man anfangs gehofft, hinter der
Oder wieder Stand halten und das Vordringen des Feindes
hemmen zu können. Zu diesem Zweck war General von Lestocq
befehligt worden, aus den in Preußen zerstreuten Truppen eine
Stärke von 17 Bataillonen, 30 Schwadronen und 76 Geschützen
zusammenzuziehen und an die Oder vorzuführen. Aber ehe
diese Truppen, zu denen auch Bülow's Bataillon gehörte, nur
an der Weichsel versammelt waren, hatten die raschen Franzosen
schon diesen Fluß erreicht, und machten Anstalt ihn zu über=
schreiten. Die Gesammtstärke der Preußen, die hier unter dem
Oberbefehl des Generals der Reiterei Grafen von Kalckreuth
vereinigt war, betrug kaum 24,000 Mann, und konnte sich ge=
gen die feindliche Uebermacht im offenen Felde nicht behaupten.
Indeß war es schon gewiß, daß ein russisches Hülfsheer in
Eilmärschen heranrückte, und es kam jetzt vor allem darauf an,
bis zu dessen Eintreffen dem Feind möglichst wenig Land zu
überlassen. Lestocq befehligte die Vorhut, und unter ihm hielt
Bülow an der obern Weichsel die Stadt Thorn besetzt. Hier

wollte der Marschall Lannes den Uebergang erzwingen, und machte dazu vom 21. bis 24. November die nöthigen Vorbereitungen. Bülow zerstörte durch wiederholte glückliche Ueberfälle die feindlichen Anstalten, führte 26 der größten Kähne hinweg, welche die Franzosen mühsam zusammengebracht hatten, und zwang diese ihr Vorhaben hier aufzugeben um es stromaufwärts an andrer Stelle zu versuchen. Im Anfang des Dezembers kamen die Russen an, wollten aber fürerst nicht bis Thorn vorgehen, daher Lestocq sich genöthigt sah, diesen Punkt aufzugeben, und sich ihnen rückwärts anzuschließen. Im Januar 1807 wechselte er mehrmals seine Aufstellung, um Königsberg zu decken, und vereitelte bei Angerburg glücklich den Handstreich, welchen der Marschall Ney durch den General Colbert auf diese Stadt versuchen ließ.

Lestocq hatte zwei Vorposten=Brigaden gebildet, deren eine der Oberst von Maltzahn, die andre Bülow befehligte; sie waren von allen Waffengattungen zusammengesetzt, lieferten dem Feinde tägliche Gefechte, und blieben meist im Vortheil. Bülow verstand es trefflich, die verschiedenen Truppen wirksam zu gebrauchen, auch setzten sie alle ein großes Vertrauen auf ihn. Doch das wandelbare Kriegsglück ließ ihm bald einen bedeutenden Unfall widerfahren. Am 5. Februar waren die Franzosen bei Waltersdorf heftig vorgedrungen und hatten sich in ein Gehölz geworfen, sie wurden zwar nach tapferm Widerstande zurückgeschlagen, machten aber bald mit großer Uebermacht einen neuen Angriff, umgingen den linken Flügel der Preußen und bedrohten deren Rückzugslinie. Bülow erkannte die Gefahr, warf sich an der Spitze eines Bataillons ihnen muthig entgegen, und hielt durch sein wirksames Gewehrfeuer ihr weiteres Vordringen kurze Zeit auf; allein schnell entwickelten sie neue Streitkräfte, die bis dahin nicht gesehen worden waren, die Preußen sahen sich von allen Seiten angegriffen, und mußten, da sie keine Unterstützung bekamen, eiligst weichen. Der Rückzug ging durch ein Dorf, hier war unglücklicherweise der Weg durch Gepäck und Troß versperrt, die französische Reiterei unter dem General Lasalle benutzte diesen Augenblick zum Einhauen, das in Unordnung gerathene preußische Fußvolk vermochte nicht zu widerstehen, und wurde großentheils niedergemacht oder gefangen. Besonders litten die Füsiliere großen Verlust, Bülow selbst wurde durch eine Flintenkugel im linken Arm verwundet, sein Bataillon fast aufgerieben. Dies war ein harter Schlag, der doch weder den Truppen noch ihrem Anführer zum Vorwurf gereichen konnte, im Gegentheil wurden beide wegen ihrer Tapferkeit belobt. Auch ließ Bülow sich durch den Unfall keineswegs beugen. Als noch am nämlichen Abend bei Mohrungen, wo die Verfolgung nachließ, einige seiner Offiziere todtmüde und niedergeschlagen in seinem Quartier sich einfanden, wo er sich eben verbinden ließ, rief er ihnen zu: „Muth, Kammeraden! So wahr die Kerls uns heute tüchtig geprügelt haben, prügeln wir sie dafür ein andermal!"

Seine Wunde machte ihn für einige Zeit undienstfähig. Er konnte daher in der Schlacht von Preußisch-Eylau, die am 7. und 8. Februar geliefert wurde, nicht mitkämpfen. Das hitzige Andringen der Franzosen bei Waltersdorf mit solcher Uebermacht erklärte sich durch das allgemeine Vorrücken zu dieser Schlacht, zu deren einleitenden Gefechten jenes unglückliche Treffen mitgehörte.

In diese Zeit fällt ein Schreiben an Bülow von seinem in Kolberg gefangen sitzenden Bruder Dietrich, der bei aller Unbill und Härte, die er vom Vaterlande litt, dennoch mit rastlosem Eifer über Planen zu dessen Rettung und Heil brütete. Mit der ihm stets eignen Kühnheit des Geistes und Selbstvertrauens hatte er einen Anschlag erdacht, den Feind aus Preußen hinauszuzwingen, vielleicht zu verderben. Er verlangte nur den Majorstitel, zweitausend Mann, und freie Hand. Er wollte von Kolberg in unbemerkten Eilmärschen nach Berlin vordringen, dem Feinde seine Verbindungen abschneiden, seine Vorräthe, Kassen, Ersatzmannschaften aufheben, alle Preußen, ja alle Deutschen zu den Waffen rufen, und in kürzester Frist ein furchtbares Heer versammelt haben. An sich war ein solcher Gedanke gewiß nicht zu verwerfen; mit größern Mitteln und beschränkterer Absicht sollte bald nachher Blücher eine solche Unternehmung versuchen. Ob die Denkschrift dem General von Rüchel, wie sie es verlangte, vorgelegt worden sei, können wir nicht sagen; jedenfalls aber mußten manche Sätze darin zu abentheuerlich, so wie schon der Name des Urhebers zu anstößig erscheinen, als daß eine Genehmigung zu hoffen gewesen wäre. Sich des unglücklichen Bruders anzunehmen, war indeß Bülow schon früher bedacht gewesen; er hatte schon am 1. Februar dessen Freilassung durch ein dringendes Bittschreiben bei dem Könige nachgesucht, dieser jedoch geantwortet, daß er der brüderlichen Liebe die Fürbitte gern zu gute halte, sie aber schon jetzt nicht gewähren könne, indeß aus Rücksicht für ihn den Obersten dem Kommandanten von Kolberg aufgegeben habe, den Gefangenen nicht Noth leiden zu lassen. Soviel uns bekannt, ist nach jener Denkschrift kein späteres Lebenszeichen von Dietrichs Hand mehr erfolgt. —

Bülow's Wunde war noch nicht geheilt, als sein Füsilierbataillon, das freilich fast auf die Hälfte zusammengeschmolzen war, in der Vorposten=Brigade des Obersten von Maltzahn wieder tapfer kämpfte, am 24. Februar bei Braunsberg an der Passarge dem Feind eine Schlappe beibringen half, aber am 26. ebendaselbst auch wieder gegen feindliche Uebermacht ein unglückliches Gefecht zu bestehen hatte. —

Napoleon indeß, der durch die Schlacht bei Eylau zu großen Verlust erlitten hatte, um sogleich gegen das nicht besiegte

Heer der Russen und Preußen den Krieg im offnen Felde mit aller Kraft fortzuführen, hatte beschlossen die Belagerung von Danzig zu unternehmen. Anfangs März begann die Einschließung. Die preußische Besatzung war für die weitläufigen Werke des Platzes nicht stark genug, die Mannschaft großentheils unzuverlässig, besonders wegen der darunter befindlichen vielen Polen, denen der polnische Aufstand in Südpreußen ein lockendes Beispiel gab. Der General Graf von Kalckreuth, der ungern unter dem Oberbefehl des russischen Generals von Bennigsen gestanden hätte, aber sich in der Selbstständigkeit eines Festungsbefehlshabers gefiel, traf von Königsberg ein um die Vertheidigung zu unternehmen. Er führte sie mit Einsicht und Tapferkeit, nach Maßgabe der Kräfte, über die er verfügen konnte. Doch wurden ihm auch manche Vernachlässigungen vorgeworfen. Er verlor sehr bald die Verbindung mit den nahen Festen Neufahrwasser und Weichselmünde, und bald auch die mit Pillau und Königsberg über die Nehrung. Auf diesem etwa 12 Meilen langen schmalen Landstriche zwischen der Ostsee und dem frischen Haf war von Pillau her der General von Rouquette vorgedrungen, um die Verbindung mit Danzig offen zu halten, aber theils wegen zu geringer Truppenzahl, theils aus Mangel an Handbietung von Seiten Kalckreuth's, hatte er vor der Uebermacht des auf ihn eindringenden Feindes schnell zurückweichen müssen, und die Nehrung am 26. März völlig geräumt. Wegen dieses Mißgeschickes wurde sogleich eine Untersuchung gegen Rouquette angeordnet, bei welcher Bülow das Amt eines Berichterstatters zu versehen hatte. Sein Antrag, auf wahre Gerechtigkeit und Einsicht gegründet, ging auf völlige Freisprechung, da Rouquette alles gethan hatte, was unter den gegebenen Umständen möglich war; dagegen fiel auf Kalckreuth mancher Tadel, ja man sagte, er habe mit Absicht Rouquette im Stich gelassen, weil dieser in früheren Verhand=

lungen über die Frage, ob die Reiterei ihre Wendungen besser zu dreien oder zu vieren mache, sein Gegner gewesen sei! — Bülow ahndete bei seinem Berichte wohl nicht, daß er selbst alsbald in derselben Aufgabe wie Rouquette scheitern sollte! —

Da Kalckreuth in Folge dieser Nachtheile mehr und mehr bedrängt wurde, so forderte er wiederholt und dringend, daß der Entsatz der Festung versucht, ihm wenigstens Verstärkung an Mannschaft und neuer Pulvervorrath zugeführt würde. Bennigsen konnte dieses letztere nicht verweigern, und beschloß den russischen General Kamenskii mit einigen tausend Mann und ansehnlichen Vorräthen nach Danzig abzusenden. Kalckreuth hatte gewünscht, daß die Hülfe ihm über die Nehrung zugeführt würde, aber Bennigsen zog den Seeweg vor, da sich englische und auch schwedische Kriegsschiffe bereit fanden die Ueberfahrt von Pillau nach Neufahrwasser und Weichselmünde zu sichern. Kamenskii sollte hier seine Truppen ausschiffen, rasch auf Danzig vordringen, und mit Hülfe eines kräftigen Ausfalls von Seiten Kalckreuth's die Verbindung öffnen. Hiezu mitzuwirken war ein gleichzeitiger Angriff auf der Nehrung verfügt, doch nur um den Feind über jenen zu täuschen und seine Aufmerksamkeit hieher zu lenken, daher mit nur geringen Kräften. Zum Führer dieses Angriffs und überhaupt zum Befehlshaber auf der Nehrung wurde Bülow ernannt, der um die Mitte des Aprils von Pillau mit den ersten Truppen, die grade zur Hand waren, auf die Nehrung übersetzte. Die an deren Spitze, Pillau gegenüber, liegende Schanze, die im Fall eines Unglücks, als Zuflucht dienen mußte, ließ er eiligst verstärken und mit einigem Geschütz versehen, und ging dann rasch auf die französischen Posten los, die seinen Angriff nicht abwarteten. Er trieb sie bis Kahlberg zurück, und seine Vorposten standen in Polski, so daß die Preußen einen Theil der frischen Nehrung, die Franzosen den übrigen Theil und die ganze Danziger Neh=

rung besetzt hielten. Bevor er weiter vorrückte, mußte Bülow die Nachricht von Kamenskii's erfolgter Abfahrt so wie die Verstärkung abwarten, die seiner kleinen Schaar noch zugesagt und nöthig war. Beides verzögerte sich über die Maßen, und Bülow brachte mehrere Wochen in peinlichster Ungeduld hin.

Seine Lage war höchst unangenehm; er konnte jeden Augenblick mit Uebermacht angefallen werden, und durfte selber nichts unternehmen, um nicht den größern Zweck zu gefährden, vielleicht ganz zu vereiteln. Da jedoch die Franzosen ihm gegenüber so gar nicht kampflustig schienen, und es wünschenswerth war zu dem beabsichtigten Schlage möglichst weit vorgerückt zu sein, so ließ er endlich am 9. Mai mit großer Behutsamkeit seine Vorhut bei Vöglers vorgehen, wo sie auf den Feind stieß, der etwa 400 Mann Fußvolk und 200 Reiter stark schien. Ein dicker Nebel, der keine genauere Erkundung zuließ, hielt beide Theile in vorsichtiger Unthätigkeit. Die Preußen hatten zur Sicherung ihrer linken Flanke und zum Nachführen von Lebensmitteln, die auf der öden Erdzunge gänzlich fehlten, im Haf einige bewaffnete Schiffe, die sich ebenfalls nicht weiter vorwagten. So stand man sich ein paar Tage mißtrauisch gegenüber. Am 11. Mai kamen aus Pillau 300 Mann gemischten Fußvolks, bald auch das Bülow'sche Füsilierbataillon, das bei der Ueberfahrt vom Sturm verschlagen gewesen war, endlich die ersehnte Nachricht, daß Kamenskii mit seinen eingeschifften Truppen in See gegangen sei.

Nun brach Bülow, nachdem er seine Streitkräfte vereinigt und gemustert, am 13. Mai in aller Frühe von Vöglers auf, und rückte entschlossen gegen Kahlberg. Seine sehr gemischte Schaar bestand aus 2500 Mann Fußvolk, 280 Reitern und 4 Geschützen. Sein Füsilierbataillon hatte sich nach den großen Verlusten bei Waltersdorf und Braunsberg wieder ergänzt, aber statt der alten bewährten Mannschaft zählte es jetzt fast nur unversuchte Neulinge. Der Rittmeister von Möllendorf, der die Reiterei befehligte, hatte 120 Reiter seiner eignen kleinen Freischaar, 120 Husaren und Dragoner, ferner 40 donische Kosaken. Der Marsch geschah in drei Kolonnen, von denen die eine dicht am Ostseestrande, die mittlere am Fuße der Dünen, die dritte auf deren Höhen hinzog. Der Feind, als er diese Kolonnen rasch anrücken sah, verließ Kahlberg und wich ohne Gefecht immer weiter zurück. Nach Bülow's Ermessen mußte Kamenskii bereits am Orte seiner Bestimmung angelangt sein, allein da keine Nachricht die Gewißheit brachte, so gingen wieder zwei Tage in stillem Abwarten verloren. Endlich am 15. erscholl der Kanonendonner und man wußte, daß Kamenskii seinen Angriff begonnen hatte. Schnell rückte nun Bülow mit allen Truppen vor, und gelangte mit der Vorhut bis Bodenwinkel, wo der Raum linkshin sich weiter öffnet und zum Gefecht günstiger wird. Da jedoch gegen Mittag das Feuer von Kamenskii's Angriff, anstatt näher zu kommen, sich entfernte, und bald ganz verstummte, so mußte Bülow auf's neue Halt machen. Er stellte seine Truppen staffelweise von Steegen bis Bodenwinkel auf, bereit zu jeder Bewegung, welche die Umstände fordern könnten. Ein Offizier, den er zur See nach Weichselmünde sandte, um über die Lage der Sachen dort Auskunft zu erlangen, kam nicht zurück, und alles blieb in peinlicher Ungewißheit.

Am 16. Mai hörte man aus der Nähe von Danzig wieder lebhaftes Geschütz- und Gewehrfeuer, worauf Bülow sogleich wieder vorrückte. Ungeduldig an den Feind zu kommen, und ihn von dieser Seite möglichst zu beschäftigen, ließ er die Reiterei unter Möllendorf nach Heubude vortraben, wo der gutverschanzte Feind zwar nicht anzugreifen, aber der Gang des Gefechtes bei Danzig genau zu erkennen war. Doch auch diesmal schwieg das Feuer bald, und die Truppen Kamenskii's schienen sich zurückzuziehen.

Bülow hatte die Aufmerksamkeit des Feindes auf sich ablenken wollen: dies war ihm wirklich, und leider ohne daß jenseits Vortheil davon gezogen wurde, nur zu sehr gelungen! Die Nachricht, daß die Preußen wieder auf der Nehrung vorrückten, war an Napoleon gelangt, und mit zornigem Mißfallen hatte er den heftigen Befehl ertheilt, die allzu dreiste Schaar ohne Säumen in's Meer zu werfen; demgemäß wurde General Beaumont beordert, sogleich mit 1000 Dragonern, mit genugsamem Fußvolk und Geschütz über die Elbinger Weichsel auf die Nehrung vorzudringen. Ein starker Nebel begünstigte den Ueberfall. Möllendorf wurde den Feind erst gewahr, als er schon in voller Macht dicht heran war, verlor die Besonnenheit, und anstatt durch plötzlichen Angriff ihn, wenn auch noch so kurze Zeit aufgehalten, damit Bülow von der Gefahr benachrichtigt werden könnte, eilte er gleich zurück, und kam vom Feinde rasch verfolgt mit diesem zugleich in Steegen an, wo die größte Verwirrung eintrat. Zum Glück waren die Truppen so gestellt, daß sie augenblicklich den Rückzug auf Kahlberg antreten konnten, wo sich die Nehrung auf etwa 700 Schritt verengt, und ein fester Widerstand möglich war. Bülow selbst war bei der Nachhut, und ermuthigte die Soldaten durch kräftiges Wort und Beispiel. Hinter Bodenwinkel, wo der Weg in Waldung führte, nahm er die Reiterei, die bisher mit dem nachdrängenden Feinde nothdürftig geplänkelt hatte, hinter die Füsiliere zurück, die nun die nächsten am Feinde blieben, befahl aber daß Möllendorf sich stets zum Angriff bereit halten, und auch an Stellen, wo das Gehölz lichter wurde, kleine Reitertrupps auf die Flügel der Füsiliere schicken sollte. Anfangs ging alles in leidlicher Ordnung, und ein zu heftig andringendes Bataillon französischer Voltigeurs wurde mehrmals durch Ge=

wehrfeuer und vorsprengende Reiter gehemmt und zurückgewiesen. Aber an einer Stelle, wo der Wald sich etwas öffnete, brach unvermuthet eine starke Schaar feindlicher Dragoner hervor, die preußische Reiterei war trotz der ertheilten Befehle nicht gleich zur Hand, die Füsiliere glaubten sich von ihr verlassen, geriethen in Verwirrung, und hielten den heftigen Stoß des von allen Seiten ansprengenden Feindes nicht aus. Vergebens suchte Bülow, unterstützt von seinen Offizieren, die Ordnung herzustellen, stieg vom Pferde, befahl, bat, die unerfahrene Mannschaft lief auseinander, suchte Schutz im Walde, und fand nur um so gewisser Tod oder Gefangenschaft. Bülow, der nur mit Mühe wieder auf sein Pferd kam, jagte nun zu seiner Reiterei, rief sie mit gewaltigen Worten an, setzte sich an ihre Spitze, und brachte sie in vollem Rennen herbei. In einem schmalen Wege, der nur eine Front von acht Reitern zuließ, stürzte er mit gedrängter Schaar nun seinerseits auf den überraschten Feind, dem 70 bis 80 Mann niedergehauen, ein Offizier und acht Dragoner gefangen genommen wurden. Die Füsiliere jedoch waren schon zersprengt, das Bataillon zum zweitenmale fast vernichtet, die meisten der tapfern Offiziere gefangen!

Selbst der augenblickliche Erfolg konnte nur von kurzer Dauer sein. Als die übrigen Truppen aus dem Walde sich glücklich herausgezogen, ließ Bülow bei Kahlberg sie zwar wieder Front machen, um dem Feinde Einhalt zu gebieten, aber längst des Seestrandes rückten 4 französische Reiterregimenter in seiner rechten Flanke vor und drohten seine Stellung zu umgehen, und durch den Wald folgte zahlreiches Fußvolk, dessen Trommeln und Hörner schon ganz nahe gehört wurden, es wurde später auf 6000 Mann geschätzt; der vereinte Angriff einer solchen Uebermacht durfte nicht abgewartet werden, Bülow setzte daher den Rückzug fort, in drei länglichen Vierecken, welche bald im Schutz ihrer Ordnung den Vortheil über den durch die Verfolgung auseinander gerathenen Feind gewannen, und seine wiederholten Angriffe standhaft abschlugen. Eine Kanone versank unglücklicherweise im Flugsand, und zwei andre, vom feindlichen Geschütz zerschossen, mußten gleicherweise zurückgelassen werden. Allmählig ließ die Verfolgung nach; Beaumont, dem besondre Vorsicht empfohlen war, und den die Schüsse zweier Kanonenboote Bülow's vom Haf her in der rechten Flanke beunruhigten, besorgte in einen Hinterhalt zu fallen, und ließ seine Truppen Halt machen. Bülow konnte schon hinter Polski wieder stehen bleiben, und hinter gut ausgestellten Feldwachten seine Truppen ruhig lagern lassen. Inzwischen hatte sein längeres Verweilen hier jetzt keinen Zweck mehr, er ließ daher nur einige Beobachtungsposten gegen den in die Stellung von Kahlberg zurückgegangenen Feind stehen, und die übrigen Truppen in die zu ihrer Aufnahme bestimmten Verschanzungen auf der Nehrungspitze bei Neutief einrücken.

Bülow gab seinen Verlust in diesen Gefechten auf 700 Mann, etwa 16 Pferde und 3 Kanonen an; was aus den 40 Kosaken geworden, die sich gleich im Anfange des Gefechts zerstreut hatten, wußte niemand zu sagen, ohne Zweifel sind sie bei ihrem Pulk richtig wieder angekommen. In Bülow's Bericht an den König heißt es zuletzt: „Alle Unfälle, so entstanden, kommen daher, daß die Vorposten nachlässig gewesen, daß die mir zugetheilte ganze Infanterie aus lauter Rekruten und unsichern Leuten bestand, daher ich mich noch glücklich schätze, bei diesem Zusammenfluß widriger und nachtheiliger Verhältnisse das Ganze noch in der Ordnung zurückgebracht zu haben." In der That konnte kein Vorwurf ihn treffen, in seiner Aufgabe schon lag nicht der Zweck eignen Sieges, vielmehr die Pflicht einem höheren Zwecke zu dienen, sich nöthigenfalls zu opfern; dieser war vollkommen erreicht worden, wenn ohne den gehofften Nutzen, so war das nicht seine Schuld; überdies hatte er gleichsam den Kaiser Napoleon selbst zum Gegner gehabt, dessen persönlicher Befehl jene Uebermacht gegen ihn ausgeschickt. Doch war es natürlich, daß die zweimalige Vernichtung seines Füsilierbataillons unangenehm auffiel. Der General von Stutterheim, der bisher längere Zeit sein Brigadier gewesen, sagte bei dieser Gelegenheit, Bülow's Verhalten sei untadelhaft gewesen, er habe sowohl richtige Einsicht als große Tapferkeit bewiesen, aber man sehe, er habe kein Glück! Ein Ausspruch wohlwollenden Bedauerns, den aber die Folgezeit glänzend in sein Gegentheil umkehrte. —

Nachdem das Unternehmen Kamenskii's völlig gescheitert war, und er unverrichteter Sache hatte wieder abziehen müssen, sah Kalckreuth keine Hoffnung des Entsatzes mehr, und bei erschöpften Mitteln kaum die Möglichkeit längerer Vertheidigung. Er wollte das Aeußerste nicht abwarten, und auf ehrenvolle Bedingungen, die später nicht hätten erlangt werden können, erfolgte die Uebergabe der Stadt und Festung Danzig. Der Schlag kam nicht unerwartet, wurde aber in seinen Folgen schwer empfunden, gewährte den Franzosen einen neuen unschätzbaren Stützpunkt an der Weichsel, und machte ihnen eine große Zahl von Truppen verfügbar im freien Felde. Doch hatten auch die Russen Verstärkung aus dem Innern erhalten, und der Kaiser Alexander war entschlossen, den Krieg mit aller Kraft fortzusetzen. Dem Könige von Preußen blieb ohnehin keine andre Wahl, und seine tapfren Truppen, jetzt von bewährten Feldherren geführt, sahen voll Muth und Zuversicht neuen Kämpfen entgegen, aus denen zuletzt, so hielten sie sich überzeugt, die Sache Preußens siegreich hervorgehen müsse. Um für den Verlust von Danzig einigen Ersatz zu gewinnen, wandte sich die preußische Kriegsthätigkeit mit verstärktem Eifer nach Pommern, wo Blücher eine starke Macht preußischer und russischer Truppen unter seinem Befehl vereinigte, und unterstützt von englischen und schwedischen Hülfsvölkern, im Rücken des französischen Heeres vordringen und dem ganzen Krieg eine neue Gestalt geben sollte. Bülow erhielt die Anstellung als Brigadier bei den Blücher'schen Truppen, schiffte sich zu Pillau am 31. Mai mit einigem Fußvolk und 2 Schwadronen ein, und landete nach beschwerlicher Seefahrt am 6. Juni auf der Insel Rügen, wo die Truppen einige Zeit verweilten, dann aber nach Schwedisch=Pommern übersetzten, wo die Preußen eine Stellung zwischen Stralsund und Greifswald inne hatten.

Hier fand Bülow die Lage der Dinge weit unter seiner Erwartung; hier war für die Ausrüstung und Einübung der Leute noch viel zu thun, ehe sie als kriegstüchtig gelten konnten; nur dem thätigsten, unverdrossensten Eifer konnte es gelingen, die zahlreichen Mängel, die überall sichtbar waren, nach und nach zu beseitigen. Der Oberstlieutenant von Borstell hatte die Reiterei, Bülow das Fußvolk unter besondrer Obhut, beide machten die größten Anstrengungen, um zahlreiche Mannschaft gerüstet und eingeübt in's Feld zu stellen, den Dienst zweckmäßig zu ordnen, die nöthige Zucht zu erhalten. Wer jemals an einem Geschäft dieser Art auch nur in kleinstem Maße Theil genommen, der kann beurtheilen, welche Fürsorgen hier täglich eintraten, welche Schwierigkeiten unaufhörlich zu bekämpfen waren; zu den letztern gehörte noch besonders die Rücksicht, welche stets auf die vielen fremden Verhältnisse zu nehmen war, auf die russischen, englischen und schwedischen Mitstreiter, ihre Ansichten und Forderungen. Namentlich hatte Bülow mit schwedischen Offizieren, die seinen Anordnungen entgegen traten, ärgerliche Verwicklungen, in denen er doch sein Recht mit Ernst behauptete.

Durch die erfolgreichen Bemühungen war es endlich dahin gediehen, daß alles für den beabsichtigten Kriegszug fertig stand, der, wenn er die Spree und Elbe rasch erreichte, den allgemeinen Stand der Dinge bedeutend ändern und die größten Ereignisse hervorrufen konnte. Jeden Tag erwartete man den Befehl zum Aufbruch. Bülow befehligte eine aus allen Waffen zusammengesetzte Vorhut, die Freischaar von Schill war ihm zugetheilt, alles war voll Muth und Vertrauen. Da kam plötzlich die Kunde von der in Preußen bei Friedland verlorenen Schlacht, darauf die von dem in Tilsit eingegangenen Waffenstillstand, in Folge dessen die englischen und schwedischen Truppen sich von den preußischen und russischen sogleich trennten, endlich die Anzeige von dem am 9. Juli 1807 zu Tilsit unterzeichneten unseligen Frieden, der den unglücklichen Krieg so traurig beendete. Der Eindruck dieser Nachrichten war furchtbar, der eben noch so hoffnungsvolle Muth plötzlich gebeugt, jede tröstende Aussicht auf lange Zeit verschlossen. Bülow fühlte schmerzlich das Unglück des Vaterlandes, die Trostlosigkeit einer Zukunft, die unter so demüthigenden Friedensbedingungen anhob. Sein Gefühl, schon durch persönliches Leid tief zerrissen, war nur um so empfänglicher für die neuen Schicksalsschläge, die aus dem allgemeinen Zustand ihn mittrafen.

Kurz vorher nämlich hatte Bülow aus Königsberg die Nachricht erhalten, daß seine geliebte Gattin, die er daselbst im Hause ihrer Eltern gelassen hatte, am 29. Juni von einer Tochter entbunden worden, drei Tage darauf aber an den Folgen der Niederkunft gestorben sei. Sein Schwager, Lieutenant von Auer war von den betrübten Eltern beauftragt, dem unglücklichen Gatten seinen Verlust mit größter Schonung beizubringen. Aber alle mildernde Vorbereitung war umsonst, ihn traf der harte Schlag mit erschütternder Gewalt, sein Schmerz gränzte an Verzweiflung. Sein Herz hing mit innigster Liebe an der theuern Entschlafenen, und er konnte den Gedanken nicht ertragen, sie nicht mehr sehen zu sollen. Wenigstens

hoffte er die geistige Nähe der Abgeschiedenen noch gewahr zu
werden. Einst hatten beide Ehegatten in geweihter Stimmung
sich das Versprechen gegeben, wer von beiden zuerst stürbe, solle
dem Ueberlebenden erscheinen, falls die Gesetze der Geisterwelt
dies erlaubten; er gedachte jetzt leidenschaftlich dieser Zusage, und
harrte sehnsüchtig des Trostes einer solchen Erscheinung. Die
früh aufgenommenen Swedenborg'schen Vorstellungen wirkten
jetzt lebhaft auf seine Einbildungskraft. Allein er sah seine
heißen Erwartungen getäuscht, kein Geist erschien. Dagegen
blieb er in tiefster Seele bis an seinen Tod mit der geliebten
Verstorbenen innig verbunden, und nie sprach er ihren Namen
aus, oder hörte ihn von Andern nennen, ohne daß in seinen
edlen Gesichtszügen sich Trauer und Rührung ausdrückten. Den
mit ihr geführten Briefwechsel verwahrte er sorgfältig, und die
Blätter wurden, einer frühen Verordnung gemäß, mit ihm in
den Sarg gelegt. Ihren Namen mußte die Tochter führen, und
diese blieb sein Liebling, vor den spätern, von dem Vater gleich=
falls zärtlich geliebten Geschwistern durch den schmerzlichen
Vorzug ausgezeichnet, das lebendige Andenken der Hingeschiede=
nen zu sein. Auch muß in diese Zeit die Kunde von dem Ab=
leben des unglücklichen Bruders Dietrich fallen, durch die un=
sichern Angaben und Zweifel, von denen sie begleitet war, nur
um so herber und düsterer. So verflochten sich in Bülow's
heftig aufgeregter Brust häusliches und öffentliches Unglück in
gemeinsamen Schmerz! —

Durch den Frieden von Tilsit verlor Preußen die Hälfte
seiner Länder; ihm zur Seite erstand aus dem losgerissenen
Südpreußen feindlich ein polnischer Staat, Sachsen als neues
Königreich, Danzig als französischer Freistaat, andrerseits ein
Königreich Westphalen in völliger Abhängigkeit Frankreichs; die
östlichste Provinz Preußens, mit 800,000 Einwohnern nahm
unbegreiflicherweise Rußland für sich dahin. Den Franzosen

blieb vertragsmäßig beliebiger Truppendurchzug nach Polen und Danzig offen, sie behielten vorläufig die drei Oderfestungen Glogau, Küstrin und Stettin besetzt, das Land mußte die Besatzungen verpflegen, daneben ungeheure Kriegszahlungen abtragen. Aber auch diejenigen Länder, welche der Frieden wiedergeben sollte, blieben von französischen Truppen und Behörden besetzt und ausgebeutet, in der Hauptstadt Berlin schwelgte französische Verwaltung. Der Staat, verstümmelt, verarmt, gefesselt, mit unerschwinglichen Lasten bedrückt und fortwährend von neuer Gewaltthat bedroht, lag der Willkür eines Siegers preisgegeben, dessen Macht im Augenblicke durch nichts beschränkt wurde, am wenigsten durch Recht und Vertrag, die nur galten solang es ihm beliebte. Eine bedrängtere, trostlosere Lage war kaum zu denken, sogar die Möglichkeit einer Herstellung schien abgeschnitten, die Aussicht in die Zukunft düster verhüllt; Preußen durfte nur 42,000 Mann Truppen halten, mußte den Hülfsquellen des Seehandels entsagen.

Und dennoch hegte dieser mißhandelte, zerrüttete und gelähmte Staat frische Lebenskraft, trug in sich die gesunden Keime neuen Erstarkens, deren mächtiges Treiben schon inmitten des Krieges wirksam begonnen hatte. Muth und Selbstvertrauen waren gebeugt, aber nicht gebrochen, die Zuversicht stand fest in allen Edeln, daß diese Geschicksloose nicht die schließlichen für Preußen sein konnten; die Erinnerung an die Zeiten früheren Ruhmes war lebendig, man fühlte die Pflicht und Kraft ihn zu erneuern. Durch den Mißbrauch ihrer Gewalt, durch die Härte ihrer Bedrückung, durch den Hohn ihres Uebermuthes erweckten die Franzosen fortwährend allgemeinen Haß, der dem Vaterlandseifer der Preußen sich innig verbündete. Diese vorherrschende Stimmung des ganzen Volkes fand ihren stärksten Ausdruck im Kriegerstande. Aus ihm, dem durch die beispiellosen Niederlagen am tiefsten verletzten, gingen nun die kräftigsten Bestrebungen neuen Aufschwungs hervor. Schon im Fortgange des unheilvollen Krieges hatten die Preußen unter wackern Anführern die alte Tapferkeit gezeigt, freilich bei kleiner Minderzahl gegen die Uebermacht jetzt großentheils erfolglos, aber der muthige Kriegsgeist erwies sich als unverlornes Erbtheil. Dem feindlichen Heer und besonders seinem obersten Feldherrn mußte man große Ueberlegenheit zugestehen, aber Offizier und Soldat als solche fühlten sich den Franzosen gegenüber keineswegs im Nachtheil, Mann gegen Mann durfte jeder dem Feinde Trotz bieten, und auch mit dessen siegsreicher Kriegskunst dachten die Kundigen es einst aufzunehmen, wenn erst Mittel und Gelegenheit dazu sich darböte. Das Unglück Preußens erschien als ein zufälliges, nicht als eine Schickung in die man sich ergeben müsse, die Machtherrschaft Napoleons nicht nur als ein Unrecht, sondern auch als eine Unrichtigkeit, die auf ihre Abstellung warte. Bei solcher Stimmung, die allgemein zu neuer Waffenerhebung und zur Befreiung strebte, bestand Preußen noch im Innern fest, nicht nur als der frühere machtberechtigte, sondern auch als ein neu zu belebender, nach Abwerfen des Verdorbenen zu höherer Entwicklung berufener Staat. Das noch vor kurzem so große Heer war auf eine mäßige Zahl beschränkt, nur ein kleiner Theil der früheren Offiziere fand hier Anstellung, aber während viele von Noth oder auch von Eifer getrieben in fremden Diensten eine Zuflucht suchten, blieb die Mehrzahl im Lande daheim, im Volke zerstreut und mit ihm verkehrend, nur Krieg sinnend und ihn aus eignen Kräften vorbereitend.

Wir mußten diese Verhältnisse und Stimmungen hier bezeichnen, weil sie auch in Betreff Bülow's wichtig sind. Auch er war von der Gesinnung erfüllt, welche die Herstellung der Macht und Ehre Preußens zuversichtlich erwartete, und Haß und Krieg gegen die Fremdherrschaft zu entzünden strebte, doch da er zu den Begünstigten gehörte, die im Heerdienste und dessen nächsten Pflichtgeboten unterworfen blieben, so war er im Handeln mehr gebunden als manche Freunde, denen er darum nicht weniger zustimmte. Während Andre, denen dies nicht zum Tadel gesagt sein soll, die Sache des Vaterlandes im größten Umfang und höchstem Sinn auffaßten, wobei die augenblickliche Gestalt und Lage Preußens oft minder in Betracht kam, und über den Zwang des Tages hinaus ihr Ziel in kühnem Wagniß verfolgten, hielt Bülow, bei gleichem Eifer und Muth, an dem Nächstgegebenen fest, und ließ sich auf weitersehende Dinge nicht ein. Wenn er bei preußischen Truppen stand, Befehle von der Hand des Königs empfing, und in Ausübung seiner Pflicht nicht gehindert war, so wußte er sich auf seinem rechten Boden und suchte keinen andern. Wir finden in der That keine Spur, daß Bülow an den Entwürfen und Anschlägen, welche gleich nach dem Frieden von den trefflichsten Männern gehegt und betrieben wurden, irgend Antheil genommen, oder sich mit dem weitverzweigten Tugendbund eingelassen habe. Sein Haß und Zorn gegen das fremde Joch, sein Streben und Hoffen künftiger Befreiung vereinten sich in seinem militairischen Beruf, hier war sein Trotz, seine Thätigkeit. —

Die Truppen, welche noch in Pommern unter Blücher's Befehl bei Kolberg versammelt standen, erhielten die Bestimmung, nach Maßgabe des Abzugs der Franzosen vorzurücken und das geräumte Land zu besetzen. Allein der Feind — denn ungeachtet des geschlossenen Friedens hatte er dies zu sein nicht aufgehört — bezeigte keine Lust, die vertragsmäßige Räumung zu vollziehen, und man mußte sich seiner Willkür fügen. Ihm keinen Argwohn zu geben, und weil ohnehin jede Ersparniß für die ihm schuldigen Kriegszahlungen geboten war, wurden jene Truppen auf den Friedensfuß gestellt; doch verblieb ihnen Blücher als Befehlshaber. Dagegen erschien Bülow's Anstellung als Brigadier jetzt überflüssig; er ward abgerufen, und begab sich nach Königsberg, wo er eine neue Bestimmung erhalten sollte.

Hier war alles gedrückt und kleinlaut, schwer leidend an den Folgen des Krieges, gedemüthigt durch den harten Frieden, beunruhigt durch die fortdauernde Nähe des Feindes, der sich Uebergriffe jeder Art erlaubte. Aber in der Stille regten sich die edelsten Kräfte zur innern Wiederherstellung des Staates, besonders auch seiner Wehrhaftigkeit. Die Neubildung des Kriegswesens, schon im Laufe des Feldzugs theilweise begonnen, wurde mit Eifer fortgesetzt. Das verminderte Heer empfing neue zweck= mäßige Einrichtungen, unter ihnen die wichtigste, sich im Fall der Noth schnell auf das Dreifache vermehren zu können; man entließ die ausgebildeten Rekruten sogleich wieder als sogenannte Krümper, und zog andre dafür ein, die wieder entlassen wur= den. Man sah voraus, daß es doch wieder zum Schlagen kom= men müsse, man wünschte es, man mußte auch ohne es zu wünschen darauf gefaßt sein. Bei den neuen Einrichtungen war besonders der Oberst von Scharnhorst wirksam, nächst ihm der Oberstlieutenant von Gneisenau, dann auch Grolman, Boyen und Clausewitz. Bülow schätzte die unbestreitbare Tüchtigkeit und edle Gesinnung dieser Männer, stimmte jedoch in vielen Stücken mit ihnen nicht überein. Ihm war das Veraltete, Un= zureichende des alten Wesens längst bekannt, er wußte sehr gut, daß die Kriegskunst seit den Revolutionskriegen, besonders durch den gewaltigen Siegeslauf Bonaparte's, eine andre geworden, auch er forderte raschere Beweglichkeit, bessere Ausrüstung, und kräftigere Verwendung der Truppen, aber dies alles, meinte er, werde sich von selbst finden, wenn im Kriege die rechten Be= fehlshaber an der Spitze ständen, er fürchtete die durchgreifen= den Neuerungen, die sogenannten gelehrten Offiziere, die Theo= retiker und Planmacher, von denen sein eigner Bruder Dietrich ihm hier ein abschreckendes Beispiel war. Hatte er diesen früher bisweilen ein verbranntes Gehirn genannt, so nahm er jetzt wohl Anlaß, denselben Ausdruck auch von Andern zu gebrauchen. Er wollte Verbesserung, Fortschritt, Kraftentwicklung nicht minder als jene Männer; daß er mit ihnen und sie mit ihm sich nicht besser verständigten, bleibt zu beklagen, mancher spätere Zwiespalt wäre vielleicht nicht entstanden, wenn hier mehr persönliche Annäherung stattgefunden hätte. —

Der König ernannte Bülow'n zum Mitgliede der Kommission, die in Königsberg eingesetzt wurde, um das Verhalten der Generale und Offiziere zu prüfen, die bei den unglücklichen Ereignissen des vergangnen Krieges betheiligt gewesen waren. Das Vertrauen, welches ihn zu dieser Wirksamkeit ausersah, mußte ihm sehr ehrenvoll sein, da nur die tüchtigsten und vorwurfsfreisten Männer, und deren Gerechtigkeitssinn anerkannt war, zu solchem Richteramt konnten berufen werden, dieses selbst aber widerstrebte seinem Gefühl, und nur ungern erfüllte er die harte Pflicht, gegen frühere Kammeraden oder wohl gar ehemalige Vorgesetzte die Strenge der Militairgesetze anzuwenden. Die schmachvollsten jener Vorgänge waren gleich einer Seuche über das Heer gekommen, die namhaftesten Männer hatten wie von plötzlichem Schwindel ergriffen sich feiger Thaten schuldig gemacht, deren sie kurz vorher niemand fähig glauben konnte; die Schuld jedes Einzelnen floß zusammen in die allgemeine, und verlor in dieser einen Theil ihrer Zurechnung; schwere und verhängnißvolle Pflichtvergessenheit forderte strenge Strafe, doch die Größe des Unglücks durfte zugleich bedauerndes Mitleid erregen. Bülow, von soldatischem Ehrgefühl durchglüht, verabscheute Verrath und Feigheit, und hielt ihre strenge Bestrafung für unerläßlich, doch wurde ihm das Zeugniß ertheilt, daß er nie bei diesen Verhandlungen von zu großem

Eifer sich habe hinreißen lassen; eben so wenig als sein Gerechtigkeitssinn durch persönliche Neigung sich bedingen ließ.

Obgleich ihm dieses allgemeine Gerichthalten, wobei auch der Unbescholtenste sich erst als solcher durch Zeugen erweisen sollte, durchaus mißfiel, und er mehrmals den Wunsch äußerte, in diesem Geschäft abgelöst zu werden, wurde er doch lange Zeit darin festgehalten. Selbst als er im Dezember 1807 durch die in Folge der neuen Formation des Fußvolks verfügte Einverleibung seines Füsilierbataillons in das zu Goldapp stehende Regiment Courbiere als ältester Stabsoffizier dieses Regiment zu befehligen bekam, durfte er dieser Bestimmung nicht folgen, sondern mußte die persönliche Befehlführung einstweilen dem nächstfolgenden Stabsoffizier überlassen. Er schrieb an diesen, er sei außer Stande auch nur einen Tag von Königsberg abzukommen, indem er Mitglied der Untersuchungskommission sei; dagegen übernahm er die Leitung der Angelegenheiten des Regiments, und berief zwar den einstweiligen Kommandeur nach Königsberg auf kurze Zeit um sich mit ihm zu besprechen, betrieb aber die Geschäfte selbstständig und allein, wie dies immer seine Art war.

Sowohl die beiden Bataillone des Regiments als das ihm einverleibte Füsilierbataillon waren nicht zur Hälfte vollzählig und sollten durch die Mannschaft zweier andern in Graudenz stehenden und zu diesem Zweck aufzulösenden Bataillone ergänzt werden; es war also eine vollständige Neubildung, die mit großer Arbeit verbunden war, Offiziere schieden aus, andre traten ein, es schien kaum möglich dies alles ohne persönliche Gegenwart abzuthun. Der Inhaber, Feldmarschall de l'Homme de Courbiere, der in Graudenz befehligte, bewirkte daher, daß das Regiment nach Graudenz verlegt und er selbst mit der ferneren Formation beauftragt wurde. Schon im Anfange des Januars 1808 erhielt das Regiment Befehl zum Abmarsch von

Goldapp nach Graudenz, und Bülow, nicht ohne Empfindlichkeit über den schnellen Wechsel, schickte sofort alle in Händen habenden das Regiment betreffenden Papiere an dasselbe zurück, verbat sich alle weiteren Zusendungen, sogar die der monatlichen Rapporte, indem es die Lage der Sachen unmöglich mache, daß er sich mit diesen Angelegenheiten ferner befasse. Doch blieb er dem Namen nach Kommandeur des Regiments bis eine neue Beförderung eintrat.

Die Hand Napoleons lag fortwährend schwer auf dem Lande, und verstärkte den Druck nach Umständen und Belieben. Seine Truppen behielten Berlin und die Mark nebst den Oderfestungen besetzt, seine Forderungen und die Erpressungen seiner Beamten steigerten sich. Jede Regung des Volksgeistes, jede neue Thätigkeit der Regierung, die Gesinnungen des Ministers vom Stein, das Treiben des Tugendbundes, alles reizte seinen Groll. Von seinem düstern Unwillen durfte man das Schlimmste erwarten, es erschien zweifelhaft, ob er nicht den Untergang Preußens schon beschlossen habe. Für einen solchen Fall wollte man zuletzt noch das Heil der Waffen versuchen und wenigstens kämpfend untergehen. Die unter Blücher versammelten Truppen, wie gering an Zahl, waren der Kern der beschränkten Kriegsmacht, der Hort des Staates. Blücher hatte sein Hauptquartier jetzt in Stargard, war aber schon seit einiger Zeit erkrankt, und sein Zustand, gemischt aus körperlichen Leiden und hypochondrischen Einbildungen, erregte mancherlei Besorgniß. Ihn vom Oberbefehl abzurufen schien nicht rathsam, und ihn zu ersetzen war nicht leicht; da gerieth man auf den Ausweg, ihm in Bülow einen mit allen Verhältnissen vertrauten Gehülfen zur Seite zu stellen. Der Umfang und die Bedeutung seines Auftrags, wie die Voraussetzungen und Möglichkeiten, welche dabei vorschwebten, giebt die Kabinetsordre des Königs zu erkennen, durch die ihm seine neue Bestimmung an=

gekündigt wurde; sie ist aus Königsberg vom 22. Juni 1808 und lautet: „Mein lieber Oberster von Bülow! Die Krankheit des Generallieutenant von Blücher bestimmt mich, Euch den Auftrag zu ertheilen, sogleich nach Pommern abzugehen, um den General von Blücher in allen militairischen Anordnungen und Ausführungen zu unterstützen. Sollte die Krankheit so zunehmen, daß er nicht mehr das Kommando führen könnte, so übertrage ich dasselbe auf diesen Fall hiermit Euch, weil ich den Generallieutenant von Winning nach Preußen kommen zu lassen beschlossen habe. Indem ich durch diese Verfügung mein unbeschränktes Zutrauen zu Eurer Einsicht und Entschlossenheit zu erkennen gebe, autorisire ich Euch auch zugleich zu jedem außerordentlichen Mittel, welches Ihr zur Erreichung des Endzwecks des in Pommern stehenden Truppenkorps nöthig finden möchtet, und erwarte dagegen von Euch, daß Ihr im übelsten Falle den letzten Blutstropfen zur Erhaltung der Ehre meiner Truppen und der Festung Kolberg, die mit meiner auswärtigen Achtung in engster Verbindung steht, aufopfern werdet. Ich verlasse mich hierbei ganz auf Eure Klugheit und habe das Vertrauen, daß Ihr in der eigenthümlichen Lage Ressourcen finden werdet, welche Mängeln und Unzulänglichkeit abhelfen und ersetzen. Ich verbleibe Euer wohlgeneigter König Friedrich Wilhelm."

Bevor Bülow diese neue Bestimmung antrat, vermählte er sich in Königsberg zum zweitenmale, und zwar mit Pauline Juliane von Auer, der jüngsten Schwester seiner verstorbenen Gattin. Er hatte während seines Aufenthalts in Königsberg seine freie Zeit am liebsten in dem Hause seiner Schwiegereltern zugebracht, und durch sein edles aufrichtiges Wesen, durch das Bild seines früheren Eheglücks und durch die herzliche Trauer selbst, mit der er seinen Verlust beklagte, die innige Achtung und Zuneigung der jüngsten Tochter gewonnen, die noch nicht achtzehnjährige gab dem Manne von dreiundfunfzig Jahren freudig ihre Hand. Die Heirath fand am 27. Juni Statt, und wenige Tage darauf reiste Bülow nach Stargard ab, die junge Frau in dem elterlichen Hause vorläufig noch zurücklassend. Auch diese zweite Ehe war trotz der großen Verschiedenheit des Alters eine durchaus glückliche, ja zärtliche zu nennen. Die große Herzensgüte dieser Frau, — heißt es in uns vorliegenden Nachrichten, — ihre jugendliche Heiterkeit, mit festen und edlen Grundsätzen vereint, erwarben und bewahrten ihr die Liebe des Gatten, dem sie mit befriedigtem Herzen anhing. —

Das schwierige Verhältniß, daß ein Oberst unter dem Namen eines Gehülfen einen Generallieutenant überwachen und nöthigenfalls ersetzen sollte, und zwar einen Generallieutenant der Blücher war, ließ sich in der ersten Zeit ganz gut an. Beide standen von Schwedisch-Pommern her sehr gut miteinander, waren in den Hauptsachen einig, voll Eifer und Selbstverläugnung wo es höhere Zwecke galt, und trugen das Vaterland im Herzen. In den Zwischenzeiten von Besserung besorgte Blücher die Geschäfte mit Ordnung und Klugheit, und Bülow fand selten Anlaß erinnernd einzusprechen; unterlag Blücher stärkern Anwandlungen der Krankheit, so ließ er ohne Widerspruch Bülow'n freie Hand.

Die politischen Beziehungen mußten vorzugsweise die Aufmerksamkeit in Anspruch nehmen; mit den Franzosen in Stettin und in Schwedisch-Pommern gab es unaufhörlich Reibungen und Zwistigkeiten, in denen sowohl zu großer Trotz als zu große Nachgiebigkeit schädlich war, nur das richtige Maß von ruhiger Entschlossenheit dem Uebermuthe mit Erfolg begegnete. Dies Maß zu treffen und zu halten verstanden Blücher und Bülow mit mehr Fassung und Ruhe, als man der aufwallenden Heftigkeit, die beiden eigen war, hätte zutrauen mögen. Der in Spanien gegen die eingedrungenen Franzosen ausge-

brochene Volksaufstand erweckte in allen Unterdrückten lebhafte
Theilnahme, rief die freudigsten Hoffnungen hervor. Die Wir=
kung jener Ereignisse reichte in die entlegensten Länder, unter
den Franzosen selbst war Unruhe und Besorgniß merkbar, ihr
Mißtrauen steigerte sich und mit ihm die Spannung; das zür=
nende Mißfallen, welches Napoleon gegen den Minister vom
Stein aussprach, traf den Staat selbst, dem dieser angehörte,
und es fehlte nicht an Zeichen, daß die Franzosen neue Bürg=
schaften des Friedens von Preußen verlangen, oder diese durch
Ueberraschung gewaltthätig nehmen könnten. Stein, Scharn=
horst und Gneisenau waren im Rathe des Königs voll Muth
und Entschlossenheit, sie entwarfen Plane, dem Feinde nicht nur
kräftig zu begegnen, sondern auch seinen Angriffen zuvorzukom=
men. Es war unter solchen Umständen von äußerster Wichtig=
keit, scharf zu beobachten, genau zu wissen, was bei den Fran=
zosen vorging. Bülow erstattete neben den amtlichen noch be=
sondre vertrauliche Berichte nach Königsberg an die Minister
oder an den König selbst, sie wurden in geheimen Sendungen
durch zuverlässige Offiziere, die zugleich mündliche Aufträge
mitnahmen, dorthin überbracht. —

Die Spannung ließ etwas nach, als durch die Zusammen=
kunft des französischen Kaisers mit dem russischen solche Be=
stimmungen festgesetzt wurden, durch welche Preußen sich, wenn
auch nicht in seiner Lage erleichtert, doch in seinem Bestand für
die nächste Zeit gesichert sah. Napoleon, der seine Truppen in
Spanien brauchte, sich selbst dorthin begeben mußte, ließ un=
gern ein ihm feindliches Preußen im Norden zurück, allein er
mußte sich begnügen es umschlossen und gebunden zu halten;
es anzugreifen verbot sowohl die Scheu unzuberechnende Kriegs=
kräfte jetzt hier gegen sich aufzurufen, als auch die Rücksicht,
die Rußland und Oesterreich ihm auferlegten. Doch wirkte sein
Haß auch aus der Ferne noch lähmend und zerrüttend, seine

gegen Stein geschleuderte Acht nöthigte diesen aus dem preußischen Staatsdienst auszuscheiden und eine Zuflucht in Oesterreich zu suchen, die Leitung der Angelegenheiten entbehrte dessen starker Hand, und die Furchtsamen sahen in den raschen Siegen, die Napoleon in Spanien erfocht, einen neuen Grund sich seiner Obmacht nachgiebig zu fügen. —

Doch wurde die friedliebende unterwürfige Parthei durch die kriegsmuthige noch in Schranken gehalten, und besonders im Militair blieb die letztere stets vorherrschend. Dies zeigte sich besonders auch darin, daß die tüchtigsten Offiziere fortdauernd in wirksamer Anstellung blieben, und zu höheren Graden befördert wurden. Bülow's Ernennung zum Generalmajor erfolgte am 21. November 1808, diese jedoch wie die vorhergegangene zum Brigadier bei den Truppen in Pommern änderte fürerst nichts in seinem Verhältnisse zu Blücher, dem er noch eine Zeitlang zur Seite blieb. —

Das Jahr 1809 brachte neue Verwicklungen. Oesterreich rüstete mit aller Kraft, verstärkte sein Heer auf 300,000 Mann, errichtete zahlreiche Landwehr, bot den ungarischen Heerbann auf; der neue Entscheidungskampf sollte ein Volkskrieg werden, in Tyrol, den Rheinbundslanden, im nördlichen Deutschland alles Volk zu den Waffen greifen. In Preußen geriethen die Geister in außerordentliche Bewegung; der Sache des Vaterlandes, des preußischen und des gemeinsamen deutschen, leuchteten neue Hoffnungen, begierig wünschten und suchten die Muthigen an dem Kampfe Theil zu nehmen. Als die Oesterreicher im April mit 9 Heertheilen nach allen Seiten hervorbrachen, durch Baiern nach Schwaben vordrangen, da schien der Augenblick auch für Preußen gekommen, und nicht zweifelnd an dem Willen und Entschlusse des Königs, glaubte der Major von Schill dem erwarteten Befehl vorgreifen zu dürfen, brach mit seinem Husarenregiment von Berlin unvermuthet auf, und fiel in Sachsen und Westphalen ein. Auf diese Nachricht rüstete auch Blücher seine Truppen zum Vorrücken, und Bülow stimmte ihm beifällig zu. Doch Napoleon, obschon durch Oesterreichs Angriff ungelegen gestört, war keineswegs von ihm überrascht, sondern traf aus Spanien zurückeilend schnell seine Vorkehrungen, stand unerwartet mit starkem Heer den Oesterreichern entgegen, schlug und verfolgte sie, und hielt als Sieger seinen Einzug in Wien. Dieser neue Siegeslauf schlug die Hoffnungen Oesterreichs nieder, befestigte Rußland im französischen Bündniß und drängte die preußischen Anschläge zurück; unter abwartender Staatsklugheit ging die Zeit ersprießlichen Entschlusses vorüber, und Oesterreich sah sich genöthigt Friedensunterhandlungen anzuknüpfen. Die Mißstimmung in Preußen über das Fehlschlagen so großer Hoffnungen machte sich in heftigen Aeußerungen Luft, und begann noch mehr als vorher ein künftiges Heil auf Wegen anzustreben, die von denen der Regierung oft bedeutend abwichen.

Dieser Zustand allgemeiner Unzufriedenheit, aufgeregten Eigenwillens und Trotzes, rief mannigfache Uebelstände hervor; seinem Einwirken müssen wir eine große Mitschuld an den Zwistigkeiten beimessen, die nach so lange glücklich erhaltener Eintracht jetzt auch zwischen Blücher und Bülow laut wurden. Beide hatten bisher in freundlicher Kammeradschaft gelebt, in gutmüthiger Derbheit manches hingehen lassen, was sie hätte entzweien können; allein das ganze Verhältniß war von der Art, daß Reibungen früh oder spät entstehen mußten. Beide waren Hitzköpfe und leicht in Flammen zu setzen, Blücher schien öfters nicht zurechnungsfähig, und es war nicht immer scharf zu unterscheiden, was den gesunden und den kranken Augenblicken angehörte. Geheime Zuträger werden nicht gefehlt haben. Die besondern Anlässe und einzelnen Vorgänge, welche schon in die Mitte des Sommers fallen, sind uns nicht bekannt, aber es steht fest, daß die frühere Eintracht getrübt, und Bülow's Stellung zu Blücher eine unangenehme wurde. —

Inzwischen erhielt Bülow einen neuen Beweis Königlichen Vertrauens durch folgende unter dem 4. Juli 1809 an ihn von Königsberg aus erlassene Kabinetsordre: „Mein lieber Generalmajor von Bülow! Die zur Untersuchung der Kriegesereignisse niedergesetzte Kommission hat darauf angetragen, zur Bearbeitung der Operationssachen und der Kapitulationen im freien Felde ihr noch ein Mitglied zu bewilligen. Hierzu kann ich mich nicht verstehen, dagegen trage ich Euch auf: die Untersuchung der Kapitulation von Prenzlow zu übernehmen, und nach Beendigung dieses Geschäfts Euer Gutachten der Kommission einzureichen. Ich bin zu dieser Verfügung besonders in der Hinsicht bestimmt worden, weil ich die Ueberzeugung habe, daß diese Kapitulation durch Euch mit gehöriger Umsicht beleuchtet und mit Unpartheilichkeit beurtheilt werden wird. Ihr werdet mir einen Gefallen thun, wenn Ihr Euch dieses Auftrags bald entlediget, weil mir an der Abmachung desselben gelegen ist. Die Kommission ist angewiesen worden, Euch die darauf Bezug habenden Verhandlungen zu übersenden. Ich bin Euer wohlgeneigter König Friedrich Wilhelm." Wir wissen, daß Bülow auch dieses Auftrages mit gewissenhafter Gerechtigkeit sich entledigte, und dabei mit billiger Einsicht das Unglück und die Schuld wohl zu sondern verstand. Der Fürst Friedrich von Hohenlohe, den diese Untersuchung hauptsächlich betraf, behielt seine militairischen Würden und ein Jahrgeld von 3000 Thalern, auch sein Generalquartiermeister Oberst von Massenbach kam nach Verhältniß sehr gut weg, obschon sein grobes Versehen in Betreff der beiden Uckerufer nicht ungerügt blieb. Eigenthümlich aber war es, daß Bülow bei dieser Prüfung auch das Verhalten seines jetzigen Vorgesetzten mit in Betracht zu ziehen hatte, indem Blücher angeklagt wurde, durch Unterlassung des ihm befohlenen Nachtmarsches das Unglück von Prenzlau mitverschuldet zu haben, ein Vorwurf, den aber ein früheres Urtheil schon zurückgewiesen hatte. —

Noch vor Ausgang des Sommers hatte Bülow die Freude seine Gattin bei sich aufzunehmen. Auer geleitete sie von Königsberg nach Stargard als er von einer geheimen Sendung zurückkehrte. Das von Schmerz und Sorge und Widerwärtigkeiten vielfach verletzte Gemüth empfing Beruhigung und Trost im Genuß eines Glückes, das jetzt nur in der Häuslichkeit, nicht im Staate noch Kriegsdienste zu finden war. —

Mittlerweile hatte Blücher sich soweit erholt und gestärkt, daß er den Geschäften wieder selbstständig vorstehen konnte, und Bülow, der schon vorlängst zum Brigadier des pommerschen Fußvolks ernannt, jetzt dieser Bestimmung folgen konnte, zog nach Treptow an der Rega, wo er in dem dortigen Schlosse sein Hauptquartier nahm. Hier erschien am 20. Mai 1810 der General von Yorck, der als Generalinspekteur der leichten Truppen diese auf einer Rundreise besichtigte, hier namentlich das Füsilierbataillon des Regiments Kolberg. Daß Bülow unter seinem Befehl stehende Truppen der Prüfung und Beurtheilung eines andern Generals unterwerfen mußte, war der Dienstordnung gemäß, und kein Grund zur Beschwerde, doch daß dieser General ein alter Nebenbuhler und Gegner war, durfte seine Empfindlichkeit reizen. Zwar versichert eine von Droysen mitgetheilte Nachricht, Yorck habe nicht nur alle Höflichkeit gegen Bülow beobachtet, sondern auch die Gelegenheit gesucht, sich völlig mit ihm auszusprechen; in der dunklen Allee vor dem Treptower Schloß, das sich Herzog Eugen von Würtemberg gebaut, seien sie lange in lebhaftem Gespräch auf und ab gegangen, auch habe Bülow, der früher von der herrschenden leichtsinnigen und leidenschaftlichen Kriegsneigung befangen gewesen, jetzt Yorck's gemäßigten Ansichten zugestimmt. Droysen bezweifelt die Richtigkeit der letztern Angabe, und wir müssen sie ebenfalls verneinen. Schwerlich hat zwischen beiden Männern damals eine versöhnliche Annäherung stattgefunden, gewiß keine solche, in der sich Bülow's feste Eigenart so verläugnet hätte. —

Im Sommer 1810 hatte Bülow an wiederholten Krankheitszufällen zu leiden, die ihn schon in früherer Zeit bisweilen belästigt hatten, aber von ihm wenig beachtet worden waren. Sein Uebel lag in der Leber, und zeigte sich in mancherlei Beschwerden, die auf die Gemüthsstimmung stark einwirken, durch Verdruß und Widerwärtigkeiten stets verschlimmert, dagegen durch eine fortgesetzte Reihe guter Begegnisse und Eindrücke oft glücklich gehoben werden. Da diese letztern überhaupt selten sind, in der damaligen Weltstellung aber gar nicht zu haben waren, so mußte ärztliche Hülfe genügen, die wenigstens alle Anstrengung verbot und ruhige Erholung empfahl. Aber grade jetzt trat ein Ereigniß ein, das alle preußischen Herzen gewaltsam erschütterte, das allgemein als ein öffentliches Unglück empfunden wurde und weithin die schmerzlichste Theilnahme anregte; die schöne Königin Luise starb am 19. Juli 1810 nach kurzer Krankheit in der Blüthe der Jahre. In ihr verlor der König die holde Lebensgefährtin, die treu und stark ihm zur Seite stand, und alles Unglück, das über ihn verhängt war, muthig tragen half; in ihr gingen dem Lande große Hoffnungen, den muthigen Geistern ein vorleuchtender Stern unter. Bülow fühlte den Schlag um so tiefer, als die Erinnerung eigner Wunden ihm noch lebhaft in der Seele stand. Er konnte sich nicht erwehren, schriftlich sein herzliches Beileid dem Könige zu bezeigen, wofür dieser ihm freundlich dankte. — Seine Krankheit indeß verschlimmerte sich, und er sah sich nach vielem Widerstreben gezwungen an den König zu schreiben und ihn um Erleichterung in seinen Dienstgeschäften zu bitten. Der

König antwortete am 14. August aus Charlottenburg, er solle sich auf diejenigen Geschäfte beschränken, die er im Zimmer abmachen könne, und sich überhaupt diejenige Schonung nicht versagen, die zu seiner Herstellung irgend erforderlich sei. Die ruhige Pflege scheint sich als wirksames Heilmittel erwiesen zu haben, im Herbst versuchte er wieder das langentbehrte Vergnügen der Jagd, und ein freudiges Ereigniß, die glückliche Geburt einer Tochter, stärkte und erheiterte den Hergestellten vollends. —

Bei dem Krönungs= und Ordensfest am 18. Januar 1811 empfing Bülow den Rothen Adlerorden dritter Klasse, den York schon ein Jahr früher, aber mit großer Unzufriedenheit erhalten hatte, weil mit ihm zugleich der Schauspieler Iffland denselben Orden bekam. Wer in Amt und Dienst und wirksamen Verhältnissen steht, dem können solche Zeichen nicht gleichgültig sein, insofern waren sie es auch Bülow'n nicht, allein er bestritt lebhaft den Wahn, als könnten sie da, wo sie keinen Werth vorfinden, einen geben.

Im Frühjahr wurde Blücher's Hauptquartier wieder nach Treptow an der Rega verlegt. Die persönliche Nähe der beiden noch gegen einander mißgestimmten Generale reizte den alten Groll wieder auf, und das Dienstverhältniß blieb äußerst gespannt. Die Sache des Vaterlandes, welche eben jetzt wieder in bedenklicher Krisis schwebte, würde sie leicht vereinigt haben, wären sie durch dieselbe zu thätigem Wetteifer aufgerufen worden, allein sie ließ nur ein trauriges Befürchten und Abwarten zu, so daß auch von dieser Seite jede schon vorhandene Mißstimmung nur neue Nahrung erhielt. Ueber die Art, wie die Sachen zu behandeln seien, über die Ausdehnung der geheimen Betreibungen, die Wirksamkeit des Tugendbundes, waren die Ansichten sehr verschieden; Bülow wollte die militairischen Beziehungen von allen fremden Einflüssen frei gehal=

ten wissen, er nannte Bestrebungen, die Blücher billigte, thöricht und verderblich. Diese Verschiedenheit der politischen Ansichten bestand freilich nicht nur zwischen Blücher und Bülow, sie ging durch alle Zweige der Verwaltung, durch alle Stände, durch das ganze Volk.

Dabei war die Lage Preußens nach außen bedrängter als je. Das gute Vernehmen zwischen den Kaisern Napoleon und Alexander bestand nur noch dem Scheine nach, in Wahrheit empfanden beide nur noch Mißtrauen und Unwillen gegeneinander, es war nicht zweifelhaft, daß es zwischen beiden Mächten zum Kriege kommen werde, man sah ihn schon für den Sommer als unvermeidlich an. Die Vorbereitungen dazu wurden französischerseits mit aller Thätigkeit betrieben; allein diese Vorbereitungen zeigten zugleich feindliche Absichten gegen Preußen, es schien, als wolle Napoleon zuerst dieses Staates sich vollständig bemächtigen, ihn wenigstens ganz in willenlose Abhängigkeit versetzen; die Bewegungen der französischen Truppen im Herzogthum Warschau und im nördlichen Deutschland, die Verstärkung ihrer Besatzungen in Danzig, in Thorn, in den Oderfestungen, in Magdeburg, ließen auf solche Absichten schließen; die scharfen und gereizten Aeußerungen Napoleons bestärkten die Ueberzeugung, daß man von ihm keine Schonung oder Rücksicht zu erwarten habe. Der Staatskanzler Freiherr von Hardenberg, der seit dem Juni 1810 an der Spitze der preußischen Staatsleitung stand, kämpfte mit allen Mitteln gewandter Klugheit und fester Gesinnung, in dieser beklommenen Zwischenlage und fortwährenden Beunruhigung für Preußen einen sichern Anhalt und eine freie Stellung zu gewinnen; alles blieb in diplomatischer Schwebe, ohne Aufrichtigkeit, ohne Gewißheit und Zuversicht. Von allen Seiten drohte Gefahr, die größte, die unmittelbarste jedoch von Frankreich. Der König war entschlossen, im äußersten Fall den ungleichen Kampf zu wagen, und wenigstens, wenn keine Rettung sei, mit den Waffen in der Hand unterzugehen. Er sah sich veranlaßt im April 1811 geheime Weisungen an seine Generale für den Fall zu erlassen, daß die Franzosen zu wirklichen Feindseligkeiten übergingen, diese Weisungen gelangten wie an Blücher auch an Bülow; da dieser unter jenem stand und an demselben Orte war, so konnte dies allerdings auffallen, und eine schon vorhandene Eifersucht des erstern noch mehr aufreizen. Blücher wollte zeigen, daß er der Vorgesetzte sei, und gab Befehle, die zu folgendem Vorfall führten. Bülow machte einen Spazirgang vor dem Thor, da begegneten ihm zwei Offiziere, die kürzlich angekommen waren, aber sich nicht bei ihm gemeldet hatten. Er kannte sie wohl, und wußte daß sie eifrige Theilnehmer am Tugendbund und vielleicht grade in dessen Angelegenheiten hier waren, dies vermehrte nur seinen Unwillen, er hielt sie an, und warf ihnen jene Dienstwidrigkeit heftig vor. Die Offiziere sagten zu ihrer Entschuldigung, sie hätten sich bei Blücher gemeldet, und dieser ihnen untersagt, sich noch besonders bei Bülow anzumelden. Hiedurch noch mehr aufgebracht, sandte er beide Offiziere sogleich in Haft. Kaum war er wieder in seiner Wohnung, so erschien Blücher daselbst, und es erfolgte ein lauter Wortwechsel, in welchem jeder die Befugnisse des andern in dieser Sache heftig bestritt. Man hörte Blücher'n in höchstem Zorne ausrufen: „Herr General, Sie sind gut zum Befehlen, aber schlecht zum Gehorchen!" Der beabsichtigte Tadel mußte noch ein schönes Lob in sich fassen! Die Aufwallungen Blücher's waren nicht von Dauer, endeten oft von selbst in milde Begütigung, und auch diesmal würde der Zank sich wohl ohne weitere Folgen wieder beigelegt haben, allein fremde Einmischungen machten ihn unversöhnlich, und eine bestimmte Nachricht sagt, daß besonders der älteste Sohn

Blücher's an dem Streit einen unberufenen und schlimmen Antheil genommen habe.

Der entschiedene Bruch zwischen beiden Generalen machte ein längeres Zusammenbleiben unmöglich. Bülow hielt beim König um eine anderweitige Bestimmung an, und da im Augenblick eine solche für ihn nicht offen war, so wurde ihm in gnädigen Ausdrücken die Erlaubniß ertheilt, mit Beibehaltung aller Vortheile seiner bisherigen Anstellung einstweilen in Stargard zu bleiben. Dies war ganz seinen Wünschen gemäß. Er lebte hier in der Zurückgezogenheit sehr vergnügt, kümmerte sich um keine Geschäfte, ließ alles gehen wie es ging, saß ganze Tage am Klavier und komponirte. Doch einer Sorge konnte er sich nicht entziehen. Seine Vermögensumstände, denen er nie besondre Beachtung widmete, waren durch frühere Freigebigkeit, besonders und noch zuletzt für seinen Bruder Dietrich, dann durch die Zeitläufte, die so viele Verluste und Entwerthungen verursachten, in bedenkliche Verwirrung gerathen, und grade jetzt trat eine entschiedene Geldnoth ein, der besonders in Stargard nicht leicht abzuhelfen war. Bülow nahm auch jetzt noch die Sache leicht, und sagte zu der bekümmerten Frau: „Wir werden schon wieder Geld bekommen!" Doch versäumte er auch nicht, hiezu die nöthigen Anstalten zu treffen. Im Laufe des Sommers machte er mit seiner Gattin, besonders auf die dringende Einladung der Prinzessin Luise von Preußen und des Fürsten Radziwill, eine Reise nach Berlin, die seine Hülfsmittel zwar vollends erschöpfte, deren aber auch bald neue eröffnete. Zuerst entschied sich hier, und gewiß nicht ohne günstige Mitwirkung seiner persönlichen Gegenwart, seine Versetzung nach Marienwerder zur westpreußischen Brigade; dann schenkte der König ihm wegen dieser Versetzung, um sein Uebersiedeln zu erleichtern, die Summe von 1000 Thalern.

Mit diesen guten Erfolgen nach Stargard zurückgekehrt, mußte Bülow hier gleichwohl noch lange Zeit auf die amtliche Ausfertigung warten, ohne welche er seine neue Dienstanstellung nicht antreten konnte. Seine Geduld hatte schwere Prüfungen zu bestehen. Es schien sogar, als ob die ihm ertheilte Zusage wieder rückgängig werden sollte, es erhoben sich bedenkliche Schwierigkeiten. In Marienwerder befehligte Yorck, ein Befehlshaber, mit dem weit schwerer auszukommen war, als mit Blücher, ihm sollte Bülow untergeben sein. Doch war es nicht sowohl dieser, als Yorck selbst, der das neue Verhältniß scheute, davon erschreckt wurde. Sein Schreiben hierüber an Scharnhorst, ist wie dessen Antwort zu bezeichnend in Betreff der Meinung, die beide über Bülow hatten, als daß wir sie hier weglassen dürften, wir geben beide so wieder, wie Droysen sie im Leben Yorck's mitgetheilt hat. Yorck schrieb in größter Aufregung: „Der Friede wird also auch von hier weichen; ich lasse meine alten Kuchenreuter sofort in Stand setzen; denn ich bin wie von meiner Existenz überzeugt, daß Bülow und ich keine acht Tage beisammen sind, ohne uns bei den Haaren zu haben. Von meinen Fähnrichsjahren an war es bei mir Grundsatz, keine Händel anzufangen, aber sie auch nie abzulehnen und auszuweichen. Mit diesem Vorsatz gehe ich auch jetzt noch allen Unannehmlichkeiten entgegen, die ich im Geist schon kommen sehe, und eben dieser Grundsatz hält mich auch für den Augenblick noch ab, Seine Majestät sogleich um meinen Abschied zu bitten. Sobald die erste Unannehmlichkeit aber abgemacht sein wird und ich am Leben bleibe, so gebe ich mein Ehrenwort, daß ich im Frieden keine Stunde mehr dienen werde. Euer Hochwohlgeboren können es nicht unbemerkt lassen, wie es für mich wahrlich sehr empfindlich sein muß, immer so in widrige Verhältnisse zu kommen. Bei allen andern nimmt man Rücksichten, nur bei mir nicht. Als die Brigaden formirt wurden, wollte niemand nach Westpreußen, also ich mußte her —; ich wäre herzlich gern nach Frankfurt, nach Neiße oder nach Pommern gegangen; aber jeder wählte, und ich mußte nehmen was übrig blieb. Hier habe ich mich nun drittehalb Jahr mit dem alten Courbiere gequält; kaum fange ich an frei zu athmen, so tritt schon wieder ein Mißverhältniß ein. Warum soll ich denn grade das Stichblatt aller Unannehmlichkeiten sein? warum nicht Bülow mit Zieten oder Kleist vertauscht? ... Bei Gott und Ehre, ich bin nicht Prätendent, ich will nichts, ich verlange keine besondere Gnadenbezeugungen; ich will aber auch nicht, daß man mich immer da vorschiebt, wo jedes Andern Behaglichkeit berücksichtigt wird. Wer Bülow und mich kennt, muß absolut voraussehen, daß wir nicht mit einander fertig werden können und daß unangenehme Szenen vorfallen müssen .... Es komme wie es wolle, mein Entschluß ist gefaßt; und nur diejenigen, die den König zu dieser Bestimmung gebracht haben, haben sich die Folgen zuzuschreiben." Hierauf antwortete Scharnhorst: „Indem ich Euer Hochwohlgeboren versichere, weder einen Vorschlag noch Fingerzeig, er sei direkt oder indirekt, zu dieser Versetzung gegeben zu haben, kann ich aber auch nicht umhin zu bemerken, daß ich, wäre ich in Berlin gewesen und veranlaßt worden über die Versetzung Bülow's einen Vorschlag zu thun, meiner wahrscheinlich zu der jetzigen Versetzung gewesen wäre. Ich hätte gedacht, Sie würden noch am ersten mit Bülow fertig, und submittirt er sich nicht gehörig, so würde ihm dies zur Last fallen, so müßte er weg. Als ich nach Pommern kam, war mein Plan, eine Versöhnung zu bewirken, und dem General Blücher vorzuschlagen, Bülow zum Generalquartiermeister bei sich zu nehmen. Die Versöhnung gelang nur halb; den andern Plan gab ich auf, weil die Ideen, welche ich von Bülow über den Krieg hörte, viel zu systematisch waren, sich nicht zu unserer Lage schickten; und endlich weil Bülow von Kolberg eine schlechte Meinung hatte. Kurz, die Ansichten vom General Blücher, der Geist, in dem er sprach, schickten sich zu unsern jetzigen, die von Bülow zu unsern ehemaligen Verhältnissen, nach meiner Beurtheilung. Euer Hochwohlgeboren meinen, Bülow hätte mit Zieten vertauscht werden können; da aber wahrscheinlich G. für die oberschlesische Brigade in gewissen Fällen bestimmt ist, konnte dort Bülow nicht sein. Kleist hätte ich nicht zu Blücher gesetzt; Kleist ist ein braver und gescheuter Mann, aber im Geist der ehemaligen Art Krieg zu führen, der gewöhnlichen Mittel, der Form. — Besser wäre es gewesen, Kleist eine Infanteriebrigade in der westpreußischen Brigade zu geben, aber man hat ihn wohl nicht gern vom Brigadegeneral zum Brigadier machen wollen. Ich setze voraus, daß ich vertraut und offenherzig mit Euer Hochwohlgeboren reden darf. Glauben Sie ja nicht, daß man in Berlin Ihnen etwas Unangenehmes zu thun sucht, sondern daß im Gegentheil das Bestreben dahin geht, Ihnen Ihre Verhältnisse so angenehm als möglich zu machen. Aber demungeachtet treten doch Verhältnisse ein, wo etwas geschehen muß was vielleicht nicht ganz nach Ihren Wünschen ist; so wäre es z. B. nicht möglich gewesen, Sie bei der Besetzung der Brigaden nach Pommern zu bringen, dort war Blücher, nach Neiße und Frankfurt Sie zu versetzen, wäre unverantwortlich gewesen, da Sie das Vertrauen hatten, in außerordentlichen Lagen ein Korps selbst kommandiren zu können, und dazu war bei der westpreußischen Brigade Gelegenheit, aber nicht bei den beiden andern. Nach diesen Grundsätzen ist verfahren worden und mußte schlechterdings verfahren werden. Was jetzt die Sache mit Bülow betrifft, so wäre es mir lieb wenn Bülow außer Aktivität treten wollte, ohne den Abschied zu nehmen. Er ist sehr kränklich, und kann dies also um so mehr thun. Bülow ist ein braver und gescheuter Mann, aber ein Bülow; alle Bülow's sind eigen, für ihre Meinung eingenommen und nicht sehr verträglich. Er würde auf diese oder jene Art immer einen Platz gelegentlich finden; zu dem jetzigen paßt er nicht, das ist wahr. — Indem ich nun offen meine Meinung über die Angelegenheit der Versetzung Bülow's dargelegt habe, ersuche ich Sie, des Staates und unserer militairischen Ehre, vorzüglich aber der Erhaltung des Königs wegen, Ihre Meinungen und Vorsätze bei dem, was zwischen Ihnen und Bülow sich ereignen könnte, zu ändern, und nach dem Gesetz gegen Bülow zu verfahren, sobald er sich nicht gehörig nimmt." Die Sache blieb längere Zeit schweben, und noch gegen Ende des Oktobers mußte Bülow seinem Bruder Ludwig schreiben, es sei noch unentschieden, wohin er nun weiter noch seine Bestimmung erhalten werde. Daß damals auch Blücher von seiner Befehlführung, weil die Franzosen über ihn und seine fortgesetzte Verstärkung der Festungswerke von Kolberg klagten, nach Berlin abgerufen und durch Tauenzien vorläufig ersetzt worden, erwähnt er ohne allen Groll; er war heftig, aber Nachsucht und Schadenfreude waren ihm gänzlich fremd.

Die Schwierigkeit mit Vorck erledigte sich durch dessen Beförderung in der Mitte des Novembers zum Oberbefehlshaber in ganz Preußen, die ihn nach Königsberg abrief. Er selbst machte nun den Vorschlag, die westpreußische Brigade Bülow'n zu übergeben, mit dem er jetzt wenigstens keinen persönlichen Zusammenstoß mehr besorgte. Bülow empfing seine unter dem 29. November 1811 ausgefertigte Ernennung zum Brigadegeneral der westpreußischen Brigade, und reiste unverzüglich nach Marienwerder ab. Dies war nicht die früher gemeinte Versetzung mehr, sondern eine wirkliche Beförderung; denn als Brigadier hatte er nur das Fußvolk einer Brigade zu befehligen, als Brigadegeneral aber die ganze Brigade, Fußvolk, Reiterei und Geschütz; Brigade aber hieß damals im preußischen Heer, was eigentlich eine Division war, und später auch wieder so genannt wurde. — Bülow's Zusammentreffen mit Yorck war freundlich in gemessener Höflichkeit; bei längerem Verweilen Yorck's in Marienwerder hätte schwerlich der Frieden lange Dauer gehabt. Noch bei seiner Abreise nach Königsberg hinterließ Yorck unter dem 11. Dezember für Bülow eine ausführliche Weisung, wie derselbe sich im Fall eines feindlichen Eindringens der Franzosen auf das preußische Gebiet, oder sonstiger feindlichen Maßregeln zu verhalten habe; Bülow las sie mit Aufmerksamkeit durch, fand die Vorschriften zweckmäßig, lachte aber bitter auf, als er zu der Stelle kam, wo seiner eignen Beurtheilung überlassen wird, welche besondre Maßregeln er nach eintretenden Umständen zu nehmen habe, um der hier gegebenen allgemeinen Ansicht Genüge zu leisten; „Das mein' ich auch! rief er aus, wenn unsre Weisheit nichts taugt, hilft uns auch seine nicht!" —

Bülow's Gattin gebar ihm am 7. Dezember Zwillingssöhne. Der häusliche Segen durfte sein Herz erfreuen, aber die großen allgemeinen Sorgen, die Ungewißheit der nächsten Schicksale des Landes, und die rastlose Thätigkeit, welche unter solchen Umständen geboten war, ließen den persönlichen Ereignissen nur eine sehr getheilte Aufmerksamkeit sich zuwenden. —

Mit dem Anfang des Jahres 1812 wurden die Verhältnisse zwischen Rußland und Frankreich so gespannt, die beiderseitigen Rüstungen hatten eine so drohende Gestalt angenommen, daß ein naher Ausbruch des Krieges unvermeidlich erschien. Für Preußen in seiner unglücklichen Zwischenlage stand eine furchtbare Wahl bevor, zu einer der beiden Mächte mußte es sich halten, doch auf jeder Seite war Gefahr, auf keiner Sicherheit und Heil; die Neigungen drängten zum Bündniß mit Rußland, die ganze Lage der Dinge zum Anschluß an Frankreich. Dazu kam, daß Rußland sich wenig erklärte, fortwährend unterhandelte, nur innerhalb seiner Gränzen streiten zu wollen schien, also die preußischen Lande zum voraus preisgab. Oesterreich stand bereits entschieden auf Seiten Frankreichs. Die kriegsmuthige, vaterlandseifrige Parthei in Preußen und ihre durch ganz Deutschland zerstreuten Anhänger wollten trotz aller Ungunst der Umstände, und trotz des ungeheuren Mißverhält= nisses der Kräfte, daß Preußen auf eigne Hand rücksichtslos den verzweiflungsvollen Kampf unternähme, und im schlimmsten Falle lieber ehrenvoll unterginge, als in der Knechtschaft unter Napoleon oder der Abhängigkeit von Rußland ein elendes Da= sein zu fristen; sie glaubten aber auch an die Möglichkeit des Erfolgs, sie wiesen auf den Widerstand der Spanier hin, auf die siegreichen Feldzüge Wellington's, die mächtige Hülfe Eng= lands, auf den Haß, der überall in Deutschland, in Italien, in allen unterdrückten Völkern gegen Napoleon aufzustehen bereit sei, schon das Beispiel einer solchen Entschlossenheit werde die Kraft des Feindes brechen, der eignen von allen Seiten neue Stärke zuführen. In dem preußischen Heer war diese Gesin= nung vorherrschend, Offizier und Soldat kannten nur Einen Feind, die Franzosen. Mit freudigem Muthe würde die kleine Schaar, die aber auf das erste Zeichen zu 120,000 angewach= sen wäre, in den Vernichtungskampf gestürzt sein. Gewiß, ein Erfolg war möglich, aber das Wagniß ungeheuer, die Zufälle nicht zu berechnen. Die Staatsklugheit konnte nicht einwilligen, schon jetzt ein solches Aeußerste versuchen zu lassen, sie durfte hoffen noch andre Wege zu finden, um aus den düstern Be= drängnissen, wenn auch mit großen Opfern, die eigne Zukunft zu retten. So geschah es, daß nach vielem peinlichen Unter= handeln, als noch zuletzt Rußland vergeblich angesprochen wor= den, und die Franzosen schon die Gränzen zu überschreiten droh= ten, Preußen am 24. Februar 1812 mit Frankreich eine Bun= desgenossenschaft einging, kraft deren es der französischen zum Angriff gegen Rußland bestimmten Heeresmacht den Durchzug öffnete, und derselben 21,000 Mann Hülfstruppen anzuschließen versprach. —

Bevor dieses entschieden oder bekannt war, stiegen mit jedem Tage die Beunruhigungen und Besorgnisse; in Berlin war alles zur Abreise des Königs bereit, die Truppen marschfertig, um sich einem ersten Ueberfall zu entziehen; französische Truppen unter dem Marschall Oudinot rückten grade auf Berlin zu, jeden Augenblick konnten sie die Gränze überschreiten; der Marschall Davoust hatte wirklich schon eine Division, die des Generals Friant, in Pommern einrücken lassen, wo glücklicherweise keine preußischen Truppen entgegen standen, und also der Zusammenstoß noch vermieden blieb. Noch größer war die Verlegenheit in Preußen, wo die Generale keinem Entschlusse vorgreifen durften und allen Unfällen ausgesetzt blieben. Unter diesen Umständen mußte jeder Zwiespalt zwischen York und Bülow schweigen, nur die Sache des Vaterlandes war beiden gemeinsame Sorge, nur Vertrauen und Willfährigkeit wetteiferten mit einander. Bülow hatte große Befürchtung wegen Elbings, dieser reichen, mit Waaren und Lebensmitteln angefüllten Stadt, welche von Danzig her durch die Franzosen jeden Augenblick besetzt werden konnte; welche Maßregeln waren hier angemessen, welche nur möglich? Das politische Verhältniß mußte hier zur Richtschnur dienen, aber dies war nicht entschieden, nicht bekannt. Bülow sandte den Hauptmann von Boyen nach Königsberg, um hierüber mit York nähere Verabredung zu treffen; dieser antwortete am 13. Februar 1812: „Euer Hochwohlgeboren kann ich mit der rückkehrenden Gelegenheit des Kapitain Boyen noch nicht mit Bestimmtheit über unsre militairisch-politische Lage schreiben. Ich ersuche Dieselben ganz ergebenst, an die Ihrem Kommando untergebenen Truppen in der Art angemessene Weisung zu erlassen, daß die bisher bestandene gute Harmonie mit dem Kaiserlich französischen Generalgouvernement zu Danzig so wie den warschauischen Behörden möglichst erhalten werde, also über kleine Vorfälle kein gar zu großes Aufheben zu machen, doch aber auch auf der andern Seite nichts zu dulden, wodurch die Ehre der Truppen und die Integrität der Monarchie wirklich gefährdet werden könnte. In welchem letzteren Falle noch alle die Vorschriften in völlige Kraft und Anwendung kommen würden, die ich darüber früher ertheilt habe. Uebrigens ist zwar eine zu allen Umständen passende und eigentlich schon zur Ordnung der Armee gehörende Vorsicht nach wie vor anzuwenden, doch muß und braucht dieselbe weder in Aengstlichkeit noch Uebereilung auszuarten."

Mittlerweile empfing Bülow aus Berlin die vertrauliche Nachricht, Preußen sei mit Frankreich verbündet, der Vertrag in Paris so gut wie abgeschlossen. Er theilte diese Nachricht sogleich an York nach Königsberg mit, wo sie aber auf andern Privatwegen auch schon eingelaufen war. Endlich erfolgte die amtliche Mittheilung, welche den Abschluß des Bündnisses bestätigte, zugleich aber wünschte, daß davon fürerst nur als von einem Einverständnisse Preußens mit Frankreich gesprochen, die Beziehung auf Rußland verschwiegen würde. Die Vorsicht war eine zu späte, nutzlose. —

In Voraussicht dieser Wendung war Blücher schon im Januar von seiner Befehlführung in Pommern abgegangen; als die Thatsache nicht mehr zweifelhaft war, trat auch Scharnhorst zurück, nahm Gneisenau den Abschied, mit ihm Clausewitz, Barner, Chazot, Tiedemann, im Ganzen über dreihundert Offiziere, die nicht für Napoleon, sondern gegen ihn fechten wollten, und theilweise nach Rußland gingen, theilweise nach Spanien. Für Bülow's Denkart und Neigung wäre die Wahl schnell entschieden gewesen, das Beispiel seines Jugendfreundes, des ehrenfesten, tapfern Chazot, war für ihn ein gewichtiges, wirksames; es wird versichert, daß er von verschiedenen Seiten die dringendsten Aufforderungen, selbst von dem Namen des Ministers vom Stein unterstützt, empfangen habe, mit den glänzendsten Aussichten in russische Dienste zu treten; allein sein Pflichtgefühl überwog, und sein Entschluß, der Sache des Königs, wohin sie sich auch wende, treu zu folgen, wankte keinen Augenblick. Hierin stimmte seine Handlungsweise mit der von Yorck völlig überein; ohne daß der Gegenstand je zwischen ihnen zur Sprache gekommen wäre. —

Mit dem ausgesprochenen Bündniß waren jedoch die Verlegenheiten für Yorck und Bülow keineswegs beendigt; Napoleon selbst, der mit Rußland noch immer unterhandelte, wünschte den Vertrag noch nicht völlig bekannt werden zu lassen, seine näheren Bestimmungen wurden daher noch nicht veröffentlicht; welche diese aber auch sein mochten, jedenfalls waren sie drükkend, und man wußte vorher, daß Napoleon sich da, wo er die Gewalt hatte, wenig um Verträge kümmerte, und daß wie er selbst auch seine Generale und Verwaltungsbehörden stets zu Uebergriffen geneigt waren. Wie weit diese zu dulden seien, wo der Widerstand anfangen solle, welchen Nachdruck dieser haben dürfe, das blieb dem Urtheil der Befehlshaber überlassen, die zunächst von den Uebergriffen berührt wurden. Die Nachricht, daß die Franzosen am 26. und 27. Februar mit 2000 Mann aus Schwedisch-Pommern nach Demmin, Anklam und Swinemünde vorgerückt seien, in Swinemünde die Schiffe unter Aufsicht genommen, in Anklam einen Kommandanten eingesetzt und ein Lazareth angelegt, wobei sie vorgaben verbotenen Waaren nachzuforschen, erregte die größte Unruhe. Yorck schrieb hierüber am 6. März an Bülow: „Mit Anklam hat man vielleicht nur angefangen, um hinterdrein mit Elbing einen ungleich größeren Koup auszuführen. — Ohne Artillerie kann ich aber nicht gegen eine so einladende Besitznahme gültig protestiren; wenn ich aber Artillerie anwenden soll, so muß sie auch bespannt sein. Leider zeigt mir schon diese partielle Mobilmachung, daß ich allein 12 Tage gebrauche, ehe ich mit einer einzigen Kanone zum Thor hinausmarschiren kann; so sehr ist das Kalkul auf dem Papier von der wirklichen Ausführung verschieden, so wenig paßt unsere nicht schlagfertige Lage zu der gegenwärtigen politischen Lage des Staates und der Provinz insbesondere."

Die Franzosen rückten indeß mit ungeheurer Heeresmacht, fast eine halbe Million Streiter, mit unermeßlichem Troß, von allen Seiten in Preußen ein, und durchzogen das unglückliche Land seiner ganzen Länge nach der russischen Gränze zu. Die Kriegszucht dieser Truppen war schon jetzt großentheils aufgelöst, sie hielten sich nicht an die ihnen angewiesenen Straßen, nahmen Quartier wo es ihnen beliebte, plünderten, erpreßten; über 100,000 Vorspannspferde mit ihren Wagen wurden gewaltsam mit fortgeschleppt. Ueberall sprachen die Franzosen als Gebieter, setzten ihre Behörden ein, hemmten eigenmächtig den Seeverkehr in allen Häfen. Napoleon begehrte nachträglich ganz außerhalb des Vertrags, daß seinen Truppen auch noch die Festungen Spandau und Pillau eingeräumt würden, beide mußten geöffnet werden, wenn auch Pillau erst späterhin nach vergeblichen Weigerungen.

Die preußischen Hülfstruppen wurden zusammengezogen, und nach dem Wunsche Napoleons unter den Oberbefehl des Generallieutenants von Grawert gestellt, diesem aber York als zweiter Befehlshaber beigegeben. Diese Ernennung, zu welcher noch Scharnhorst's Einfluß bedeutend mitgewirkt, hatte den Zweck, der etwanigen Nachgiebigkeit entschlossene Kraft beizugesellen. Diese Beförderung York's wirkte unmittelbar auf Bülow zurück, er hatte die Stelle von jenem einzunehmen. In der hierüber an Bülow gerichteten Kabinetsordre vom 24. März 1812 sagt der König: "Aus besonderm Vertrauen zu Ihnen habe ich beschlossen, Ihnen die Gouvernements=Geschäfte von Ost= und Westpreußen so wie von Litthauen zur einstweiligen Verwaltung zu übertragen, sobald der General von York mit dem mobilen Korps ausmarschiren wird; Sie haben sie also dann, wann dieser Zeitpunkt eintritt, zu übernehmen, und ist das Nöthige von mir an den gedachten General erlassen worden."

Dieser Zeitpunkt trat erst im Anfange des Juni ein. Inzwischen hatten die Durchmärsche der Franzosen und ihrer Verbündeten unaufhörlich fortgedauert, so wie alle Arten von Rüstungen und Vorbereitungen.

Bülow hatte sich nach Königsberg begeben, wo er von York, der nach Labiau zu seinen Truppen abging, die Geschäfte übernahm und sich in seiner Amtsthätigkeit festsetzte. Am 12. Juni traf Napoleon auf der Durchreise zu seinen in Ostpreußen zusammengedrängten Heeresmassen dort ein, und zog die Generale von Bülow und von Zieten zur Tafel, wo sie die Ehrenplätze neben ihm hatten. Von besonderem Gespräch wird nichts berichtet, als daß Napoleon das Aussehen und die Haltung der preußischen Truppen lobte, und gegen die preußischen Generale etwas freundlicher war, als gegen die eignen. Bülow aber konnte mit Muße in größter Nähe den wunderbaren Mann betrachten, vor dem Europa zitterte, den er als Kriegshelden bewunderte, als den Feind und Unterdrücker Preußens haßte, dem er als einem Bundesgenossen jetzt unwillig zur Seite stehen mußte, künftig aber als einem Feind im erwünschten Kampfe verderblich gegenüberstehen sollte! Die Gelegenheit zu solch nahem Anschauen und Prüfen des Mannes hat sich für Bülow in der Folge nie wiedergefunden.

Erst am 24. Juni 1812, nachdem alle Unterhandlungen zur Abwendung des Krieges erschöpft, alle Streitmittel hingegen völlig geordnet waren, überschritt Napoleon die Memel, und begann mit der Hauptmacht seinen verhängnißvollen Zug in das innere Rußland, während die preußischen Truppen unter Grawert und Yorck, dem Heertheil des Marschalls Macdonald angehörig, die Richtung nach Kurland und auf Riga nahmen. —

Bülow's Befehlsmacht hatte im Mai und Juni größere Ausdehnung erhalten, namentlich waren ihm die Truppen überwiesen, die preußischerseits zur Vertheidigung der Ostseeküsten mitwirken sollten. Allein der übermüthige Verbündete setzte dieser Befehlführung enge Schranken, und Bülow sah sich in das schwierigste Verhältniß versetzt. Der von Napoleon zum Generalgouverneur in Preußen ernannte General Graf von Hogendorp, ein Holländer im französischen Dienst, schaltete rücksichtslos im Lande, maßte sich an über die zurückgebliebenen preußischen Truppen zu verfügen, verlegte und gebrauchte sie nach Willkür, und that überhaupt, als ob ein preußischer Befehlshaber nicht da wäre. Bülow, bei seiner heftigen Gemüthsart, bedurfte der größten Selbstüberwindung, um nicht einer solchen Eigenmacht mit trotzigem Widerstande zu begegnen; allein er fühlte zu tief die gefahrvolle Lage des Staates, um nicht seine persönliche Gereiztheit zu unterdrücken, und alles zu vermeiden, was dem Könige größere Verlegenheit bereiten konnte; er bezwang seinen Unwillen, und ertrug den frechen Uebermuth, der mit Gewalt nicht abzuweisen war, und gegen den Gründe nichts vermochten. Er entzog sich so viel als möglich aller näheren Berührung mit Hogendorp, der dies seinerseits erleichterte, indem er barsch und rücksichtslos die Formen des Umgangs außer Acht setzte, und dadurch auch die Höflichkeit, die ihm zu erweisen war, verscherzte. Durch kluges und standhaftes Verhalten kam Bülow über die schlimmste Zeit glücklich hinweg; Hogendorp wurde abberufen, und in seine Stelle trat der General Graf Loison, der sich ungemein freundlich erwies, heitre Geselligkeit und frohen Lebensgenuß liebte, und für

Bülow besondre Hochachtung zeigte. Freilich war dadurch in der Hauptsache nichts geändert, das Land wurde von den Franzosen wie ein ihnen gehöriges behandelt, die Behörden, die Truppen, die sämmtlichen Hülfsmittel, alles stand unter französischem Befehl, war wie aufgegangen in die französische Macht, und das stärkste Vaterlandsgefühl konnte nichts als hoffend abwarten, daß Preußen aus der fremden Mischung doch unversehrt einst wieder ausscheiden würde. —

Napoleon drang unterdessen mit seinem Heerzug immer tiefer in Rußland ein, die planmäßig zurückweichenden Russen hielten endlich Stand bei Smolensk, bei Borodino; doch ohne in den Schlachten besiegt zu sein gingen sie noch weiter zurück, und überließen dem Feinde sogar die Hauptstadt Moskau, in welche Napoleon als Sieger einzog. Eine verhängnißvolle Feuersbrunst, durch Rastoptschin's grimmige Kraft in's Werk gesetzt, verzehrte gleich darauf diese Stadt mit allen in ihr noch verbliebenen Hülfsmitteln, und die Franzosen waren gezwungen, die heiße Trümmerstätte zu verlassen. Doch stand ihre Kriegsmacht noch ungebrochen im Herzen des Landes, heftige Treffen wurden geliefert, neue Feldzugsplane und politische Anschläge gemacht. Auch die preußischen Hülfstruppen unter französischem Oberbefehl des Marschalls Macdonald waren nach Kurland und gegen Riga vorgerückt, und hatten in mehreren heißen Gefechten ruhmvoll gekämpft. Die preußische Kriegsehre forderte Tapferkeit auch da, wo die preußische Gesinnung den Sieg, hätten nicht Preußen gekämpft, kaum wünschen konnte. Man war gezwungen, an der Seite der Franzosen zu fechten, aber es entstand keine Waffenbrüderschaft, lieber hätte man diese den gegenüberstehenden Russen gewährt. Daß man in Preußen, in Königsberg wie in Berlin, die Siege der Franzosen, den Einzug in Moskau, den Sieg der Preußen bei Eckau feiern mußte, war eine nothwendige Folge des eingegangenen Bünd=

nisses, aber in der Stille trauerten die Vaterlandsfreunde über Vortheile, die durch preußische Tapferkeit miterrungen nur aufs neue die Bande befestigten, nach deren Zerreißung sie sich sehnten. Für die höheren Beamten und Befehlshaber, welche zunächst mit den Franzosen zu thun hatten, war es keine geringe Aufgabe, in diesem fortdauernden Zwiespalt zu leben, und dabei diesen selbst mit größter Sorgfalt so viel als möglich zu verdecken. Bülow hatte so viel Kraft des Willens und Gewandtheit des Benehmens, daß er in seiner schwierigen Stellung dem lauernden Argwohn der Franzosen keine Blöße gab; fand er sich aber unbeobachtet von Späherblicken, wußte er sich im Kreise der Vertrauten, dann hielt er sich für den Zwang, den er sich angethan, schadlos, und machte seinem Herzen in Verwünschungen Luft, die nicht selten über die Franzosen hinweg auch auf Landsleute fielen, denen man Hinneigung zu jenen schuld gab. —

Alles war gespannt auf den Ausgang des großen Feldzugs, der das Schicksal Rußlands bereits entschieden zu haben schien. In Folge der siegreichen Gefechte, welche die preußischen Hülfstruppen, nach Grawert's Abgang jetzt von Yorck befehligt, in Kurland geliefert hatten, waren russische Gefangene in Königsberg eingebracht worden. Dies gab Anlaß daß der Flügeladjutant des Königs, Major Graf Henckel von Donnersmark, auf der Durchreise nach Mitau zu Yorck, dem er Befehle überbrachte, auch bei Bülow eines Auftrags sich zu entledigen hatte, indem der König verlangte, derselbe solle aus den russischen Gefangenen 24 Sänger aussuchen und auf der Post ihm nach Berlin schicken. Bülow, der bei Henckel's ersten Worten eine wichtige Eröffnung politischen Inhalts erwartet hatte, war nicht wenig erstaunt, eine solche zu vernehmen. Besonders war sein musikalischer Sinn verletzt, und er konnte sich — wie Henckel erzählt — gar nicht zufrieden geben, daß der König solche un=

harmonische Schreihälse haben wolle, und meinte, wer am besten brüllte, den würde er auswählen. Doch fand er nachher, daß sie zusammen recht gut sängen, und meldete mit Vergnügen, daß sie alle sich sehr über ihr bevorstehendes Loos freuten.

Der Sommer verging, der Herbst ebenfalls. Bald nach dem Brande von Moskau verstummten die Siegesnachrichten der Franzosen, von dem Heere kam aus der weiten Ferne nur seltnere Kunde, sie blieb endlich aus. Der Winter war mit ungewöhnlicher Strenge eingetreten. Allmählich begannen dumpfe Gerüchte von dem Rückzuge des großen Heeres zu reden, von seinen bedeutenden Verlusten, von den Gefahren und Schreck=nissen des Rückzuges; unermeßliche, entvölkerte, von grimmigem Frost erstarrte, durch hohen Schnee überdeckte Länderstrecken waren unter heftiger Verfolgung zahlloser Kosakenschwärme zu=rückzulegen. Endlich erfuhr man, daß Napoleon seine durch Kampf, Mangel, Krankheit und Frost auf ein Drittheil herab=gesunkenen Schaaren auf fluchtartigem Rückzug in furchtbaren Bedrängnissen verlassen, und persönlich mit größter Eile den Weg nach Paris genommen habe, um neue Streitkräfte aufzu=rufen. Nach langer Unterbrechung der bisher so ruhmredigen Bulletins erschien plötzlich eines, das die entsetzlichen Unfälle, die das Heer betroffen hatten, nicht mehr verschweigen konnte, und durch alles gleißnerische Bemühen, die Vorgänge gemildert darzustellen, sie erst recht offenbar machte. Das Bulletin sprach nur immer von Pferden, die dem Frost und dem Mangel er=legen seien, aber der Schluß ergab sich von selbst, daß es den Menschen nicht besser ergangen sein konnte, und daß ein Heer ohne Pferde bald auch ohne Geschütz und Munition, ohne Ge=päck und Lebensmittel sein mußte.

Auf die Nachricht von dem völligen Rückzuge des Heeres, das nur noch in Trümmern sich heranschleppte, brach Loison mit allen französischen Truppen im Anfange des Novembers von Königsberg auf und marschirte nach Wilna, um daselbst die Flüchtigen aufzunehmen, die Verfolgung zu hemmen; eine frische französische Division war unter diesen Umständen eine bedeutende Macht, hinreichend um die vorangeeilten Reiterschaaren der Russen, deren Hauptstärke so schnell nicht folgte und noch weit zurück war, so lange aufzuhalten, bis Napoleon die aufgebotenen Verstärkungen herbeigeführt hätte, um den Krieg mit neuer Kraft fortzusetzen. Um so größer war das Erstaunen als man vernahm, daß auch diese ganze Division verloren sei, die furchtbare Kälte und der mit ihr eingetretene Mangel hatten sie binnen einiger Tage hingerafft, nur wenige Mannschaft, erschöpft und halberfroren, entkam den Kosaken, und mischte sich zu den Trümmern des großen Heeres, die zuletzt noch beim Uebergang über die Beresina durch Frost, Hunger und russische Waffen schrecklich durchwüthet und aufgerieben, in wehrlosen Haufen jammervoll nach Preußen zurückkamen, von wo sie vor sechs Monaten so stolz und übermüthig ausgezogen waren.

Täglich fuhren unabsehbare Reihen von Wagen in Königsberg ein, beladen mit Verwundeten und Kranken, begleitet von erschöpften Fußgängern, die nur kümmerlich dahinschwankten. Todtenbleiche Gesichter, stiere Augen, erfrorne Glieder, dumpfe Gleichgültigkeit, sprachen grausenhaft die Leiden und das Elend aus, welches die Unglücklichen zu überstehen gehabt. Stabsoffiziere, Generale, in Stolz und Ueppigkeit verwöhnte Günstlinge des Glücks, kamen in Lumpen gehüllt, in Noth und Verzweiflung an, jeder Hülfe bedürftig, jede Erquickung annehmend, manche starben in deren übereiltem Genuß. Alle Ordnung war aufgelöst, kein Unterschied galt mehr. Man sah ein gränzenloses Verderben vor Augen, und wußte nun, daß nicht Tausende, nein Hunderttausende schrecklich zu Grunde gegangen waren, die noch Ueberlebenden trugen völlige Muthlosigkeit und den Keim tödtlicher Seuchen in sich. Mit diesen französischen

Trümmern, kamen auch die von rheinbündischen Truppen an, endlich die Ueberbleibsel zweier preußischen Reiterregimenter, welche Napoleon der Befehlführung Macdonald's entzogen und mit nach Moskau genommen hatte.

Bülow gestand, daß er in seinem Leben von keinem Anblick und keiner Schilderung so erschüttert worden sei, als von dem, was er hier sah und hörte. Doch sein von diesem Entsetzen einen Augenblick niedergedrücktes Gemüth erhob sich alsbald zu kräftiger Erwägung solcher unerwarteten Schicksalsschläge, und schöpfte aus ihnen neue Hoffnungen für das Vaterland. Er schrieb in diesem Sinne an einen hochgestellten Freund in Berlin, schilderte in kurzen Worten das Elend, das vor Augen lag, den Zustand der französischen Streitkräfte, soweit er zu übersehen war, fragte, was man in Berlin gesonnen sei zu thun, drang auf rasche, durchgreifende Entschließung.

Auch in Berlin hatte man bald denselben Anblick wie in Königsberg, der endlose Zug des Elends und Jammers wälzte sich, von Seuchen begleitet, weiter und weiter bis zum Rhein, und immer größer offenbarte sich das Verderben, der Verlust, von denen Napoleons Macht war getroffen worden. Allein die Meinungen, welche hier auf die zu fassenden Beschlüsse einwirkten, waren leichter zu bestürzen als zu ermuthigen. Man verwies Bülow'n seinen voreiligen Eifer, man warnte ihn, durch keine Unvorsichtigkeit die Lage des Staates zu gefährden, dem ein kluges Abwarten und in diesem zunächst ein festes Beharren in dem Bündniß mit Napoleon räthlich sei. In der That war die Macht desselben, wenn auch hart getroffen, doch keineswegs gebrochen. Er gebot in Frankreich noch über ungeheure Hülfsmittel, an Menschen, an Geld, an jedem Bedarf; ließ man ihm nur einige Zeit, so ersetzte er sein verlorenes Heer durch ein neues, und konnte noch immer das Kriegsfeld zuletzt als Sieger behaupten. Diese Zeit aber wollten die Erschrockenen ihm lassen, und so stand seine Sache grade dadurch, daß man unentschlossen abwartete, nur um so besser; sie stand sogleich ganz gut, wenn man, was man zum Scheine thun wollte, wirklich that, nämlich mit allen Kräften sich ihr anschloß. Uebrigens leistete auch ein Kern streitbarer Mannschaft als tapfre Nachhut den Russen im Felde noch hartnäckigen Widerstand, und wich nur, wo entschiedne Uebermacht sie drängte.

Der kräftige Wille Napoleons regte alles zur eifrigsten Thätigkeit an. Die Rüstungen in Frankreich, in den Staaten des Rheinbundes, waren in vollem Gange, der bloße Ruf davon schüchterte die Schwachen ein. Diplomatische Wirksamkeit suchte diesen Eindruck zu verstärken, die verfänglichsten Anträge und Vorspiegelungen wurden nicht gespart, um Napoleons Verbündete, und zunächst Preußen, bei seiner Sache festzuhalten. Dabei sah man überall die militairischen Anstalten der Franzosen mit Nachdruck geleitet, die Festungen nach Möglichkeit bedacht, die Truppen zweckmäßig gesammelt und verfügt, unläugbar war die Macht, über die Napoleon gebot, noch furchtbar. Der König von Neapel, welchem Napoleon bei seinem Verlassen des Heers den Oberbefehl übertragen hatte, mußte zwar verzichten sich bei Wilna zu behaupten oder auch nur hinter der Memel Stand zu halten, allein er wich nur Schritt für Schritt, und durfte sich getrauen, die Linie der Weichsel zu vertheidigen, ja selbst in Ostpreußen mit Vortheil eine Schlacht zu liefern, wenn nur die Preußen ihn so unterstützten, wie sie es in der That vermochten. Die Franzosen, bisher der preußischen Verhältnisse so geringschätzig und achtlos, wurden jetzt plötzlich sehr freundlich, wollten gute Bundesgenossen sein, die Sache Preußens sogar voranstellen; obschon im Herzen voll Mißtrauen und Besorgniß, ließen sie nach außen keinen Zweifel blicken, daß Preußen ferner zu ihnen stehen würde. Die Hülfstruppen unter York, die mit Macdonald aus Kurland zurückkehrten, befanden sich in französischer Gewalt, gehorchten französischem Befehl; es war nicht unwahrscheinlich, daß die sonstigen preußischen Streitkräfte dem Geschicke würden folgen müssen, in welches dieser ansehnliche, schon kriegsthätige Theil derselben einmal verflochten war; diese Truppen festzuhalten und zu vermehren, wurde daher französischerseits alles aufgeboten.

Was in dieser Beziehung bei York und seinen Truppen vorging, ist unlängst von guter Hand umständlich dargelegt worden, und wir dürfen darauf verweisen. In einer von York's Lage sehr verschiedenen befand sich Bülow. Er hatte eine ausgedehnte Befehlführung, die jedoch durch die Umstände fast ganz gelähmt worden war; ihm stand keine kriegsfertige Truppenmacht zu Gebot, nur zerstreute Depots, vereinzelte schwache Besatzungen, die nicht weggezogen werden konnten. Das Land war überall von Franzosen besetzt oder durchzogen, Danzig ein fester Waffenplatz, von wo schon Verstärkung in Königsberg eintraf, sie sammelten sich mit großem Eifer und bewundernswerther Schnelligkeit; in Königsberg wimmelte es von Kranken und Flüchtlingen, aber die kräftige Betriebsamkeit der Generale wußte auch aus diesen aufgelösten Haufen schon wieder kleine Streitschaaren herauszusondern; eine nicht zu verachtende Stärke machte gegen die Russen Front, von denen die Kosaken zwar weit voraus, die eigentlichen Truppenkörper aber langsam folgend noch weit zurück waren. Mehr als York war demnach Bülow in französischer Gewalt und Abhängigkeit.

Alles kam darauf an, was für Entschlüsse in Berlin gefaßt würden, doch dies blieb lange Zeit völlig ungewiß. Man sah und glaubte hier den wahren Zustand der Dinge um vieles später als in Königsberg; man lebte unter Sorgen und Bedenklichkeiten, die zwischen der Oder und Elbe, im Anblick oder Bereich französischer Besatzungen, die ja Berlin selbst und das nahe Spandau inne hatten, nicht so leicht zu überwinden waren, als in Königsberg oder Tilsit, wo schon der Hurrahruf der Kosaken herüber schallte.

Bülow sah sich daher auf seine eigne politische Einsicht, auf seine eigne diplomatische Geschicklichkeit angewiesen. Er hatte früh den Umfang des Verderbens erkannt, der das französische Heer getroffen hatte, aber sich auch nicht über die Widerstandsfähigkeit getäuscht, die in den Trümmern dieser alten sieggewohnten Kriegsmacht noch übrig und schnell wieder zu wecken war, auch ließ er nicht unerwogen, daß die Russen nur langsam und in geringer Stärke nachrückten, und daß deren weitere Absichten nicht ausgesprochen waren. Der rechte Augenblick, wo Preußen das Unglück der Franzosen benutzen, selbstständig gegen sie zum Krieg übergehen und sie verderben konnte, war auch schon versäumt und nicht wiederzugewinnen. Unter diesen Umständen sah er als das jetzt Wichtigste und Dringendste an, so viel als möglich Truppen und Kriegsmittel aller Art zu vereinigen und außerhalb fremden Einflusses sicherzustellen, um dem Könige für jeden Entschluß, den er fassen würde, eine selbstständige Heeresmacht verfügbar zu halten. Bülow zweifelte im Herzen nicht, daß bei der Wahl, in die Preußen gestellt war, der Ausschlag für die Russen und gegen die Franzosen sein werde, denn jene waren doch für Preußen die eigentlichen Verbündeten, diese der eigentliche Feind, wiewohl das amtlich-öffentliche Verhältniß noch das Gegentheil sagte. Er hatte gleich allen edlen Vaterlandsfreunden das feste Vertrauen, daß es so kommen müsse, er fühlte den entschiedenen Trieb, aus allen Kräften zu dieser Wendung mitzuwirken; allein noch war keine Gewißheit vorhanden, kein entscheidender Befehl, und selbst die Mittel, diesen zu befolgen, mußten erst bereitet werden, unter zahllosen Hindernissen, unter täglich wachsender Gefahr. Bülow urtheilte und handelte im Sinn der Befehle, die ihm später zukamen, aber als er begann, folgte er nur den Ein=

gebungen seiner Vaterlandsliebe und seines Muthes. Um so mehr mußten Vorsicht und Klugheit jeden Schritt leiten.

Vortrefflich waren gleich die ersten Maßregeln. Alle zu den Yorck'schen Truppen auf dem Marsch befindliche Ersatzmannschaft, Rekruten und Genesene, Zufuhren und Pferde, erhielten Befehl nicht weiter zu gehen, sondern an bestimmten Orten sich zu sammeln und zu ordnen. Alle Kriegsvorräthe wurden schleunigst nach Graudenz in Sicherheit geschafft, eben dahin alle Beurlaubten und Krümper gewiesen. Mehrere Depots zogen sich vorläufig nach Königsberg, wo sie dem größeren Truppenkörper sich anschlossen. Die Besatzung von Pillau wurde ganz im Stillen verstärkt; der Oberst von Maltzahn, der in Memel stand, erhielt Befehl über die Nehrung abzuziehen, sobald Yorck'sche Truppen dort einträfen. Bei Graudenz hoffe er, so schrieb Bülow an Yorck, dem er von allen seinen Anordnungen sogleich Nachricht gab, ein ziemliches Trüppchen zu versammeln. Alle diese Maßregeln, die oft in die kleinsten Einzelheiten und Schwierigkeiten eingehen mußten, wurden mit eben so viel Umsicht als Raschheit glücklich ausgeführt. Der Präsident von Auerswald in Königsberg und der Präsident von Schön in Gumbinnen unterstützten durch entsprechende Befehle ihrerseits aus allen Kräften die militairischen Verfügungen, ganz besonders aber Schön, dessen hoher Geist und kühner Muth in den nächstfolgenden Ereignissen überall von mächtigem Einfluß war, und da, wo die Kraft Andrer nicht ausreichen wollte, die seinige frisch dazuwarf, unbekümmert ob die That seinen oder einen andern Namen tragen würde.

Um die Lage der Sachen dem Könige genau darzulegen und entsprechende Befehle einzuholen, sandte Bülow den Major Hiller von Gärtringen nach Berlin; „Er ist ein Mann, schrieb er darüber an den Präsidenten von Schön zu Gumbinnen, der hier alles gesehen hat, und sich die Sache zu Herzen nimmt, er wird alles recht kräftig vortragen." Auerswald und Schön sandten gleichfalls wahrheitsgetreue Berichte an den Staatskanzler, vertrauliche Briefe an die ihnen gleichgesinnten Freunde. —

Am 19. Dezember nahm der König von Neapel sein Hauptquartier in Königsberg. Er sammelte daselbst möglichst die französischen Streitkräfte, zeigte seine Truppen in täglichen Paraden und Musterungen, ritt durch die Stadt in seiner theatralisch prunkenden Kleidung, und erfreute sich dabei, wie wir es glücklich ausgedrückt finden, einer stets gleich rege bleibenden Theilnahme der leicht beweglichen Straßenjugend! An Bülow, dem er zu imponiren meinte, stellte er hochfahrend die Anforderung, mit seinen Truppen, die er auf 10 bis 12,000 Mann schätzen wollte, zu ihm zu stoßen. Bülow stellte ihm vor, daß seine Truppen bei weitem nicht so stark und noch ganz ungeübt seien, lehnte das wiederholte Ansinnen mit geschickter Beharrlichkeit ab, und suchte, indem er allen näheren Berührungen sorgfältig auswich, unbemerkt und vergessen zu sein.

Aus Berlin trafen endlich bestimmte Befehle des Königs ein; für Yorck, daß er, sobald er mit seinen Truppen angelangt sei, den Oberbefehl in der Provinz Preußen wieder zu übernehmen habe; für Bülow, daß er an der Weichsel eine besondre Truppenmacht als Reserve sammeln solle. Eine Hauptsorge für ihn war, — jetzt auch in Folge der Königlichen Befehle, — für den vorauszusehenden Fall, daß der Kriegsschauplatz nach Preußen vorrückte, alle Hülfsmittel des Krieges, Soldaten, Krümper, Pferde, Vorräthe, aus den bedrohten Landstrecken früh herauszuziehen, um sie für Preußen zu sichern, desgleichen den zurückkehrenden Truppen Yorck's die nöthigen Fuhren und Spannpferde für das Geschütz entgegen zu senden. Mit allem Nachdruck betrieb er die Errichtung von Reservebataillonen, wobei mehrere tüchtige Offiziere, die ihm für diesen Zweck zugewiesen

waren, unter ihnen der Oberst von Thümen, ihn kräftig unter=
stützten. Weitere geheime Vorschriften aus Berlin brachte der
Major von Tippelskirch, in deren Abfassung die Hand des
wieder thätigen Obersten von Scharnhorst merkbar war. Sie
wiederholten, daß die Hauptsache sei, die preußischen Kräfte
nicht vereinzeln und in fremde Abhängigkeit gerathen zu lassen,
sondern sie möglichst vereint und verfügbar in preußischer Hand
zu haben; alles sollte ohne Aufsehen und in der Stille gethan,
die Franzosen, falls sie die Anstalten doch merkten oder hindern
wollten, mit glaublichen Vorwänden beschwichtigt werden. Mehr
wurde noch nicht gesagt; wer aber Scharnhorst kannte, wußte
sehr gut, daß dessen Gedanken nicht auf bloß vertheidigende
Absonderung, sondern auf thätigen Angriff gerichtet waren. Als
Tippelskirch mit diesen Weisungen in Königsberg eintraf, hatte
Bülow schon vollständig in deren Sinn gehandelt.

Für die einberufenen Beurlaubten und Krümper und aus=
gehobenen Pferde wurden vier Sammelorte bestimmt, Königs=
berg, Heilsberg, Osterode und Rastenburg. Die Mannschaft
drängte sich mit freudigem Eifer herzu, aus Ostpreußen allein
kamen 6000 Rekruten. Die Schwierigkeit war, die Leute ge=
hörig und unbemerkt fortzuschaffen, mancherlei List wurde dabei
angewendet. Bülow ordnete alles selbst, gab den beauftragten
Offizieren die nöthigen Verhaltungsregeln, unterhielt lebhaften
Verkehr mit den Landesbehörden, vermied sorgfältigst alle Rei=
bung mit den französischen. Er sandte eine nochmalige Ver=
stärkung von 300 Krümpern nach Pillau, Kriegsbedarf und
Vorräthe nach Graudenz, eine Abtheilung Fußvolk und Reiterei
unter dem Major von Kemphen als Beobachtungsposten nach
Deutsch=Eylau. Zugleich traf er Maßregeln, um stets genaue
und schnelle Nachrichten von den Bewegungen der Russen zu
empfangen. Dem Generalintendanten des französischen Heeres
Grafen Daru war indeß nicht entgangen, daß Bülow's Anstal-

ten ausschließlich den preußischen Vortheil bezweckten, er that Einspruch gegen die Verwendung so vielen Vorspanns, der dadurch dem französischen Dienst entzogen werde, er wollte dessen Bedarf zuerst, ja allein berücksichtigt wissen. In den dieserhalb geführten Erörterungen führte Daru eine heftige Sprache, drohte mit Gewaltmitteln, allein Bülow ließ sich nicht irren, und setzte seine Anordnungen, mit Ausnahme der Orte, wo gerade französische Truppen standen, ungehindert durch.

Russische Truppen, zu dem Heertheil des Generals Grafen von Wittgenstein gehörig, waren indeß am 27. Dezember bei Georgenburg erschienen, gingen alsbald über die Memel, besetzten die Stadt Memel, und die kleine preußische Besatzung, welche keinen Widerstand leisten konnte, wurde für kriegsgefangen erklärt. Bülow, der die Russen schon nicht mehr als Feinde betrachten wollte, fühlte sich widrig berührt von jenem Verfahren, durch welches die Russen fortfuhren, die Preußen feindlich zu behandeln; allein bei der Zweideutigkeit seiner Lage, in welcher er gegen die im Allgemeinen ihm noch weit überlegenen Franzosen des Scheines fortbestehender Bundesgenossenschaft bedurfte, konnte jenes Ereigniß ihm sogar lieb sein, er machte dasselbe mit Nachdruck geltend, und die Franzosen selbst mußten nun eingestehen, daß die Preußen alle Ursache hätten, gegen den annahenden Feind sich zu rüsten. Leider gaben die Nachrichten aus Berlin auch noch keine Sicherheit, daß nicht jener Schein aufs neue zur traurigen Wahrheit würde, denn die Meinungen schwankten dort noch immer zwischen Furcht und Hoffnung, einflußreiche Stimmen wollten das Heil Preußens nur im festen Anschluß an Napoleon gesichert wissen, der doch zuletzt Sieger bleiben und dann für die gehaltene Treue dankbar Preußen zu neuer Größe erheben werde; sie wiesen auf Rußlands Benehmen beim Frieden von Tilsit hin, und meinten, der Bund mit Rußland, den man vorschlage, werde eine noch schlimmere Abhängigkeit sein als die französische; es hieß sogar, im Sinne jener Ansicht solle der Staatskanzler Freiherr von Hardenberg zurücktreten und an seine Stelle der Fürst von Hatzfeldt kommen. Die hier ausgesprochene Meinung trug die verführerische Wahrheit in sich, daß ein festes Anschließen Preußens an Napoleon in diesem Augenblick wirklich das verbürgte, was sie voraussetzte, nämlich den wiederkehrenden Sieg und das hergestellte Uebergewicht desselben, denn eine Verstärkung wie Preußen sie jetzt geben konnte, reichte vollkommen hin, den Krieg an der Weichsel, vielleicht an der Memel, festzuhalten, dann konnte Napoleon mit frischen Heereskräften einen neuen Siegeslauf beginnen, oder einen vortheilhaften Frieden schließen; möglich, daß er auch dankbar gewesen wäre, und Preußen vergrößert hätte; doch keine Vortheile irgend einer Art konnten den Schaden und die Schmach aufwiegen, jene in solcher Weise gewonnen zu haben; aller Muth und alle Gesinnung, in denen zuletzt die Kraft des Staates beruht, wären gebrochen, vernichtet worden. Diesen trüben Nachrichten aus Berlin begegneten andre aus der Gegend von Tauroggen her, ganz verschiedener Art, doch ebenfalls sorgenvoll bedenkliche. Der Major Graf Henckel von Donnersmark, den York an den König zurücksandte, kam in der Nacht zum 30. Dezember in Königsberg an, ließ Bülow'n sogleich wecken, und theilte ihm die wichtige Neuigkeit mit, daß York mit seinen Truppen sich von den Franzosen glücklich getrennt habe, nun von den Russen großentheils umstellt sei, und in der Voraussetzung, daß diese in Wahrheit schon als Freunde, die Franzosen als Feinde Preußens zu betrachten seien, beide bald auch dafür erklärt sein würden, mit den russischen Befehlshabern in Unterhandlung getreten sei, und im Begriff stehe eine Uebereinkunft abzuschließen, in Gemäßheit deren alle Feindseligkeiten zwischen den preußischen und russischen Truppen aufhören sollten. Bülow empfing diese Nachricht mit freudiger Theilnahme, konnte sich indeß banger Sorge nicht erwehren, wenn er bedachte, welch neue Verwicklungen dies Ereigniß herbeiführen müßte, falls nicht bald der Staat mit allen Kräften in die neue Richtung einginge. Ob jedoch der eigenmächtige Schritt Yorck's in Berlin dies bewirken, oder welche andre Folgen haben würde, darüber gab es keinerlei Sicherheit.

An demselben Tage traf ein von Yorck vorausgesandter starker Zug Fuhrwesen, Gepäck und Geschütz nebst dazu gehöriger Bedeckung in der Nähe von Königsberg ein; diese Meldung setzte Bülow'n in große Verlegenheit, denn sie kam zugleich an den König von Neapel, und wenn dieser auch die Wagen und das Geschütz weiter nach Kreuzburg wollte ziehen lassen, wo Bülow sie hinter dem Pregel dem französischen Bereich einigermaßen entrückt wußte, so befahl er dagegen die streitbare Mannschaft zurückzubehalten; und da diese wie der ganze Zug durch Königsberg mußte, so konnte der König seinem Befehl unmittelbaren Gehorsam erzwingen; ihn zu täuschen ersann Bülow folgende List. Die Truppen wurden aufgelöst, und zu 3 oder 4 Mann bei jedem Wagen eingetheilt, die Gewehre auf diesen versteckt; den Leuten waren in Kurland statt der Mäntel Schafpelze geliefert worden, wie die kurischen Bauern sie tragen, und die den unbewaffneten Soldaten ganz das Ansehn gewöhnlicher Fuhrleute gaben; dazu kam noch der Umstand, daß grade Thauwetter war und etwas Regen fiel, durch die Nässe dehnten sich die Schafpelze sehr in die Länge aus, und die Verkleidung gelang um so besser. So zogen sie unbeachtet mit ihren Wagen durch die Stadt, außerhalb des Thores holten die Leute ihre Waffen wieder hervor, bildeten wieder geschlossene Schaaren, und marschirten ungestört nach Kreuzburg. Die beiden zu dem Zuge gehörigen Batterieen waren den Augen nicht zu entziehen, und sie sollten jedenfalls in Königsberg bleiben; doch der sie führende Major von Rentzell benutzte die Ver=

wirrung, die dort herrschte, und ersah am folgenden Tage die Gelegenheit, auch diese Geschütze unangefochten nach Kreuzburg abzuführen.

Am 1. Januar 1813 erhielt Bülow zuerst durch den König von Neapel, gleich darauf durch einen von Yorck eigends an ihn gesandten geheimen Boten die bestimmte Nachricht von der zwischen Yorck und dem russischen General Diebitsch am 30. Dezember in der Poscherun'schen Mühle bei Tauroggen abgeschlossenen Konvention, kraft deren die preußischen Truppen, entgegen dem mit Frankreich noch bestehenden Bündniß, und ohne Befehl und Wissen des Königs, eine neutrale Stellung nahmen, aus der ein zwar noch nicht ausgesprochener, aber für niemanden zweifelhafter Uebergang zur Gemeinschaft mit den Russen nahe vorherzusehen war. Durch seine militairische Lage, durch die im Heer und im Volk vorherrschenden Gesinnungen, durch die bestürmenden Anträge der russischen Befehlshaber, und endlich durch seinen eignen Muth und Sinn, war Yorck bewogen, ja genöthigt worden, eine That auszuführen, die je nachdem die Würfel fielen, ihm unsterblichen Ruhm, aber auch schmachvollen Untergang bringen konnte. In seinem Gewissen fühlte der Feldherr sich rein und gerechtfertigt, der um des Königs wahrem Sinn und Willen, und des Staates höchstem Vortheil zu entsprechen, seinen Kopf zur Sühne bot, falls er sich in beidem geirrt hätte, denn selbsteignes Urtheil hatte den militairischen Gehorsam gebrochen. Noch wußten die Truppen selbst, die Behörden, das Volk nicht, ob geheime Vorschriften des Königs ihn vielleicht so zu handeln berechtigten, Bülow jedoch wußte, daß es keine solche gab, und erkannte das ganze Wagniß des verhängnißvollen Schrittes. Sein persönliches Verhältniß zu Yorck war kein freundliches, wenn auch die frühere Bitterkeit aufgehört hatte. Doch jetzt fiel jede Nebenbetrachtung hinweg, es galt nur die Anerkennung der

Heldenthat, die Aufgabe aus der großen Thatsache das Heil des Ganzen zu entwickeln, sie selber zu rechtfertigen durch ihr Gelingen! Bülow sprach auf der Stelle gegen seine Vertrauten die lebhafteste Freude und Zustimmung aus. Oeffentlich war er freilich eher das Gegentheil zu zeigen genöthigt.

Für Bülow erwuchs für den Augenblick eine gesteigerte Bedrängniß. Yorck befehligte eine kriegsfertige Truppenmacht, hatte die Russen zur Seite, konnte jedem Angriff der Franzosen die Spitze bieten; die Truppen, über welche Bülow verfügen konnte, waren erst in der Bildung begriffen, noch gering an Zahl und nicht beisammen, dabei wie er selbst noch in der Gewalt der Franzosen, denen nun alle Preußen verdächtig sein mußten, und von deren Willen und Entschlossenheit es abhing diese zu umzingeln und zu entwaffnen. Selbst der Ausweg, mit der geringen Stärke, die er in Königsberg hatte, zu Yorck zu stoßen, war unausführbar, weil die Franzosen dazwischen standen; doch ein so wohlfeiler und armer Gedanke war ohnehin für Bülow unmöglich, er fühlte daß ihm ein andrer Beruf obliege, von größeren Schwierigkeiten und eigner Verantwortung. Während er im Stillen alle Maßregeln bedachte, um wenigstens nicht jedem ersten Handstreich der Franzosen zu erliegen, und entweder eine Zuflucht in Pillau zu finden oder sich auf Graudenz zurückzuziehen, kam ihm unverhofft das Glück zu Hülfe. Noch am nämlichen Tage, wo die Meldung von Yorck's Abfall angekommen war und das Volk in den Straßen schon deutliche Neigung zum Aufstande gegen die Franzosen zeigte, zog der König von Neapel, geschreckt durch weitere Nachrichten aus Tilsit, mit seinem Hauptquartier von Königsberg nach Elbing ab, und hinterließ für die zurückgebliebenen Preußen den Befehl sich an Macdonald anzuschließen. Allein Bülow, um sowohl den Franzosen unter Macdonald, der zum 3. Januar in Königsberg eintreffen sollte, als den Russen, die diesem nach=

folgten, zu entgehen, benutzte die freie Frist, um allen noch vorhandenen Kriegsbedarf eiligst nach Graudenz abzuschicken, sein Fußvolk in und bei Kreuzburg zusammenzuziehen; am 2. Januar Mittags begab er selbst sich dahin, während der Major von Kall mit der wenigen Reiterei bei Königsberg als beobachtende Nachhut stehen blieb. Am folgenden Tage, da die Franzosen wieder in Königsberg erschienen, marschirte Bülow von Kreuzburg ab, und wählte, um zur Weichsel zu gelangen, eine noch freie Seitenstraße, wiewohl auf dieser für die Verpflegung nicht vorgesorgt war. Die Nachhut unter dem Major von Kall folgte im Abstand eines Tagemarsches. Zuletzt ließ er noch das von York abgesandte Gepäck, das dieser wieder in seiner Nähe zu haben wünschte, demgemäß nach Bartenstein abziehen, die streitbare Mannschaft aber behielt er bei sich, weil er sie einer Gefangennehmung durch die Franzosen nicht aussetzen wollte. Ueberhaupt nahm er auf seinem Marsch alles mit, was irgend ihm sich anschließen mochte, die mannigfachsten Truppentheile, Genesene, Rekruten, Pferde, Kassen, Lebensmittel. Seinen Marsch mußte er nach den Bewegungen der Franzosen einrichten, um jede Berührung mit ihnen zu vermeiden. Alle diese Gegenstände forderten eine rastlose, nach allen Seiten aufmerksame Thätigkeit, die sich in unzählige Einzelheiten zersplitterte, und jeder die volle Kraft des persönlichen Befehls zuwenden mußte. —

Der Marsch ging über Mehlsack, Liebstadt und Mohrungen nach Saalfeld, wo am 7. Januar der Stabsrittmeister von Auer eintraf, der ein Schreiben von York an Bülow überbrachte und außerdem mündliche Aufträge an seinen Schwager auszurichten hatte. York drückte sein Bedauern aus, von Bülow keine Nachrichten zu haben und über dessen Absichten in Zweifel zu sein; er hoffte Königsberg besetzen zu können, fürchtete aber, Wittgenstein könnte von den Franzosen, die ihm an

Zahl überlegen, geschlagen und aus Preußen wieder hinausgeworfen werden; ob nicht alles aufgeboten werden müsse dies zu verhindern, ob eine solche Lage der Dinge nicht erfordere, auch noch einen zweiten Schritt zu thun? Ein vereintes Wirken sei gegenwärtig, in dem so hochwichtigen Augenblicke, die Hauptsache, es käme darauf an, vereint an der Weichsel eine Stellung zu gewinnen, um das rückliegende Preußen zu decken. Bülow behielt seinen Schwager auf dem Marsche nach Riesenburg bei sich, und fertigte ihn von hier wieder an York ab, dem er die Lage der Dinge mittheilte, die Unmöglichkeit jetzt mit seinen wenigen Truppen im Feld aufzutreten oder sonst von den ihm gewordenen Königlichen Befehlen abzuweichen.

Den 9. Januar hielt Bülow in Riesenburg Rast, um Marienwerder zu vermeiden, wo der Vizekönig Eugen Beauharnais sein Hauptquartier an diesem Tage hatte. Am 18. marschirte er durch Marienwerder nach Neuenburg. Hier liefen zwei französische Schreiben ein vom 8. und 9. Januar aus Elbing, dem Hauptquartier des Königs von Neapel, durch den General Grafen Monthion im Namen Berthier's, des Fürsten von Neuchatel erlassen, durch die Bülow benachrichtigt wurde, daß der König von Preußen das Benehmen York's mißbilligt und diesen General abgesetzt habe; die Truppen Bülow's, wurde ferner gesagt, gehörten zu den Hülfstruppen, welche Preußen vertragsmäßig zu stellen habe, der König von Neapel befehle ihm daher, diese Truppen gegen den Feind zu verwenden, besonders seine leichte Reiterei um Erkundigungen einzuholen. Um dieselbe Zeit kam aus Berlin ein Schreiben des Kriegsministeriums vom 6. Januar an, welches gleicherweise die Absetzung York's anzeigte, und jede Verbindung mit dessen Truppen einstweilen untersagte. Auf die französischen Anforderungen antwortete Bülow ausweichend, der Beschluß in Betreff York's hatte auf seine augenblicklichen Maßnahmen keinen

Einfluß; er berührte ihn sehr unangenehm, doch stand die Ueberzeugung fest, daß die gegen York ausgesprochene Mißbilligung nur aus dem Drang der Umstände hervorgegangen sei und nicht lange dauern könne.

Die Scheidewand, bisher zwischen Bülow und den Russen durch die Franzosen noch gebildet, wurde stets dünner und hörte bald ganz auf. Bülow um die Berührung mit den Russen zu meiden, zog seine Nachhut näher an sich, doch die Kosaken drangen immer vor, und es war vorauszusehen, daß es an der Weichsel zwischen ihnen und den Franzosen zu Gefechten kommen würde. Schleunig zog Bülow, der ihnen ausweichen mußte, die vom Obersten von Thümen gebildeten Reservebataillone von Graudenz an sich, desgleichen mancherlei Mannschaften unter dem Major von Tippelskirch, und marschirte am 12. Januar nach Dschie. Das französische Hauptquartier hatte am Tage vorher Elbing verlassen und zog nach Posen; der Vizekönig Eugen bestand am 12. ein ungünstiges Gefecht bei Neuenburg gegen die Kosaken, die auch die Quartiere der Bülow'schen Reiterei hiebei berührten, und 3 vereinzelte Offiziere zurückhielten; der Major von Kall wurde mit seinem Reitertrupp ebenfalls von Kosaken gefangen genommen. Bülow, über Tuchel am 14. in Konitz angelangt, erfuhr hier die Uebergriffe der Russen. Sogleich erließ er ein Schreiben an den General Tschernischeff, und drohte, wenn derselbe nicht unverzüglich die Gefangenen freigebe, so werde er ihn mit aller Macht angreifen und zurückwerfen; sie wurden darauf freigegeben. Den französischen Truppen, die noch in Konitz lagen, hatte Bülow ebenfalls mit Trotz entgegenzutreten; doch diese zogen Abends weiter, und die Preußen blieben hier nun allein und in guter Stärke am 15. stehen; über Schlochau gelangten sie am 17. nach Neu=Stettin, sie waren in diesen Tagen noch mehrmals bei Gefechten zwischen Franzosen und Russen nahe Zuschauer, von beiden Theilen unangetastet, doch in gerüsteter Ordnung, um jeden etwanigen Angriff kräftig abzuweisen. In Neu-Stettin endlich, dem Felde der weiteren Kämpfe seitwärts glücklich entrückt, wurde Halt gemacht, in Erwartung aber der ferneren Befehle und Ereignisse die Ausbildung und Mehrung der Truppen thätigst fortgesetzt.

York war inzwischen von den ihn betreffenden Befehlen des Königs unterrichtet worden, jedoch nicht amtlich, denn die Russen hatten den Ueberbringer Major von Natzmer nicht zu ihm gelassen, sondern zum Kaiser Alexander geschickt. Auf diesen Umstand gestützt, blieb er in seiner Befehlführung und Verbindung mit den Russen. Aber es war ihm unheimlich in seiner Stellung, die in der That kaum zu behaupten war, alles drängte zu weiteren Schritten, zu denen er wenigstens mitthätige Genossen wünschte. Zunächst suchte er Trost und Hülfe bei Bülow, an den er folgendes Schreiben aus Königsberg vom 13. Januar richtete, das abermals Auer überbrachte: „Was für Ansichten hat man in Berlin? Ist man denn schon so tief gesunken, daß man es nicht wagen darf die Sklavenketten zu zerbrechen, die wir seit fünf Jahren so demüthig tragen mußten? Jetzt oder niemals ist der Zeitpunkt, Freiheit und Ehre wiederzuerlangen. Die Vorsicht zeigt uns den Weg, wir sind unwürdig ihres Beistandes, wenn wir ihre Wohlthat von uns weisen. Welch' eine erbärmliche Politik hat man, wenn man immer noch den Gemeinspruch im Munde hat — man muß Zeit gewinnen. Unser Gegner gewinnt bei unserm Zögern nur Zeit, wir verlieren sie, jeder Moment ist ein unersetzlicher Verlust. Mit blutigem Herzen zerreiße ich die Banden des Gehorsams und führe den Krieg auf meine eigene Hand. Die Armee will den Krieg gegen Frankreich. Das Volk will ihn, der König will ihn; aber der König hat keinen freien Willen. Die Armee muß ihm diesen Willen freimachen, ich werde in

kurzem mit 50,000 Mann bei Berlin und an der Elbe sein.
An der Elbe werde ich zum Könige sagen — Hier, Sire, ist
Ihre Armee und hier ist mein alter Kopf — dem Könige will ich
diesen Kopf willig zu Füßen legen, aber durch einen Murat läßt
sich York nicht richten oder verurtheilen. Ich handle kühn, aber
ich handle als treuer Diener, als wahrer Preuße, und ohne
alle persönliche Rücksichten. Sie, General, und alle wahre An=
hänger des Königs und seines Dienstes müssen jetzt handeln
und kraftvoll auftreten. — Jetzt ist der Zeitpunkt uns ehrenvoll
neben unsere Ahnen zu stellen — oder, was Gott nicht wolle,
schmählich von ihnen verachtet und verläugnet zu werden. Er=
kämpfen, erwerben wollen wir unsere nationale Freiheit, und
unsere Selbstständigkeit; diese Freiheit und Selbstständigkeit als
ein Geschenk erhalten und annehmen, heißt die Nation an den
Schandpfahl der Erbärmlichkeit stellen, und sie der Verachtung
der Mit= und Nachwelt preisgeben. Handeln Sie, General,
es ist absolut nothwendig, sonst ist alles auf ewig verloren.
Glauben Sie es mir, die Sachen stehen hier sehr schlimm.
Entferne ich mich von hier, so ist das Korps aufgelöst und die
Provinz in Insurrektion; wo kann das hinführen? Das ist
nicht zu berechnen."

Wir kennen die Antwort Bülow's nicht; an Borstell aber,
der in Pommern befehligte, schrieb er gleich am 17. Januar,
dem Tage seines Eintreffens in Neu=Stettin: „Auer, welcher
aus Königsberg vom General von York zu mir geschickt, ist
von den Ideen des Generals von York als auch von den
meinigen unterrichtet. Haben Sie die Güte, bester General,
ihm die Ihrigen mitzutheilen, ich stehe für seine Verschwiegen=
heit. Es ist sehr wichtig, daß wir darin übereinstimmend han=
deln, und gewiß beabsichtigen wir nichts als das Interesse des
Königs und des Staats zu bewürken, ich meinerseits wende
alles an um den König zu einem kräftigen Entschluß zu ver=

mögen." Am folgenden Tage richtete er sobann folgendes Schreiben nach Berlin an den König: „Die gegenwärtige für den Staat so wichtige Epoche, die wahrscheinlich für die künftige Existenz des Staates entscheidend sein wird, bewegt mich auch meine Ansichten Eurer Königlichen Majestät ehrfurchtsvoll vorzutragen. Man kann hoffen daß die neuern Ereignisse, die so sichtbar durch die Hand der Vorsehung herbeigeführt, dazu dienen werden, den Staat groß und blühend wiederherzustellen. Auf der andern Seite kann man sich, bei Befolgung eines gewissen Systems, nicht die Möglichkeit verhehlen, daß der Staat noch mehr in seinen Gränzen beengt noch tiefer sinken könnte. Das Erste kann man mit Zuversicht hoffen, wenn Eure Königliche Majestät sich mit Rußland verbinden. Es kann und wird dahin führen, daß Deutschland dem fremden Joche entzogen werde, und daß alle norddeutsche Staaten sich unter dem Schutze Euer Königlichen Majestät vereinigen. Das Zweite, die Zerstückelung des Staats, wird ohnfehlbar erfolgen, wenn Euer Königliche Majestät dem durch die Nothwendigkeit aufgedrungenen Bündniß treu bleiben wollten. Die beispiellose Vernichtung der großen französischen Armee wird nun durch das rasche Folgen russischer Korps vollendet. Es ist nichts vorhanden was diesen widerstehen kann, wenige werden nur die Oder erreichen, und weder an die Oder noch an die Elbe etwas aufgestellt werden können, was auch nur einigen Widerstand leisten kann. Eurer Königlichen Majestät stehen noch immer sehr bedeutende Streitkräfte zu Gebote, vereinigen diese sich mit den russischen, so ist mit Gewißheit zu erwarten, daß man in kurzem bis an die Ufer des Rheins vordringen könne, da nicht zu zweifeln, daß nicht alle norddeutsche Völker sich anschließen und gemeinschaftliche Sache machen werden. Es ist zwar nicht zu zweifeln, daß es Napoleon gelingen werde eine Menschenmasse zusammen zu bringen, aber wie wenig kann er

sich von einer solchen Masse roher Konskribirter versprechen,
die durch die Vertilgung der alten Truppen muthlos werden
müssen, und die zu wenig geübt sein werden, um sie im freien
Felde gebrauchen zu können. Hiezu kommt, daß es ihm un=
möglich sein muß, irgend einige Kavallerie in bedeutend langer
Zeit wieder zu formiren. Um nun des guten Erfolgs gewiß
zu sein würde ein schneller Entschluß und schnelles Handeln
nothwendig sein, welches übrigens durch das Vorgehen der
Russen ohnedem nothwendig wird; denn stehen diese an der
Oder, welches in kurzem der Fall sein wird, so wird eine end=
liche Erklärung nothwendig. Die ganze Nation hat nur Eine
Stimme, Krieg gegen Frankreich ist der Wunsch Aller. Dieser
wird Sache der Nation sein, freiwillig werden die größten
Opfer gebracht werden, und Quellen werden sich öffnen, die
man längst versiegt glaubte. Einen Mittelweg einschlagen, einen
Frieden negoziren, würde nur ein augenblickliches Palliativ sein,
wodurch das Uebel für die Folge unheilbar wird, man würde
sich muthwillig seines Vortheils begeben um einem unversöhn=
lichen Feinde Zeit zu lassen, sich von seinem Falle zu erholen.
Es ist nicht denkbar, daß der Petersburger Hof sich so seines
Vortheils begeben wird, eben so wenig es denkbar und mit dem
Karakter Napoleons vereinbar, daß er große Aufopferungen
schon gegenwärtig darbringen wird, wohl aber ist es denkbar,
daß um einen Frieden mit Rußland zu bewürken, Napoleon
Preußen aufopfern und die am rechten Weichselufer gelegenen
Provinzen anbieten wird. Nach meiner Ueberzeugung, und die=
ses ist die Ueberzeugung der ganzen Nation, ist die Wohlfahrt
des Staates nur durch einen Krieg gegen Frankreich zu begrün=
den, die Umstände sind nie günstiger gewesen; eben so wenig
läßt sich denken, daß der Wiener Hof so sehr sein eigenes In=
teresse verkennen werde um nicht mitzuwirken; wenn derselbe
auch nicht gleich thätig Antheil nehmen sollte, so ist es doch zu

erwarten, daß es geschehen wird. Um ein bedeutendes Korps in der Mark baldmöglichst zusammen zu bringen, würde nothwendig sein daß das mobile Korps aus Preußen baldmöglichst vorrücke, welches sich durch alle disponible Artillerie in Graudenz verstärken könnte; sobald dieses Korps nahe genug gekommen, könnte ich, mit allem was der General von Borstell aufbringen kann vereint, über die Oder marschiren, gegen welche Zeit alle disponible Truppen aus Schlesien dort mit uns zusammentreffen könnten, auf welche Weise eine nicht unbedeutende Macht hier aufgestellt sein würde."

Nicht York allein suchte Bülow'n und durch ihn auch Borstell, zum offnen Anschluß an seine That zu bewegen, sondern auch Stein schrieb an ihn zu diesem Zweck, in der Zuversicht, daß der Beitritt dieses feurigen Kriegsmannes die Zögerungen und Bedenklichkeiten York's, mit denen Stein's Ungeduld hart zu kämpfen hatte, leichter überwinden würde; er bot ihm für den Fall daß die Sachen eine schlechte Wendung nähmen, den Eintritt in russische Dienste unter den größten Vortheilen, die auch der General Graf von Wittgenstein ihm verbürgte. Doch Bülow antwortete wie schon früher, er sei preußischer General, und wolle dies bleiben; er würde in einer Lage wie York unbedenklich handeln wie dieser, allein er befinde sich nicht in solcher Lage, er habe seine, von keiner Seite gefährdeten Truppen zur freien Verfügung des Königs zu halten, von der er übrigens nicht zweifle, daß sie schließlich die sein werde, die er selbst und seine Truppen nicht weniger als Stein wünschten und hofften. —

Wir müssen einen Blick auf den Stand der Sachen in Berlin werfen. Die Hauptstadt war von den Franzosen besetzt, der Marschall Augereau befehligte hier, unter seinen und des französischen Gesandten Grafen Saint=Marsan's Augen konnte die preußische Staatsleitung keine freien Schritte thun, sie mußte

den Schein erhalten, daß sie in dem Bündniß mit Frankreich
verharren wollte. Die That York's gab hiezu mehr als Vorwand, der erste Unwillen des Königs war kein verstellter. Auch
siegte für einen Augenblick die Hinneigung zu Frankreich, und
der Fürst von Hatzfeldt mußte nach Paris eilen, um Aufklä-
rungen zu geben, Wünsche auszusprechen, neue Hülfstruppen
anzubieten. Doch waren die Franzosenfeinde ihrerseits nicht
unthätig, Scharnhorst wurde wieder zu Rath gezogen, und die
russischen Verhandlungen, in der Stille und auf Umwegen geführt, fanden mehr und mehr Eingang. Unter diesen Umständen erhielt ein wohl nur zufälliges Ereigniß bedeutende Wichtigkeit. Französische Truppen wollten in der Nacht zum 18.
Januar in Potsdam einrücken, welche Stadt als Wohnort des
Königs vertragsmäßig durch fremde Truppen nicht berührt werden sollte. Die Sache wurde für ein Mißverständniß erklärt,
allein man sah darin die Absicht, den König in französische
Gewalt zu bringen. Der König reiste darauf am 22. Januar
in der Stille nach Schlesien ab. Hier außerhalb des Bereiches
der Franzosen war der König nun sicher und völlig frei, sich
politisch zu erklären, und man zweifelte nicht an der Verbindung mit Rußland. Diese wurde jedoch noch nicht ausgesprochen. Aber es erfolgten bald große, umfassende Rüstungen, der
Aufruf der Freiwilligen, die Errichtung der Landwehr. —

Bülow hatte sich der Nähe der französischen Truppen glücklich entwunden, aber nicht den Anforderungen ihrer Befehlshaber.
Der Kommandant von Stettin General Dufresse wollte mit
ihm fleißige Verbindung halten, that als ob es sich von selbst
verstände, daß die Preußen mit den Franzosen gegen die Russen
wären. Der Vizekönig Eugen sandte Befehle an Bülow, verlangte täglichen Bericht von ihm. Dieser mußte den Schein
des Fortbestehens der bisherigen Verhältnisse noch bewahren,
antwortete ausführlich und eingehend, nur entschuldigte er sich,

er habe nur 8 Bataillone Rekruten, und mit diesen könne er nichts unternehmen; der Vizekönig bezeigte sein zweifelndes Erstaunen über diese Angabe, und befahl ihm, nicht nach Kolberg sich noch mehr zu entfernen, sondern nach Schwedt näher zu ziehen; Bülow erwiederte, ihm sei vom Könige befohlen, sich bei Kolberg mit Borstell zu vereinigen und diese bedrohte Festung zu decken, die Russen seien unternehmend, doch hoffe er seine Stellung zu behaupten; er ließ durchschimmern, daß er doch vielleicht den französischen Weisungen noch werde folgen können. An Borstell schrieb er die Lage der Sachen in Betreff York's, daß dieser noch in voller Kraft an der Spitze seiner Truppen stehe, und als doch vom Niederlegen der Befehlführung die Rede gewesen, habe weder Kleist noch irgend ein andrer General sich zur Uebernahme verstehen wollen; er schloß mit den merkwürdigen Worten: „Im Uebrigen ist es gewiß, daß die Konvention von York die Vernichtung der Franzosen vollendet hat, ich betrachte sie also als für den Staat sehr heilsam, eben so bin ich überzeugt, daß der König sie im Grunde gutheißt." —

Für York that Bülow alles was in seinen Kräften stand. Er beauftragte den Kommandanten von Graudenz, eine für York's Truppen bestimmte, aber dort zurückbehaltene Geldsendung theilweise an ihn abzusenden, auch mancherlei Kriegsbedarf ihm zukommen zu lassen. An York selbst schrieb er am 23. Januar, sie könnten ohne Befehl keine Feindseligkeiten anfangen, es werde auch von größerem Nutzen sein in Erwartung der Kriegserklärung des Königs gegen Frankreich alles aufzubieten, um alsdann in größter Bereitschaft und Stärke auftreten zu können; er seinerseits wolle das Vordringen der Russen benutzen, um sich zwischen Königsberg in der Neumark und Stargard aufzustellen, von wo er eine nähere Einwirkung auf Berlin haben werde.

Mit dem General Tschernischeff knüpfte Bülow, nachdem das frühere Mißverständniß beseitigt war, gleichfalls nähere Verbindung an; ein offnes Auftreten gegen die Franzosen mußte er auch hier bestimmt ablehnen, dagegen versprach er, mit diesen sich nicht zu vereinigen, sie nicht in Graudenz einzulassen, und die Bewegungen der russischen Truppen nicht zu hindern. In ähnlichem Sinne scheint er ein Schreiben des Generals Grafen von Wittgenstein beantwortet zu haben. So hatte er, indem er Befehle von Berlin erwartete, nach drei andern Seiten die entgegengesetztesten Verhandlungen zu führen, sich gegen fremde Zumuthungen zu wahren! — Die Nachricht von der Abreise des Königs nach Breslau, welche der Major von Thile auf der Rückreise zu York diesem überbrachte und auch schon Bülow'n mitgetheilt hatte, belebte die preußischen Herzen mit der Hoffnung, daß nun diese gespannten Verhältnisse schnell einer günstigen Lösung entgegen gehen würden. —

Der Aufenthalt in Neu=Stettin, der über einen Monat dauerte, wurde mit angestrengtem Eifer benutzt, um hinter dem Vorhange zweifelhafter Verhältnisse und diplomatischer Plänkeleien aus allen Kräften die kleine gemischte Truppenschaar zu einem starken, geordneten und schlagfertigen Heerkörper heranzubilden. In wie viele Sorgen und Geschäfte diese Thätigkeit sich verzweigte, mit welcher Mühe die Pferde, die Erfordernisse der Bekleidung und Bewaffnung oft nur nothdürftig zu beschaffen waren, wie sogar das Geld fehlte und Zwangslieferungen geschehen mußten, welcher Briefwechsel mit Generalen und Offizieren, mit Ober= und Unterbehörden zu führen war, davon giebt das treffliche Werk von Prittwitz ein so zuverlässiges als lebhaftes Bild. Bülow zeigte hier ein großes Talent des Organisirens, von klarer Einsicht geleitet, und in dem richtigen Maße gehalten, daß die nöthige treibende Hast nie nachließ, doch dabei nie in störende Ungeduld überging. Bei Würdigung dessen, was hier geleistet wurde, darf auch die Lage des Landes nicht übersehen werden. Seit sechs Jahren seufzte es unter schwerem Kriegsdruck, auch jetzt nahmen zugleich Franzosen und Russen ihren Bedarf, die Preußen mußten den ihrigen finden, und oft stießen gemeinsame Ansprüche auf denselben Gegenstand, dies war sogar zwischen York und Bülow der Fall, wobei meistens doch York billig nachgab. Die Bildung der Reiterei verursachte die größten Schwierigkeiten, die nur durch das vereinte Bemühen tüchtiger Offiziere zu besiegen waren. Freiwillige Jäger gab es bei den Bülow'schen Truppen nur wenige, weil die jungen Leute aus Vorsicht theils nach Kolberg, theils nach Breslau gewiesen waren. Die 9 errichteten Reservebataillone machten viel zu schaffen, selbst ihre Namen, die mehrmals wechselten, gaben Anlaß zu Irrungen. —

Immer aufs neue versuchte der Vizekönig Eugen, Bülow'n unter französischen Befehl zu bringen, und stets wußte Bülow mit gutem Vorwande dem auszuweichen. Als aber im Anfange des Februars mit Berufung auf Napoleons eigne Angabe gradezu das Verlangen ausgesprochen wurde, Bülow solle sich unter den Befehl des Marschalls Victor stellen, der bei Küstrin und bald darauf in Berlin sein Hauptquartier hatte, konnte jener sich nicht länger halten, sondern schrieb unter dem 13. Februar an den Marschall Victor in scharfen Ausdrücken, er stehe unter den Befehlen seines Königs, und habe keine andern anzunehmen. Von jetzt an sahen die Franzosen auch in Bülow einen Abgefallenen, und sprachen von seinem Verrathe, wie von dem York's. Die Nachricht, daß in Neu-Stettin am 10. Februar im Bülow'schen Hauptquartier, dem General Tschernischeff zu Ehren ein Ball gegeben worden, ließ den Bruch als vollendet erscheinen und steigerte die Erbitterung. —

Ein Schreiben des Obersten von dem Knesebeck, den der König in das Hauptquartier des Kaisers von Rußland gesandt hatte, klärte die Lage der Dinge mehr auf, ohne sie doch völlig zu erhellen. Er schrieb an Bülow unter dem 17. Februar aus Kolo an der Warthe: „Vielleicht ist es Euer Hochwohlgeboren bekannt geworden, daß ich von des Königs Majestät nach dem Hauptquartier Seiner Majestät des Kaisers Alexander geschickt worden bin, um für die Provinz Schlesien die Neutralität russischerseits zu bewirken, die schon früher von Seiten Frankreichs anerkannt ist. — Diese Sendung giebt mir Gelegenheit Euer Hochwohlgeboren diese Zeilen zukommen zu lassen, die den Zweck haben Sie zu benachrichtigen, daß ich glaube wie es dem Ganzen gemäß sein möchte, wenn Sie Ihrem Korps eine solche Stellung geben, daß Stettin dadurch mehr als bisher für einen Angriff geschützt werde. Ich halte dazu für zweckmäßig, daß Sie das nach der Oder im Marsch begriffene Korps immer so kotoyiren, daß es sich nicht nach dieser Stadt hinwenden kann, ohne sich mit Ihnen in ein Gefecht einzulassen, jedoch Ihren Marsch auf keine Weise weiter als bis Schwedt, oder jenseits der Oder fortsetzen, und sich so einrichten, daß die Waffen Seiner Majestät nicht kompromittirt werden, also Ihrerseits durchaus nicht offensiv in keiner Art agiren, sondern sich mit dem bloßen Seitenmarsch bis zu dem erwähnten Punkt begnügen. Ob ich gleich wohl weiß und fühle, daß ich in keiner Art Ihnen einen Rath zukommen zu lassen beauftragt noch bevollmächtigt bin, so glaube ich doch Ihnen diesen Wink schuldig zu sein, Sie noch einmal ersuchend, ja für jedes Kompromiß verantwortlich machend, was aus einer Maßregel gegen Ihre Befehle entstehen könnte, die ich durchaus in nichts abzuändern mich herausnehmen kann. Zugleich wünsche ich daß Sie dies als einen Beweis der Achtung und aufrichtigen Ergebenheit ansehen mögen mit der ich die Ehre habe zu sein ɾc." In einer Nachschrift fügt er noch hinzu: „Ich werde nicht ermangeln Seiner Majestät dem König sogleich direkte nach Breslau von der Mittheilung Nachricht zu geben, die ich mir die Ehre gegeben habe Ihnen hierdurch zu machen, und hoffe daß Ihnen bald von dort direkte bestimmte Verhaltungsbefehle zukommen werden." Der Sinn dieses Schreibens war deutlich, aber doch blieb es mißlich, daß er nicht offen ausgesprochen wurde. Bülow sah sich nun veranlaßt, mit York und Wittgenstein persönliche Verabredung wegen gemeinsamen Handelns zu nehmen; die drei Generale trafen in Konitz am 22. Februar zusammen, und Bülow theilte das Knesebeck'sche Schreiben mit, worauf der Beschluß gefaßt wurde, im Fall nicht andre Befehle eingingen, gemeinsam in drei Kolonnen vorzugehen und am 8. März die Oder zu erreichen. Bis dahin jedoch mußte sich manches ereignen. Für York war es inzwischen höchst peinlich, noch immer sein Verfahren höchsten Ortes nicht ausdrücklich gebilligt zu sehen, so sehr er auch der stillschweigenden Billigung versichert sein konnte; selbst seine Absetzung war noch nicht zurückgenommen.

Das Bündniß Preußens mit Rußland, durch Scharnhorst in Kalisch mit dem Kaiser Alexander unterhandelt, kam den 27. und 28. Februar zum Abschluß, sollte indeß noch nicht öffentlich bekannt gemacht werden. Mittlerweile hatten die Vortruppen der Russen unter Tschernischeff und Tettenborn schon die Oder überschritten, und Tettenborn am 20. einen Handstreich sogar auf Berlin gewagt. Der Rückzug der Franzosen ging nach der Elbe zu, doch unter steten Gefechten, indem sie mit zäher Tapferkeit nur langsam wichen. Bülow hatte am 18. Februar den Befehl erhalten, seine Truppen marschfertig zu stellen, und brach endlich am 28. von Neu-Stettin auf, und marschirte nach Tempelburg; am 2. März traf er in Stargard ein. Vorstell kam persönlich dahin, sich mit Bülow zu besprechen; er hatte den größten Theil seiner Truppen bei Kolberg gelassen, etwa 6000 Mann folgten ihm, er gab von diesen einige Reiterei und Ar=

tillerie wie auch ein Grenadierbataillon an Bülow ab. In Betreff der weitern Bestimmung des letztern schrieb Wittgenstein am 4. März aus Landsberg an der Warthe an Yorck: „Ich hoffe, daß der General von Bülow, sobald er die offizielle Nachricht von der Kriegserklärung erhält, auch die Bestimmung erhalten wird, Stettin einzuschließen. Einstweilen habe ich ihm vorgeschlagen, und ich erwarte von seiner Freundschaft und seinem Eifer für die gute Sache, daß er darauf eingehen wird, mit einem Theil seiner Truppen gleichfalls über die Oder zu gehen und sich hinter meiner rechten Flanke zu kantoniren, um mir diese gegen Stettin zu decken." — Indeß durften die Feindseligkeiten noch nicht eröffnet, deßhalb auch Stettin noch nicht eingeschlossen werden, weil dies leicht Anlaß zu Gefechten geben konnte. Bülow mußte sieben Tage in Stargard stehen bleiben; seine Gattin nahm hier einstweilen ihren Aufenthalt.

In dieser Zeit gingen neue Königliche Befehle ein. Bülow erhielt unter Belobung seiner Treue, seines Muthes und seiner Umsicht die Befehlführung der von ihm gesammelten und gebildeten Truppen unter dem Namen des ost= und westpreußischen Reservekorps, vorläufig unter den Oberbefehl Yorck's gestellt, was insofern auffallen mußte, als dieser noch nicht öffentlich vorwurfsfrei erklärt und in seiner Stellung wieder bestätigt war, es geschah dies erst am 12. März. Bülow zeigte über seine Unterordnung keinerlei Mißvergnügen, sondern fügte sich gut in das neue Verhältniß, das auch Yorck seinerseits mit großer Schonung behandelte. Nur bestand dieser auf der Rückgabe aller Truppentheile, die ursprünglich ihm gehörten, und in der Zwischenzeit an Bülow sich angeschlossen hatten, wogegen auch Yorck Mannschaft bei sich hatte, die zu Bülow's Truppen gehörte. Diese Auswechselung ging noch lange fort, und verursachte mancherlei Schwierigkeiten und Zeitverlust.

Bülow's Truppen bestanden jetzt aus 10 Bataillonen,

8 Schwadronen Reiterei, zu denen später noch 4 Kosakenregimenter kamen, und 3 Batterieen; zusammen etwa 7000 Mann sehr ungleicher Truppen, und nur 700 Reiter; dazu noch 4 Reservebataillone, die aber noch nicht kriegsfertig waren. Als Brigadiers standen unter ihm der General Prinz Ludwig von Hessen-Homburg für die Reiterei und der Oberst von Thümen für das Fußvolk. Bülow erbat sich aber vom Könige den General von Oppen zum Brigadier der Reiterei, da derselbe ohnehin bei Borstell, der früher unter ihm gedient, in einem unangenehmen Verhältniß stehen würde. Seine Generalstabsoffiziere waren der Major von Perbandt und der Premierlieutenant von Prittwitz, beide ursprünglich zu York gehörig, die aber auf Befehl des Königs bei Bülow blieben, der diese ausgezeichneten Offiziere zu behalten wünschte; als Adjutanten waren ihm der Hauptmann von Weyrach, und der Stabsrittmeister von Auer zur Seite, ferner der Lieutenant von Szwykowski zur Dienstleistung. Auch Weyrach war früher Adjutant bei York gewesen, und hatte in dieser prüfungsvollen Anstellung die trefflichen militairischen Eigenschaften dargethan, die nicht minder als die Vorzüge seines Karakters ihm Bülow's Achtung und Zuneigung erwarben. —

Am 9. März verlegte Bülow sein Hauptquartier nach Pyritz, am 10. nach Königsberg in der Neumark, während die Vorhut nach Schwedt vorrückte. Am 11. kam auch York's Hauptquartier nach Königsberg; die Stadt gab den Offizieren einen Ball. Der Auswechsel der Truppen, einzelner Leute sogar, dauerte fort. York eilte dann weiter nach Berlin. Bülow aber zog am 14. nach Schwedt, und erhielt hier den Befehl bis zur Ankunft Tauentzien's, der in Pommern den Oberbefehl führen und Stettin belagern sollte, diese Festung auf beiden Ufern der Oder zu berennen. Eine gleich am folgenden Tage versuchte Aufforderung zur Uebergabe wurde von dem

Kommandanten Dufresse in würdiger Weise zurückgewiesen. Ein verdrießlicher Vorgang mit dem Major von Platen, der an Bülow in nicht geziemender Weise schrieb, wurde in Berücksichtigung der wunderlichen Eigenheit und des tollen Muthes dieses tapfern Reiteroffiziers mit nachsichtiger Billigkeit behandelt. —

Am 17. März nahm Bülow sein Hauptquartier in Garz, wo er die amtlichen Schriften über Yorck's Freisprechung und den Tagesbefehl desselben erhielt, den er hierauf erlassen hatte. Seine eignen Truppen wurden nun als zweite Division des Yorck'schen Korps bezeichnet; auf dringendes Verlangen Wittgenstein's sollte er baldigst nach Nauen vorrücken. In den Befehlen war viel Unsicherheit und Schwanken, erst wurde gezögert, dann übermäßig geeilt; wie Bülow den noch wenig geordneten Zustand der Dinge damals ansah, läßt uns ein Brief an seine Frau erkennen, an die er am 17. aus Garz vertraulich schreibt: „Mich hier zu besuchen würde ausführbar sein, wenn meine Bestimmung wäre hier stehen zu bleiben, bis wir in dem Besitz von Stettin wären, denn so sollte es der gesunden Vernunft nach sein. Da nun aber selten das geschieht was vernünftig, so soll ich baldmöglichst von hier abmarschiren. Meine vorläufige Direktion ist mir auf Nauen (Berlin 5 Meilen links lassend) gegeben. Dennoch wird es beinahe unmöglich, daß ich früher als den 27. oder 28. von hier abmarschire, weil sonst die hiesige Gegend ganz von Truppen entblößt bleibt. Wir fangen mit dummen Streichen an; wie das enden wird weiß der Himmel; ich gestehe, ich bin sehr mißmüthig und verdrießlich; ich sehne mich nach dem Zeitpunkt, wo ich ganz vom großen Theater abtreten kann, von einem Theater, wo schlechte Akteurs die Hauptrollen spielen. Ich bin leidenschaftlich Soldat und liebe mein Metier, aber die Art und Weise, wie alles geht, verleidet mir alles. Wenn unser Herrgott sich der Sache nicht weiter annimmt, so ist nicht viel zu hoffen."

Yorck war am 17. März in Berlin unter großem Jubel eingezogen, an demselben Tage zu Breslau des Königs Aufruf „An mein Volk" und die Kriegserklärung gegen Napoleon erfolgt. Die Errichtung von Landwehr und Landsturm wurde verfügt, die allgemeine Rüstung zum Verzweiflungskampfe gegen den Unterdrücker mit eifrigster Theilnahme des ganzen Volkes und wirksamster Anstrengung betrieben. Die regelmäßige Kriegsmacht bestand aus 6 Brigaden, dem Werthe nach Divisionen, man rechnete 150,000 auserexerzirte Leute, — so gut hatten Scharnhorst's stille Anordnungen vorgesorgt, — die sogleich eintreten konnten, 52 Reservebataillone wurden errichtet. —

Nachdem Bülow noch selbst gegen Stettin vorgeritten war und sich überzeugt hatte, daß hier ein Handstreich nichts ausrichten könne, überließ er den heranrückenden Truppen Tauentzien's die weitere Sorge wegen dieses Platzes, und rüstete sich zum Abmarsch. Bei Schwedt ließ er eine Brücke schlagen, um über die Oder zu gehen; am 20. März daselbst angekommen, empfing er eine Kabinetsordre aus Breslau vom 14. die ihm seine Ernennung zum Generallieutenant verkündigte. Thümen war zum Generalmajor ernannt. Zugleich traf General von Oppen ein. Prittwitz erzählt von seinem Empfang: „Er war nach alter Rittersitte von seinem Landgute Siede bei Berlinchen zu Pferde ausgezogen, zwar nicht einen Streithengst, aber doch eine Fuchsstute reitend, welche der Last seines athletischen Körpers kaum gewachsen war. Mit einem halb militairischen Ueberrocke und einer Mütze bekleidet, einem breiten und gewichtigen Säbel an schwarzem Wehrgehenk umgeschnallt, ritt er gleich vor das Quartier des Generals von Bülow und wurde hier als guter alter Bekannter sehr herzlich aufgenommen. Dieser hatte ihm eigentlich das Kommando über die Kavallerie zugedacht und äußerte zu seinen Umgebungen, nachdem der General von Oppen sich entfernt hatte: Da haben wir Einen bekommen, der das Einhauen liebt und alle Tage einhauen wird."

Erst am 27. März kam Bülow nach Angermünde; auf ein freundliches Schreiben von Tauentzien hatte er diesem 2 gewünschte Bataillone überlassen, und 4 Reservebataillone zugewiesen; nun erfolgten aber doch unangenehme Reibungen zwischen ihm und Tauentzien, so wie zwischen diesem und Jorck; man fühlte den Mangel durchgreifenden einheitlichen Oberbefehls, sowohl nach innen als nach außen; die Kriegsleitung Wittgenstein's, der ihn einstweilen führte, entbehrte alles Nachdrucks. —

Am folgenden Tage nach Berlin berufen, traf er Abends dort ein. Wittgenstein eröffnete ihm seine neue Bestimmung; ein Theil seiner Truppen solle vor Spandau stehen bleiben, er selbst mit dem größern Theil über Brandenburg nach Ziesar vorrücken, wohin auch Borstell mit seinen pommerschen Truppen eilig zog, diesen unter seinen Befehl nehmen, und die Mark gegen einen feindlichen Einfall decken, mit dem der Vizekönig Eugen sie von Magdeburg aus bedrohte.

Bülow zog am 31. März um 10 Uhr Morgens in Berlin mit seinen Truppen im Parademarsch ein; der Jubel war nicht so groß wie beim Einzuge Jorck's, die Stimmung kühler, mit Sorge gemischt. Seine Stärke betrug jetzt 10,000 Mann Fußvolk und 1000 Reiter. Zur Einschließung Spandau's bestimmte er Thümen; er selbst eilte nach Potsdam, wo der König aus Schlesien am 22. angekommen war. Am 1. April hielten die Truppen feierlichen Gottesdienst, die nach Spandau bestimmten auf dem Exercierplatz im Thiergarten, die nach Brandenburg bestimmten im Lustgarten, und marschirten darauf sogleich ab.

Die Franzosen waren aus Magdeburg in stärkerer Anzahl vorgedrungen, der Vizekönig Eugen selbst an ihrer Spitze. Wittgenstein hatte sein Hauptquartier in Belzig, wohin Borstell mit seinen Truppen vor der feindlichen Uebermacht sich zurückzog, nicht auf Ziesar zu Bülow hin, wie er gesollt hätte, denn er hielt sich nicht unter dessen Befehl gestellt. Bülow schrieb am 3. April aus Brandenburg über diesen Anfang vertraulich an seine Frau: „Heute habe ich Ruhetag, und morgen rücke ich nach Ziesar vor. Borstell hat dumme Streiche gemacht, er ist mit seinen wenigen Truppen bis nahe an Magdeburg vorgelaufen, und hat sich zurückwerfen lassen, und was noch dummer ist, statt sich auf mich zu repliiren, hat er sich gegen Belitz, wo Wittgenstein steht, zurückgezogen; ich habe ihm den Kopf gewaschen, und Prittwitz die Nacht abgeschickt um ihn herzuholen. Nachschrift. Nachmittags 4 Uhr. Prittwitz ist zurückgekommen, und hat mir die Nachricht gebracht, daß es mit Borstell besser abgelaufen, als man anfänglich glaubte. Die Franzosen sind so gutmüthig gewesen ihn stehen zu lassen ohne ihn weiter anzugreifen. Er muß indessen sehr besorgt gewesen sein, indem er mir selber meldete, daß sein Rückzug nothwendig würde." Am 4. April kam darauf Borstell nach Ziesar zu einer persönlichen Unterredung, und nahm Bülow's Vorschlag, am andern Tage vereint vorzugehen, willig an, wurde nun aber durch York's Erklärung, daß er unbedingt unter Bülow stehe, um so unangenehmer überrascht.

Der Feind stand 20,000 Mann stark hinter Dannigkow, Behlitz und Zehdenik, die Hauptstärke im Lager bei Neblitz, der Vizekönig selbst befehligte. Wittgenstein rückte am 5. April gegen ihn vor, York über Dannigkow, General von Berg über Behlitz; Bülow richtete seinen Marsch mehr rechts gegen Zehdenik, die linke Flanke der Franzosen zu umgehen; seine Truppen waren aber noch nicht alle eingetroffen, sie mußten erst gesammelt werden, erst um 3 Uhr Nachmittags konnte er mit seiner Vorhut von Hohenziatz aufbrechen. Während des Marsches wurde von Vehlitz und Dannigkow her starkes Kanonenfeuer gehört, worauf Bülow sein Vorrücken beschleunigte, und auch an Vorstell den Befehl sandte seinerseits über Zepernik dorthin zu eilen; das durchschnittene Geländ unterbrach aber die Verbindung zwischen beiden Truppenzügen; als daher Bülow durch Möckern vorgegangen war, sah er sich plötzlich einem überlegenen Feinde gegenüber, der hinter Zehdenik eine gute Stellung hatte, 3 Bataillons Fußvolk, eine Batterie, 10 bis 12 Schwadronen Reiterei, hinter einem breiten Graben. Mit seiner Vorhut hielt er eine Weile im feindlichen Kartätschenfeuer, das wenig schadete, und erwartete mit Ungeduld das Herankommen Hessen=Homburgs. Doch als das Gefecht bei Vehlitz immer stärker wurde, wollte er die dort Kämpfenden seinen Beistand nicht missen lassen, und schritt unerachtet seiner geringen Kräfte rasch zum Angriff, der scharf in die linke Flanke und selbst in den Rücken des Feindes traf. Er selbst mit einem Füsilierbataillon und 4 reitenden Kanonen eilte sich in Zehdenik eines Stützpunktes für seine Reiterei zu versichern; die Kanonen eröffneten von einer Anhöhe ein wirksames Feuer und Oppen erhielt den Befehl mit einem Regiment Dragoner auf den äußersten rechten Flügel zu eilen, sie kamen im Trabe heran, schwenkten ein, und ohne sich zu besinnen, ohne die Pferde verschnaufen zu lassen, stürzte der Major von Platen mit ihnen zum Angriff, er selbst auf seinem großen Schimmel zuerst über den Graben, alles hinterher, so gut und schnell jeder konnte. Nach kurzem Widerstande war die feindliche Reiterei völlig geworfen, und Oppen verfolgte sie bis unter den Schutz ihrer bei Nedlitz aufgepflanzten Kanonen. Bülow seinerseits griff nun mit einer Schwadron Husaren, 4 Kanonen und Füsilierplänklern die 3 feindlichen Bataillone verwegen an, und nöthigte sie zum

Rückzuge, den sie in guter Ordnung ausführten. Bei Vehlitz hatte mit größter Tapferkeit Borstell, bei Dannigkow der General von Hünerbein die Franzosen geschlagen, letzterer das ganze Gefecht voreilig eröffnet, dann aber tapfer durchgeführt. Wittgenstein's Befehl, erst am 6. anzugreifen, war nicht befolgt worden, seine Wiederholung zu spät gekommen, so daß auch Bülow desselben nicht mehr achten konnte. Der Verlust der Preußen war an Todten und Verwundeten etwa 380 Mann, der Verlust der Franzosen betrug über 1200 Mann, worunter 600 Gefangene. Die Gefechte waren aber nicht bloß durch die Niederlage des Feindes, sondern auch besonders dadurch wichtig, daß die preußischen Truppen in diesem ersten Kampfe die freudigste Tapferkeit bewiesen und mit glühendster Erbitterung gefochten hatten, so daß Freund und Feind an diesem Vorspiel erkennen mußte, welcher Art dieser Krieg sei. —

Bülow schrieb am folgenden Tage an seine Frau, die jetzt in Berlin war, mit seiner gewohnten soldatischen Gradheit: „Mit Freude theile ich Dir die Nachricht mit, daß wir gestern das französische Korps unter dem Vizekönig von Italien angegriffen und geschlagen haben. Der Erfolg würde noch ganz anders gewesen sein, wenn man sich nicht so sehr übereilt, und statt gestern Nachmittag anzugreifen, den heutigen Morgen erwartet hätte, wie es eigentlich der Graf Wittgenstein befohlen. Die Schuld des übereilten Angriffes wird nun Hünerbein aufgebürdet. — Da ich weit entfernt war, so konnte ich nur mit meiner ganzen Kavallerie, der reitenden Artillerie und einem Füsilierbataillon herankommen. Indessen gelang es mir, mit diesen dem Feinde gerade in den Rücken zu kommen, und ihn da anzugreifen, wo er gar nichts erwartete. — Unsere Truppen fochten mit einer unbeschreiblichen Erbitterung. Meine Kavallerie machte eine Linienattake auf die weit stärkere feindliche, und warf sie völlig über den Haufen. Auch die Artillerie wirkte gewaltig, und die Verwirrung des Feindes war total. Hätte ich meine Infanterie herangehabt, so würde ich offenbar 3 Bataillons Infanterie, die abgeschnitten waren, gefangen genommen haben. Major von Sohr und noch einige andre Offiziere sind blessirt. Wahrscheinlich ist diese Nachricht schon durch den Graf Wittgenstein nach Berlin gekommen. Ist es nicht der Fall, so theile sie der Prinzeß Luise mit. Meine Wohnung ist ein beinahe verwüstetes Bauernhaus. Ein einziges Bund Stroh war nur zu haben, dieses an die Erde gelegt, und ein Schemel zum Kopfkissen, war meine Schlafstelle. Meinen Küchenwagen habe ich hier, und mein Staatsrath kocht, und ich habe wenigstens zu essen." — Der Titel Staatsrath für den Koch war ein alter Scherz, der Neigung Spitznamen auszutheilen angehörig.

Wir müssen hier des Majors von Platen gedenken. Der General von Prittwitz sagt von ihm: „Bei den vom General von Bülow geführten Truppen wurde der leicht verwundete Major von Platen als der Held des Tages gefeiert. Er hatte einen Karabiner- oder Lanzenschuh erobert, legte diesem Siegeszeichen einen besondern Werth bei, und wandelte es, in Folge seiner eigenthümlichen Stimmung, zum Mundbecher um, aus welchem nicht allein er selbst, sondern auch seine guten Bekannten, auf das Andenken an diesen Tag und auf gute Kammeradschaft trinken mußten." Ueber seine Verwundung sagt ein andrer Bericht: „Als der Major von Platen über den Graben setzte, stach ein vorgesprengter feindlicher Uhlan mit eingelegter Lanze nach ihm, aber der Trompeter Pape schlug jenem mit der Trompete so ins Gesicht, daß derselbe augenblicklich vom Pferde fiel. Erst am andern Morgen bemerkte Platen — nach zehn Stunden, daß ihn der linke Arm schmerze, er hatte einen ziemlichen Lanzenstich von jenem Uhlan empfangen." Um das Karakterbild zu vervollständigen, geben wir noch eine frühere Stelle von

Prittwitz: „Major von Platen war auch ehe er sich durch seine ausgezeichnete Tapferkeit einen Namen in der Armee erworben hatte, in derselben durch einzelne Züge einer ungewöhnlichen Originalität bekannt. Er hatte diese Originalität auch in den letzten Monaten, bei Gelegenheit der Organisation der Dragonerschwadronen, mehrfach bewiesen, und beispielsweise auf dem Marsch nach der Oder, wo er des kalten Wetters wegen öfters trabte, sich nicht überzeugen wollen, daß das Ende seiner Marschkolonne nicht eben so gut ein rasches und doch ruhiges Tempo reiten könnte, wie er selbst an der Spitze derselben auf seinen feurigen und schönen Pferden. Er hatte versucht, den in der preußischen Armee zu jener Zeit, von einer Seite wenigstens, aufgestellten Satz, daß, um einen Kavalleristen zu haben, man nur des Bäckers Knecht auf des Müllers Pferd zu setzen brauche, ins Leben zu führen, indem er nämlich einen Dragoner auf ein rohes, nur mit einem Strick aufgezäumtes Bauernpferd setzen und ihn nun verschiedene Bewegungen ausführen ließ. Der Versuch fiel nicht zufriedenstellend aus." Noch einen andern Zug, den gleicherweise Prittwitz erzählt, dürfen wir hier nicht weglassen. „Der Prinz von Hessen=Homburg, — sagt er, — und General von Oppen hatten nebst ihren Adjutanten ihr Nachtquartier in einem Bauerhause genommen, dessen Wohnstube aber nur einen alten ledernen Großvaterstuhl und eine leere zweischläfrige Bettstelle enthielt. Da der Prinz von der Bettstelle keinen Gebrauch machen wollte und nur auf den Stuhl Beschlag legte, so nahm General von Oppen in jener Platz und lud einen der Adjutanten des Prinzen ein, sich neben ihn zu legen. Der General war aber an diesem Tage sehr thätig gewesen, er hatte unter andern in der Hitze des Gefechts einem französischen Offizier einen Hieb gegeben, der vom linken Ohr bis zum Unterkiefer drang. Später, nachdem derselbe zurückgebracht war, nahm er sich seiner an, und wünschte, daß der

Generalarzt Dr. Büttner ihn wo möglich eben so schnell, als er verwundet worden, auch wieder herstellen möchte. In der Nacht nun träumte der General von dem bestandenen Handgemenge, er griff um sich, und würgte seinen Bettgenossen dermaßen, daß dieser um Hülfe rufen mußte. Nur die Anwendung materieller Gewalt würde im Stande gewesen sein, ihn wieder an die Seite des Generals zurückzuführen."

Wittgenstein, anstatt den Sieg zu verfolgen, welches um so thunlicher war, als der Vizekönig bereits in der Nacht sich still zurückgezogen hatte, verlegte sein Hauptquartier nach Zerbst, und überließ Bülow'n die fernere Beobachtung des Feindes auf dieser Seite. Dieser nahm sein Hauptquartier in Neblitz, die Truppen standen im Lager, die Vorposten unter Oppen längs der Ehle und bis über Burg hinaus. Wittgenstein ging am 9. April bei Roßlau über die Elbe und bis Dessau, wohin er York nachzog, der von Bülow 2 Kosakenregimenter mitnahm, so daß diesem deren nur 2 blieben. Die Auswechslung von Truppentheilen und Mannschaften dauerte dabei noch immer fort, und verursachte viele Störung. Vergebens erbat Bülow die vor Stettin zurückgelassenen Bataillone von Tauenzien zurück, vergebens drang er auf schleunige Bildung der Landwehrbataillone, um wenigstens die Truppen von Spandau abzulösen, er sah sich geschwächt einem überlegenen Feinde bloßgestellt, der jeden Augenblick hervorbrechen konnte. Zur Sicherheit ließ Bülow die Ehle stauen, wodurch große Landstrecken unter Wasser gesetzt wurden, und legte zweckmäßige Verschanzungen an. Er ordnete alles selbst mit kluger Einsicht, hielt streng auf die größte Wachsamkeit, ritt öfters auf Erkundung aus, und suchte durch geheime Verbindungen aus Magdeburg stets sichre Nachrichten zu haben. Am 13. April bestand er persönlich ein Gefecht beim Herrnkrug, auf das er besondern Werth legte, dessen

Schilderung wir daher am besten dem Brief entnehmen, den er am 14. darüber an seine Frau schrieb: „Gestern Vormittag haben wir ein Gefecht gehabt, welches, obgleich nur ein Vorpostengefecht, dennoch für uns einen sehr erwünschten Succeß hatte. — Der Feind wollte sich in der Nähe von Magdeburg, zwischen Binderich und der Festung, eines großen Vorraths von Heu bemächtigen, und war zu dem Ende mit 6 großen Elbschiffen herangekommen um es zu laden, welche Ladung durch 500 Mann gedeckt wurde. Da im ersten Moment von mir nur 40 Kommandirte der Infanterie und eine Kosakenfeldwacht da war, so wurden diese zurückgedrängt. General Oppen, der zunächst war, schickte ein Füsilierdetaschement von 40 Mann vor, zur Unterstützung eine Eskadron Husaren, auch rückte noch der Rest der Kosaken vor. Wie ich ankam, ließ ich noch eine Füsilierkompanie, 200 kommandirte Tirailleurs aus dem Lager, und 2 Kommando's von der reitenden Artillerie vorrücken. So wie diese Verstärkung ankam, griffen unsere Tirailleurs an, besonders die Füsiliere warfen alles über den Haufen, sprangen bis an die Brust in's Wasser, schossen die, so die Schiffe vertheidigten, todt, und bemächtigten sich sämmtlicher Schiffe; wobei wir indessen dennoch einige Todte und Blessirte hatten. Von den Franzosen fand man auf dieser Stelle 3 Kapitains todt. Derweil waren zur Unterstützung aus Magdeburg ungefähr 4 Bataillons ausgerückt; wir rückten ihnen entgegen, und unsere reitende Artillerie feuerte mit Kartätschen mit großer Wirkung, worauf sie sich schleunigst in die Festung hineinzogen. Von den Werken schossen sie einigemal, ohne uns Schaden zu thun. Es muß ihnen an Artillerie fehlen. Wir haben 60 Gefangene gemacht. Außerdem hat der Feind wenigstens 2 bis 300 Todte und Blessirte. Hier hast Du einen vollständigen militairischen Bericht. In Berlin mag ich indessen nichts öffentlich bekannt machen lassen, denn da Wittgenstein kommandirender General ist, so muß dieser es thun, und ich mag ihm nicht vorgreifen."

Inzwischen schloß Thümen mit dem französischen Kommandanten in Spandau vorläufig eine Uebereinkunft, deren Bedingungen aber Bülow mißbilligte, wie dies auch York und Wittgenstein thaten. Er befahl vielmehr Spandau mit Ernst anzugreifen, die Zitadelle zu bombardiren. Von Magdeburg kamen viele Ausreißer, besonders Holländer und Westphalen, die zugleich beruhigende Nachrichten brachten; unter andern erhielt Bülow von dort auch ein Zeitungsblatt, das er sich nicht versagte seiner Frau zu überschicken. Er schrieb aus Nedlitz vom 14. April: "Du erhältst hiebei ein Blatt der Magdeburger Zeitung, worin Du mit Vergnügen ersehen wirst, daß ich durch den Herzog von Bassano eben so wie York der Welt als ein Verräther dargestellt bin. Ich werde mir Mühe geben die folgenden Blätter ebenfalls zu erhalten, und es soll mich sehr freuen, wenn sie tüchtig auf uns schimpfen. In meinem gestrigen Schreiben habe ich vergessen, einer religiösen Feier zu erwähnen, die wir den Charfreitag hatten. Es war Gottesdienst im ganzen Lager und nachmals Kommunion, ich mit allen Generalen sind mit den Soldaten zur Kommunion gegangen. Bei unsern Leuten herrscht noch immer viel Religiosität, besonders findet man daß das Gemüth des Soldaten im Kriege am mehrsten für Religion empfänglich ist. Allerdings ist dieses natürlich, da doch niemand seines Lebens sicher ist. Nachschrift: Nun ist erfreuliche Nachricht eingegangen: daß Oesterreich sich wirklich für uns erklärt, die Sache muß also gut gehen."

Bülow's Truppen waren schon sehr vertheilt, sie sollten noch mehr auseinander gerissen werden. Wittgenstein schrieb aus Dessau, der General Woronzoff werde mit russischen Truppen vor Magdeburg eintreffen, dann solle Bülow mit seinen Truppen und Borstell's Reiterei zu York stoßen, Borstell mit seinem Fußvolk aber bei Woronzoff zurückbleiben. Vorstell erwirkte bei Wittgenstein, daß auch das Regiment Königin Dragoner bei ihm blieb. Bülow erbot sich aber freiwillig auch noch ein Füsilierbataillon bei Vorstell zu lassen, da Woronzoff nicht viel Fußvolk mitbringe, und es wichtig sei die Provinz zu decken. Er schrieb an York, er werde ihm nur zuführen 5 Bataillons, 8 schwache Schwadronen, eine Fußbatterie und eine reitende; wahrlich eine schwache Division, wobei er in Verlegenheit gerathen werde, die unter ihm stehenden Generale zu beschäftigen. Von Königsborn, wohin er vorgerückt war, schrieb er am 22. April an seine Frau: „Heute früh bin ich Magdeburg um eine halbe Meile näher herangerückt. Von der letzten unglücklichen Begebenheit bei Stettin habe ich das Nähere so eben erfahren. Das ganze Projekt war leichtsinnig und dumm entworfen, und man muß gestehen, daß Tauenzien sich bemüht einen dummen Streich nach dem andern zu machen. — Diesen Morgen ziehen wir uns Alle links, und sobald ich hier durch Woronzoff abgelöst, gehe ich über die Elbe, um mich mit den Uebrigen in Verbindung zu setzen. Wahrscheinlich fällt bald etwas vor, wenn nicht die Erklärung Oesterreichs die Operationen der Franzosen in's Stocken bringt. Thümen hat einen Sturm auf die Zitadelle von Spandau gemacht, er ist nicht geglückt, indessen sind ungefähre, nicht vorauszusehende Dinge hinzugekommen, die das Projekt scheitern machten. Im Uebrigen kann ich den Plan dazu nicht tadeln, und billige sein Unternehmen. Im Kriege gelingt nicht alles; auch ist sein Verlust nicht bedeutend. — Nachschrift: So eben komme ich von einer Rekognoszirung gegen die Festung zurück; ich bin nahe an ihren Infanterie-Posten gewesen, ohne daß sie geschossen haben. In Magdeburg haben sie Verstärkungen erhalten, da ich aber mit meinen Arbeiten größtentheils fertig bin, so werden sie gut empfangen werden." Seine Meinung ging im Allgemeinen dahin, die Verschanzungen hartnäckig zu vertheidigen, ginge aber eine verloren, so müsse man es nicht als Ehrenpunkt ansehen sie sogleich mit allen Kräften wiederzunehmen, die Hauptsache sei, daß der Feind möglichst viel Schwierigkeiten finde und seine wahren Absichten frühzeitig entwickeln müsse. —

Am 23. April empfing Bülow den Befehl von Wittgenstein, sogleich nach Dessau zu kommen. Die Vorhut Woronzoff's traf eben ein, und Bülow's Truppen marschirten noch in der Nacht ab; sie hatten von Regen und Schnee viel zu leiden, wie ihr General auf seiner Wagenfahrt auch. Er schreibt hierüber und über seinen Empfang in Dessau am 25. an seine Frau: „Gestern früh 8 Uhr bin ich hier angekommen, nachdem ich eine höchst unangenehme Fahrt in stockfinstrer Nacht bei starkem Wind und Schneegestöber gehabt. Die Sachen waren nicht so dringend, man hätte uns füglich den Nachtmarsch ersparen können. Die Franzosen, die von Brambach aus vorgerückt waren, hatten sich vor meiner Ankunft schon wieder zurückgezogen, und meine Truppen haben erst heute hier die Elbe passirt. Oppen habe ich mit einer Avantgarde gegen Bernburg vorrücken lassen. Ich habe hier in Dessau mein Hauptquartier, und mußte, so sehr ich mich auch dagegen sträubte, meine Wohnung auf dem hiesigen Schlosse nehmen, und mich durch die Herzogliche Küche und Keller bedienen lassen. Ein ganzes Hofmarschallamt steht zu meiner Disposition; man quält mich mit übertriebener Höflichkeit zu Tode, z. B. heute Abend war Schauspiel, dieses sollte nicht eher angehen, als bis ich kommen würde; bei meiner Ankunft fand ich den Erbprinzen an der Thüre auf mich wartend, und ich mußte durchaus in der Loge den ersten Platz zwischen dem Erbprinzen und der Erbprinzessin nehmen. So etwas setzt einen in Verlegenheit und ist nicht angenehm. Ein kommandirender General in Kriegszeiten ist freilich ein anderes Geschöpf wie in Friedenszeiten, und da wir hier als

Schutzengel betrachtet werden, so hat dieses allerdings Einfluß. Der alte Herzog, ein sehr kluger Mann, der krank in Wörlitz ist, hat indessen hier bei Hofe diese zu große Höflichkeit zur Sitte gemacht; er lebt in dieser Hinsicht als Partikulier, und macht auch in der Art die Honneurs seines Hauses; wo möglich werde ich in diesen Tagen zu ihm nach Wörlitz. — Der Aufenthalt des Grafen Wittgenstein hat den Herzog täglich über 200 Thaler gekostet; zum Dejeuné und Diné hatte er ordinair 80 Kouverts. Dejeuné's gebe ich gar nicht, Soupé's auch nicht; und zu Mittag wollte ich mit meinen Adjutanten allein bleiben; aber man will es nicht, und auf ausdrückliches Verlangen des Herzogs muß ich alle Tage die Stabsoffiziere zu Tische bitten. Ich soll hier absolut mehr verzehren wie ich will, worüber ich alle Morgen einen großen Staatsstreit mit dem alten Hofmarschall habe, übrigens aber wird man mit so vieler Herzensgüte aufgenommen, daß man dieses alles dankbar erkennen muß."

Bülow blieb vorläufig in Dessau, übernahm die Vertheidigung des Brückenkopfes bei Roßlau, besetzte durch seine Vorhut unter Oppen die Städte Köthen und Aken, und stellte seine Vorposten längs der Saale von Bernburg abwärts, auch auf das linke Saalufer streiften seine Partheien. Um dies zu können, war er bedeutend verstärkt worden, durch 2 russische Fußregimenter unter General von Harpe bei Wittenberg, 2 Kosakenregimenter, 1 Bataillon preußisches Fußvolk und 1 Schwadron preußischer Husaren. Um die Truppen vor Wittenberg ablösen zu können, wurde Thümen von Spandau herbeigerufen. Die Sachen bekamen ein ernstes Ansehn, die Franzosen waren in starker Bewegung, ihre Truppen mehrten sich täglich, sie schienen ihre Hauptstärke an der Saale zusammenzuziehen. Man erfuhr, daß Napoleon angekommen sei, damit war alles erklärt, und bedeutende Dinge standen zu erwarten.

Wittgenstein war am 27. April in Lindenau. Die Franzosen drangen bei Alsleben über die Saale vor, standen hinter Bernburg und bei Wettin in großer Stärke, sie schienen ihre Richtung auf Naumburg zu nehmen. Wittgenstein wollte seine ganze Macht bei Leipzig zusammenziehen, und in Verbindung mit Blücher bei Lützen eine Schlacht liefern. Bülow sollte dabei nicht unmittelbar mitwirken, sondern die untere Saale und Mittelelbe, wo der Vizekönig etwas unternehmen konnte, scharf beobachten, die Einschließung von Wittenberg decken, und im Fall Uebermacht ihn angriffe, den Brückenkopf von Roßlau zu behaupten suchen; seine Truppen waren als ein selbstständiger Körper anzusehen, der, wenn die Schlacht bei Lützen verloren ging, die Verbindung mit dem Hauptheer aufzugeben, und mit allen Truppen, die er an sich ziehen konnte, eine Stellung zwischen Brandenburg, Potsdam und Wittenberg zu nehmen hatte, um Berlin sicherzustellen; wenn auch dies aufzugeben wäre, sollte er zwischen Küstrin und Stettin über die Oder zurückgehen; auf solchen äußersten Fall nahm man Bedacht. Die Aufgabe, getrennt von den entscheidenden Ereignissen und doch abhängig von ihnen, nur vertheidigungsweise zu verfahren, zu decken, zu sichern, war für einen vorstrebenden Muth gewiß eine der undankbarsten, aber auch eine der ehrenvollsten, denn sie fordert wie kaum eine andre den umsichtigsten, besonnensten Befehlshaber, der alle Vortheile seines Faches kennt und zu gebrauchen weiß. Von jetzt an war Bülow'n auf längere Zeit hauptsächlich diese Rolle zugetheilt, wir werden sehen wie er sie durchzuführen und was er aus ihr zu machen wußte. —

Seine jetzige Stärke konnte für ein so weites Feld nicht ausreichen, er mußte daher mehr Truppen an sich ziehen. Thümen sollte von Spandau herbeirücken, die Ausrüstung der Landwehrbataillone beschleunigt werden, 2 preußische Bataillons vor Wittenberg zog er heran, das Dragonerregiment Königin und eine halbe reitende Batterie rief er von Borstell ab; der russische General Graf Orurk wollte sie nicht ziehen lassen, sie kamen aber doch. Diese Verstärkung war nur gering, Bülow hielt sich aber doch nun fähig, den Feind, der etwa an der untern Saale nicht allzustark stehen bliebe, in den Harz zu werfen, oder dem Vizekönig Stand zu halten, wenn derselbe mit aller Macht dem Wittgenstein'schen Rückzug in der Flanke vordränge. Wegen näherer Verabredungen sandte er den Major von Perbandt zu Wittgenstein, den Hauptmann von Weyrach zu dem sächsischen General Thielmann nach Torgau, der einige sächsische Bataillone und sächsisches Geschütz gegen Wittenberg aufstellen sollte, was dieser jedoch bei der unentschiednen politischen Lage Sachsens für jetzt noch verweigerte. —

Von allen Seiten waren die französischen Truppen in starkem Vorrücken, doch über die Richtung ihrer Hauptmacht herrschte noch Ungewißheit. Yorck ließ Merseburg besetzen, in Halle stand General von Kleist; der letztere schlug am 28. April einen Angriff der Franzosen ab, wurde aber aufs neue angegriffen und verlangte Hülfe von Bülow, der sogleich in Dessau Abends um 8 Uhr Generalmarsch schlagen ließ und in der Nacht mit allen Truppen nach Köthen vorrückte, 2 Schwadronen aber weiter zu Kleist absandte. Das Fußvolk der Lützow'schen Freischaar, nach der Niederelbe bestimmt, hielt er an und nahm es mit. Am folgenden Tage kam die Nachricht, daß Merseburg verloren sei und Kleist von Halle nach Schkeuditz abmarschiren werde. Bülow sandte darauf Oppen mit starker Vorhut von allen Waffen nach Wettin, er selbst besichtigte die feindliche Stärke bei Bernburg. Ueber die Richtung und Stärke des Feindes hatte man keine sichre Nachricht, seine Bewegungen waren zu allgemein, zu weit umfassend und mannigfach als daß man sie von einzelnen Punkten aus hätte überschauen können. Am 30. April sollte Oppen von Wettin nach Halle marschiren, fand aber die Franzosen schon eingerückt, und zog sich daher links über Zörbig nach Rabegast, wohin auch Bülow mit seinen Truppen kam. Die untere Saale blieb nur von leichten Truppen beobachtet, die ganze Aufmerksamkeit wandte sich auf Halle und Bernburg; bei letzterm Orte und bei Kalbe standen von einem Marschall befehligt 8000 Franzosen von allen Waffen. Dadurch in seiner linken Flanke bedroht und wegen der Verbindung mit Roßlau besorgt, sandte er den Lieutenant von Prittwitz nach Dessau und Koswig, um alle verfügbaren Truppen nach Köthen vorzuziehen, den Brückenkopf bei Roßlau einstweilen mit 1 Bataillon Dessauer besetzen zu lassen, wo nun auch Thümen's Truppen, die von Treuenbriezen den Weg auf Koswig zu nehmen hatten, zur Verstärkung eintreffen mußten. Bülow selbst wollte sofort Halle wieder nehmen.

Am 1. Mai kam bestimmte Nachricht, daß Napoleon mit seiner Hauptmacht über Merseburg gegen Leipzig marschire; von Wittgenstein erhielt Bülow Befehle, die schon erfüllt waren, im Fall einer Schlacht sollte er kräftig in die Flanke und den Rücken des Feindes wirken, zunächst aber den Angriff auf Halle ausführen. Bülow befahl, daß alle seine Truppen am 2. Mai früh um 3 Uhr bei Oppin marschfertig versammelt sein sollten. Unter seinem Befehl standen gegen 20,000 Mann, aber diese waren so zerstreut, daß er hier nur ungefähr 5000 Mann zusammenbrachte.

Die Stärke des Feindes in Halle war unbekannt, aber da sich nirgends ein Franzose zeigte, so hielt man sie für gering. Bülow ritt am frühen Morgen des 2. Mai mit Oppen und einigen Husaren auf die Anhöhe der Bergschenke vor, um einen Ueberblick zu gewinnen. Da ereignete sich ein artiger Vorfall, den wir nicht übergehen dürfen. Der Lieutenant von Gotzkow, schon bekannt durch glückliche Reiterkühnheit, ritt mit einem Trupp Dragoner in der Nähe vorbei, erkannte den General, sprengte heran, und erstattete Bericht von seiner Streife; bei der Erwähnung einer Reiter-Feldwache, auf die er gestoßen sei, sagte Bülow etwas barsch: „Weiß Gott, was Sie gesehen haben! Zwei Offiziere des Husarenregiments haben hier Patrouille gemacht und keine Reiter-Feldwache gefunden, und auf die Rapporte der schwarzen Husaren kann man sich verlassen." Gotzkow, hiedurch gereizt, wandte ohne ein Wort zu sagen sein Pferd, rief aus seinen schon vorbeimarschirten Leuten einen gutberittenen Dragoner zurück, und sagte mit ihm auf den Ort los, wo die Feldwache sich im Versteck hielt. Augenblicklich sprengte die feindliche Reiterei hervor, kehrte aber wieder um, als sie auf der Anhöhe die größere Schaar wahrnahm. Bülow klopfte dem Lieutenant, indem er sich dessen Namen merkte, auf die Schulter und sagte: „Sie haben eine gute Art einen in die Augen springenden Beweis zu geben." —

Der sehr verwickelten Gegend und unregelmäßigen, weitläufigen Stadt, damals noch mit Mauern und Doppelthoren versehen, durch die man erst in die Vorstädte, dann in die innere Stadt gelangte, waren Bülow und seine Offiziere größtentheils unkundig; der Angriff mußte daher mit Vorsicht, aber auch, falls er gelingen sollte, mit rascher Kraft geschehen. Um 5 Uhr Morgens waren die Truppen von Oppin bei der Bergschenke und bei Gibichenstein angelangt. Um 6 Uhr eröffnete Oppen den Angriff. Eine Abtheilung ausgesuchter Plänkler unter dem Hauptmann von Monsterberg suchte von Gibichenstein längs der Saale gegen das Kirchthor vorzubringen, eine andre wandte sich gegen die Vorstadt Neumarkt und die umliegenden Gärten. Der Major Friedrich von Bülow, Neffe des Generals, mit seinen Plänklern drang rasch an das innere Steinthor heran. Anfangs ging alles leicht, die Franzosen gaben die Vorstädte gleich auf, die innere Stadt aber, wo außer vielen Marschtruppen und Genesenen 4 Bataillons und 6 Kanonen standen, vertheidigten sie um so hartnäckiger. Die innern Thore waren überall verrammelt und gut besetzt. Unter beiderseitigem heftigen Gewehrfeuer kam das Gefecht überall zum Stehen, was für den Angriff schon mißlich war. Nur vor dem offnen äußern Galgthor stand feindliches Fußvolk mit 4 Kanonen ausgerückt, auf dem freien Platze nach der Maille hin. Bülow, hievon benachrichtigt, wandte sogleich die ganze Stärke seines Angriffs dorthin. Der Major von Uttenhoven eilte mit seinem Bataillon und einer halben sechspfündigen Batterie vom Steinthor herbei, ein zweites Bataillon folgte, ein drittes blieb am Steinthor zurück. Bülow selbst war beim Angriff, schickte die Plänkler vor, ließ die Kanonen aufstellen. Die Franzosen schossen mit Kartätschen, und starke Plänklerschwärme gingen dem Major Uttenhoven in die linke Flanke, der Adjutant Hauptmann von Weyrach nahm einen Zug Füsiliere und warf den Feind zurück. Aber auch hier kam das Gefecht zum Stehen und unter heftigem Kanonen= und Gewehrfeuer waren schon 2 Stunden vergangen.

Bülow glaubte nicht mit Gewalt durchdringen zu können, und sandte an Oppen den Befehl, auf seiner Seite nicht zu weit und nicht zu rasch vorzugehen, nach einigen Angaben wäre sogar der Rückzug befohlen worden. Prittwitz sagt: „Ob der Rückzug wirklich befohlen wurde, muß dahingestellt bleiben, geläugnet kann aber nicht werden, daß er durch einen vielleicht zu dienstbeflissenen Adjutanten einzelnen Truppenabtheilungen und zwar nicht in der gelassensten Art und Weise zuging." Doch der Kampf eilte schon seiner Entscheidung zu. Links von Uttenhoven brach der Oberstlieutenant von Treskow mit 2 Schwadronen Dragoner im Trabe hervor, und trieb die feindlichen Plänkler zurück; rechts rückte ein Bataillon und eine halbe Batterie heran; so von beiden Seiten unterstützt ordnete Uttenhoven sein Bataillon zum Sturm, dem der Feind aber eine ge=

schlossene Masse und mörderisches Geschütz- und Gewehrfeuer entgegensetzte, Uttenhoven ließ Halt machen und ebenfalls feuern. Das Gefecht stand auf's neue; da sprengten plötzlich die Dragoner auf das feindliche Geschütz ein, das um sich zu retten abfuhr, und Uttenhoven rückte auf's neue mit gefälltem Bajonett vor, drang mit dem Feinde zugleich in's äußere Galgthor, wo 2 Kanonen, 1 Haubitze und 3 Pulverwagen genommen wurden. Am innern Galgthor entspann sich ein neues, doch kurzes Gefecht. Die Plänkler gewannen das Thor, Fußvolk und Reiter drangen in die Stadt dem Markte zu; Lieutenant von Gotzkow suchte mit 2 Zügen Dragoner zum Klausthor zu gelangen. Bülow ließ das am Steinthor als Rückhalt gebliebene Bataillon schleunigst herbeiholen, und zog an dessen Spitze mit klingendem Spiel in die Stadt. Am Steinthor griff der Major von Bülow auf's neue stürmend an, ließ das Thor aufhauen, und drang gleichfalls ein. Eben so gelangen nun die Angriffe Oppen's, die Plänkler Monsterberg's erstiegen den Jägerberg und nahmen die Vertheidiger des Kirchthors im Rücken, dieses wie das Ulrichsthor wurden genommen, und Oppen rückte mit allen Truppen ein. Noch dauerte das Straßengefecht lebhaft fort, an der Schieferbrücke leistete der Feind auf's neue muthigen Widerstand, die preußischen Truppen waren in Einzelgefechte zerstreut, Ordnung und Zusammenhang aufgelöst, ein gefahrvoller Zustand, wenn der Feind noch frische Truppen zum Rückhalt hatte! Doch die Franzosen wichen überall, sie kämpften nur noch um ihre Flucht zu decken; um 9 Uhr war auch die hohe Brücke gewonnen; Bülow sandte den Major von Sandrart mit 3 Schwadronen Husaren zur Verfolgung des Feindes auf dem jenseitigen Saalufer gegen Merseburg, ordnete dann die nöthigen Vorposten und Patrouillen an, und ließ die übrigen Truppen, um sie gesammelt in der Hand zu behalten, außerhalb der Stadt vor dem Steinthor lagern.

Die Preußen hatten an Todten und Verwundeten 8 Offiziere und 225 Mann verloren, die Franzosen an Todten und Verwundeten kaum weniger, und an Gefangenen 12 Offiziere und 420 Mann, außerdem 3 Kanonen und 3 Pulverwagen; ein großes Salzmagazin, westphälisches Eigenthum wurde nebst andern Vorräthen die Beute des Siegers. Bei dieser merkwürdigen Eroberung von Halle zeigten die Truppen und ihre Führer aufs neue die entschlossenste Tapferkeit, Bülow aber den feurigen und sichern Muth, der dem Soldaten ein hohes Vorbild ist, und daneben die ächte Feldherrngabe, die in der Folge sich nur immer glänzender darstellt, seine Streitkräfte so zu ordnen und im Auge zu behalten, daß jede Waffe und jeder Truppentheil immerfort dem Bedarf und Befehl zweckmäßig und rechtzeitig entsprechen könne. —

Noch am späten Abend kam die erfreuliche Nachricht, daß Thümen, nachdem er in 24 Stunden 8 Meilen marschirt, an diesem Tage um 5 Uhr Morgens bei Roßlau eingetroffen sei. Dagegen erschien am folgenden 3. Mai frühmorgens ein Adjutant Kleist's mit der Meldung, daß dieser gestern Nachmittags dem Angriff von 20,000 Mann nicht habe widerstehen können, sondern nach einer Stunde Leipzig geräumt und sich auf Wurzen zurückgezogen habe. Auch liefen unbestimmte Gerüchte von einer bei Lützen vorgefallenen Schlacht umher. Bülow ordnete große Erkundigungen an, sandte Streifschaaren gegen Merseburg, Eisleben, Wettin, Schkeuditz und Delitzsch aus, beritt selbst die Umgegend von Halle, und bestieg Nachmittags die Sternwarte, um durch Fernröhre feindliche Annäherungen zu entdecken. Flüchtlinge und Ueberläufer wurden eingebracht, aber sie wußten nichts Zuverläßiges anzugeben. Da es im Lager gänzlich an Lebensmitteln fehlte, so wurde das Fußvolk in der Stadt einquartirt, die Reiterei auf die Dörfer verlegt, jedoch alles in Bereitschaft gehalten, denn da Merseburg noch stark vom Feinde besetzt war, so mußte man eines Angriffs von dorther gewärtig sein. Das Ausbleiben aller Nachrichten von Wittgenstein beunruhigte sehr; Bülow hieß Thümen in Köthen stehen bleiben, berief den Major von der Marwitz mit 4 Bataillonen Landwehr von Brandenburg nach Zerbst, dachte selbst an den Rückzug nach Roßlau, wohin er auch die Salzvorräthe schaffen ließ, schrieb an Tauentzien seine Besorgnisse, und wünschte die Einnahme Stettin's, damit Truppen von dort ihn verstärken könnten.

Endlich am 4. Mai Abends um 7 Uhr kam einer von Bülow's Feldjägern aus dem Hauptquartier Wittgenstein's, meldete den angeblichen am 2. Mai bei Groß-Görschen erfochtenen Sieg. Die Schlacht war hartnäckig und blutig gewesen, und hätte allerdings müssen gewonnen werden, denn das französische Heer war auf dem Marsch überfallen und bestand grostentheils aus Neulingen. Allein der Marschall Ney hielt sich so tapfer, daß Napoleon Zeit gewann, seine Truppen in die neue Richtung zu ordnen; der Mangel an Einheit und Nachdruck im Oberbefehl Wittgenstein's, die Mischung der Truppen, Scharnhorst's Verwundung und andre Umstände wirkten so nachtheilig ein, daß zwar das Schlachtfeld von den Verbündeten behauptet, aber doch in der Nacht der Rückzug hinter die Elbe beschlossen wurde. Bülow erkannte sogleich die ganze Lage der Dinge, und befahl augenblicklich den Aufbruch. Alle ausgestellte Abtheilungen wurden eingezogen, das Regiment Königin Dragoner abgesandt, zwischen Delitzsch und Dessau die Straße von Leipzig zu beobachten, schon um 9 Uhr war alles zum Aufbruch fertig, und in der Nacht wurde nach Radegast marschirt. Oppen brach mit der Nachhut um Mitternacht auf und ging bis Zörbig; in Halle blieben noch 40 Husaren bis zum andern Morgen. Thümen erhielt Nachricht von dem Rückzug an die Elbe und Befehl sich anzuschließen.

In Radegast am 5. Mai wurde den Truppen einige Ruhe gegönnt, es wurde abgekocht, gefüttert. Um 10 Uhr Morgens aber brach alles wieder auf und marschirte nach Dessau. Thümen besetzte den Brückenkopf bei Roßlau; eine Streifschaar wurde über die Mulde auf dem linken Elbufer gegen Wittenberg vorgesandt um die dortigen Bewegungen des Feindes zu beobachten, Kosaken streiften auf allen Straßen in südlicher und westlicher Richtung. Der Feind zeigte sich von keiner Seite, aber es wurde gemeldet, daß starke Truppenschaaren sich auf Wittenberg hinzögen. Daß die Franzosen dort über die Elbe gehen, vielleicht einen Versuch gegen Berlin machen würden, war nur zu wahrscheinlich.

Alles dies war bereits angeordnet, als folgende Kabinetsordre des Königs vom 3. Mai aus Penig an Bülow einlief: „Die gestern zwischen Lützen und Pegau gelieferte Schlacht ist äußerst hartnäckig und blutig gewesen. Durch den hohen Muth meiner und der russischen Truppen, der der Ueberzahl des Feindes das Gegengewicht hielt, sind die errungenen Vortheile des Tages bis zum letzten Augenblicke in unsern Händen geblieben. Der Feind ist aber heute früh nach Leipzig abmarschirt, und unterbricht dadurch die Verbindung zwischen Ihnen und der Hauptarmee. In dieser Erwägung weise ich Sie, wenn Sie von dem General Grafen Wittgenstein keine Befehle mehr erhalten sollten, an, bei Roßlau über die Elbe zurückzugehen, und wenn der Feind sich mit Macht gegen die Marken wenden sollte, der Landwehr und dem Landsturm dieser Provinz zum Kern zu dienen, und den kleinen Krieg, der sich im Lande bilden muß, kräftigst zu unterstützen. Das Gouvernement in Berlin ist angewiesen, die Landwehr, wie sie ihre Organisation vollendet, an Ihr Korps und das Detaschement des Generals von Borstell, das mit Ihnen vereinigt bleibt, anzuschließen. Ihrem Eifer und Ihrem Talent vertraue ich, daß Sie unter diesen Umstän=

den dem Staate die wichtigen Vortheile erkämpfen helfen werden, die bei Ausdauer und Energie uns einen glücklichen Ausgang des Kampfes verbürgen müssen." Bülow zog demgemäß mit allen Truppen sogleich nach Roßlau, sie machten in diesen Tagen Märsche von 7 bis 8 Meilen, und ihre Verpflegung wurde sehr schwierig. Vorstell erhielt den Befehl, mit seinen sämmtlichen Truppen nach Zerbst zu marschiren.

Am 6. Mai Morgens um 1 Uhr kam der Adjutant Kleist's, Lieutenant von Voß, und meldete, das Wittgenstein'sche Heer werde an der Mulde Stand halten, Kleist wieder nach Wurzen vorgehen. Da durfte Bülow nicht säumen auch seinerseits mitzuwirken; er sandte gleich am frühsten Morgen den Hauptmann von Weyrach an Vorstell mit dem Befehl, nun vorläufig bei Magdeburg stehen zu bleiben; um die Mittagszeit ließ er seine Truppen aufbrechen um wieder auf das linke Elbufer zurückzukehren. Oppen führte die Vorhut, die Brigaden Thümen und Hessen-Homburg folgten; die Truppen mußten aber erst aus den weitläufigen Quartieren zusammenrücken, sie waren in diese verlegt worden um Lebensmittel zu finden, die regelmäßige Verpflegung war bei diesem steten Wechsel nicht zu beschaffen. Den Leuten war streng verboten etwas mit Gewalt zu nehmen, aber es war nicht zu vermeiden, Vorräthe von Lebensmitteln und Futter wurden aufgezehrt, Vorspann, für den keine Ablösung sich fand, weitergeschleppt. Bülow konnte mit bestem Willen dies nicht ändern; er empfing die Beschwerden, sagt Prittwitz, gewiß mit blutendem Herzen, doch über die Wunderkräfte eines Zauberers vermochte er nicht zu verfügen! Als der Marsch angetreten war, trat wieder eine Aenderung ein; um 7 Uhr Abends kam eine zweite Meldung von Kleist, daß nun doch das verbündete Heer über die Elbe und er selbst nach Mühlberg marschire. Bülow, nun wieder auf die frühere Bestimmung angewiesen und auf seine Kräfte beschränkt, blieb daher in Dessau stehen, rief aber nun Borstell wieder zu sich, da diese Verstärkung ihm dringend nöthig war: dieser befand sich bereits im Marsch, als Weyrach bei ihm eintraf, kehrte darauf in seine Stellung zurück, und mußte nun zum drittenmal denselben Weg zurücklegen. Man kann sich vorstellen, daß dieser schnelle Wechsel keine angenehme Stimmung gab!

In Wittenberg schossen die Franzosen Victoria wegen des angeblichen Sieges bei Lützen, denn auch für sie so wenig als für die Verbündeten war es ein unzweifelhafter, und machten Angriffe auf die Feldwachen. Bülow sandte ein Bataillon zur Verstärkung dahin. Im Uebrigen wußte man nichts vom Feinde, der Mangel an Nachrichten war beunruhigend. Oppen ließ Reiterschaaren gegen Leipzig und Halle streifen, Husaren und Kosaken schweiften weit umher. Was aus den eingehenden Meldungen sich ergab oder folgern ließ, war im Allgemeinen dies, daß Napoleon mit der Hauptstärke dem verbündeten Heere nacheile, der Marschall Ney mit nicht viel geringerer Macht bei Leipzig stehe, der Marschall Victor mit dem zweiten französischen Heertheil bei Bernburg; daß französische Truppen über Halle im Anzuge seien, daß der General Sebastiani mit 7000 Mann von Salzwedel in Magdeburg erwartet werde. Wegen Sebastiani's Marsch erließ Bülow abermals veränderten Befehl an Borstell, nicht nach Zerbst vorzugehen, sondern bei Gommern oder Leitzkau stehen zu bleiben; gleich darauf jedoch, auf andre besorgliche Nachrichten, mußte er wieder in die verschanzte Stellung vor Magdeburg einrücken.

In dieser Zeit führte Bülow lebhaften Briefwechsel, er stand mit Wittgenstein, mit Kleist, mit dem Generalgouvernement in Berlin, mit Tauenzien vor Stettin, mit Wallmoden an der Niederelbe in thätiger Verbindung. Seiner Aufgabe gemäß hatte er einen weiten Gesichtskreis zu übersehen, der Anfall eines überlegenen Feindes konnte ihn weit zurückdrängen, Stettin war dabei von höchster Wichtigkeit; er hatte darüber an Tauentzien sehr eindringlich geschrieben. Jetzt empfing er dessen Antwort, die nur Schwierigkeiten enthielt, und nur die persönliche Lage nicht die allgemeine berücksichtigte. In seiner Unzufriedenheit schrieb nun Bülow an den König, und so nachdrücklich, daß er des Königs Mißfallen zu erregen fürchtete, doch selbst auf diese Gefahr es that. Der König antwortete später aus Würschen vom 14. Mai: „Ich bin mit Ihren mir unter dem 8. dieses Monats mitgetheilten Ansichten über die Wichtigkeit der Belagerung von Stettin ganz einverstanden, und sie würde daher bereits verfügt sein, wenn nicht überwiegende Rücksichten dies anders bestimmten. Ihre Mittheilung hat jedoch nichts weniger als meinen Unwillen verdient, vielmehr weiß ich solche im ganzen Umfange zu schätzen."

Am 9. Mai kam von Wittgenstein aus Wilsdruf vom 7. an Bülow die Weisung, im Fall des starken Vordringens der Franzosen auf Wittenberg alle Truppen von Magdeburg, Berlin und Wittenberg an sich zu ziehen, um Berlin zu schützen. Eine Kabinetsordre des Königs vom 8. aus Weißig übertrug ihm den Befehl über alle Landwehren der Mark.

Inzwischen wurde die Lage mit jedem Tage bedenklicher. Der Lieutenant von Prittwitz kehrte aus dem großen Hauptquartier zurück, und brachte die Nachricht, daß Dresden geräumt worden; der Major Graf von Kalckreuth ebendaher die weitere, daß das Heer nach Bautzen zurückgehe und dort eine neue Schlacht liefern werde. Sachsen erklärte sich wieder für Napoleon, die Festung Torgau nahm die Franzosen auf, die Truppen Ney's gingen dort schon über die Elbe, eine französische Division war im Begriff von Düben auf Wittenberg zu marschiren. Für Bülow hörte die Vertheidigungslinie an der Elbe nun auf; er hatte keinen Feind vor sich, aber zu beiden Seiten, in Bernburg und Wittenberg; er ließ 3 Kosakenregi=

menter in Dessau und zog nach Koswig, Oppen mit der Nach=
hut stand in Roßlau, der Brückenkopf sollte geräumt, die Brücke
verbrannt werden. Borstell, wieder herbeigerufen, traf am
12. Mai in Koswig ein, Marwitz aber berichtete aus Potsdam,
seine 4 Landwehrbataillone seien noch nicht kriegsfertig. Bü=
low dachte an den Rückzug hinter die Nuthe und Notte, zwei
Bäche, die südlich von Berlin einen Halbkreis bilden, zur Ha=
vel und zur Spree fließen, und mit Hülfe von Stauungen und
Verschanzungen eine treffliche Vertheidigungslinie darbieten. Vor
allem betrieb er die Instandsetzung der Landwehr, von der nach
und nach einige Abtheilungen sowohl Fußvolk als Reiterei dienst=
fähig herbeirückten; auch einige Ersatzmannschaften trafen ein.

Am 13. Mai nahm Bülow sein Hauptquartier in Nuders=
dorf, auch Birkenbusch genannt, und beritt mit Thümen die
Gegend nach Wittenberg hin. Oppen stand noch in Roßlau,
die Brigaden Hessen=Homburg und Thümen bei Schmilkendorf,
die Brigade Borstell in Marzahne und Kroppstädt, erhielt aber
Befehl nach Zahna zu rücken. Der Feind stand 8000 Mann
stark in Dessau und schien bestimmt nach Wittenberg vorzugehen.
Der Brückenkopf bei Roßlau wurde hierauf verlassen, die Brücke
angezündet, auf Gegenbefehl für einen Augenblick wieder ge=
löscht, dann schließlich doch abgebrannt, das Gepäck nach Treuen=
briezen zurückgeschickt. Die leichten Truppen Bülow's hielten
die Elster von Herzberg bis zu ihrem Einfluß in die Elbe be=
setzt, und beobachteten was der Feind von Torgau her unter=
nähme. Wie Bülow seine Lage beurtheilte, zeigt sein Schrei=
ben an den König aus Nudersdorf vom 14. Mai: — „Es
scheint mir, als wenn die jetzt von Torgau und bei Dessau
stehenden Korps wohl zu einem gemeinschaftlichen Angriff auf
Berlin bestimmt sein dürften. Ist dies der Fall, so wird das
Korps von Wittenberg mich en echec halten, während der
Marschall Ney von Torgau aufbricht, und über Herzberg,

Dahme, Baruth und Mittenwalde gegen Berlin vordringt. Dies Korps würde dadurch einen solchen Vorsprung gewinnen, daß es mir unmöglich fallen würde, auch nur mit demselben zu gleicher Zeit in der zur Vertheidigung präparirten Linie von Trebbin, Zossen und Mittenwalde einzutreffen, geschweige mich ihm ernstlich widersetzen zu können. — Sobald ich daher Gewißheit habe, daß der Feind von Dessau gegen Wittenberg marschirt, werde ich mich nach einer Gegend zurückziehen, wo ich ein freies und offenes Terrain habe, die Bewegungen des Feindes übersehen und von meiner Kavallerie Gebrauch machen kann. Dies wird fürs erste die Gegend von Marzahne sein, und werde ich das ganze Korps daselbst konzentriren, sobald ich, wie schon gesagt, von den Bewegungen des Feindes hinreichend überzeugt bin. — — Wenn beide Korps, das von Wittenberg und das von Torgau, sich vereinigen, so werde ich es mit einem ziemlich überlegenen Feinde zu thun haben; alles, was in meinen Kräften steht, werde ich jedoch anwenden, dem Feinde das Vordringen zu erschweren. Ich werde ihn angreifen, sobald ich solches nur mit der mindesten Hoffnung eines guten Erfolges thun kann. Da aber zwischen mir und der großen Armee nichts steht, folglich meine ganze linke Flanke den Operationen des Feindes bloßgestellt ist, so würde es sehr gut sein, wenn der General Tschaplitz oder ein anderes Korps als Zwischenpunkt aufgestellt würde und sich mit mir über Zinna in Verbindung setzen könnte. — — Ich werde alles thun, um dem Feinde nachdrücklich zu begegnen, und gewiß mit demselben schlagen, sobald sich nur eine schickliche Gelegenheit dazu findet; mit welchem Erfolge aber — das steht, bei seiner Ueberlegenheit, in den Händen des Schicksals, und kann ich solches schwerlich im voraus bestimmen." — Zugleich schrieb er an den russischen Oberbefehlshaber Barclay=de=Tolly wegen Tschaplitz, an das Generalgouvernement zu Berlin, an Woronzoff.

Bülow rückte am 14. nach Marzahne. Doch Ney war mit etwa 25,000 Mann aus Torgau schon über Herzberg hinaus vorgedrungen, die Truppen aus Dessau nach Wittenberg marschirt. Vier französische Heertheile bewegten sich in Bülow's linker Flanke, zwischen ihm und dem Heer in der Lausitz; er hatte ihnen in allem nur 15,000 Mann entgegenzustellen, an eine Schlacht im offnen Felde war unter diesen Umständen nicht zu denken. Mit desto größerem Eifer betrieb er die Vertheidigungsanstalten vor Berlin. Er sandte den Obersten von Boyen dahin, dann den Lieutenant von Prittwitz, um alle nöthigen Anordnungen zu treffen. Schon im April hatte er selbst einen Entwurf dazu gemacht, der bekannte Schriftsteller und ehemalige Offizier Julius von Voß, der Ingenieurmajor Müller, waren mit ihren Rathschlägen, der letztere so wie der Ingenieurmajor Markoff, und besonders auch der Oberbaudirektor Eytelwein, mit ihrer eingreifenden Thätigkeit behülflich. Boyen bereiste die ganze Linie; die Nuthe wurde bei Potsdam gestaut, der Uebergang bei Saarmund befestigt, eine zweite Anstauung geschah bei Trebbin, von hier bis Kerzendorf, Jühnsdorf bis Mittenwalde diente der Abzugsgraben zur Vertheidigung, von Mittenwalde bis zum Schmöckwitzer Werder die Anstauung der Notte; alle Durchgänge dieser Linie wurden verschanzt. Auch dicht vor Berlin, auf den Rollbergen, in der Hasenhaide, auf dem Kreuzberge, wurden Schanzen aufgeworfen, deßgleichen bei Potsdam.

Bülow sandte die Brigade Borstell nach Jüterbogk, er selbst wollte nach Treuenbriezen zurückgehen. Auf dem Marsche war die Verbindung Bülow's mit Borstell durch dessen zu frühes Aufgeben des Postens von Zahna eine Zeitlang unterbrochen, was jener als eine große Unachtsamkeit streng rügte. Auf Borstell's Meldung aus Jüterbogk, daß der Feind mit 12,000 Mann auf Luckau vordringe, durfte Bülow nicht in Treuenbriezen blei=

ben, sondern ging mit den Brigaden Thümen, Hessen-Homburg und den Harpe'schen Truppen weiter zurück bis vor Belitz; Oppen mit der Nachhut blieb noch bei Marzahne, dann bei Treuenbriezen; Borstell, bestimmt sich dem Feinde, wenn er auf der Straße von Luckau weiter auf Berlin vorginge, bei Mittenwalde vorzulegen, erhielt Befehl vorläufig mit 3 Bataillons und 3 Schwadronen nach Luckenwalde abzuziehen. Da von Wittenberg aber kein Feind folgte, derselbe jedoch um so stärker über Dahme und Luckau herandrang, so marschirte Bülow am 17. Mai mit allen Truppen nach Trebbin, und Borstell nach Mittenwalde. Dieser empfing den Befehl, bei Annäherung des Feindes die Brücken bei Fürstenwalde und Müllrose so wie die über den Friedrich-Wilhelms-Kanal abbrechen zu lassen. Die ausgesandten Streifschaaren brachten keine bestimmten Nachrichten, nur daß der Feind überall sehr stark und seine Absicht wahrscheinlich auf Berlin gerichtet sei, doch waren seine Bewegungen nicht ganz klar; es entstand auch Besorgniß wegen Frankfurt an der Oder und Küstrin, wo die französische Besatzung den Anrückenden die Hand bieten und im Rücken der Verbündeten große Verwirrung anrichten konnte.

Auch auf diesen wechselnden Märschen und kurzen Lagerungen litten die Truppen sehr durch den Mangel an Lebensmitteln; die dringenden wiederholten Befehle vermochten nicht ihn zu heben, das Land war erschöpft und die Zufuhr schwierig und unzulänglich. Dazu kam, daß man in Berlin den Rückzug Bülow's für übereilt hielt, den Anmarsch des Feindes als eine Vorspiegelung ansah, hinter welcher kein Ernst sei, daß der Generalgouverneur von Lestocq diese Ansicht gegen Bülow geltend machen wollte, woraus sich zwischen beiden ein unangenehmer Briefwechsel und Zwist entspann, den nur die wohlmeinende Vermittlung Boyen's einstweilen beilegte, bis die späteren Thatsachen die Richtigkeit der Bülow'schen Beurtheilung erwiesen und Lestocq sich wegen seines Unrechts entschuldigen mußte.

Bis zum 18. Mai waren die Franzosen immer gleichmäßig vorgedrungen, an diesem Tage jedoch sandte der General Reynier, der den siebenten französischen Heertheil befehligte, nur eine Vorhut bis Baruth, alle andern Truppen blieben stehen. Aus dieser plötzlichen Stockung erkannte Bülow, daß die Absicht auf Berlin für jetzt aufgegeben und auch wegen der Oder nichts mehr zu fürchten sei; der Stand der Sachen in der Lausitz mußte den Erklärungsgrund dieses unerwarteten Wechsels darbieten. In der That hatte Napoleon, was man damals nicht wissen konnte, aber späterhin erfuhr, den größten Theil seiner nordwärts gerichteten Streitkräfte zu sich gerufen, Ney demzufolge schon am 17. früh nach Spremberg sich in Marsch gesetzt, und am 19. zog auch Reynier in derselben Richtung nach Bautzen ab. Doch ließ sich der Umfang dieser Verminderung der feindlichen Stärke noch keineswegs erkennen; jedenfalls blieb der Feind, der gegenüber stand, noch immer weit überlegen. Bülow aber machte sich sogleich zur Aufgabe, von diesen Truppen möglichst viele hier festzuhalten, und weitere Entsendungen nach der Lausitz zu verhindern. Doch das Ruhebedürfniß nach den unaufhörlichen und großen Märschen, welche in diesen Tagen gemacht worden, so wie der Mangel an Lebensmitteln in der ganzen vorliegenden Gegend, welche auf's neue zu durchziehen war, nöthigten zu einer Erholungsfrist, die der Eifer indeß gleich wieder aufhob. —

Aus Bautzen empfing Bülow eine Kabinetsordre des Königs, die alle seine Maßregeln billigte; Wittgenstein gab ihm die Weisung fernerhin ganz nach eignen Ansichten zu verfahren und zugleich unterordnete er ihm die russischen Generale vor Magdeburg und Wittenberg; der Kaiser Alexander sandte ihm den Stern des Annenordens. Ein Schreiben York's, das eben=

falls einging, lautete noch in der Art eines Vorgesetzten, wiewohl Bülow thatsächlich längst nicht mehr unter ihm stand, im Gegentheil eine größere Befehlsmacht hatte als York selbst.

Die Truppen hatten noch nicht vierundzwanzig Stunden geruht, als Bülow schon wieder aufbrach und am 19. Mai nach Baruth vorging, Oppen mit der Vorhut bis Kehmlitz. Am späten Abend erfuhr man, daß der Feind von Dahme nach Sonnenwalde zurückgegangen, der Marschall Victor mit dem zweiten französischen Heertheil im vollen Marsch auf Baruth plötzlich umgekehrt sei. In der Nacht zum 20. überfiel der Rittmeister von Blankenburg die Stadt Luckau, nahm 2 sächsische Offiziere und 150 Mann gefangen, und erbeutete ansehnliches Gepäck, alles im Angesicht der letzten Nachhut des Feindes, die hinter Luckau lagerte. Die ausgesandten andern Streifschaaren belästigten ebenso den Rechtsabmarsch des Feindes. Borstell drang nun in Bülow, dem Feinde schleunigst zu folgen; Bülow, verwundert über den Eifer, der ihn spornen zu müssen glaubte, schlug es entschieden ab, und ebenso die weitere Bitte Borstell's, ihn allein mit seinen Truppen, die nur etwas zu verstärken wären, in der Richtung auf Bautzen abmarschiren zu lassen. Bülow hielt ihm entgegen, daß er sich nicht zersplittern dürfe, daß der Feind ihm noch stark genug hier gegenüber stehe, um Berlin zu bedrohen, daß endlich Bautzen über 16 Meilen entfernt sei, die Truppen unterwegs dem Mangel erliegen und in jedem Fall zu spät kommen würden. Borstell war hierauf längere Zeit mit Bülow gespannt, was dieser aber nicht bemerken wollte. Daß letzterer nicht aus Eigensinn, sondern aus feldherrlicher Besonnenheit und höherem Standpunkte dem muthigen Antriebe des tapfern Generals widersprach, zeigt sein Bericht an Wittgenstein, worin er eingedenk seiner Aufgabe das Absehn darlegt, dem Feind an der Elbe zu schaffen zu machen, möglicherweise Wittenberg zu nehmen, im Fall die

Schlacht in der Lausitz gewonnen würde über die Elbe zu gehen und die Verbindung zwischen Dresden und Magdeburg abzuschneiden; ginge die Schlacht verloren, so würde es um so wichtiger sein, das bisherige Kriegsfeld nicht verlassen zu haben.

In diesen Tagen häufte sich mancher Verdruß. Der Mangel an Lebensmitteln, die Schreibereien deßhalb, die dadurch verursachte Hemmung der Kriegsthätigkeit, gaben stets erneuten Anlaß. Gegen den Oberkriegskommissair Jakobi brach Bülow's ganzer Zorn aus; ihm wurde geschrieben, er habe falsche Berichte gemacht, es sei nichts da, er habe nicht gehorcht, solle zur Rechenschaft gezogen, die kurmärkische Regierung durch Gewaltmittel angetrieben werden. Bülow ließ als Nachschrift noch besonders hinzufügen: „Wenn Ihnen künftig das rechte Ohr abgeschossen werden sollte, so müssen Sie mit dem linken hören, was ich Ihnen zu sagen habe." Die kriegerische Erbitterung sprach sich in kriegerischem Humor aus. —

Zu den angenehmen Ereignissen gehörte, daß Boyen in Baruth mit dem Vorschlag des Generalgouvernements eintraf, aus den in der Gegend von Berlin befindlichen zahlreichen Genesenen, Marschtruppen und sonstigen vereinzelten Haufen, Fußvolk und Reiterei, eine neue Brigade zu bilden und unter Boyen's Befehl zu stellen, mit dem besondern Zweck, sie zur Beobachtung Wittenberg's zu verwenden. Bülow ging auf den Vorschlag lebhaft ein, bestimmte Luckenwalde als Sammelort der neuen Brigade, und versprach ein Kosakenregiment und eine russische Batterie ihr anzuschließen. Boyen ging sogleich mit erfolgreicher Thätigkeit an's Werk.

Borstell war auf Golßen vorgegangen, ein Reitertrupp von Buchholz nach Waldow, Kosaken bis nach Lübben ausgesandt. Bülow aber mußte mit der Hauptstärke in Baruth stehen bleiben, da es durchaus an Lebensmitteln fehlte, und das vorliegende Land völlig ausgesogen war. Der Major von Lützow mit seinen Freischaaren wurde zu Wallmoden entlassen, nachdem Bülow ihn noch belehrt, daß die Streifzüge leichter Truppen nicht nach Willkür geschehen dürften, sondern von einem höheren Befehlshaber ausgehen müßten.

Am 22. Mai kamen endlich die ersehnten Zufuhren an, und am 23. frühmorgens brach Bülow wieder auf. Borstell war bereits bei Luckau, Oppen zog nach Herzberg, seine Vorposten noch weiter, Streifschaaren und Patrouillen gingen nach allen Seiten tief in's Land. Boyen hatte mit bewundernswürdiger Schnelligkeit in wenigen Tagen seine Brigade, bestehend aus 5 Bataillons, 4 Schwadronen, 1 Kosakenregiment und 4 Kanonen, dienstfähig aufgestellt, und marschirte mit derselben nach Jüterbogk. Der verdrießlichen Irrung, die daraus entstand, daß General von Lestocq die Brigade als einen ausgerückten Theil der Berliner Besatzung, Bülow sie als einen Theil seiner Truppen ansah, suchte Boyen durch kluges Verhalten möglichst entgegenzuwirken.

In der Nacht zum 24. Mai kam von Oppen aus Herzberg eilige Meldung; sein Adjutant Lieutenant Behrend hatte auf einem Streifzug in Koßdorf die von Dresden mit Geldern und Briefen nach Torgau abgegangene Post aufgehoben, wodurch die wichtige Nachricht erlangt wurde, daß am 20. und 21. bei Bautzen eine Schlacht geliefert und von den Verbündeten verloren worden. Dies Unglück erschien nicht ganz unvorhergesehen. Bülow gab den Marsch nach der Elster sogleich auf und marschirte nach Kalau, wohin auch Borstell befehligt wurde. Oppen wurde nach Sonnenwalde vorgeschickt; Boyen blieb bei Jüterbogk stehen. Der Rittmeister von Blankenburg mußte bis Spremberg, der Major von Linsingen von Lübbenau bis Oggrosen streifen, den Rittmeister von Burgsdorf sandte Borstell mit dem Auftrag ab, die Verbindung mit dem geschlagenen Heer zu suchen. Am 25. Mai ging das Bülow'sche

Hauptquartier nach Kalau, Borstell nach Drebkau und Oppen nach Groß=Räschen. Weiter vorzugehen, hielt Bülow nicht rathsam, weil alle zuverlässigen Nachrichten fehlten, keiner seiner in das große Hauptquartier abgesandten Kuriere zurückkam, und die durch Bauern vernommenen Gerüchte sehr beunruhigend lauteten. Nachdem zuerst Burgsdorf aus Muskau berichtet hatte, das preußische Heer habe sich auf Bunzlau zurückgezogen, kam endlich der Lieutenant Graf von Hacke aus Görlitz, wo er das Hauptquartier verlassen hatte, und brachte umständliche Nachrichten, so wie den erneuten Befehl des Königs, Bülow solle vor allem die Marken, und besonders Berlin und Pots= dam schützen. Sein früher gegen Borstell geäußerter Wider= spruch wurde dadurch auf's neue gerechtfertigt. Die Versiche= rung, daß das verbündete Heer in guter Fassung und daß der Beitritt Oesterreichs zum Bunde gegen Napoleon als gewiß anzunehmen sei, wog einigermaßen die schlimmen Nachrichten auf. —

Bülow konnte jetzt nichts thun, als in Erwartung der weitern Ereignisse ruhig stehen bleiben, und durch vorgesandte Partheien auf die Verbindungen des Feindes wirken. Das Hauptquartier blieb in Kalau. Borstell, der immer nur eine abgesonderte Befehlführung und von Bülow abzukommen wünschte, erbot sich mit seiner Brigade in den Rücken des Feindes vorzudringen und dessen Verbindungen abzuschneiden, welches Bülow aber mit dem Bemerken ablehnte, daß dies besser durch leichte Reiterei als durch eine Brigade bewirkt werde. Boyen, der nach Seyda vorgehen und in der Nacht zum 28. einen Handstreich auf Wittenberg unternehmen wollte, wurde gleichfalls zurückgehalten.

Eine Rüge gegen den Major von Uttenhoven, der in berli= nischen Blättern bekannt gemacht hatte, daß seinem Bataillon wegen der beim Sturm von Halle eroberten 3 Geschütze die

Königliche Belohnung von 150 Dukaten ausgezahlt worden sei, haben wir hier um so weniger wegzulassen, als darin die strenge Befehlsweise Bülow's und zugleich die Schwierigkeiten zu erkennen sind, welche sich in diesen Verhältnissen auch der eifrigsten Gerechtigkeitsliebe beigesellen. In seinem Tagesbefehl vom 26. Mai sagte Bülow: „Zu meiner großen Verwunderung habe ich aus den berlinischen Zeitungen ersehen, daß der Major von Uttenhoven es sich herausgenommen hat, über das Gefecht in Halle, so weit es ihn betroffen, eine Berichtigung bekannt zu machen. Es kommt niemandem als dem kommandirenden General zu, durch öffentliche Blätter dem Publikum Relationen und Berichte mitzutheilen. Der Major von Uttenhoven hat also durch sein Benehmen einen unbegreiflichen Mangel an Dienstkenntniß bewiesen, und wird in der Folge, wenn sich jemand so etwas wieder herausnehmen sollte, derselbe auf das strengste bestraft werden. Was nun diese bekannt gemachte sogenannte Berichtigung betrifft, so berichtige ich solche wiederum dahin, daß dem Bataillon die Ehre zukömmt, die Haubitze und die zwei Kanonen genommen zu haben, daß man es aber größtentheils der kräftigen Mitwirkung und Unterstützung des Oberstlieutenant von Treskow zu verdanken hat, daß das Bataillon diesen ehrenvollen Angriff unternehmen konnte." Gleich damals und später machte sich die Meinung geltend, daß der Inhalt und Ausdruck dieser Rüge nicht durchaus zu rechtfertigen sei.

An demselben Tage bekam Bülow einen Königlichen Befehl vom 23. aus Löwenberg, der ihm bekannt machte, daß der Oberst von Dobschütz beauftragt sei, mit der schlesischen Landwehr von fünf Kreisen nach Krossen zu marschiren, um in Gemeinschaft mit der neumärkischen Landwehr unter dem General von Hinrichs dem Feinde, der in Schlesien eindringe, die Spitze zu bieten. Bülow, der ermächtigt wurde über diese Landwehr nach Erfordern der Umstände zu verfügen, trug dem General auf, die Oder von Krossen bis Züllichau stark zu besetzen, vor und hinter Krossen Verschanzungen aufzuwerfen, die entbehrlichen Truppen aber nach Müllrose vorzusenden.

In Hoyerswerda hatte der Feind während eines starken Gewitterregens ein Kosakenregiment überfallen und zum Theil gefangen genommen. Daß der Feind hier wieder thätig wurde, spannte die Aufmerksamkeit. Bülow befahl, daß Borstell am 28. die Franzosen aus Hoyerswerda wieder vertreiben sollte, gesellte ihm aber, da er die Sache nicht so leicht nahm, noch Oppen bei, der durch ein Regiment zu Fuß hiezu verstärkt wurde, so daß im Ganzen 4000 Mann zu dem Unternehmen vereinigt waren. Zu größerer Vorsicht mußte Thümen mit seiner Brigade nach Alt=Döbern vorrücken. Wer den Befehl führen sollte, Borstell oder Oppen, war nicht gesagt, aber Oppen stellte sich freiwillig unter den Befehl des an Jahren und Dienstalter jüngern Borstell. Dieser meinte den Feind, der ihm nur ein vorgeschobener Posten schien, obschon die Husarenpatrouillen ihn zu 7000 Mann und 20 Kanonen angaben, zu überraschen und völlig zu schlagen, fand ihn aber in guter Stellung und ganz vorbereitet; unter großen Schwierigkeiten des Bodens wurde der Angriff dennoch eröffnet, und es entzündete sich ein heftiger Kampf. Erst während desselben wurde Borstell durch Burgsdorf's Meldung unterrichtet, daß ihm der ganze zweite Heertheil unter dem Marschall Oudinot, etwa 30,000 Mann mit 60 Kanonen, von Bautzen zurückkehrend, gegenüberstanden. Nun galt es nur noch um den sichern Rückzug zu kämpfen, der sogleich angetreten wurde, und zwar nicht ohne Verlust, aber doch noch glücklich genug ausgeführt wurde, da der Feind nicht verfolgte, in der Meinung, daß Bülow selbst mit allen seinen Truppen zugegen sei. Der Wald von Drebkow rettete Borstell's Brigade; sie hatte 10 Offiziere und 350 Mann Todte und Verwundete. —

Bülow hatte eben jetzt sein Augenmerk, da die Nachrichten, aus Schlesien sehr beunruhigend lauteten, auf's neue nach der Oder gerichtet, und schon seinen Marsch auf Kotbus und Guben beschlossen; durch das Gefecht von Hoyerswerda wurde alles plötzlich verändert. Eine große Uebermacht, die sich noch täglich verstärkte, stand ihm gegenüber, und es war vorauszusetzen, daß sie nicht lange unthätig bleiben werde. Bülow blieb daher in Kalau stehen, mit großer Vorsicht und Aufmerksamkeit, möglichst bedacht, seine Truppen im Fall eines feindlichen Angriffs schnell vereinigen zu können. Die schwierige Verpflegung war seinen militairischen Anordnungen auf's neue sehr hinderlich.

Da jedoch der Feind bei Hoyerswerda sich ruhig verhielt, hingegen über Sagan in der Richtung auf Krossen stark vorrückte, so nahm Bülow sein früheres Vorhaben wieder auf, und marschirte am 30. Mai nach Kotbus; Borstell rückte nach Forsta, Oppen nach Drebkau, ihre Kosaken standen in Spremberg, Muskau und Senftenberg, leichte Reiterei machte Streifzüge gegen Naumburg am Bober und gegen Sagan. Durch zuverlässige Meldungen unterrichtet, daß die vereinigte Truppenmacht des Marschalls Victor und des Generals Sebastiani nicht auf Krossen gehe, sondern sich gegen Groß-Glogau wende, stellte Bülow hierauf den weitern Marsch auf Lieberose wieder ein; doch ließ er die Brigade Borstell nach Guben rücken. In Krossen war am 27. der Oberst von Dobschütz mit 2800 Mann eingerückt, hatte hier einen noch schlechten Vertheidigungszustand gefunden, bemühte sich aber ihn zu verbessern, und begehrte für die Besetzung der Schanzen einige Linienbataillone und Geschütze.

Bülow zog möglichst Verstärkungen an sich, der Major von Kyckpusch hatte ihm 3 Reservebataillone zugeschickt, täglich trafen kleine Abtheilungen von Ersatzmannschaften ein. Am

31. Mai beschloß Bülow dennoch seinen Marsch auf Lieberose fortzusetzen, und gab die desfalls erforderlichen Befehle für den folgenden Tag. Ein Zwischenfall mit dem Major von Hellwig, Anführer einer Freischaar, die sich Bülow'n angeschlossen hatte, verursachte heftige Verstimmung. Bülow hatte ihm befohlen nach Forsta zu marschiren, Hellwig war mit seiner Schaar abgezogen, aber nicht nach Forsta, sondern nach Dessau, und ließ dem General sagen, er könne als Partheigänger nach Belieben handeln.

Am 1. Juni nahm Bülow seine Befehle zum Marsch nach Lieberose wieder zurück, und blieb in Kotbus stehen; die Vorposten Oppen's hatten gemeldet, daß Hoyerswerda vom Feinde verlassen, der Marschall Oudinot mit allen Truppen abmarschirt, der Rittmeister von Blankenburg mit seiner Streifschaar Mittags in Hoyerswerda eingerückt sei; der Hauptmann von Weyrach kehrte aus dem großen Hauptquartier zurück und brachte neue Verhaltungsbefehle für Bülow; nur an den König habe er zu berichten, nicht an York; die früher ertheilten Weisungen wurden wiederholt; Wittgenstein schrieb ihm belobend, dankend; der an dessen Stelle getretene Oberbefehlshaber Barclay-de-Tolly forderte ihn zu schnellen Bewegungen und entschlossenen Unternehmungen im Rücken des Feindes zwischen Bunzlau und Dresden auf, indem er ihm zugleich die größte Behutsamkeit und beständige Rücksicht auf die Sicherheit von Berlin empfahl, also jene Aufforderung wieder bedeutend abschwächte. Außerdem wurde Bülow auf den Eintritt der Schweden in das Kriegsfeld vertröstet, sie rückten gegen die Niederelbe vor, er solle sich mit ihnen und mit Wallmoden in Verbindung setzen. Dies war längst geschehen. — Das Fußvolk der Lützow'schen Freischaar aus Schlesien kommend schien anfangs bestimmt sich den Truppen Bülow's anzuschließen, bekam aber Befehl seinen Marsch nach der Niederelbe fortzusetzen und Tettenborn's Trup=

pen zu verstärken. Das vierte Bataillon, geführt von dem Lieutenant Jahn, dem bisherigen Turnlehrer, war durch Fürstenberg gekommen, und unzufrieden mit den Einwohnern, die seinem deutschthümlichen Eifer nicht entsprachen, hatte Jahn sie den Behörden in Berlin als ein rohes und verwegenes Volk geschildert, dessen Entwaffnung rathsam sei. Das Generalgouvernement in Berlin schrieb desfalls an Bülow, und stellte ihm anheim, zur Ausführung „dieser heilsamen Maßregel" die nöthigen Befehle zu ertheilen. Doch Bülow, der die Meinung hatte, daß man sehr gut deutsch gesinnt sein und doch dem Professor Jahn sehr mißfallen könne, der die deutsche Gesinnung zwar auch in ihren Zerrbildern noch ehrte, aber nicht in ihnen ausschließlich finden wollte, ließ die Sache auf sich beruhen, und glaubte Wichtigeres zu thun zu haben, als eine solche Entwaffnung anzuordnen, die ohnehin nur lächerlich erschien. —

Bülow verwandte große Sorgfalt auf Krossen, ließ neue Werke anlegen und alles zur kraftvollen Vertheidigung bereiten. Nach entgegengesetzter Seite ließ er durch Boyen die nöthigen Anstalten zur Beschießung von Wittenberg treffen, und den mit 2 Bataillons und 4 Schwadronen Landwehr endlich angekommenen Major von der Marwitz nach Herzberg vorrücken um den Feind auf dieser Seite zu beunruhigen. Ein Anschlag, in Gemeinschaft mit Wallmoden und unter Mitwirkung der Schweden, welche in die Mark vorrücken sollten, ein großes Angriffsunternehmen im Rücken Napoleons auszuführen, um durch einen solchen Schlag, wie Bülow schrieb, das große verbündete Heer, dessen Bewegungen durch den Unfall bei Bautzen tödtlich gelähmt seien, in's Leben zurückzurufen, scheiterte an der Unentschiedenheit des Kronprinzen von Schweden, unter dessen Befehle Wallmoden gestellt worden war. —

Auf die einstimmigen Meldungen, daß der Feind, der nach dem Verlassen von Hoyerswerda bei Ruhland in noch ansehnlicher Stärke stehen geblieben, am 2. Juni von da noch Großenhain aufgebrochen, beschloß Bülow alle seine Truppen bei Elsterwerda zu sammeln und dann mit raschem Angriff gegen Meißen oder Dresden vorzudringen. Seine Marschbefehle waren schon ertheilt, da klärte sich das Mißverständniß auf, nicht nach Großenhain, sondern nach Kirchhain bei Dobrilugk waren die Franzosen abmarschirt, also auf der Straße nach Luckau, nach Berlin! Augenblicklich wurden am 3. die Befehle verändert, die Truppen, schon auf dem Marsche nach den früheren, mußten andre Richtungen einschlagen. Oppen, auf dem Marsche von Drebkau auf Kalau von letzterm Orte her angegriffen, entzog sich dem Gefecht rechts über Gahlen. Auch Harpe und Thümen stießen auf den Feind, und mußten ausweichen. In Luckau befand sich nur 1 Bataillon zur Deckung eines Magazins, Luckau selbst war überdies ein wichtiger Punkt, es galt dem Feinde dort zuvorzukommen, wiewohl er nur 4 Meilen, die Preußen 6 bis 7 Meilen entfernt waren. Vor allem suchte Bülow die Straße von Kalau nach Luckau zu gewinnen, um 4 Uhr Nachmittags erreichte er sie bei Zinnitz, Abends um 11 Uhr war er in Luckau; die Truppen hatten bei furchtbarer Hitze in schrecklichem Staub einen ununterbrochenen Gewaltmarsch von 5 Meilen gemacht. Die Brigade Hessen-Homburg ging durch die Stadt und lagerte auf den jenseitigen Höhen, Oppen mit der Nachhut diesseits bei Kahnsdorf, Harpe der erst am folgenden Morgen ankam, zog ebenfalls auf die Höhen hinaus, die Brigade Thümen kam noch später in's Lager; es hieß fast ein Drittheil der Mannschaft sei unterwegs ermüdet liegen geblieben, sie fanden sich aber zeitig wieder bei den Fahnen ein. Boyen war von Jüterbogk und Vorstell von Guben eiligst herbeigerufen und beide in beschleunigtem Anmarsch.

Nach der Hitze war starkes Regenwetter eingetreten. Bülow stieg am 4. in aller Frühe zu Pferd, besichtigte die Gegend, ordnete die Stellung der Truppen, und theilte den Generalen mündlich seine Befehle aus. Luckau, von starken Mauern und tiefem Wassergraben, dann von Gärten umgeben, liegt an der Berste, die bei Lübben in die Spree fällt. Oberhalb der Stadt breitet sich ungangbarer Sumpfboden aus, der sich bis weit unterhalb hinzieht. Auf dem linken Ufer westlich erheben sich drei beträchtliche Anhöhen, wo Bülow seine Hauptstellung nahm, und eine zwölfpfündige Batterie aufpflanzte. Auf dem rechten Flügel stand Harpe mit seinen russischen Regimentern bei Wittmannsdorf, das zur Anlehnung diente, Thümen hielt die Mitte und sollte die Stadt vertheidigen, Hessen-Homburg bildete den linken Flügel und die Reserve, auf und hinter den Höhen bis Wieringsdorf; Borstell, wenn er einträfe, sollte den linken Flügel verstärken; Oppen bekam die Befehle nicht, die ihn anwiesen die Kalau'sche Vorstadt mit seinen Füsilieren und Jägern zu halten, Geschütz und Reiterei aber außen um die Stadt auf die Höhen zurückzuschicken. Um 9 Uhr Vormittags erschien der Feind vom Marschall Oudinot befehligt in großer Stärke und griff die Vortruppen bei Kahnsdorf heftig an. Diese wichen, der Feind nahm die Vorstadt und drang auf das Stadtthor an. Zur rechten Zeit kam der Major von Perbandt und lenkte die Reiterei aus dem Getümmel links um die Stadt, die Füsiliere und Jäger warfen sich in die Gärten. Heftiges Plänklergefecht dehnte sich links in den Gärten aus, der Feind drang überall mit Ungestüm vor. Am Thore, wo der Lieutenant von Burstini rechtzeitige Unterstützung herbeiführte, wurde er mit dem Bajonet zurückgetrieben. Bülow befahl nun, die Kalau'sche Vorstadt wiederzunehmen, der Major von Gleißenberg mit seinem Bataillon, das schon in starkem Plänkeln begriffen war, machte den ersten Angriff, der Hauptmann von Orlikowski fiel, der Hauptmann von Kesteloot drang entschlossen vor, die Vorstadt wurde genommen. Oudinot ließ unter heftigem Feuer seines

Geſchützes neue ſtärkere Truppenmacht anrücken und nahm die Vorſtadt wieder. Der Major von Gagern aber behauptete ſich in dem Theile nächſt dem Thore. Auch der Lieutenant von Kaweczinſki mit ſeiner Kompanie freiwilliger Jäger hielt den Kirchhof bis zum Abend, wo der Major von Lettow mit ſeinem Bataillon dorthin vordrang und die weiter links liegende Mühle nahm.

Die Franzoſen warfen Granaten in die Vorſtadt, welche ſchnell in Brand gerieth und faſt ganz niederbrannte; viele Verwundete von beiden Seiten kamen hier in den Flammen um. Inzwiſchen war auch oberhalb von Luckau der Feind über die Berſte gegangen, und auf den naſſen Wieſen entſpann ſich ein lebhaftes Plänklerfeuer, Preußen und Ruſſen ſtanden im Gefecht. Die Franzoſen rückten zugleich unterhalb der Stadt mit ſtarker Macht zum Angriff vor, immer mehr Truppen, immer mehr Batterieen kamen in's Feuer. Bülow befahl dem Major von Sandrart mit ſeinem Huſarenregiment und einer halben reitenden Batterie durch die Vorſtadt durchzubrechen und das feindliche Fußvolk, das durch das Gefecht ſchon etwas auseinander gekommen, zu ſprengen. Die fortwüthende Feuersbrunſt hinderte die Ausführung. Um dieſe Zeit, 5 Uhr Nachmittags, erſchien Boyen bei Zöllmersdorf, er hatte 6 Meilen zurückgelegt, die letzten 2½ Meile in 4 Stunden; doch ehe er an dem Kampfe theilnehmen konnte, forderte dieſer raſche Entſchließung. Bülow, um ſeine linke Flanke beſorgt und um Vorſtell, der durch das Vordringen des Feindes abgeſchnitten werden konnte, ſandte an Oppen den Befehl, mit aller ſeiner Reiterei, der auch die Huſaren Sandrart's und 2 ruſſiſche Schwadronen nebſt noch einer halben reitenden Batterie ſich anſchloſſen, bei Wieringsdorf über die Berſte und in des Feindes rechte Flanke vorzugehen. Oppen ließ ſein Fußvolk bei Wieringsdorf, ging durch eine Furt auf das rechte Ufer und an dem Fuß der jenſeitigen

Hügelung gegen Kahnsdorf vor. Seine Vorhut machte der Oberstlieutenant von Treskow mit einer Schwadron Dragoner, sie stieß hinter Kahnsdorf auf feindliche Reiterei, der Lieutenant von Gotzkow mit 30 Reitern warf sie augenblicklich, allein 2 bis 3 Schwadronen nahmen sie auf, und nun war es hohe Zeit daß Treskow zu Hülfe kam. Oppen indeß folgte schnell, trabte an Kahnsdorf vorbei und stieß auf einige Massen Fuß= volk, jede von mehr als Bataillonsstärke, dazwischen ein baieri= sches Reiterregiment, auf dem rechten Flügel Geschütz, in der Fronte Gräben. Doch Oppen achtete weder Hinderniß noch Uebermacht, mit verhängtem Zügel stürzten seine Reiter zum Angriff, die Husaren warfen das baierische Regiment, die Dra= goner nahmen 2 Kanonen und 1 Haubitze. Das französische Fußvolk aber stand unerschüttert, feuerte rasch und wirksam, und rückwärtige Batterieen schossen gleichfalls. Oppen ging nun lang= sam zurück, seine Leute aus dem Bereich des Geschützes zu ziehen, die eroberte Haubitze wurde mitgeschleppt, die 2 Kano= nen mußte man trotz aller Anstrengung zurücklassen.

Der feindliche Angriff ließ nun auf allen Seiten plötzlich nach, und mit eintretender Dunkelheit, gegen 9 Uhr Abends, hörte das Gefecht völlig auf. Die Franzosen mußten Kunde vom Anrücken preußischer Verstärkungen erhalten haben, und konnten nun um so weniger hoffen hier durchzubrechen. Oppen blieb auf dem rechten Ufer der Berste, die andern Truppen in ihren Stellungen, alle gänzlich erschöpft vom heißen zwölfstün= digen Kampfe und den vorhergegangenen Märschen. Feuer, das in der Stadt ausgebrochen war, wurde gelöscht, der Brand der Vorstadt aber dauerte die ganze Nacht und erleuchtete die Lagerstätten. Für Borstell war nun keine Sorge mehr, der zurückgeschlagene Feind konnte ihm nichts mehr anhaben. Bor= stell war in 2 Tagen über 13 Meilen marschirt, im tiefsten Sand, unter brennender Sonne, und zweimaligem Gewitter.

Als er Abends um 7 Uhr in Lübben eintraf, erfuhr er, daß man sich bei Luckau schlug, legte aber doch seine erschöpften Truppen in Quartiere; ein Schreiben Bülow's rief ihn, obwohl Luckau behauptet worden, dennoch eiligst dorthin, also brach er um 11 Uhr Abends wieder auf, und marschirte mit aller Vorsicht weiter, bis er endlich bei Duben auf Oppen's Reiter stieß und nun alle Gefahr vorüber war; vor 3 Uhr Morgens war er bei Luckau.

Dieses Gefecht von Luckau gehört unstreitig zu den ruhmwürdigsten, sowohl für den General als seine Unterbefehlshaber und die tapfern Truppen. Das Geschütz hatte wenig wirken können, nur im Anfang feuerte es über die Stadt hinaus auf den anrückenden Feind; dagegen hatte das Fußvolk alle Patronen verschossen, die Reiterei den kühnsten Muth bewährt. Die Preußen verloren gegen 500 Mann, der Feind gewiß nicht weniger, außerdem in den nächsten Tagen gegen 1000 Mann an Gefangenen. Man hatte von beiden Seiten mit größter Erbitterung gefochten, furchtbar auch durch den Brand gelitten. Der Major von Rüchel=Kleist, der von Duben zu Bülow eilte ihm Borstell's Ankunft zu melden, erzählt hievon: „Beim Durchreiten durch die Kalau'sche Vorstadt machte der Zustand der dort liegenden verbrannten Leichen, überhaupt die ganze daselbst herrschende Zerstörung, einen solchen Eindruck auf mein Gemüth, daß bei der Zurückkunft zur Brigade alle Bekannte über mein blasses Aussehen erstaunten. Ich kann wohl sagen, daß ich manches ähnlicher Art erlebt habe, das Schlachtfeld von Leipzig, die hungernden Gefangenen in dieser Stadt, das Bivouak auf dem Schlachtfelde von Bellealliance; alles dies muß aber dennoch vor dem gräßlichen Anblick der Vorstadt von Luckau in den Hintergrund treten." Aber weit größer als der Kampf selbst war seine Bedeutung. Die unerhörten Anstrengungen, die harten Entbehrungen und getäuschten Hoffnungen, unter denen die Truppen so lange hin und her ziehen mußten ohne daß ein rechtes Ziel dabei sich zeigen wollte, waren endlich durch eine rühmliche Waffenthat gekrönt, eine Waffenthat von so außerordentlichem Werthe, daß der Gewinn mancher Schlacht dagegen geringer erscheint. Denn gewiß, kam Bülow hier dem Feinde nicht zuvor, und schlug er ihn hier nicht zurück, so stand den Franzosen bis Berlin nichts mehr im Wege, und die Hauptstadt fiel unrettbar in des Feindes Hand. Sowohl der Unternehmungsgeist Oudinot's als seine starke Truppenmacht verbürgten die Ausführung dieses beabsichtigten Schlages; der Widerstand bei Luckau vereitelte ihn.

Am folgenden Tage schrieb Bülow selbst einen Bericht an den König und sagte darin: „Da nunmehr der General von Borstell und Oberst von Boyen sich mit mir vereinigt haben, so glaube ich im Stande zu sein, dem Feinde entgegengehen zu können, um ihn wo möglich anzugreifen. In diesem Momente würde es von den größten Folgen sein, wenn ich ihn schlagen sollte. Im Rücken der großen Armee ist nichts, was sich mir entgegenstellen könnte; auch im Fall des Nichtgelingens würde der Nachtheil nicht groß sein, indem ich immer wieder eine vortheilhafte Stellung nehmen könnte, aus der dem Feinde das weitere Vorgehen zu verwehren sein würde." Den Generalen und Offizieren so wie den Truppen überhaupt ertheilt er das größte Lob, und rühmt insbesondre den Eifer und die Tapferkeit des Majors von Perbandt, des Hauptmanns von Weyrach und des Lieutenants von Prittwitz, welche nebst vielen andern Offizieren durch das eiserne Kreuz belohnt wurden. Bülow erhielt das eiserne Kreuz erster Klasse und russischerseits den St. Annenorden erster Klasse; im Ganzen kamen 95 eiserne Kreuze für dieses Gefecht zur Vertheilung; viele Beförderungen fanden Statt, Oppen wurde in seinen früheren Dienstaltersrang wieder eingesetzt.

Der Feind hatte sich nach Sonnenwalde zurückgezogen. Der Major von Perbandt mit 2 Schwadronen und Kosaken folgte ihm dahin nach, der Lieutenant von Prittwitz mit 1 Schwadron ging auf Herzberg, sie sandten genaue Nachrichten und viele Gefangene ein. In Luckau fehlten die Lebensmittel, und die ermüdeten Truppen mußten um sie zu erlangen neue Anstrengungen machen. Einige Tage Rast waren ihnen zur Erholung durchaus nöthig. Der Ansicht daß Bülow jetzt hätte thätiger verfolgen, rascher vorgehen können, treten wir nicht bei, und wenn selbst Prittwitz sie äußert, so zeigt das nur welch hohe Meinung er von seinem General hatte, dem sie noch zutraute was keiner vermocht hätte.

Am 6. Juni hielt Bülow mit seinen Truppen eine gottesdienstliche Dankfeier. Perbandt rückte bis gegen Uebigau vor, wo sich der Feind in großer Stärke hinter der schwarzen Elster aufgestellt hatte; dieser drang sogar von Uebigau wieder stark gegen Herzberg vor, und seine weiteren Unternehmungen schienen, ungeachtet der blutigen Abweisung bei Luckau, keineswegs aufgegeben. Die ausgesandten Streiffschaaren thaten ihm vielen Abbruch; unter andern überfiel der Rittmeister von Blankenburg einen Wagenzug, der unter Bedeckung von 100 Mann nach Dresden fuhr, von denen er 1 Hauptmann und 64 Gemeine gefangen nahm.

Den folgenden Tag war Bülow beschäftigt alles zum Aufbruch zu ordnen, indem er Oudinot's linke Flanke bedrohen und gegen die Elbe vordringen wollte, als unerwartet gleich nach Mittag ein russischer Major von einem preußischen und einem französischen Offizier begleitet, eintraf, und den zu Pleßwitz am 4. Juni geschlossenen Waffenstillstand ankündigte, von dem auch eine Königliche Kabinetsordre vom 5. aus Gröditz bestimmte Kenntniß gab. Das Erstaunen war allgemein und äußerte sich in Unwillen und Schmerz, in Trauer und Sorge. Bülow selbst war tief ergriffen, sich grade jetzt, in Aussicht fernerer Erfolge, plötzlich gehemmt zu sehen. Doch ließ er sich durch Gefühle keiner Art in Ausführung dessen was die Pflicht gebot einen Augenblick irren. Er sandte sogleich den Hauptmann von Weyrach nach Herzberg zum Marschall Oudinot um mit demselben nähere Verabredungen zu treffen. Die Vorschriften des Waffenstillstandes waren sehr bestimmt, sie räumten ganz Sachsen wie auch die anhaltischen Lande den Franzosen ein; nur wegen des Kotbuser Kreises und wegen Krossen fanden einige Zweifel Statt, die jedoch nur durch höhere Entscheidung gelöst werden konnten. Einige Uebergriffe der Franzosen im Bereiche Boyen's wies dieser mit den Waffen zurück. Wegen Krossen hielt Bülow jedoch einstweilen die für Preußen günstige Auslegung fest, und sandte dem Obersten von Dobschütz den Befehl, dort auf jeden Fall sich zu behaupten, wie dies auch gleich darauf durch ein Schreiben Gneisenau's aus dem großen Hauptquartier anbefohlen wurde.

Welche Beweggründe beim Abschlusse des Waffenstillstandes vorgewaltet, wurde vielfach erörtert. In Wahrheit hatte man auf beiden Seiten das dringende Bedürfniß eines Stillstandes gefühlt, sei es um zur weitern Kriegsführung neue Kräfte zu sammeln, oder, wie es wenigstens Napoleon mitbeabsichtigte, durch Unterhandlungen einen günstigen Frieden zu erlangen. Jeder Theil glaubte durch den Stillstand am meisten zu gewinnen, wirklich aber war er, wie die Folge zeigte, den Verbündeten sowohl am nöthigsten als am fruchtbarsten, und seinem Abschlusse lag auch am wenigsten von ihrer Seite eine besorgliche Friedensliebe oder gesunkenes Vertrauen zum Grunde, vielmehr die muthige Hoffnung, gekräftigt durch eigne Rüstungen und durch Oesterreichs Beitritt den Kampf zu rechter Zeit wiederaufzunehmen. Sobald man dieser Gesinnung und dieses Willens bei den höchsten Leitern versichert war, fühlte man sich bei dem Waffenstillstande ganz beruhigt, und strebte nur aus allen Kräften die vergönnte Zeit für den großen gemeinsamen Zweck möglichst zu benutzen. —

Mit dem Eintritt dieser Waffenruhe schließt in der Laufbahn unsres Helden ein bedeutender Abschnitt, der etwas umständlich zu schildern war, weil die Kraft und der Werth seiner Kriegsführung weniger in einzelnen großen Schlägen, wiewohl auch solche nicht fehlen, als in einer Fülle von Thätigkeiten, Bewegungen und Anstalten zu erkennen ist, von denen ein zu allgemeiner Ueberblick nicht die gehörige Anschauung giebt. Seine Art und Weise hatte genug Mißstimmung erregt, bei den Truppen selbst und manchen tadelsüchtigen Führern, bei den Landes- und Militairbehörden, am meisten bei den Bewohnern von Berlin. Immer nur Märsche, sagte man, vor- und rückwärts, hin und her, ohne festes Ziel, kein kräftiges Losschlagen; er müdet die Truppen nutzlos ab, er gebraucht sie nicht! Zuletzt hieß es sogar, ihm sei der Befehl genommen. Im großen Hauptquartier urtheilte man anders, von dort erhielt Bülow nur stets anerkennendes Lob, dort erkannte man sein großes Verdienst. Auch der Kronprinz von Schweden, derin Stralsund seine Theilnahme am Kriege zögernd vorbereitete, und sich Bülow's bisherige Kriegsbewegungen erörtern ließ, rief gegen den Major Grafen von Kalckreuth wiederholt aus: „Ah! bien! bien! voilà ce qui s'appelle opérer en capitaine expérimenté." In der That hatte Bülow mit einer Minderzahl von Truppen, die er großentheils erst schaffen und bilden mußte, unter Mangel und Hemmung und Mißverhältnissen aller Art, gegen einen übermächtigen, thätigen, im Besitz aller Vortheile befindlichen Feind seine schwierige Aufgabe glänzend erfüllt. Er hatte stets nur diese und das Ganze im Auge, er that jedesmal was die Sache forderte, unbekümmert um die eigne Gefahr, die er meiden, um den eignen Ruhm, den er in andrer Weise leichter gewinnen konnte; die Gelegenheit glänzende, weitschallende Schläge zu thun war auch ihm eröffnet, er that sie wo es ihm nöthig schien, aber er durfte nicht zu viel auf's Spiel setzen, seine Truppen waren der Kern aller preußischen Kriegsführung in der Mark, mit ihnen wurde mehr aufgeopfert als sie selbst. Seine Märsche aber waren stets wohlberechnete, oft kühne und fast immer sichre Züge der Einsicht und Besonnenheit gegenüber einer Uebermacht, die ihren Stoß dahin oder dorthin nach Belieben führen konnte. —

Bülow trat am 9. Juni den Rückmarsch von Luckau nach der Mark an, bis zu deren Gränzen die Franzosen nachrückten. Am 10. war sein Hauptquartier in Baruth, am 11. in Mittenwalde, am 12. in Berlin, wo es verblieb. Die Brigaden Hessen=Homburg und Borstell nahmen ihre Quartiere in und um Berlin, die Brigade Thümen in und bei Potsdam, die Vorhut unter Oppen blieb in Mittenwalde, die äußerste Gränze wurde mit Kosaken besetzt. Die Frage wegen Krossen war inzwischen sehr ernst geworden. Der Marschall Victor wollte dort seine Truppen einrücken lassen, und forderte den Obersten von Dobschütz kraft des Waffenstillstandes auf, die Stadt zu räumen. Dieser weigerte sich, schrieb aber an Bülow um weitere Verhaltungsbefehle. Dieser, um ganz sicher zu sein, sandte den Hauptmann von Weyrach nach Krossen mit dem bestimmten Befehl jeden Angriff mit allem Nachdruck zurückzuweisen, zugleich beorderte er Verstärkungen hin, zuerst 1 Bataillon aus Fürstenwalde, dann noch 6 Landwehrbataillone und eine halbe Batterie. Victor, der aus Weyrach's festen Erklärungen und aus diesen Anstalten sah, daß er ohne blutigen Kampf nicht vordringen könne, ließ nach einigen Verhandlungen seine Forderung fallen, und Krossen verblieb den Preußen. — War man nach außen mit den Feinden einigermaßen fertig, so gaben die innern Verhältnisse Gelegenheit zu Reibungen und Verdrießlich=

keiten. Mancherlei Erörterung und Spannung fand mit den Landesbehörden Statt, sie waren unzufrieden über Bülow's Quartierung der Truppen, die ihnen zu verpflegen oblag, doch mußten die Verwaltungsrücksichten den militairischen nachstehen. Auch wegen der Anstalten in Betreff der Landwehr, der Stellung von Arbeitern zum Schanzen, und andern Erfordernissen gab es mannigfache Schwierigkeiten. Innerhalb der militairischen Verhältnisse selbst ging nicht alles in strenger Ordnung; mancher Eifer war in Schranken zu halten, manche Trägheit zu spornen. Nicht immer lief die Rüge des Ungehorsams so leicht ab, wie bei dem Major von Hellwig, der früher, wie erwähnt worden, dem Befehl Bülow's so dreist entschlüpft war; durch den Waffenstillstand überrascht, hatte dieser sich aus Sachsen in die Mark zurückziehen müssen und in Brandenburg mit seiner Freischaar Quartiere genommen; hier war er aber wieder im Bereiche von Bülow's Befehl, und dieser beschied ihn persönlich nach Berlin; er zögerte jedoch, und erst, als der Kommandant von Brandenburg desfalls Auftrag erhielt, begab er sich auf den Weg. Seine Sache hatte er durch den neuen Ungehorsam nur verschlimmert; allein in Berlin angekommen und bei Bülow vorgelassen, muß er, wie Prittwitz sagt, die rechte Art und Weise mit ihm zu sprechen so gut getroffen haben, daß der strenge General nicht nur die ganze Sache völlig ruhen ließ, sondern auch derselben nie mehr erwähnte. —

Doch alles dies war von nur geringer Wichtigkeit in Vergleich der großen allgemeinen Verhältnisse, denen jede Aufmerksamkeit und Sorge sich zuwendete. Den Beitritt von Oesterreich konnte man als gewiß ansehen, alle Nachrichten aus Schlesien und Böhmen gaben darüber völlige Beruhigung; die Friedensverhandlungen, die in Prag eröffnet wurden, konnten nur Erfolg haben, so wußte man, wenn Napoleon in allen Dingen nachgab, und dies war in keiner Weise zu erwarten.

Nicht weniger bedeutend erschien das Bündniß mit Schweden, das den Verbündeten zwar keine große Truppenzahl, aber in dem Kronprinzen einen erprobten Feldherrn zuführte, auf den die öffentliche Meinung ein ungemessenes Vertrauen setzte. Zwar hatte der Kronprinz durch sein zögerndes Zurückhalten bei so drängenden Umständen, wie die nach den Schlachten von Lützen und Bautzen waren, dieses Vertrauen etwas erschüttert, noch mehr geschah dies, als er das von den Franzosen hartbedrohte und von schwedischen Truppen schon gerettete Hamburg durch den befohlenen Abzug der letztern wieder dem Unterdrücker preisgab, und jetzt in den ersten Tagen des Waffenstillstandes den General Döbeln, der auf den Hülferuf des Generals von Tettenborn ein paar tausend Schweden dorthin hatte vorrücken lassen, vor ein Kriegsgericht stellte, das ihn, weil er ohne Befehl vorgegangen war, zum Tode verurtheilte. Allein die Freunde des Kronprinzen führten manches an, was ihn rechtfertigen, wenigstens entschuldigen konnte; von russischer Seite war manches geschehen, was ihm Zweifel an der Aufrichtigkeit des eingegangenen Bündnisses erregen durfte — so vor allem die Sendung des Fürsten Dolgorukii nach Kopenhagen, — das Heer, welches er befehligen und dem er die schwedischen Truppen anschließen sollte, war nicht vorhanden; es war nicht zu verlangen, daß er letztere, den Kern der schwedischen Kriegsmacht, rücksichtslos für eine Sache opferte, die für Schweden jedenfalls eine andre war, als für Preußen und selbst für Rußland. Die Waffenruhe gab wenigstens Frist und Muße, daß diese getrübten Verhältnisse sich wieder klären und versöhnen konnten. —

Der treulose Ueberfall, den die Franzosen trotz des Waffenstillstandes gegen die im Rückmarsch begriffene Reiterei der Lützow'schen Freischaar bei Kitzen verübten, erregte den allgemeinsten Unwillen, ganz besonders empört war Bülow über

diesen verrätherischen Angriff, er hielt Preußen durch diesen
Bruch des Vertrags für berechtigt nun auch seinerseits nach
Belieben loszuschlagen, er rieth dies an einem festgesetzten Tag
auf allen Punkten zu thun, und erklärte sich mit seinen Truppen dazu bereit. Indeß erschienen die Vortheile des Waffenstillstandes für die allgemeinen kräftigen Rüstungen, die überall
eifrig im Werke waren, viel zu wichtig, als daß man sie hätte
schon jetzt voreilig wieder aufgeben dürfen. —

Preußen war in den Krieg mitfortgerissen worden, ehe sein
Heerwesen dazu gehörig bereitet sein konnte; aus den Reihen
des Feindes heraus, zwischen dessen Heerzügen, hatten die Truppen sich zum Kampfe gestellt, ohne sich vorher sondern und
ordnen zu können. Jetzt war man bedacht, durch eine neue
Eintheilung dem Uebelstand abzuhelfen. Die im Felde stehenden Truppen wurden in drei, von Yorck, Kleist und Bülow
befehligte Heertheile gesondert; alle drei sollten unter dem
Oberbefehl Blücher's stehen. Die letztere Bestimmung aber
wurde durch spätere Beschlüsse der Verbündeten abgeändert,
welche eine neue gemischte Heerordnung feststellten. Die genannten Heertheile wurden als erster, zweiter und dritter bezeichnet, später kam noch ein vierter aus Tauentzien's Truppen
bestehend hinzu.

Drei Hauptheere wurden angeordnet, das böhmische unter
dem Oberbefehl des Feldmarschalls Fürsten von Schwarzenberg,
aus Oesterreichern, Preußen und Russen bestehend, das schlesische
unter Blücher, aus Preußen und Russen, das Nordheer unter
dem Kronprinzen von Schweden, aus Preußen, Russen und
Schweden, zu denen noch die gemischten Truppen Wallmoden's
kamen, zusammengesetzt. Den höchsten Oberbefehl über diese
Heere hätte sich der Kaiser von Rußland nicht ungern übertragen gesehen, auch der Kronprinz von Schweden ließ einige Ansprüche blicken; indeß wurde der Fürst von Schwarzenberg da=

mit betraut, dessen Persönlichkeit dem Ansehn der Herrscher genug Spielraum gab und den andern Feldherren wenig Eifersucht weckte. Dem Kronprinzen war ein Heer von 120,000 Mann zugesagt, und man mußte streben das Nordheer auf diese Stärke zu bringen. Zu den Schweden, die er selbst und unter ihm der Feldmarschall Stedingk befehligte, wurden ihm die Heertheile von Bülow, Tauenzien und Wallmoden überwiesen, später auch noch die Russen unter Wintzingerode. —

In einer Berathung zu Trachenberg, wo der König von Preußen und der Kaiser von Rußland mit dem Kronprinzen von Schweden am 10. Juli zusammentrafen, wurde dies näher festgesetzt und zugleich der Kriegsplan beschlossen, der bei Wiedereintritt der Feindseligkeiten befolgt werden sollte. Der Kronprinz bezeigte sein Mißvergnügen, die Truppen, die er befehligen sollte, nicht in der verheißenen Stärke vorzufinden, und war anfangs wenig zufrieden mit der ihm zugedachten Bestimmung, mit 70,000 zwischen Torgau und Magdeburg über die Elbe und gegen Leipzig vorzudringen, was sich in anderm Ausdruck darauf beschränkte, die Marken und Berlin zu schützen und allenfalls Wittenberg zu belagern. Nach vielem Widerspruch und einigen erlangten Zugeständnissen, die seine Befehlsmacht in gewissen Fällen ausdehnten, willigte er endlich in die vorgeschlagenen Anordnungen. Seine bei der Erörterung dieser Sachen dargelegte Kriegseinsicht, seine Beredtsamkeit und überhaupt sein persönliches Benehmen machten den besten Eindruck und stärkten die Hoffnungen, die man auf seine Mitwirkung setzte.

Darauf ergingen die näheren Befehle zur neuen Bildung und Einrichtung des von Bülow zu befehligenden preußischen dritten Heertheils. Im Ganzen verblieben ihm die bisherigen Truppen, doch die Zusammenstellung wurde mannigfach verändert. Er hatte 4 Brigaden, dem Werthe nach Divisionen, die dritte, vierte, fünfte und sechste, befehligt von den Generalen Prinz Ludwig von Hessen=Homburg, Thümen, Borstell und dem Obersten von Krafft, jeder Brigade war Reiterei und Geschütz zugetheilt, die Reservereiterei wurde unter Oppen's Befehl gestellt, das Reservegeschütz befehligte der Oberstlieutenant von Holzendorf, alles zusammen betrug 40 Bataillons, worunter 12 Bataillons Landwehr, 45 Schwadronen, worunter 16 Schwadronen Landwehr, und 80 Geschütze. Boyen's einstweilige Brigade wurde aufgelöst, er selbst trat an die Spitze von Bülow's Generalstab, dem der Oberst von Zielinski als Ober=Quartiermeister, die Majors von Reiche und von Perbandt als Generalstabsoffiziere angehörten. Die Vorhut bekam Borstell, dessen Brigade die meiste Reiterei, nämlich 9 Schwadronen hatte. Die russischen Truppen unter Harpe wurden zu Woronzoff abgerufen, es verblieben nur zwei russische zwölfpfündige Batterieen und einige Kosakenregimenter.

Der König kam den 14. Juli unerwartet aus Schlesien nach Charlottenburg. Gleich am folgenden Tage besichtigte er die in und bei Berlin stehenden Bülow'schen Truppen, am 16. die bei Potsdam stehenden. Ihm war hinterbracht worden, daß viele der Offiziere wegen des Waffenstillstandes sehr unzufrieden waren und sich darüber in hartem Tadel ausgelassen hatten. Hiedurch schon sehr verstimmt, wurde er es noch mehr durch einige Verstöße, die bei der Besichtigung vorfielen. Nach der Mittagstafel zu der alle Stabsoffiziere geladen waren, hielt er diesen folgende Ansprache: „Mit wahrhafter Trauer habe ich das Armeekorps gesehen. Sie haben die Zeit des Waffenstillstandes gar nicht benutzt, und die Truppen sind in allem noch so zurück, daß, da in wenigen Tagen der Krieg wieder angeht, ich Ursache habe alles Mögliche zu befürchten. Ich will aber den Herren sagen, woran es liegt. Anstatt sich mit ihren Bataillons zu beschäftigen, bekümmern sie sich zu viel um die

Politik, und haben es getadelt daß ich den Waffenstillstand eingegangen bin. Meine Herren! ein jeder bleibe bei seinem Leisten! Thun Sie Ihre Schuldigkeit und bekümmern Sie sich gar nicht um mich! Ich werde schon wissen was ich zu thun und zu verantworten habe." Graf Henckel von Donnersmark, der dies als Augenzeuge mittheilt, sagt nicht, wiefern Bülow selbst von dieser Unzufriedenheit des Königs berührt worden; wahrscheinlich traf sie ihn gar nicht, sondern rügte nur das, was ihm selber schon oft mißfällig oder lästig geworden war. — Der König war auch mit den Befestigungsarbeiten unzufrieden, und befahl statt der unbedeutenden Fleschen größere Verschanzungen aufzuwerfen; daß er zugleich die Vertheidigung Berlins durch die Einwohner als für eine große Stadt nicht geeignet erklärte, wurde von den Bürgern mit großer Freude vernommen, denn nur mit Piken bewaffnet und fast ganz sich selbst überlassen fühlten sie sich wenig wehrhaft. Der Berliner Landsturm wurde demnach aufgelöst, dagegen die Errichtung von Bürgerbataillonen unter militairischer Leitung anbefohlen. — Die märkische Landwehr, von der schon ein Theil im Feuer sich trefflich bewährt hatte, vollständig auszurüsten und in's Feld zu stellen, war Bülow nach Kräften behülflich. Es wurden 7 Brigaden Fußvolk in 2 Divisionen unter dem Generalmajor von Putlitz bei Zehdenik und dem Generallieutenant von Hirschfeldt bei Ruppin zusammengezogen, außerdem Reiterei, die zu Neustadt an der Dosse und Fehrbellin sich einübte. —

Die Truppen aller Waffen waren vom besten Geiste beseelt; die schon geübten dienten den ungeübten zu eifrigen Lehrmeistern, der gute Wille leistete mehr, als irgend ein Zwangsgebot, das fast gar nicht erfordert wurde. Wenn den Befehlshabern noch die Siegesgewöhnung der Franzosen, ihre treffliche Führung, vor allem das Genie ihres gewaltigen Feldherrn und Kaisers hin und wieder einige Scheu einflößte, so fürchtete da=

gegen der gemeine Mann seinen Feind im geringsten nicht, sondern wünschte nur eifrigst ihm so recht Mann gegen Mann entgegenzustehen, um ihn die Ueberlegenheit der deutschen Faust fühlen zu lassen. „Es flufcht besser!" sagten die Landwehrmänner, wenn sie lieber mit dem umgekehrten Gewehr als mit dem Bajonet auf den Feind losgingen, und die Offiziere, ja der Kronprinz von Schweden selbst, als er von dieser furchtbaren Art von Handgemenge zuerst gehört, ließen die Leute in Gottes Namen „fluschen". Zwischen Landwehr und Linie bestand das freundlichste Einvernehmen, höchstens hatten einige alte Offiziere noch ein Vorurtheil gegen die Landwehr. Auch mit den russischen Truppen vertrugen sich die preußischen sehr gut; trotz der Verschiedenheit der Sprachen knüpfte sich zwischen beiden leicht ein kammeradschaftliches Verhältniß. Es fehlte nicht an Witz und guter Laune im Ausdruck desselben. Einer besondern Eigenthümlichkeit müssen wir hier gedenken, die zwar unter den Yorck'schen Truppen ihren Ursprung nahm, aber auch in den Bülow'schen heimisch wurde, und sich durch den ganzen Krieg hindurch wirksam erhielt. Schon im Jahre 1811 war in Preußen bei dem Fußvolk von York ein Zuruf des Neckens und der Lustigkeit entstanden, der folgenden Ursprung hatte. Ein Chirurgus Namens Heurich war beim Exerziren vom Pferde gefallen, was bei dem Füsilierbataillon des zweiten ostpreußischen Fußregiments ein großes Gelächter erregte. Einst war das Bataillon in Erwartung des Befehls zum Antreten schon eine Weile versammelt, und um die Zeit zu kürzen, rief einer der Leute zum Scherz: „Wer ist vom Pferd gefallen?" Gleich erscholl aus mehr als zwanzig Kehlen der Ruf: „Heurich!" Darauf kehrte ein andrer die Frage um: „Was hat Heurich gethan?" und hundert Stimmen antworteten: „Er ist vom Pferde gefallen!" In vielen Abänderungen und neuen Vorfällen, doch immer in Bezug auf Heurich, wiederholte sich dieser Scherz. Die schwarzen Husaren nahmen Theil daran, und Fußvolk und Reiterei begrüßte sich bald mit dem Zuruf Heurich. Als es in den Krieg ging, zuerst nach Kurland, bekam die Sache eine ernstere Bedeutung, der Zuruf Heurich wurde ein Zeichen der Ermunterung, der Freundschaft, des gegenseitigen Vertrauens, und wurde nun hauptsächlich an die Reiterei gerichtet, wenn man sich ihres Erscheinens und Beistandes zu freuen hatte. Nebeneinanderstehende, auf demselben Marsch begriffene Truppen schlossen auf diese Weise eine Art Verbrüderung; wurden sie getrennt und sahen einander dann wieder, so begrüßten sie sich mit dem Namen, der nun nichts anders hieß, als ein guter Kammerad, ein braver Kerl, und die so Verbrüderten theilten gern mit einander Quartier und Kost, halfen einander in allen Nöthen. Dabei hielten sie streng darauf, daß nicht solche, die dem Bunde noch fremd waren, sich den Zuruf anmaßten, der dann zurückgewiesen oder unangenehm erwiedert wurde. Dieser Gebrauch, ursprünglich nur zwischen preußischen Truppen üblich, erstreckte sich bald auch auf russische, und mehrere Husarenregimenter, besonders aber Kosaken, fanden sich mit preußischem Fußvolk im Heurichsbunde, was als das sprechendste Zeugniß der guten Eintracht gelten kann, welche beiderlei Völker und Waffengattungen damals vereinigte. —

Der Waffenstillstand war bis zum 17. August verlängert worden, aber auf's neue seinem Ablauf nah, und daß es jetzt zum Schlagen kommen werde, ließ sich nicht bezweifeln. In dieser Aussicht hatte der Kronprinz von Schweden Stralsund verlassen und sein Hauptquartier am 12. in Oranienburg genommen, wohin er am 13. die Generale Bülow und Tauentzien berief, um sich mit ihnen zu besprechen. Er stellte ihnen mit Offenheit die Lage der Dinge vor. Im großen Hauptquartier muthete man ihm; war ein kräftiges Vorgehen und wirksames Angreifen zu, jedoch hielt er dies unter den waltenden Um=

ständen für ihn nicht rathsam. Das Nordheer, noch nicht vollzählig und zum großen Theil aus noch ungeprüften Truppen bestehend, dehnte sich über weite Landstrecken aus; an der obern Elbe war sein linker Flügel ohne sichern Anhalt, sein rechter an der Niederelbe durch die beträchtliche Macht des Marschalls Davoust bedroht; vor seiner Mitte lagen im Besitz des Feindes die Festungen Wittenberg und Torgau, seitwärts Magdeburg, im Rücken Stettin. Auf die zuverläßige, rechtzeitige Mitwirkung der übrigen Feldherren der Verbündeten glaubte er wenig rechnen zu dürfen, die Vielheit, meinte er, sei mühsam und schwierig zur Einheit des Wollens, noch schwerer zur Einheit der Ausführung zu bringen; dieser Vielheit stehe Napoleon gegenüber, frei zu jedem Entschluß, im Gebrauch aller seiner Mittel, unbedingten Gehorsams gewiß. Das Vorrecht, den Kampf nach eigner Wahl zu eröffnen, dahin oder dorthin zu werfen, könne man einem solchen Feldherrn auch diesmal kaum streitig machen; man müsse daher abwarten was er thun werde, und darnach sich richten. Dazu komme, daß er guten Grund habe zu vermuthen, Napoleon werde einen Hauptschlag zuerst gegen ihn führen, sowohl um Berlin zu nehmen, als auch um in ihm einen besonders verhaßten Gegner zu treffen, und aus alter Kenntniß wisse er sehr gut, mit welcher Raschheit und Kraft ein solcher Schlag geschehen und wie zweifelhaft und langsam die Hülfe sein werde, die in solchem Fall von den andern Heeren der Verbündeten zu hoffen stehe. Nach allem diesen gebiete die Klugheit, fürerst jedes Wagniß zu vermeiden, und mit Vorsicht in guter Haltung abzuwarten, was der Feind beginnen, wohin er seine Unternehmungen richten werde. Auch den vorliegenden Kriegsschauplatz, mit dem er sich gut bekannt gemacht hatte, schilderte er nicht günstig; zunächst der Elbe hebt sich der Boden zu einer Hochfläche, der hohe Fläming genannt, der allenfalls vom Feinde, welcher in Wittenberg eine nahe

Stütze und Zuflucht hat, behauptet werden kann, aber den Verbündeten keine feste Stellung bietet; von da fließen nordwärts mehrere Gewässer ab, welche sumpfige Ufer und weite Niederungen bilden, zwischen denen flache Sandhügel und Kiefergehölze hervorragen; dies durchschnittene Land läßt wenig freie Aussicht, hemmt und vereinzelt die Bewegung, welche für Geschütz und Reiterei an vielen Orten nur auf schmalen Dämmen geschehen kann. Dem Feinde war das Vordringen zwar erschwert, besonders auch durch Ueberschwemmungen und Verschanzungen, aber eine bedeutende Heeresmacht konnte überall durchbrechen, und dann um so schlimmer die Vertheidiger vereinzelt schlagen. Alles was der Kronprinz sagte, zielte dahin, daß er sich hinter der Havel aufstellen wollte, in diesem Sinn waren alle seine Anordnungen gemeint.

Hiedurch wurden nicht nur weite Landesstrecken freiwillig aufgegeben, sondern auch Berlin ging ohne Schwertschlag verloren, und alle zu seiner Vertheidigung getroffenen Anstalten wurden nutzlos. Bülow machte daher die dringendsten Vorstellungen, berief sich auf die ausdrückliche Bestimmung, welche der König ihm ertheilt hatte, und ohne die angegebenen Bodenverhältnisse zu läugnen, erwies er, daß auch diesseits Vortheile daraus zu ziehen seien, daß man die Nachtheile am besten durch rasches Vordringen hinter sich zurücklasse. Der Kronprinz gestattete hierauf, daß Bülow mit seinem Heertheil in der Stellung zwischen Berlin und Potsdam hinter der Nuthe und Notte verbliebe, ja er ließ nun auch Wintzingerode's Heertheil in Brandenburg, und einen vorgeschobenen Posten desselben in Treuenbriezen. Bülow berichtete alles sogleich an den König, und bat, daß alles aufgeboten würde, um den Kronprinzen andern Sinnes zu machen.

Der Kronprinz ließ am 17. bei Charlottenburg die Brigaden Hessen-Homburg und Krafft exerziren, und war mit ihren

Ausführungen sehr zufrieden, nur gaben ihm die vielen jungen Truppen, die noch nicht im Feuer gewesen waren, einiges Bedenken. Er forderte hierauf Bülow'n freundlich auf, seine Meinungen und Ansichten ihm stets frei zu sagen, denn einem preußischen General stehe bei diesem Kriege, der vorzugsweise Preußen angehe, auch vorzugsweise ein Wort zu. Bülow stellte sogleich wieder den Vortheil des Angriffs vor Augen, und wurde darin von den schwedischen Generalen Adlercreutz und Löwenhielm unterstützt, allein der Kronprinz hielt an der eignen Meinung fest, dies sei gewagt und zu gefährlich.

Je weniger dieser geneigt war mit ganzer Macht vorzugehen, desto mehr mußte ihm daran gelegen sein, frühzeitig die Bewegungen und die Stärke des Feindes zu erfahren. Er hatte daher den Befehl gegeben, daß schon in der Nacht zum 17. August, fast noch vor Ablauf des Stillstandes die Vorposten des Nordheers überall die feindlichen mit Nachdruck angreifen, möglichst viele Gefangene einbringen und Nachrichten vom Feinde schaffen sollten. Vorstell, dem die Vertheidigungslinie zwischen Zossen und Königswusterhausen, und Thümen, dem die zwischen Zossen und Trebbin anvertraut war, führten diesen Befehl mit Kraft und Erfolg aus. Ihre Reiterschaaren überfielen den Feind an mehreren Orten, besonders bei Baruth, wo sie zahlreiche Gefangene machten, von denen die schon von verschiedenen Seiten gemeldeten Nachrichten, daß die Franzosen auf allen Punkten ungemein stark seien, bestätigt wurden. Die Hauptstärke derselben stand bei Baruth; der Marschall Oudinot vereinigte unter seinem Oberbefehl nahe an 80,000 Mann, außer seinem eignen, dem zwölften Heertheil, auch den vierten unter Bertrand und den siebenten unter Reynier, dazu die Reiterei unter Arrighi. Auf diese Meldungen wurden neue Befehle des Kronprinzen erwartet und am 17. weiter nichts unternommen. Die Franzosen aber, aufgeschreckt und kampflustig, griffen nun ihrerseits an, und drängten die äußersten preußischen Posten auf ihre Unterstützungen zurück.

Am folgenden Tage zeigte sich der Feind in großer Stärke, die Preußen wichen der Uebermacht unter lebhaftem Scharmützeln langsam und in größter Ordnung auf Trebbin. Mit der Meldung von diesem Vordringen erhielt der Kronprinz zugleich die Nachricht, daß die französische Division Girard von Magdeburg gegen Brandenburg anrücken solle. Nun blieb kein Zweifel, daß der Feind ein ernstes Absehn auf Berlin gerichtet habe; ungewiß jedoch, welche der drei Straßen, die von der Elbe nordwärts auf Berlin führen, derselbe hauptsächlich wählen werde, beschränkte sich der Kronprinz darauf, jede dieser Straßen sorgsam beobachten zu lassen. Tauentzien erhielt Befehl auf die Höhen vor Berlin zu rücken. Bülow sollte seine Brigaden Thümen und Borstell in ihren Stellungen bei Trebbin und Mittenwalde lassen, er selbst mit den Brigaden Hessen-Homburg und Krafft, die nach Heinersdorf vorgerückt waren, bei Saarmund lagern, Oppen mit der Reiterei den Paß bei Wittstock besetzen. Auch die andern Truppen des weitvertheilten Nordheers, welche nicht ganz außerhalb des Bereiches waren, wurden so aufgestellt, daß ihr Mitwirken bei einer zu liefernden Schlacht gesichert war. Seine Anordnungen, in denen der kriegserfahrene General nicht zu verkennen war, erweckten die beste Hoffnung, daß er eine Schlacht nicht meiden werde und die früheren Besorgnisse aufgegeben habe. Auf die Nachricht, daß der Feind hauptsächlich auf den linken Flügel des Kronprinzen anzurücken scheine, mußte Bülow sogleich von Saarmund wieder links nach Heinersdorf zurückkehren.

Inzwischen hatte Oudinot, am 20. August vor Trebbin angelangt, die Gegend daselbst als eine sehr schwierige erkannt; die Ueberschwemmungen, Schanzen und Verhaue, von hinreichenden Truppen tapfer vertheidigt, konnten auch eine beträcht=

liche Uebermacht lange aufhalten; er beschloß daher seinen An=
griff zu theilen, und ließ demgemäß am 21. den vierten Heer=
theil unter Bertrand auf Sperendorf und Wilmersdorf, den
siebenten unter Reynier auf Lüdersdorf und Christinendorf vor=
rücken, während er selbst mit dem zwölften über Scharfenbrück
gegen Trebbin sich in Marsch setzte. Trebbin wurde von dem
Major von Clausewitz mit seinem Bataillon und einem Kosaken=
regiment tapfer vertheidigt, und bis zum Nachmittag gehalten,
erst als der Feind die Stellung umgangen hatte, zogen die
Vertheidiger sich auf die am Thyrower Damm lagernde Unter=
stützung zurück. Reynier's Truppen hatten unterdeß Nunsdorf
nach hartem Kampfe genommen, Bertrand's Vorhut das Dorf
Mellen angegriffen, nicht ohne starken Verlust und erst in der
Nacht drang sie dort ein. Die Franzosen standen jetzt an der
Nuthe, und die starke Macht, mit der sie anrückten, so wie die
Kraft ihrer gleichzeitigen Angriffe ließen erkennen, daß es nicht
auf bloße Vorpostenkämpfe abgesehen sei. Der tapfre Wider=
stand jedoch, den sie bei den ersten Schritten erfuhren, schien
ihnen unerwartet und machte sie vorsichtig. Wie der Kronprinz
in Betreff Napoleons besorgt war, so war es Oudinot in Be=
treff des Kronprinzen, der als erfahrner und glücklicher Feld=
herr ihm genug bekannt und an der Spitze eines starken Heeres
ein sehr gefährlicher Gegner war. —

Der Kronprinz hatte sein Hauptquartier von Charlotten=
burg nach Potsdam verlegt, und traf alle Anstalten eine Schlacht
zu liefern. Gelang es ihm seine Streitkräfte zu rechter Zeit zu
vereinigen, so war er dem Feinde weit überlegen; doch das
Herbeiziehen aller verfügbaren Truppen forderte einige Zeit,
und um diese zu gewinnen mußte der Feind noch möglichst auf=
gehalten werden. Die Ueberschwemmungslinie konnte dazu treff=
lich dienen, es erging der Befehl, dieselbe nachdrücklichst zu
vertheidigen. Indessen waren die Truppen in beständiger Be=

wegung, der Kronprinz ordnete alles selbst, nach jeder neuen Meldung wurden die Aufstellungen verändert; der unaufhörliche Wechsel, in regnigtem Wetter, auf schlechten Wegen, wobei die Verpflegung oft mangelte, mußte Mißvergnügen und Klagen erwecken, doch die Aussicht auf Kampf und Sieg stärkte und erheiterte wieder. —

Die drei Uebergänge der Nuthe, bei Thyrow, Wittstock und Jühnsdorf, die den Franzosen in der Front lagen, waren stark besetzt, die beiden erstern von Bülow's Truppen, der letztere von Tauentzien's. Oudinot besichtigte die ganze Linie, und da der Paß bei Thyrow der stärkste und schwierigste schien, so beschloß er die beiden andern zuerst anzugreifen, wodurch zugleich sein rechter Flügel sich vorschob. Reynier mit dem siebenten Heertheil rückte demnach gegen Wittstock an. Hier mußte zuerst der Wilmersdorfer Berg genommen werden, wo eine unvollendete Schanze von dem Major von Bentheim mit 6 Kompanieen und 2 Kanonen so tapfer vertheidigt wurde, daß Reynier eine ganze Division Sachsen anrücken und 2 schwere Batterieen ihr Feuer dorthin richten ließ, worauf dann die Preußen ruhig nach Groß-Beeren abzogen, spottend über die Sachsen, die selber als sie ankamen und den geringen Erdaufwurf sahen, der ihnen ein starkes Befestigungswerk geschienen, ihres Irrthums lachten. Nun aber folgte der Angriff gegen Wittstock selbst durch die Division Durutte. Hier vertheidigten die preußischen Schützen unter dem Hauptmann von François mit 2 Kanonen das Dorf lange Zeit hartnäckig, und als sie das in Brand gerathene verlassen mußten, wehrten sie dem Feinde durch ihr wohlgenährtes Zielfeuer das Vordringen auf den Damm. Thümen sandte von Thyrow 2 Bataillons zur Unterstützung, und das Gefecht wurde kräftig fortgeführt. Allein der Feind, aufmerksam und rührig, hatte unterdeß eine seichte Stelle der Ueberschwemmung aufgefunden, sie durchwatet, und rückte nun

mit beträchtlicher Stärke über Löwenbruch in Thümen's linke
Flanke vor; dieser mußte augenblicklich seine Stellung aufgeben,
zog seine beiden Bataillons von Wittstock wieder an sich und
begann seinen Rückzug. Bülow, der hier eine große Gefahr
erkannte, ließ eiligst 4 Reiterregimenter unter Oppen nebst 2
reitenden Batterieen gegen Wittstock vorrücken. Hier hatten die
Schützen sich gegen die Uebermacht kaum noch halten können.
Die Franzosen versuchten aufs neue, über den Damm und Graben vorzudringen und sich diesseits festzusetzen. Oppen ließ eine
seiner Batterieen auffahren, die den Damm bestrich und ihren
Kartätschenhagel jenseits in die gedrängten Reihen warf, die
sich zum Sturm bereitet hatten; gleich kam auch die zweite Batterie heran, und als der Feind in verstärkter Zahl abermals
kühn hervordrang, schmetterten diese 16 Geschütze so mörderisch
in seine Schaaren, daß diese sich auflösten und in wilder Verwirrung über den Graben zurückflüchteten. Dies wiederholte
sich einigemal, der Feind schien entschlossen hier endlich durch-
zubringen. Da meinte Oppen, es sei Zeit die Reiterei zu gebrauchen, zog die Batterieen zurück, und ließ eine Anzahl Franzosen herüber, um sie desto sicherer zu vernichten. Sie benutzten
augenblicklich den gewährten Uebergang, und schnell und zahlreich waren sie diesseits des Dammes und Grabens kampffertig
aufgestellt, als Oppen seine Reiter gegen sie anstürmen hieß.
Ein pommersches Uhlanenregiment machte den ersten Angriff;
es bestand größtentheils aus Neulingen, die mit der Lanze noch
nicht gehörig eingeübt waren; sie brachen zwar tapfer in die
Feindesreihen ein, doch das französische Fußvolk, unerschrocken
und gewandt, hatte sich schnell in dichte Vierecke geordnet, von
allen Seiten empfingen die Angreifenden wirksames Gewehrfeuer und zugleich das Kartätschenfeuer der jenseits des Grabens aufgepflanzten französischen Batterieen. Die Uhlanen
wichen in Unordnung zurück. Oppen war ganz erstaunt, er

wollte dem Feinde den Vortheil wieder entreißen, mit ergrimmter Entschlossenheit führte er die andern Reiterregimenter zum Angriff, doch nicht mit besserm Erfolg; ihre Tapferkeit wurde nutzlos verwendet, sie erlagen einem Kampfe, der nicht der ihrer Waffe war. Als Oppen seine Reiterei geworfen und in völliger Unordnung sah, rief er in Verzweiflung aus, dies sei der unglücklichste Tag seines Lebens! Boyen, der herangeritten war um das Gefecht anzusehen, beruhigte ihn, wollte nicht zugeben, daß die Reiterei einen Vorwurf verdiene, half sie sammeln und ordnen, was bald geschehen war. Bülow selbst, der auf die erste Nachricht von dem Unfall, um weitere Gefahr abzuwenden, gleich 8 Bataillone in Marsch gesetzt hatte, kam herbeigesprengt und wollte die Sache aufnehmen; allein es war zu spät, der Feind stand diesseits schon in ganzer Stärke und zog jeden Augenblick mehr Truppen herüber. Seinem weiteren Vordringen aber setzte schon wieder Oppen mit seinen gesammelten Reitern sich fest entgegen, und zog erst am späten Abend vom Wahlplatze nach dem Walde von Groß-Beeren ab. Bülow tadelte das unzeitige Zurückziehen der Batterieen und den unbesonnenen Reiterangriff, aber ein Fehler, der aus dem Uebermaße des Muthes entsprang, fand leicht Entschuldigung.

Während dieses vorging, war Thümen von dem zwischen Thyrow und Wittstock durchgebrochenen Feind unaufhörlich in der Flanke bedrängt worden, und hatte gegen Reiterei und Geschütz mehrmals Front machen müssen, doch seine Truppen in fester Haltung von Damsdorf zu dem Lager von Heinersdorf geführt, wo er Abends um 10 Uhr einrückte. Nur ein Bataillon, das bei Klein-Beuthen gestanden, war genöthigt gewesen den Weg nach Saarmund einzuschlagen, wo es sich den Truppen des Generals von Hirschfeldt anschloß, die mittelst eines Gewaltmarsches von $7\frac{1}{2}$ Meilen dort eben eintrafen. Nachdem der Paß von Wittstock verloren und der von Thyrow aufgegeben war, konnte auch der Paß von Jühnsdorf nicht lange mehr gehalten werden. Tauentzien sandte zwar Verstärkung, kam dann selbst mit dem Reste seiner Truppen herbei, und leistete dem Feinde hartnäckigen Widerstand, jedoch den wiederholten und stets mit frischen Truppen unternommenen Angriffen des ganzen von Bertrand befehligten Heertheils mußte er zuletzt weichen, zumal auch die Gefahr drohte, von andrer Seite her umgangen zu werden; er zog sich auf Blankenfelde zurück. Jühnsdorf wurde dem Feind überlassen; dieser hatte von hier nur noch 3 Meilen bis Berlin.

Der Kronprinz von Schweden hielt am 22. Nachmittags in seinem Hauptquartier zu Philippsthal bei Saarmund einen Kriegsrath, zu welchem alle höheren Befehlführer einberufen waren. Wiederholt erklärte er eine Schlacht liefern zu wollen, allein die Anstalten, die er traf, und selbst seine Reden, ließen den Ernst dieses Vorsatzes sehr bezweifeln. Er äußerte Bedenklichkeiten aller Art, setzte Mißtrauen in die Leistungen der Truppen, der vielen Landwehr, die zum erstenmal den Feind sähe, er sprach von der Möglichkeit, daß Napoleon selbst mit aller Heeresmacht vielleicht im Anmarsche sein könne. In diesem Fall, meinte er, sei der Rückzug fortzusetzen, und nördlich von Berlin eine Stellung zu nehmen, für diesen Zweck sei die Brücke zu Charlottenburg glücklich vorhanden, und habe er aus Vorsicht auch schon eine zweite bei Moabit schlagen lassen. Bülow erhob sich gegen diese Ansicht mit allem Nachdruck, und erklärte, Berlin dürfe in keinem Fall ohne Schlacht aufgegeben werden. Der Kronprinz rief aus: „Was ist Berlin? eine Stadt!" worauf Bülow mit Lebhaftigkeit erwiederte, die Hauptstadt Preußens sei einem Preußen etwas mehr als der Kronprinz meine, und er versichre, daß er und seine Truppen von jenen Brücken keinen Gebrauch zu machen wünschten, sondern lieber vor Berlin mit den Waffen in der Hand fallen wollten.

Der Kronprinz bemerkte, noch seien keine Nachrichten vom Anmarsche Napoleons da, bis dahin habe man noch Zeit, mit dem Feinde, der jetzt gegenüber stehe, dürfe man es aufnehmen, und der Beschluß eine Schlacht zu liefern sei gefaßt. In der That gab er jetzt Befehle, die solchem Vorsatz gemäß erschienen, und entließ in diesem Sinn die Generale zu ihren Truppen um alles in Bereitschaft zu setzen. Bülow's Zutrauen aber war tief erschüttert, und im Wegreiten rief er unwillig aus: „Den hab' ich weg! Der ist nicht der Mann, den wir brauchen!" — Er sagte ferner: „Mich bekommt er nicht gutwillig dazu, daß ich über seine Brücke bei Moabit zurückgehe! Unsre Knochen sollen vor Berlin bleichen, nicht rückwärts!"

Nach dem Verlust von Jühnsdorf hatte Tauentzien mit seinem Heertheil sich hinter Blankenfelde aufgestellt, seine Vorposten noch nahe bei Jühnsdorf. Ihm links bei Mittenwalde stand Borstell mit seiner Brigade, und hielt die dortigen Schanzen besetzt, welche jedoch nicht angegriffen wurden. In der Nacht zum 23. erhielt er vom Kronprinzen die Weisung, diese Stellung zu verlassen und sich hinter Tauentzien weg auf der Berliner Straße zurückzuziehen, unterwegs aber den neuen Befehl, über Lichtenrade nach Heinersdorf zu marschiren, und sich dort auf Bülow's linkem Flügel aufzustellen. Borstell, dessen Ehrgeiz gern einen besondern Truppenkörper unmittelbar unter dem Kronprinzen befehligt hätte, war hiemit sehr unzufrieden, und sah sich ungern unter Bülow's Oberbefehl zurückversetzt.

Tauentzien hatte vom Kronprinzen den Befehl, am 23., wenn der Feind nicht angriffe, bis auf die Weinberge von Berlin zurückzugehen, dort, hieß es, solle es zur Schlacht kommen. Aber der Feind griff an, und Tauentzien war nun festgehalten; er ordnete seine Vertheidigung zweckmäßigst an, und schlug mehrere Angriffe mit größter Tapferkeit zurück. Bertrand hatte

solchen Widerstand nicht vermuthet, und hielt für rathsam, erst
Reynier's weiteres Vorrücken abzuwarten, um in seiner linken
Flanke nicht gefährdet zu sein; er benachrichtigte diesen von dem
Stande der Sachen, und forderte ihn zu gemeinschaftlichem
Handeln auf. Das Gefecht dauerte bis 2 Uhr Nachmittags,
dann zog sich Bertrand etwas zurück, nachdem er beträchtlichen
Verlust an Todten und Verwundeten erlitten und selbst 600 Ge=
fangene verloren hatte.

Während die Franzosen ihrerseits Besorgnisse hegten und
sich gegen eine plötzliche Ueberraschung sichern wollten, sah man
preußischerseits die große Gefahr, daß der Feind mit verstärk=
ter Macht hier aufs neue angreifen, zwischen Blankenfelde und
Heinersdorf, wo sich ein freier und offner Raum darbot, durch=
brechen, Bülow und Tauentzien trennen, letztern nebst Borstell
völlig von dem Nordheer abdrängen und dann ohne Hinderniß
nach Berlin vordringen könnte. Daher war Bülow, als er
den Kanonendonner von Tauentzien's Gefecht vernahm, — die
Entfernung war keine volle Meile — sogleich entschlossen, ihm
zuzueilen und die gefährliche Lücke auszufüllen. Der Kronprinz,
eiligst befragt, gab seine Zustimmung, hieß aber die Brigade
Hessen=Homburg, ohne daß Bülow es wußte, in Heinersdorf
stehen bleiben. Er marschirte sogleich mit allen seinen Truppen
rechts an Groß= und Klein=Beeren vorbei bis nördlich von
Diedersdorf und stellte sich in Schlachtordnung. Der Feind
jedoch erschien nicht, das Kanonenfeuer bei Blankenfelde ließ
nach, und die Franzosen gingen etwas zurück. Inzwischen hatte
der Kronprinz die Meldung empfangen, daß ein feindlicher
Truppenzug seine Richtung auf Ahrensdorf nehme, und ob=
schon er wußte, daß die Hauptmacht des Feindes rechts gegen
Tauentzien stand, wurde er plötzlich wieder besorgt, sie könne links
auf ihn vorbrechen, und schickte Bülow'n den Befehl eiligst in
die Stellung bei Heinersdorf zurückzukehren.

Das Heer des Kronprinzen hatte am 23. August folgende Aufstellung. Das Hauptquartier war bei Teltow in Ruhlsdorf. Der rechte Flügel, die Russen unter Wintzingerode, stand hinter Gütergotz die Straße nach Zehlendorf deckend; die Mitte hielten bei Ruhlsdorf die Schweden; diese Truppen hatten schon um 7 Uhr Morgens das Gewehr ergriffen und standen in zwei Treffen zur Schlacht geordnet; den linken Flügel bildete Bülow bei Heinersdorf, er selbst war eben vom Marsche zurückgekehrt, die Brigade Borstell noch nicht angekommen; über den rechten Flügel hinaus hatte Tschernischeff eine beträchtliche Reiterschaar bei Belitz, Hirschfeldt eine starke Division bei Saarmund; auf dem äußersten linken Flügel stand Tauentzien.

Gegen diese Kriegsmacht rückten die Franzosen in drei starken Heerzügen zum Angriff vor. Bertrand mit seinem Heertheil war bei Blankenfelde auf Tauentzien gestoßen und hatte dort das schon erwähnte Gefecht; Reynier, den siebenten Heertheil führend, hatte bei Wittstock das Kanonenfeuer von Blankenfelde vernommen, und als dasselbe schwächer wurde und dann verstummte, zweifelte er nicht, daß Bertrand vorgerückt sei, und setzte sich nun gleichfalls in Marsch; Oudinot mit seinem Heertheil zog auf Ahrensdorf, doch diese Bewegung war wie die späteste so auch die am wenigsten ernste, vielmehr hatte Oudinot die Absicht auf der Straße von Groß-Beeren durchzubrechen, hier war demnach Reynier der Hauptführer und zwischen ihm und Bülow mußte die Sache zuerst zum Spruche kommen.

Bülow hatte die Wichtigkeit von Groß-Beeren wohl erkannt, mehrere Verbindungswege liefen hier zusammen, die Gegend war ziemlich offen und zu militairischen Bewegungen geeignet. Er hatte Klein-Beeren mit 1 Füsilierbataillon, Groß-Beeren mit 2 Landwehrbataillons, dem schwarzen Husarenregiment unter dem Major von Sandrart und mit 4 Kanonen besetzt. Um 3 Uhr Nachmittags erschien die starke Vorhut Reynier's vor Groß-Beeren, stürmte mit heftigem Angriff das Dorf, das dabei in Brand gerieth, und die Preußen mußten der Uebermacht und den Flammen weichen. Reynier ließ seine Truppen auf einer sanften Höhe westlich von Groß-Beeren lagern, den rechten Flügel an das Dorf gelehnt, und an morastige Wiesen, den linken durch ein Gehölz gedeckt, zahlreiches Geschütz in der Front aufgepflanzt. Er selbst nahm sein Quartier im Dorfe, wo die Franzosen die Flammen löschten und sich so behaglich einrichteten, als die Umstände es erlaubten. Sie schienen in Betreff des Feindes völlig sorglos; in solcher Stärke, ein ganzer Heertheil beisammen, die großen Reiterschaaren des Generals Arrighi links in der Nähe, da durfte man sich vollkommen sicher fühlen. Daß aber auch die Vorsicht versäumt wurde, Streifpartheien in die vorliegende Gegend zu senden, außer den Lagerwachen auch wirkliche Vorposten auszustellen, wäre kaum zu begreifen, hätten die Franzosen nicht von jeher diese Wachsamkeit sehr vernachlässigt.

Bülow meldete dem Kronprinzen von Schweden dies Vordringen des Feindes, und zugleich wie nöthig es sei ihn aus dieser Stellung wieder zu vertreiben, denn von hieraus konnte derselbe durch eine neue rasche Bewegung das Nordheer durchbrechen und Berlin erreichen. Allein der Kronprinz, von Tauentzien's Gefecht bei Blankenfelde benachrichtigt, hatte statt des Befehls zum Angriff schon den entgegengesetzten ertheilt, bei weiterem Vordringen des Feindes den Rückzug auf die Höhe von Tempelhof zu nehmen, dort werde es zur Schlacht kommen. Dieser Befehl sollte nun sogleich ausgeführt werden.

Im stärksten Regen hatte Bülow die Stellung des Feindes ganz nah besichtigt, sie sehr angreifbar, und die Gelegenheit günstig erkannt, ihm hier, bevor er noch mehr Truppen herangezogen, eine tüchtige Schlappe beizubringen. Von seinem Ritte zurückkehrend theilte er seine Ansicht den bei ihm versam=

melten Brigadegeneralen mit, und erklärte seinen entschiedenen Widerwillen ohne Kampf weiter zurückzugehen. Als er dies mit kräftigen Worten vortrug, trat der Major von Reiche ein, stimmte dem General lebhaft bei, und schilderte die Nachtheile des weitern Rückzuges, wie dadurch die besten Truppen entmuthigt würden, wie viel besser es sei, hier eine Schlacht zu liefern als bei Berlin. Bülow's Entschluß war schon gefaßt; mit den Worten: „Reiche hat Recht. Wir greifen an!" schnitt er alle weitere Verhandlung ab, und traf sogleich die nöthigen Anordnungen; sie bestanden in der kurzen Vorschrift, zuerst solle der rechte Flügel des Feindes angegriffen und das Dorf Groß-Beeren mit Sturm genommen werden, der Feind, auf die Engwege zurückgeworfen, durch die er herangekommen, und darauf in seiner Mitte durchbrochen, werde dann auch zum Rückzuge seiner beiden Flügel gezwungen sein; die Hauptsache bleibe das Dorf zu stürmen und zu behaupten. Die Schlachtordnung war folgende, die Brigade Hessen-Homburg bildet den rechten Flügel, die Brigade Krafft den linken, die Brigade Thümen als Reserve folgt hinter dem linken Flügel, alle Brigaden in zwei Treffen, die ihnen zugetheilte Reiterei hinter dem zweiten folgend; die Reservereiterei hinter beiden Flügeln, doch zumeist hinter dem rechten, weil hier der Boden freier; das Geschütz vor der Front, die Reservebatterie rückwärts nahe folgend. Die Brigade Borstell erhielt die Bestimmung über Klein-Beeren gegen Groß-Beeren anzubringen, die linke Flanke zu decken, die feindliche rechte zu umgehen; die Brigade kam eben von Mittenwalde an, sie war 3 bis 4 Meilen ohne Abkochen marschirt, ermüdet, verhungert, und triefend vom Regen, aber voll Muth und Eifer an den Feind zu kommen. Alle Truppen Bülow's, als sie das Gewehr aufnahmen und hörten es ginge zum Angriff, schrieen freudig ein breimaliges Hurrah, und setzten sich alsbald in Marsch.

Den Major von Reiche sandte Bülow zum Kronprinzen, ihm den gefaßten Entschluß zu melden. „Wenn Sie ankommen, sagte er, wird der Kronprinz auch schon unsre Kanonen hören." Also zu ändern war darin nichts mehr, aber der Kronprinz sollte einige Mitwirkung gewähren, wenigstens die Schweden vorrücken lassen, damit der Feind seine Aufmerksamkeit theilen müsse. Der Kronprinz war über Reiche's Auftrag erstaunt, fand Bülow's Verfahren eigenmächtig, doch Reiche wußte es als eine Nothwendigkeit darzustellen; wegen einer Mitwirkung bezeigte sich der Kronprinz noch schwieriger. „J'ai l'ennemi devant moi, sagte er, chacun défend son front." Endlich gab er den wiederholten Vorstellungen nach, wie er überhaupt mündlichen Erörterungen sehr zugänglich war, und machte gegen Bülow's Angriff keine Einwendungen mehr, sagte jedoch keine bestimmte Unterstützung zu. Schließlich sandte er durch den General Grafen Löwenhielm den Befehl, Groß=Beeren wieder zu nehmen, eine bloße Aeußerlichkeit, denn alles war schon in vollem Gange.

Die Preußen rückten munter vor, das erste Treffen in Linie entwickelt, das zweite in Bataillonsmassen; näher dem Feinde rückten auch die Truppen des ersten Treffens, gleichsam auf innern Antrieb der Unterbefehlshaber, sagt Valentini, in Bataillonsmassen zusammen, „eine Schlachtordnung, in welcher man allen Zufällen des Gefechts mit Ruhe entgegengehen kann." Der Regen floß in Strömen und verhüllte rings die Gegend umher. Die Franzosen richteten sich in ihrem Lager ein, und suchten Schutz gegen das Unwetter. Es war schon 5 Uhr Nach=mittags, und die vorgerückte Tageszeit schien ruhig verfließen zu sollen, als plötzlich der Anmarsch der Preußen gemeldet wurde. Noch waren sie wegen des dichten Regens wenig zu sehen, aber man vernahm deutlich die Trommeln und Hörner, welche den Marsch begleiteten, ja hin und wieder das Freuden=

geschrei, mit dem die Truppen sich einander anfeuerten. Wohl wäre es vortheilhafter gewesen in tiefer Stille heranzukommen, allein Bülow hatte es für wichtiger gehalten, die herabstimmenden Einwirkungen so düstren Wetters durch ermunternden Kriegslärm zu übertäuben. Reynier hielt alles zuerst nur für eine Scheinbewegung, die den Abmarsch des Nordheers, den er als gewiß annahm, verdecken sollte; doch bald erkannte er, daß die Sachen ein ernstes Ansehen hatten, und stellte seine Truppen in zwei Treffen zum Kampf.

In fester Ordnung, trotz Regen und tieferweichtem Boden, waren die Preußen bis auf 1800 Schritt an den Feind herangekommen, das Geschütz 300 Schritt vor dem Fußvolk voraus, als Bülow den Befehl zur Eröffnung des Feuers gab. Die Batterieen, 48 Kanonen, feuerten unter stetem Vorrücken. Eine reitende Batterie, von einer Schwadron freiwilliger Jäger begleitet, jagte weit in die linke Flanke des Feindes vor und that ihm vielen Schaden. Die Franzosen antworteten aus 44 Stücken sehr kräftig, und durch Stellung und Kaliber überlegen, machten sie bald mehrere preußische Kanonen unbrauchbar, namentlich 5 von der reitenden Batterie, die ihnen in die linke Flanke schoß. Bülow verstärkte sein Geschütz durch 16 Kanonen aus der Reserve, und das Feuer wüthete von beiden Seiten mit neuer Macht. Das Gewehrfeuer schwieg, alles war durchnäßt, die Gewehrläufe voll Wasser, hier war es ganz angemessen, daß die Truppen, die doch nicht schießen konnten, sich in Bataillonsmassen stellten. Die Reiterei zog sich rechts näher gegen den linken Flügel des Feindes.

Inzwischen war auch Borstell mit seiner Brigade vorgerückt. Mit seiner Entsendung verknüpfte sich einige Gefahr, denn sein Angriff wurde von dem Angriff Bülow's durch eine morastige Niederung getrennt, die seitwärts von Heinersdorf begann, sich zwischen Klein= und Groß=Beeren hinzog und erst

hier wieder durch eine Brücke zu überschreiten war. Doch Bü=
low hielt den Vortheil dieses Flankenangriffs, den er wenig=
stens stets im Auge behielt, für überwiegend, und ordnete ihn
unbedenklich an. Vorstell hatte zuerst Klein=Beeren besetzt,
stellte darauf seine Brigade in zwei Treffen und marschirte
dann, das Geschütz vor der Front, entschlossen zum Angriff.
Reynier sandte ihm eine Schaar von etwa 2000 Mann aus
Groß=Beeren entgegen, sie ging rasch über die Brücke des Flie=
ßes, und traf halben Weges auf die Preußen, konnte deren
Andrang aber nicht wehren und zog sich schnell wieder zurück.

Reynier wurde nun ernstlich besorgt, und traf neue An=
stalten. Er hatte wenig Reiterei, die es mit der zahlreichen
preußischen nicht aufnehmen konnte, er stellte sie daher zwischen
beiden Treffen rechts und links auf; gegen die preußische sei=
nen linken Flügel zu decken, ließ er 6 Bataillons Sachsen aus
dem zweiten Treffen vorrücken. Die Division Durutte blieb
am Ausgange des Waldes in Kolonnen aufmarschirt.

Schon eine Stunde dauerte der Kampf, das feindliche
Feuer fing an etwas matter zu werden. Bülow hielt jetzt den
Augenblick gekommen, den Sturm von Groß=Beeren zu unter=
nehmen. Die Brigade Thümen zog er aus dem Rückhalt in
die Schlachtlinie vor, zwischen die Brigaden Krafft und Hessen-
Homburg, letztere ließ er rechtshin aus dem Gefecht sich etwas
zurückziehen, um sich zu erholen und für unerwartete Fälle be=
reit zu stehen. Für seine rechte Flanke war er unbesorgt, theils
war sie durch seine Reiterei gedeckt, theils durch die Stellung
der Schweden, wenn der Feind auf dieser Seite stark vordrang,
waren sie gezwungen — nach des Kronprinzen Ausdruck —
ihre Fronte zu vertheidigen. Klug und sicher, wandte er die
ganze Kraft des Angriffs linkshin, staffelweise rückten die Ba=
taillonsmassen vor im Sturmschritt und mit jubelndem Geschrei,
Bajonet und Gewehrkolben wurden geschwungen, kein Flinten=

schuß fiel, nur das Geschütz feuerte gewaltig, Haubitzen hinter den Bataillonen warfen über sie hinaus ihre Granaten auf den Feind. Des Kartätschenfeuers nicht achtend drang das stürmende Fußvolk unaufhaltsam in Groß=Beeren ein, schlug mit den Kolben alles nieder was sich wehrte, setzte sich in den halb=zerstörten Häusern fest. Ein sächsisches Grenadierbataillon hielt eine Zeitlang tapfer aus, mußte jedoch zuletzt ebenfalls weichen. Frische Truppen, von Reynier eiligst dahin gesandt, erneuerten den Kampf um das wieder in Flammen stehende Dorf.

Borstell seinerseits drängte den Feind vor sich her, seine Scharfschützen nahmen die Brücke; in wilder Flucht retteten sich die aufgelösten feindlichen Schaaren nach Groß=Beeren, wo sie nur neue Verwirrung anrichteten. Mit Bajonet und Kolben drangen auch Borstell's Bataillone in das Dorf; in furchtbarstem Handgemenge wurde zu beiden Seiten desselben gefochten. Die Sachsen leisteten verzweifelten Widerstand. Einzelne tapfere Thaten geschahen, des größten Ruhmes werth. Der Hauptmann von Röll mit einer Kompanie des Kolberg'schen Regiments nahm auf dem rechten Flügel des Dorfes 2 Kanonen, noch weiter rechts eroberte der Major von Gagern an der Spitze seines Bataillons 3 Geschütze, griff dann, verstärkt durch ein andres Bataillon, ein sächsisches Fußregiment an, schlug es gänzlich auseinander und machte über 300 Gefangene. Eine Schwadron pommerscher Husaren sprengte ein feindliches Viereck und machte viele Gefangene, sächsische Uhlanen eilten herbei, wurden aber durch pommersche Landwehrreiter — von Krafft's Brigade, denn schon berührten sich die verschiedenen Truppentheile — geworfen und verfolgt, und dabei wieder Kanonen erobert. Die Division Durutte, am Waldsaume als Rückhalt aufgestellt, kam nun zum Gefecht heran, doch Borstell, der schon den südlichen Ausgang des Dorfes gewonnen hatte, empfing sie mit Kartätschenfeuer, und als zugleich seine Bataillone mit Ba=

jonet und Kolben gegen sie anrückten, lief die ganze Masse davon, ließ Kanonen und Pulverwagen im Stich, warf die Gewehre weg und rettete sich in den Wald, 2 Bataillone wollten Stand halten und stellten sich zum Viereck, auf Borstell's Befehl holte der Rittmeister von Burgsdorf die nächste Reiterei, sprengte das Viereck, und trieb die Flüchtlinge in den Sumpf.

Bülow, nachdem die Eroberung von Groß=Beeren entschieden war, ließ nun die Brigade Hessen=Homburg schnell vorrücken um die Anhöhe zu nehmen, auf welcher der Feind seine Hauptstellung hatte. Auch hier entschied Bajonet und Kolben, der Prinz von Hessen=Homburg selbst führte ein Bataillon zum Sturm gegen eine feindliche Masse und sprengte sie auseinander. Eine Lücke, die zwischen Hessen=Homburg und Krafft entstanden war, ließ Bülow durch ein Bataillon aus dem zweiten Treffen ausfüllen, die ganze möglichst in Zusammenhang und Ordnung gehaltene Linie dann auf's neue vordringen.

Jetzt hielt Reynier die Sache für verloren und gab Befehl zum Rückzug, die erste sächsische Division sollte ihn decken. Der General von Lecoq bildete ein großes Viereck von 6 Bataillons, durch 12 Kanonen unterstützt, und nahm seine Stellung vor dem Walde bei Neu=Beeren, um die Rückzugslinie gegen den anrückenden preußischen rechten Flügel zu decken, der Oberst von Brause sollte mit 4 Bataillons und 1 Batterie so lange als möglich die Windmühlenhöhe halten, und den preußischen linken Flügel hemmen.

Plötzlich hieß es, hinter Neu=Beeren bei Sputendorf zeige sich zahlreiche feindliche Reiterei, die mit einem Angriff in die rechte Flanke der Preußen drohe. Bülow sandte den Rittmeister von Auer an den Kronprinzen, ihm den Stand der Dinge zu berichten, und ihn bringend zu ersuchen, einige schwedische Reiterei und schwedisches Geschütz gegen Neu=Beeren vorrücken zu lassen; der Kronprinz versprach es. Aber inzwischen traf auch

Bülow selbst seine Vorkehrungen. Er ließ 2 Reiterregimenter schnell gegen Neu=Beeren vorsprengen um die Gegend zu be= setzen, die Brigade Hessen=Homburg staffelartig ordnen, damit die Bataillone sich leicht unterstützen und nach jeder Seite Front machen könnten. Alles wurde vortrefflich ausgeführt. Die feindliche Reiterei kam gar nicht hervor. Als eine schwedische reitende Batterie unter dem Oberst Cardell gedeckt von schwe= dischen Husaren und Jägern von Ruhlsdorf auf dem Kampf= platz erschien, war hier nichts mehr zu thun, als einige Kanonen= schüsse den Flüchtigen nachzusenden.

Das sächsische Viereck, das noch zuletzt auf der Höhe sich gehalten, wich nun ebenfalls in den Wald; Bülow sandte ihm zwei Regimenter Fußvolk rasch nach, die zwar von einer auf= gepflanzten sächsischen Batterie mit Kartätschen beschossen wur= den, aber sich dadurch nicht hemmen ließen, sondern nochmals in furchtbarem Handgemenge den Feind zum Weichen zwangen.

Nun war der Feind auf allen Punkten geschlagen, das Schlachtfeld gehörte den Preußen. Aber es war schon nach 8 Uhr, und es trat schon tiefe Dunkelheit ein. An weitere Verfolgung war nicht zu denken, die Truppen waren völlig er= schöpft, die Munition verschossen, die Nacht unsicher, und neue Feindesmacht in der Nähe. Der französische General Fournier war aus eignem Antrieb, als er den Kanonendonner hörte, mit seiner Reiterei von Ahrensdorf herbeigezogen, General Guille= minot mit seiner Division Fußvolk desgleichen, sie standen am Abend hinter Neu=Beeren. Fournier wagte sich zuletzt noch mit 2000 Reitern unvorsichtig hervor, wurde vom Major von Sandrart mit seinen schwarzen Husaren, denen die westpreußi= schen Uhlanen folgten, in der Flanke plötzlich angegriffen und völlig in die Flucht geworfen; viele waren nach der Richtung von Groß=Beeren versprengt, und wurden hier von den preußischen Reitern theils niedergehauen, theils gefangen, auch auf diese

Flüchtlinge, von denen einige noch in der Nacht umherirrten, that das schwedische Geschütz einige Schüsse. Guilleminot ging nun zurück. Reynier blieb mit dem Rest seiner Truppen eine Stunde vom Schlachtfelde bei Löwenbruch stehen. Ihn schützte der Wald, die Nacht, die Nähe Bertrand's und Oudinot's; letzterer hatte sein Hauptquartier diese Nacht in Wittstock, und stieß Verwünschungen über den erlittenen Unfall aus.

Bülow ließ die Brigaden Borstell und Krafft unter Borstell's Befehl auf dem Wahlplatz lagern; die Brigaden Hessen-Homburg und Thümen nebst der Reiterei von Oppen nahm er in das Lager von Heinersdorf zurück. Sämmtliche Truppen ließen den König und dann ihren tapfern General hochleben mit jubelndem Hurrah. Auf dem nächtlichen Ritte wurden noch einzelne verirrte feindliche Reiter von der Stabswache niedergehauen oder gefangen. In Berlin, wo jeder Kanonenschuß war gehört worden, hatte man angstvoll des Ausgangs geharrt, man wußte, daß es das Schicksal der Hauptstadt galt. Muthige Männer machten sich trotz des Unwetters zu Pferd und zu Wagen auf, erfuhren alsbald, daß alles gut ging, und sandten die glücklichen Nachrichten durch schnelle Boten heim. Der Anblick der feindlichen Kanonen und Gefangenen, die vom Schlachtfelde rückwärts in Sicherheit gebracht wurden, erregte den lautesten Jubel, und Bülow erlaubte, daß sie noch in der Nacht durften nach Berlin geschafft werden, wo am folgenden Morgen ihr Einzug die begeistertsten Freudenbezeigungen erregte. Nun strömte alles hinaus nach Groß-Beeren, trotz des Regens, brachte Fuhren mit Lebensmitteln, Wagen für die Verwundeten, Erfrischungen und Hülfe jeder Art, für Freund und Feind ohne Unterschied. —

Das war die Schlacht von Groß-Beeren, die von Bülow selbst und auch vom Kronprinzen nur ein Gefecht, ein Treffen genannt wurde, aber sowohl wegen der Zahl der Theilnehmer und der Art des Kampfes als auch insbesondre wegen ihrer Bedeutung mit vollem Rechte jenen Namen verdient. Die Franzosen hatten 14 Kanonen, 60 meist gefüllte Pulverwagen verloren, an Todten und Verwundeten gegen 1800 Mann, 1500 an Gefangenen, über 2000 feindliche Gewehre wurden eingesammelt. Die Preußen verloren an Todten und Verwundeten über 1000 Mann.

Bülow schrieb an den König einen kurzen, bescheidenen Bericht, in welchem er das Verhältniß zu dem Kronprinzen von Schweden mit taktvoller Klugheit berührt, sich auf dessen nachträglichen Befehl beruft, aber den eignen freien Entschluß voranstellt. Er rühmt die Tapferkeit der Truppen, mit Einschluß der Landwehr, mit besondrer Anerkennung der vom Oberstlieutenant von Holzendorf geleiteten Leistungen der Artillerie, und schließt: „Ohne Uebertreibung glaube ich sagen zu dürfen, daß wenn nicht eintretende Dunkelheit und das überaus schlechte Wetter stattgefunden hätte, das Korps des Generals Reynier vernichtet sein würde. Mit Einschluß der mir zugetheilten russischen Artillerie und Kosaken, haben die Truppen Euer Königlichen Majestät allein gefochten. Nur 4 schwedische Kanonen, durch etwas Infanterie und Kavallerie unterstützt, haben einigen, der Entfernung wegen nicht besonders wirksamen Theil genommen." Bülow erließ auch einen Tagesbefehl an seine Truppen, in welchem er allen Waffen das verdiente Lob ertheilt, von der Landwehr aber, die bisher von den strengen an alter Form und Regel hängenden Kriegsobern noch mit Zweifel und Mißtrauen angesehen wurde, insbesondre sagt: „Eine rühmliche Erwähnung verdienen auch sämmtliche Landwehrtruppen des Korps, die an diesem Tage zum erstenmale die Liebe für König und Vaterland bewährten, welche ihnen ihre Entstehung gab. Kein höheres Lob konnten sie erwerben, als ihren ältern Kammeraden es gleichgethan zu haben, und der kommandirende General so wie die ältern Regimenter haben ihnen dies ehrenvolle Zeugniß gern gegeben."

In höchster Auszeichnung aber hatte Bülow selber sich gezeigt. Bei Groß=Beeren zuerst entfaltete er in vollem Glanze die großen Feldherrngaben, die sich fortan nur immer größer und mannigfacher darthaten, und ihn als einen stets glücklichen General bezeichnen ließen. Alle Zeugnisse und die Thatsachen selbst sprechen es einstimmig aus, daß Bülow's klarer Blick und fester Muth alles selbstständig geleitet, jeden Vortheil zu benutzen, jedem Nachtheil zu begegnen gewußt, alle seine Mittel stets zur Verfügung und mit Einem Wort alle Truppentheile immer in der Hand gehabt, ein wesentliches Feldherrntalent, in welchem er schwerlich übertroffen worden. Das Verdienst der Ausführung theilten mit ihm die Unterbefehlshaber und die raschen muthigen Ueberbringer seiner Befehle. —

Der Kronprinz von Schweden war hocherfreut über den erfochtenen Sieg, und beritt am 24. das Schlachtfeld, ließ sich alles genau zeigen und erzählen, lobte den General, die Truppen, besonders deren Drauflosgehen mit dem verkehrten Gewehr. Bülow vermied den Kronprinzen, er wollte ihm nicht persönlich berichten, sondern that es schriftlich. Der Berliner Magistrat fand sich ein, um dem Sieger huldigend zu danken; es fiel sehr unangenehm auf, daß er an Bülow'n achtlos vorüberging und sich einzig an den Kronprinzen wandte, der diese Huldigungen auch wirklich annahm. Daß der Kronprinz gleich darauf in seinen französisch abgefaßten Kriegsberichten die Schlacht in dem falschen Lichte darstellen ließ, als sei sie durch ihn selbst und das Nordheer gewonnen worden, ja sogar bei Angabe des Verlustes der Preußen sich zu sagen erlaubte, der Verlust der schwedischen und russischen Truppen sei weit geringer, da diese doch gar keinen erlitten hatten, erregte eine tiefe Erbitterung bei allen Preußen gegen diesen Kunstgriff, der ihnen und ihrem eigent=

lichen Feldherrn das Verdienst und die Ehre der schönen Waffenthat zu rauben suchte. Nicht zum Vortheil des Kronprinzen gereichte die hiedurch noch besonders hervorgerufene Erörterung seiner gegebenen Rückzugsbefehle, seiner Untheilnahme; man erwog, von welchen Folgen es hätte sein müssen, wenn er mit ganzer Macht vorgerückt wäre. Daß auch Tauentzien, dem Bülow zu Hülfe geeilt war, jetzt diesem nicht beigestanden, wurde weniger gerügt; durch die Beschaffenheit des Bodens, durch die Ungunst des Wetters, war alle Verbindung erschwert, man konnte wenig übersehen, man war einander nah und doch fern. —

Dudinot sah nach der Niederlage Reynier's sein Unternehmen auf Berlin als gescheitert an, und begann gleich am 24. seinen Rückzug nach der Elbe; zur Sicherheit ließ er alle Brücken hinter sich abwerfen, allein er hatte wenig zu befürchten. Bülow, der den Kronprinzen von Schweden auffordern ließ, mit aller Macht nachzudrängen, fand kein Gehör, nur gegen die von Magdeburg vorgedrungenen Franzosen wurde Hirschfeldt mit seiner Truppenschaar abgeschickt. Bülow mußte sich begnügen seine leichte Reiterei von allen Brigaden nach Kerzendorf, Wilmersdorf und Trebbin vorzusenden, Tauentzien nahm Jühnsdorf wieder in Besitz, nur Kosakenschaaren folgten dem Feinde weiter nach, griffen ihn öfters an und nahmen ihm Gefangene ab. Der russische Heertheil unter Wintzingerode rückte nun auch mehr in den Vordergrund.

Am 25. erfolgte ein kleines Vorrücken. Bülow's Vorposten standen bei Kummersdorf, die Truppen im Lager bei Thyrow, er selbst nahm sein Hauptquartier in Kerzendorf, von wo er an seine Frau schrieb: „Du, meine liebe Pauline, hast seit langer Zeit keine Zeile von mir erhalten; verzeihe! ich war zu beschäftigt. — Das Glück begünstigt mich wahrlich, wo ich selber war, ist alles glücklich abgelaufen. Der Feind ist in größter Unordnung zurückgegangen. Sein Rückzug gleicht dem von Auerstädt, der ganze Weg steht noch voller verlassener Munitionswagen. In allem habe ich nun 16 Kanonen und an 50 Munitionswagen genommen. Ich lasse etwas in die Zeitung setzen, ohne mich zu nennen. — Blücher soll den Marschall Ney geschlagen haben, und Wellington den Soult auf französischem Boden. Es geht Napoleon schlecht. Heute bin ich bis Trebbin vorgerückt, und ich hoffe alles wird sich in Bewegung setzen. — Gern möchte ich Adolph laufen sehen!" Daß in den letzten Worten auch der liebevolle Vater sich zeigt, wird dem tapfern Krieger bei unsern Lesern keinen Abbruch thun! — Den Berliner Zeitungen ließ Bülow über die Entstehung und den Verlauf der Schlacht wirklich einige Erläuterungen zugehen, sie wurden aber nicht aufgenommen. Der Oberfeldherr mußte als der Sieger gelten, ihm hauptsächlich wurde Dank und Ehre dafür gebracht; die Zeitungen durften nicht wagen, ein andres Sachverhältniß aufzustellen und es dauerte längere Zeit, ehe dieses allgemein und unwidersprechlich zur Anerkennung kam. So war es auch mit den Belohnungen. Der Kronprinz erhielt das Großkreuz des eisernen Kreuzes, das Großkreuz des russischen St. Georgsordens, und das Großkreuz des österreichischen Marien=Theresien=Ordens. Bülow bekam den Orden pour le mérite mit Eichenlaub, und denselben Orden auch Oppen.

Langsam und vorsichtig folgte das Nordheer dem Feinde. Bülow schrieb am 27. August aus Trebbin an seine Frau: „Wir gehen unsern Schneckengang, bauen dem Feinde goldne Brücken, lassen ihn entwischen und in aller Ruhe sich der Elbe nähern, statt daß wir ihn hätten vernichten können. Erbärmlicheres habe ich noch nie erlebt! Mit meinem Armeekorps mache ich heute einen kleinen, ganz unnützen, Marsch rechts, ohnfern Beliz; mein Hauptquartier ist in Wittbriezen. — In diesem Augenblicke lese ich in den Zeitungen eine Uebersetzung des elenden Machwerks, was der Kronprinz von Schweden hat drucken lassen. Es ist nicht wahr, daß er mir befohlen, den Feind komplet anzugreifen; seine Idee war, ich sollte nur den Vorposten bei Groß=Beeren wieder nehmen. Ich forderte ihn mehreremale auf, mit den Schweden vorzugehen, da er dann dem Feinde den Rückzug abschneiden konnte; er that nichts, es freut mich, daß wir alles allein gethan haben." Und am folgenden Tag aus Elsholz bei Beliß: „Ich setze dem Kronprinzen Daumschrauben, um ihn vorwärts zu bringen, aber es ist schwer. Heute ist wieder ein verlorner Tag." Dagegen hatte er die Genugthuung aus Saarmund von Adlercreutz eine Beglückwünschung zu dem erfochtenen Siege zu empfangen, in der es hieß: „Cette victoire était aussi brillante que bienfaisante pour les affaires en général. Soyez persuadé qu'il n'y a pas un prussien qui puisse plus sincèrement s'intéresser à la gloire des armes prussiennes que moi, et j'espère d'être à même de pouvoir mettre un jour en évidence la sincérité de ces sentiments partagés par toute l'armée suédoise, qui désire ardemment prendre part aux fatigues et aux succès des braves troupes prussiennes." Der Kronprinz von Schweden, halb um sein Zögern zu rechtfertigen, und halb um den Schein der Kühnheit zu haben, ließ eine Vorschrift ergehen, in der es hieß: „Les généraux doivent être très-circonspects lorsqu'ils marchent, mais très audacieux quand ils sont aux mains avec l'ennemi."

Die Vortruppen Borstell's gingen nach Stülpe und Holbeck. Luckau, von den Franzosen während des Waffenstillstandes gut befestigt, wurde von Tauenzien's Truppen unter dem General von Wobeser genommen. Hingegen war Jüterbogk, nachdem eine russisch=preußische Schaar eingedrungen, von den Franzosen wieder besetzt. Bülow's Brigaden Hessen=Homburg und Thümen lagerten bei Treuenbriezen, die Brigade Krafft rückte von Trebbin nach Felgentreu. Borstell und Oppen folgten dem Feinde. Ein Brief Bülow's aus Treuenbriezen an seine Frau sagt: „Unsern Schneckengang verfolgend bin ich heute bei Treuenbriezen vorgerückt, der Feind ist in vollem Rückzuge nach Wittenberg. Ich habe Borstell und Oppen nachgeschickt, vielleicht bekommen wir noch etwas; wir hätten aber Alle nehmen können. — Das Schicksal begünstigt uns augenscheinlich; ich erhalte in diesem Augenblick die Nachricht, daß Tauentzien Luckau genommen, wo er 9 Kanonen und 1000 Mann gefangen bekommen. Unsere Truppen haben allein alles gemacht. Hoffentlich werden wir morgen vorrücken, allein diesseits der Elbe wird wohl nicht viel werden. Auch aus Schlesien sind die französischen Armeen in vollem Rückzuge. Napoleon muß nicht erwartet haben, daß die Oesterreicher so bald auf dem Kriegstheater erscheinen würden. Unser Land wäre nun gesäubert, und hoffentlich für diesen Krieg gesichert. Die Berliner können jubeln!" — Des am 27. August vom General von Hirschfeldt bei Hagelsberg erfochtenen blutigen Sieges über die französische Division Girard, die fast aufgerieben wurde, können wir hier nur erwähnen; von Bülow's Truppen fochten keine daselbst mit; aber das Treffen gehört in die Reihe der Heldenthaten, in welchen die Preußen während dieses Krieges wetteiferten, und die Nachricht davon erfreute um so mehr, als nach dem Rückzug des Feindes auf Magdeburg auch die Hirschfeldt'schen Truppen wieder verfügbar und nach Belzig in Bülow's rechte Flanke befehligt wurden.

Schon früher hatte Bülow den König durch ein Schreiben ersucht, einen fähigen Mann, der diplomatische Geschicklichkeit mit militairischer Einsicht verbände, in das Hauptquartier des Kronprinzen von Schweden zu senden, da dieser, wie man schon öfters die Erfahrung gemacht, eher auf mündliche als schriftliche Vorstellungen höre, und jene auch nur wirksam seien, wenn sie seine Befehle bestimmen hülfen, nicht erst nachher Widerspruch entgegensetzten. Der General von Krusemarck zeigte nun Bülow'n an, daß er zu solchem Zweck in des Kronprinzen Hauptquartier eingetroffen sei. Jedoch erwies seine Vermittlung sich nicht besonders wirksam; eher gelang diese dem Major Grafen von Kalckreuth, den Bülow selbst dorthin gesandt hatte; aber ein gutes Vernehmen herzustellen war auch er nicht vermögend, im Gegentheil die Spannung wuchs mit jedem Tage, und auch der Kronprinz, dem Bülow's zwanglose Aeußerungen hinterbracht wurden, vielleicht mit Zusätzen, faßte bittern Groll gegen diesen, und ließ oft scharfe Worte fallen.

Mittlerweile hatten die Franzosen sich genugsam erholt, und auf den Vorposten wurde es wieder lebhaft. Woronzoff, der mit 4000 Russen Jüterbogk nehmen wollte, wurde zweimal zurückgeschlagen und bis gegen Treuenbriezen verfolgt. Oudinot stand mit seinem Heertheil und dem Heertheil Bertrand's bei Zahna und schien in guter Bereitschaft, Reynier rückte mit dem seinen nach Kroppstädt, dann nach Feldheim und Marzahne vor, wohin Arrighi's starke Reiterschaar folgte. Eben so vergeblich war ein Angriff, den Woronzoff gegen Marzahne versuchte. Bülow versammelte alle seine Truppen bei Treuenbriezen.

Der Kronprinz wollte die Stellung und Stärke des Feindes gründlich einsehen, und befahl zum 31. August ein allgemeines Andringen. Bülow verließ Treuenbriezen, wo die Schweden einrückten, und bezog ein Lager bei Frohnsdorf. Von hier ging er mit der Reiterei kühn vor, stieß auf wenige Feldwachten, die überrascht und gefangen wurden, sah sich aber, als er mit einer kleineren Schaar noch weiter in den Feindesbereich eindrang, ihm selbst unerwartet plötzlich im Rücken des französischen Lagers bei Schwabeck, die Franzosen als sie den Feind erkannten, griffen schnell zu den Waffen, wendeten die Kanonen und schossen mit Kartätschen, doch die kühnen Reiter zogen sich mittelst ihrer guten Pferde schnell aus der Gefahr, und kamen ohne Verlust zu den Ihrigen.

Oudinot, durch diese Bewegung und die überall vordringenden Kosaken eingeschüchtert, zog sich aus Marzahne zurück, welches Borstell besetzte. Bülow ging bis Schwabeck vor, und stand dicht am Feinde. Die drei Generale Bülow, Tauentzien und Winzingerode lagen dem Kronprinzen dringend an, seine augenblickliche Uebermacht zu benutzen und dem Feind ernstlich zu Leibe zu gehen. Er hatte stets Gründe, dies zu verweigern; Bülow's bestimmte Anträge, das feindliche Lager bei Wittenberg zu stürmen oder rasch über die Elbe vorzubringen, wies er mit Heftigkeit zurück. Jedoch sandte er 2 Bataillons nach Roßlau, um dort einen Brückenbau zu beschützen, befahl Tauentzien's näheres Heranrücken an Bülow und zog überhaupt seine Truppen mehr zusammen. Er selbst ritt wiederholt auf Besichtigung aus. Bei solcher Gelegenheit ergab sich eine Blöße der französischen Stellung bei Zahna, wo ein Geschützpark aufgefahren war; die Kosaken steckten auf des Kronprinzen Befehl am 2. September Zahna in Brand, woraus indeß mehr Verwirrung als Schaden entstand. Doch räumte nun Oudinot sowohl Zahna als Kroppstädt und zog sich ganz unter die Kanonen von Wittenberg. Um doch etwas zu thun ließ der Kronprinz den Feind zwischen Thießen und Köppenig durch Borstell's Vorhut angreifen; auf Bülow's Befehl rückten die Brigaden Hessen-Homburg und Thümen nach, um gleich zur Hand zu sein wenn das Gefecht ernstlicher würde, doch es blieb bei nutzlosem Versuch und Borstell verlor etwa 200 Mann. Erwünscht war die Ankunft der Brigade Dobschütz von Tauentzien's Heertheil, sie traf am 3. bei Oehna ein. —

Bei den Franzosen ging an diesem Tag eine wichtige Veränderung vor. Napoleon, höchst unzufrieden mit Oudinot's

Befehlführung, sandte den Marschall Ney um diese zu übernehmen. Er kam den 3. September in Wittenberg an, mit ihm als Verstärkung die polnische Division Dombrowski, 4 Bataillons und 4 Reiterregimenter stark. Es war zu erwarten, daß er alle Kräfte aufbieten würde, um Napoleons Vertrauen zu rechtfertigen. Am 4. September hielt er über seine Truppen Heerschau, entflammte sie mehr noch durch seine Erscheinung als durch sein Wort zu neuem Muth, und setzte sie darauf sogleich in vordringende Bewegung. Oudinot, der jetzt wieder nur seinen Heertheil befehligte, rückte am 5. September mit aller Macht auf Zahna los. Hier stand Tauenzien's Vorhut unter Dobschütz, 6 Bataillons, 4 Schwadronen stark nebst 12 Kanonen. Der Feind entwickelte ungeheure Plänklerschwärme und ließ 40 Kanonen auffahren. Mit größter Tapferkeit widerstand die kleine Schaar, größtentheils Landwehr, der gewaltigen Uebermacht, mit bedeutendem Verlust aber heldenmüthiger Ausdauer, und zog sich erst am Abend auf Zalmsdorf zurück, wo Tauenzien mit seinen übrigen Truppen stand und sie aufnahm, dann aber unter steten Gefechten nach Seyda zurückging. Der Feind hatte zugleich Bülow's Vorhut bei Euper und Waltersdorf angegriffen, wo der Major Beyer mit 2 Bataillons, 2 Schwadronen Uhlanen und 2 reitenden Kanonen sich mit großer Tapferkeit behauptete, doch ebenfalls nicht ohne Verlust; als der französische Angriff nachließ, weil er seinen Zweck, über das ernstere Vorgehen auf Zahna zu täuschen, erreicht hatte, ließ Bülow den Major Beyer zur Unterstützung von Dobschütz vorrücken, und den Feind in seiner linken Flanke durch ein heftiges Plänklerfeuer aus dem Walde her beunruhigen, so daß er einen Theil seiner Kräfte dorthin wenden mußte.

Bülow fühlte schmerzlich die Fessel des Gehorsams, in welcher ein Oberbefehlshaber ihn hielt, mit dem er nicht übereinstimmte. Seiner Ansicht nach durfte das Nordheer nicht

zaudern, dem Feinde schon hier mit aller Macht entgegen zu tre=
ten, sowohl um nicht selbst in neue Gefahr zu gerathen, als auch
um die Möglichkeit, dem kühn vorstrebenden schlesischen Heere die
Hand zu bieten, nicht aufzugeben. Noch am Abend des 5. Sep=
tembers ritt er aus seinem Lager bei Marzahne mit einer klei=
nen Schaar gegen Zahna vor, um die Richtung und Stärke des
Feindes zu erforschen, und ihm blieb kein Zweifel, daß derselbe
entschlossen sei, die bei Groß=Beeren gescheiterte Unternehmung
mit verstärktem Nachdruck zu wiederholen; auf dem Wege, den
der Feind jetzt einschlug, traf er zunächst auf Tauentzien, der
sich auf Jüterbogk zurückgezogen hatte, aber dort allein der
Uebermacht nicht gewachsen war, er konnte schon jetzt nicht mehr
sein Heranziehen an das übrige Heer in der befohlenen Art aus=
führen, und stand in größter Gefahr noch mehr abgedrängt zu
werden; dann war das Nordheer getrennt und dem Feinde der
Weg nach Berlin offen. Dies zu verhindern, war Bülow so=
gleich entschlossen. Seine Truppen, zusammen etwa 37,000 Mann,
standen schon seit dem Nachmittag mit dem Gewehr im Arm,
er traf vorläufig alle Anstalten um links nach Kurz=Lippsdorf
abzumarschiren, er wollte rasch an Tauentzien's Seite rücken
und hoffte mit ihm vereinigt den kühnen Plan des Feindes
durch muthigen Angriff zu verwirren.

Der Genehmigung des Kronprinzen durfte er hiebei nicht
entbehren. Er sandte daher den Major von Reiche schleunigst
an denselben nach Rabenstein ab, wo das Hauptquartier war.
Dieser traf in der Nacht dort ein; der Kronprinz, der auf einer
Matratze völlig angekleidet ruhte, sprang auf, hörte die Bot=
schaft Bülow's an, machte zuerst Schwierigkeiten, die Preußen,
meinte er, wollten nur immer schlagen und schlagen, — „Je
vous connais, vous êtes toujours comme cela!". — entfaltete
dann aber die Petri'sche Karte von Sachsen, zeigte mit sichrem
Ueberblick den Stand der Sachen, willigte in Bülow's Vor=

haben, und diktirte dann ohne weiteres Besinnen dem grade anwesenden Reichskanzler Wetterstedt die bündigsten und sachgemäßesten Anordnungen. Reiche bewunderte die feldherrliche Tüchtigkeit des Mannes, mußte demselben aber gleich wieder grollen, denn die trefflichsten Maßregeln verdarb er zum Theil wieder; denn indem er Bülow's Unternehmen nun selbst anbefahl, minderte er aus eigensinniger Vorsicht dessen Mittel, er erklärte, die Brigade Borstell müsse zurückbleiben und die Pässe bei Köppenig, Waltersdorf, Werggahne und Kroppstädt besetzt halten, dies erfordere die Sicherheit des Heeres durchaus.

Bülow sah sich hiedurch unerwartet fast um ein Drittheil seiner Truppen geschwächt, indem die Brigade Borstell von allen die stärkste war, er fand sich seiner Aufgabe jetzt kaum noch gewachsen. Laut und heftig äußerte sich sein Unwille. Auch unterwarf er sich nicht ganz, denn er sandte wohl nochmals einen Offizier an den Kronprinzen mit der bringendsten Bitte, die Brigade Borstell baldigst ablösen zu lassen und sie ihm schleunigst nachzuschicken, an Borstell selbst aber die bestimmte Aufforderung ihm sogleich zu folgen. Als Borstell dies verweigern zu müssen glaubte, indem er sich auf den unmittelbar vom Kronprinzen ergangenen Befehl stehen zu bleiben berief, gerieth Bülow auf's neue in heftigen Zorn und stieß drohende Worte aus, die Aufforderung aber ließ er nun als strengen Befehl wiederholen. Das Band des Gehorsams, das er nach oben in diesem Fall so gern lockerte, zog er nach unten nur um so straffer an.

Der vorbereitete Marsch wurde sogleich angetreten. Er geschah in der linken Flanke des Feindes, den Weg begleitend, auf dem dieser vordrang. In der Nacht um 2 Uhr gelangten die Truppen nach Kurz-Lippsdorf, wo sie mit dem Gewehr in der Hand kurze Rast hielten, während welcher sie bei der Nähe des Feindes, um demselben ihre Anwesenheit nicht zu verrathen, weder Feuer anzünden noch Taback rauchen durften, überhaupt die größte Stille zu beobachten hatten. Als der Tag graute, der 6. September, wurde wieder aufgebrochen, und Bülow rückte in eine günstige Stellung bei Eckmannsdorf, die dem Anmarsche des Feindes die Stirn bot. Bülow bestieg den Kirchthurm, und überblickte von hier deutlich die Bewegungen der Franzosen, die früh um 7 Uhr ihr Lager bei Zahna verließen, und in gedrängtem Heerzug auf der großen Straße nach Jüterbogk vorrückten; es war der vierte französische Heertheil unter Bertrand. Einen Augenblick schien es, als zögen sie gradezu gegen Bülow, der sich längst von ihnen entdeckt glauben mußte, doch sie hatten nur einer Krümmung des Weges folgen müssen und wandten sich gleich wieder rechts auf Jüterbogk. Sie hatten die Aufstellung der Preußen in der That noch nicht bemerkt, und die vorgeschobenen Posten, die ihren Augen unmöglich ganz entgehen konnten, vielmehr für ihrige gehalten, so zogen sie denn sorglos und nachlässig ihres Weges weiter, ohne sich in ihrer Flanke durch Streifschaaren oder Patrouillen aufzuhellen. Solche Verblendung und Achtlosigkeit schien unbegreiflich, ließ sich indeß aus den Umständen wohl erklären; ihre leichte Reiterei, den zahlreichen Kosakenschwärmen längst im offnen Felde nicht gern begegnend, hielt sich immer dem Fußvolk möglichst nahe, übrigens schien ein vordringender Heertheil, dem noch zwei andre dicht folgten, in sich selbst gesichert genug. Ohne Bülow's entschiedenen Eifer und kühnes Eingreifen würde auch wirklich der Marsch ungefährdet vollbracht worden sein.

Bülow hatte von seinem linken Flügel den Major von Schmitterlöw mit 4 Schwadronen gegen Jüterbogk vorgesandt um sich mit Tauentzien in Verbindung zu setzen. Allein er durfte dies nicht abwarten. Der Feind ging offenbar mit ungeheurer Uebermacht gegen Tauentzien vor, sein Stoß, wenn er mit ganzer Schwere traf, mußte vernichtend wirken. Daher wollte Bülow den Feind still vorüberziehen lassen, aber bevor derselbe sich auf Tauenzien völlig werfen könnte, aus dem Hinterhalte plötzlich hervorbrechen und ihn unerwartet in der Flanke und im Rücken stürmisch anfallen; gelänge es nicht so lange verborgen zu bleiben, so hoffte er wenigstens einen beträchtlichen Theil der feindlichen Truppen auf sich zu ziehen, und dadurch Tauenzien's Kampf bedeutend zu erleichtern. Er dachte weniger an den Glanz und Ruhm des eigenen Erfolgs, als an den allgemeinen Vortheil, und an die Gefahr der tapfren preußischen Mitkämpfer. Daher setzte er sogleich fest, daß der erste Kanonenschuß von Jüterbogk her, der kund gäbe daß Tauenzien angegriffen sei, auch seinen Truppen das Zeichen zum Angriff sein solle.

Die Gegend war nur theilweise zu übersehen. Der Boden senkt sich nach Süden, erhebt sich dann wieder zu wellenförmigen Anhöhen. Hinter den nächstvorliegenden Dörfern, rechts Wölmsdorf und Nieder-Gehrsdorf links, sind flachere Hügel, weiterhin, zwischen Göhlsdorf und Dennewitz, längs der quer vorüber laufenden Straße von Wittenberg nach Jüterbogk, zeigen sich stärkere ungleich vorspringende Anhöhen; diese wie jene zur Aufpflanzung von Geschütz wohlgeeignet. Noch weiter zurück, zwischen Dehna und Rohrbeck, dieselbe Beschaffenheit des Bodens. Das Dorf Dennewitz liegt in einer Niederung, die ein bei Nieder-Gehrsdorf entspringender sehr sumpfiger Bach bildet, der Agerbach, oder die kleine Aa genannt, in südlichem weiten Umschweif fließt er zuletzt südöstlich an Jüterbogk heran; nur bei Dennewitz und weiter unten bei Rohrbeck ist er überbrückt, sonst nirgends weder für Reiterei noch Fußvolk überschreitbar. Durch diesen Bach und seine Niederung sondert sich das Schlachtfeld in zwei Theile, und so wie bei Groß-Beeren mußte auch hier der Kampf mit getrennten und doch zusammen=

wirkenden Truppenkörpern geführt werden. Bülow erkannte schnell, daß Dennewitz der Schlüssel dieser Gegend sei, sowohl der Höhen als der Verbindungen wegen, die hier zusammenkamen, und er richtete daher auf diesen Punkt sein besonderes Augenmerk.

Von dem Kirchthurm herab entdeckte man im Vorschreiten des Morgens bald noch einen zweiten feindlichen Heerzug, der sich auf Rohrbeck, und später einen dritten, der sich auf Dehna richtete, es waren wie sich später ergab, der siebente französische Heertheil unter Reynier, und der zwölfte unter Oudinot, der Feind schien seine ganze Macht in dieser Gegend zusammenzuziehen, um über Jüterbogk auf Dahme vorzurücken und freie Bahn auf Berlin zu gewinnen. Dies ließ sich aus dem allgemeinen Ueberblick mit ziemlicher Sicherheit entnehmen; genauere Erkundigungen waren für jetzt nicht anzustellen, ohne die eigne Anwesenheit, die bisher noch so glücklich unentdeckt geblieben, vorzeitig zu verrathen. —

Tauentzien hatte sich am 5. Abends persönlich in Rabenstein bei dem Kronprinzen eingefunden, und ritt mit dem erhaltenen Befehl, sich rechtshin an Bülow heranzuziehen, in der Nacht zu seinen Truppen zurück; er glaubte sie noch in Seyda, denn die Gefechte und der Rückzug von Dobschütz waren ihm unbekannt, stieß auf französische Posten und entging kaum der Gefangenschaft. In Jüterbogk angelangt, befahl er sogleich den Aufbruch, um sich mit Bülow zu vereinigen. Um den Feind hier nicht unbeachtet zu lassen, blieb der Major von Kleist mit 4 Bataillons, 2 Schwadronen und 11 Kanonen auf dem Windmühlenberge westlich von Jüterbogk stehen, außerdem weiter südwärts der Major von Hiller mit einem Regiment Landwehr-Reiterei und einer Schaar Kosaken, eine Schwadron hatte er bei Rohrbeck über die Aa vorgeschickt. Tauentzien marschirte mit allen übrigen Truppen rechts ab und nahm seine Richtung auf Kaltenborn, südlich von Eckmannsdorf. Doch kaum war der Marsch angetreten, so kam von dem Major von Hiller die Meldung daß der Feind mit Macht auf Jüterbogk anrücke, und gleich darauf zeigte sich die Vorhut von Bertrand's Heertheil auf der Höhe bei Dennewitz, ganz nah in Tauenzien's linker Flanke. Dieser eilte die nächsten Höhen bei dem Windmühlenberge zu besetzen und seine Truppen in Schlachtordnung zu stellen. Er hatte kaum 10,000 Mann, aber im festen Vertrauen, daß Bülow ihm zu Hülfe kommen werde, stellte er sich gegen den wenigstens doppelt so starken Feind muthig zum Gefecht. Auf dem äußersten rechten Flügel hielt der Major von Schmitterlöw mit seinen 4 Schwadronen, und schickte eine derselben rechts noch weiter in die Gegend vor um Bülow's linken Flügel zu entdecken. Doch der Kampf begann ehe die Verbindung gefunden war. Eine preußische halbe Batterie eröffnete das Feuer um den Aufmarsch des Feindes zu hindern, der aber schnell mit überlegnem Geschütz antwortete und sie zum Rückzuge zwang. Ney selbst war hier gegenwärtig; er hatte sich weit vorgewagt um die Stellung der Preußen genau zu erforschen, war dabei vom Pferde gestiegen, und kam in Gefahr von kühn heransprengenden Kosaken gefangen zu werden, ihr Geschrei schreckte ihn warnend auf und er fand Zeit sich zu retten. Er befahl nun sogleich den Angriff. Es war etwa 9 Uhr. Die französischen Kolonnen eilten durch Dennewitz über die Aabrücke auf die jenseitigen Anhöhen, stellten sich hier in Schlachtordnung, und drangen entschlossen vor. Mit hartnäckiger Tapferkeit widerstanden die Preußen, der Kampf schwankte längere Zeit, es geschahen die größten Heldenthaten, feindliche Uebermacht machte die größten Anstrengungen ohne die Preußen zum Weichen zu bringen. —

Bülow vernahm den Kanonendonner von Jüterbogk her, und gab unverzüglich den Befehl zum Aufbruch. Kurz vor dem Abmarsch kam noch die glückliche, durch Zufälligkeiten aber ver=

spätete Nachricht von dem Siege Blücher's an der Katzbach, Bülow ließ sie sogleich den Truppen bekannt machen und ihnen den von Blücher wegen dieses Sieges erlassenen Tagesbefehl vorlesen, welches als gute Vorbedeutung mit Freudengeschrei aufgenommen wurde, und den Muth und Eifer der kampf= begierigen Schaaren noch stärker anfeuerte. Der Marsch ging nicht so schnell, wie Bülow es wünschte, mit allen Kräften be= trieb er dessen Beschleunigung. Die Brigade Thümen zog voran, die Brigade Krafft folgte, die Brigade Hessen=Homburg machte den Beschluß. Das schwarze Husarenregiment begleitete den Marsch in der linken Flanke, die übrige Reiterei, 20 Schwa= dronen, deckte die weit mehr gefährdete linke, und nahm eine Stellung bei Wölmsdorf. An Vorstell wurde nochmals der bestimmte Befehl abgesandt, mit seiner Brigade schleunigst her= beizukommen. Aus besondern Gründen traf Bülow die unge= wöhnliche Anordnung, für den heutigen Tag den Obersten von Boyen zum Befehlshaber der Reserve zu bestellen, als welche die Brigade Hessen=Homburg anzusehen war.

Schon war eine Stunde vergangen, die Truppen in star= kem Marsch, der Geschützdonner von Jüterbogk dauerte fort. Ungeduldig ritt Bülow mit seinem Gefolge weit in die Gegend voraus, um näher zu sehen, wie der Stand der Dinge sei. Der Feind schien ganz und gar mit dem Gefecht bei Jüterbogk be= schäftigt, keine Feldwache, keine Patrouille zeigte sich, er ahn= dete nichts von der Gefahr, die in seinem Rücken immer näher kam. Es war Bülow's größter Vortheil, diese Unwissenheit möglichst lange zu erhalten, und den Feind je näher desto ver= derblicher zu überraschen. Er gab diesen Vortheil freiwillig auf, weil er Tauentzien stark bedrängt wußte, und dessen Er= liegen fürchtete. Deshalb eröffnete er schon aus weiter Ferne sein Kanonenfeuer, den kämpfenden Waffenbrüdern das Heran= kommen der Hülfe verkündend, dem Feinde neuen Kampf an=

sagend und seine Aufmerksamkeit und Kraft auf diese Seite lenkend. Dieser doppelte Zweck wurde vollkommen erreicht. Tauentzien's Truppen schöpften frischen Muth; die Franzosen stutzten und fragten, was in ihrem Rücken vorgehe. Ney ritt auf eine Anhöhe, erkannte bald, daß eine bedeutende Macht heranzog, und faßte schnell seinen Entschluß. Er ließ das Gefecht gegen Tauentzien fortsetzen, doch die Hauptsache wurde, dem unerwarteten Angriff in der Flanke nachdrücklich zu begegnen. Er berief sogleich den Heertheil Reynier's von Rohrbeck herbei. Die Division Durutte erschien zuerst, zog eiligst durch Dennewitz und nahm seitwärts von Nieder=Gehrsdorf zwischen der Aa und einem Gehölz eine vortheilhafte Stellung in zwei Treffen, zahlreich aufgepflanztes Geschütz in der Fronte. Die beiden sächsischen Divisionen dieses Heertheils marschirten auf der andern Seite des Aagrundes gleichfalls in zwei Treffen auf, und lehnten ihren linken Flügel an Göhlsdorf.

Das Kanonenfeuer bei Jüterbogk hatte mittlerweile nachgelassen, ein Theil des preußischen Geschützes, von dem dreifach überlegenen französischen zerschmettert, sich aus der Schußlinie zurückgezogen, das Fußvolk, durch vierstündigen tapfern Kampf gegen die Uebermacht erschöpft, konnte nicht länger widerstehen. Tauentzien mußte die Stellung aufgeben und sich zum Rückzug entschließen, den er wirklich schon anzutreten begann.

Unterdessen hatte Bülow's Schlachtordnung sich unter dem Schutze der aufgefahrenen Batterieen vollständig entwickelt. Die Brigade Thümen in zwei Treffen bildete den linken Flügel, wo das schwarze Husarenregiment weiterhinaus die Verbindung mit Tauentzien aufsuchte; die Brigade Krafft, etwas rückwärts staffelweise gestellt, nahm die Mitte ein; die Brigade Hessen=Homburg, noch weiter zurück, stand als Rückhalt; die Brigade Borstell sollte den rechten Flügel bilden, bis zu ihrer Ankunft sollte Oppen mit der Reiterei den Mangel so gut es ging ersetzen.

Diese Anordnung entsprach vortrefflich sowohl den Bedingungen des Bodens und der Stellung des Feindes als dem Umstande, daß ein Theil der Truppen erst erwartet wurde; dort, wo diese eintreffen mußten, sollte das Gefecht so viel als möglich aufgespart werden; ihnen die Hand zu bieten, war die Linie rechtshin möglichst auszudehnen, aber auch zurückzuhalten, während sie links vordringend zugleich zum engern Anschluß an Tauenzien hinstrebte.

Der Donner des Geschützes, durch den Bülow seine Ankunft meldete, hatte den Muth der Truppen Tauenzien's neu belebt, bald nahmen sie wahr, daß der Angriff der Franzosen nachließ, ihre Batterieen minder eifrig feuerten, und Bertrand seine ganze Linie gegen Rohrbeck etwas zurücknahm. Da wandte Tauenzien sich mit neuem Vertrauen gegen den Feind, und ließ seine ganze Reiterei auf das französische Fußvolk anstürmen. Sie durchbrach das erste Treffen, rollte dasselbe auf, sprengte auch im zweiten einige Vierecke, und richtete ein großes Gemetzel an, mußte sich dann aber eiligst sammeln, weil nun auch die feindliche Reiterei plötzlich hervordrang; zwei Regimenter polnischer Uhlanen stürzten ungestüm auf 7 preußische Landwehrschwadronen, diese stürmten ihnen herzhaft entgegen, es gab einen harten Zusammenstoß, ein furchtbares Handgemenge, zuletzt wurden die Polen von den Schwadronen des Majors von Schmitterlöw gänzlich geworfen, zusammengehauen oder versprengt; wir werden diesen Versprengten noch weiterhin begegnen.

Um dieselbe Zeit, als Tauenzien seinen Rückzug antreten wollte, kam die Brigade Thümen endlich zum Angriff. Sie war links der Aa gegen die feindliche Stellung angerückt, und stieß auf eine Schlucht, die vor ihrer Front gegen Jüterbogk sich hinzog, muthig schritt sie über diese hinweg, auf dem jenseitigen Rand aber aufmarschirt gerieth sie in ein heftiges Ge=

wehr- und Kartätschenfeuer, besonders der linke Flügel, der ohne den Schutz der eignen Kanonen, die jenseits der Schlucht zurückgeblieben waren, sich dieser verheerenden Wirkung der feindlichen ausgesetzt fand, in Verwirrung gerieth und zu weichen begann. Das erste Treffen riß auch einen Theil des zweiten in die Unordnung fort. Thümen zog nun auch das zweite Treffen über die Schlucht zurück, gebot aber dann sogleich wieder Halt, nahm die Zurückweichenden auf, die sich durch die Aufmarschirten durchzogen und hinter denselben unter angestrengtem Bemühen der Offiziere wieder in Ordnung aufstellten. Auf diesem kurzen Rückzuge wurden wahre Heldenthaten gethan. Der Major von Putlitz stieg vom Pferde, ließ sein Bataillon in Linie aufmarschiren, feuern, dann wieder Masse bilden und so zurückgehen, unter wiederholtem Frontmachen und Feuern, bis er dasselbe wieder mit gefälltem Bajonet vorführte. Der Major von Wedell wurde an der Spitze seines Bataillons tödtlich verwundet, der Hauptmann von François fiel im tapfersten Kampfe. Der Major von Clausewitz an der Spitze des vierten ostpreußischen Regiments behauptete sich bei Nieder-Gehrsdorf mit ausgezeichneter Standhaftigkeit. Das Gefecht war bald wieder auf allen Punkten hergestellt, und ging in ein anhaltendes Gewehrfeuer über, das bei der großen Nähe für beide Theile sehr mörderisch wurde.

Während dieser Vorgänge kam der Major von Eisenhart an Bülow herangeritten mit einer Botschaft von Tauentzien, der dringend um Unterstützung bat; Bülow gewährte sie augenblicklich, und sandte ihm ein Husarenregiment und eine reitende Batterie mit dem Befehl der größten Eile; er war hocherfreut, daß Tauentzien sich noch hielt, denn schon hatte er gefürchtet derselbe sei zurückgeschlagen, und die Truppen, die man auf der Höhe bei Jüterbogk wahrnahm, seien feindliche.

Die schwarzen Husaren, die mit einer reitenden Batterie

auf dem äußersten linken Flügel über die dort flachere Schlucht vorgegangen waren, mußten dem Rückzug folgen, wobei die Kanonen in Gefahr kamen. Plötzlich jagten große Schaaren polnischer Uhlanen, dieselben welche Schmitterlöw vorher in die Flucht gesprengt, ungestüm auf die Husaren los, hoffend hier durchzubrechen, doch der Major von Sandrart wies ihren Anfall tapfer zurück, einige wurden niedergehauen, viele gefangen, unter ihnen der Oberst Clouet, Ney's Adjutant, aus dessen Papieren nachher über die Absichten und Mittel des Feindes wichtige Aufschlüsse geschöpft wurden. Die flüchtigen Uhlanen suchten dahin und dorthin ihr Heil. Eine Schaar derselben verirrte sich zwischen das erste und zweite Treffen der Preußen und rannte auf die Anhöhe zu, wo Bülow mit seinem Gefolge hielt, dieser faßte sie scharf in's Auge, doch ohne nur den Zügel aufzunehmen, und als sie näher kamen legte er mit scherzender Miene die Hand an den Degen, indem er lächelnd zu seiner Umgebung sagte: „Nun denn, meine Herren, ziehen Sie doch!" Dies war auch gleich geschehen, und die entschlossene Haltung des kleinen Häufleins bewirkte, daß die Uhlanen keinen Angriff wagten, sondern eilig vorüber stoben; einige Offiziere des Gefolges, unter ihnen der Rittmeister von Burgsdorf, verfolgten sie eine Strecke, hieben mehrere nieder, machten andre zu Gefangenen, die übrigen geriethen, als sie aus dem Zwischenraum beider Treffen rechts herauskamen, in die Reiterei Oppen's, die ihnen schnell den Garaus machte. Diese persönliche Gefahr war glücklich überstanden, die der Brigade Thümen aber forderte schnelle Hülfe.

Bülow, nachdem er gesehen in welche Schwierigkeiten sein linker Flügel verwickelt war, und daß derselbe mit eignen Kräften allein sie nicht überwinden könne, sprengte zu dem russischen Geschütz, und befahl dem Obersten Dietrichs mit einer seiner schweren Batterieen vorzurücken. Diesen Befehl persönlich dem

Obersten zu ertheilen, war er noch besonders durch den Umstand bewogen, daß derselbe, sonst eben so willfährig als tapfer, doch sein Befremden darüber geäußert hatte, in der Schlacht von Groß-Beeren dem im Range geringern, aber alles Geschütz des Heertheils befehligenden Oberstlieutenant von Holzendorf untergeben gewesen zu sein. Diese Batterie von Zwölfpfündern ließ Bülow unter Bedeckung von 2 Bataillons bei Nieder-Gehrsdorf so vortheilhaft aufpflanzen, daß sie die Flanke der feindlichen Aufstellung wirksamst beschoß; noch eine halbe russische Batterie wurde nachgeholt, und dies treffliche Geschütz rückte nun selbst auf die vom Feinde besetzte Höhe vor, schmetterte ganz aus der Nähe sein verheerendes Feuer auf die Franzosen und lichtete ihre Reihen. Es galt nun preußischerseits mit Macht wieder vorzugehen. Bülow zog aus der Brigade Hessen-Homburg 6 Bataillons heran, gegen noch umherschweifende Trupps polnischer Uhlanen im Vorrücken zu Massen geformt, und sandte sie dem erneuerten Angriffe Thümen's zur Verstärkung. Der Major von Weyrach, Bülow's erster Adjutant, führte die drei ostpreußischen Landwehrbataillone in das heftigste Feuer. Thümen, indem er seine Truppen wieder ordnete und persönlich vorführte, verlor zwei Pferde unter dem Leibe. Die Truppen standen bald wieder jenseits der Schlucht auf der Höhe. Geschütz- und Gewehrfeuer wüthete von beiden Seiten, letzteres aus gedrängten Linien und aus zahlreichen Plänklerschwärmen. Der Major von Polczinski an der Spitze eines jener Bataillone, dem bald ein zweites sich anschloß, ging links gegen ein Gehölz vor, in das 2 feindliche Bataillone mit Geschütz sich festgesetzt hatten, nahm ihnen eine Kanone, trieb sie aus dem Busch hervor und auf ein Regiment Landwehrreiter zu, das sie völlig vernichtete. Dem Angriff herbeigeholter feindlicher Reiterei begegnete das Dragonerregiment Prinz Wilhelm. Eine halbe Batterie von der Brigade Krafft rückte kühn über Nieder-

Gehrsdorf hinaus und schoß dem Feind in die linke Flanke. Bülow ließ Nieder=Gehrsdorf selbst mit einem Bataillon aus der Brigade Krafft besetzen, Schützen drangen rechts des Aabaches gegen Dennewitz vor und nahmen dort eine zwölfpfündige Kanone. So von allen Seiten unterstützt rückte Thümen, der jetzt zu den 9 Bataillons seiner Brigade noch 7 andre vereinigt hatte, mit Entschlossenheit wieder vor. Die Division Durutte leistete hartnäckigen Widerstand, und das Gefecht dauerte heftig fort.

Inzwischen war die Brigade Krafft, so lange Borstell noch fehlte, der preußische rechte Flügel, gleichfalls in den Kampf eingerückt und rechts von Nieder=Gehrsdorf aufmarschirt. Einen Hügel rechts vor der Front ließ Krafft mit Geschütz besetzen und die Kanonen ihr Feuer gegen Göhlsdorf richten. Ney hatte vom Reynier'schen Heertheil die sächsischen Divisionen Lecoq und Sahr nach Göhlsdorf beordert; sie wurden auf ihrem Heranmarsch immer von Kosaken umschwärmt und angefallen, so daß sie in langem Viereck einherzogen; bei Göhlsdorf standen sie jetzt in zwei Treffen aufmarschirt, und ihre Batterieen hielten den seitwärts vorliegenden Windmühlenberg mit besetzt. Ein starker Wind erregte gewaltige Staubwolken, die mit dem Pulverdampfe vermischt längere Zeit den Kampf verhüllten, sowohl Kanoniere als Plänkler sahen nur auf Augenblicke das Ziel ihrer Schüsse. Der Feind war an Fußvolk und Geschütz weit überlegen, er sandte starke Truppenzüge gegen Krafft's rechte Flanke, der deshalb seinen rechten Flügel zurücknahm, während zugleich ein Theil seiner Geschütze wegen Beschädigung oder Munitionsmangel das Gefecht verlassen und hinter Wölms=dorf zurückgehen mußte, um wieder in Stand gesetzt oder mit Schießbedarf versehen zu werden. Die Batterie von Spreuth ging aus solchem Grunde dreimal zurück und wieder vor, das drittemal mit nur 4 Geschützen. Die Gefahr wuchs hier mit jedem Augenblick.

Da ließ Bülow die Brigade Hessen-Homburg, so viel von ihr noch außer Gefecht war, eiligst herbeirücken. Der Major von Sjöholm an der Spitze von 4 Bataillons drang unter dem Schutze des Feuers zweier Batterien gradezu gegen Göhlsdorf an, eines seiner Bataillone nahm das Dorf, konnte sich aber nicht behaupten, der Feind führte immer frische Truppen vor, dreimal kamen die Preußen hinein, dreimal mußten sie zurück, ein mörderisches Handgemenge wiederholte sich bei jedem Versuch, während zugleich das Geschütz- und Gewehrfeuer von beiden Seiten mit Heftigkeit fortdauerte. Zur Unterstützung der rechten Flanke ließ Bülow auch noch 2 Schwadronen von Oppen's Reiterei vorgehen, den Angriff Sjöholm's aber durch 2 Bataillons unterstützen, 2 andre Bataillons gegen die feindliche Batterie auf dem Windmühlenberg anrücken, diese hatte keine Munition mehr und fuhr daher um sich zu retten eiligst ab, wobei sie das eigne Fußvolk in Unordnung brachte, die 2 Bataillons aber, nachdem sie hier noch durch ein scharfes Gewehrfeuer sich in der Fronte Luft gemacht, schwenkten rechts gegen Göhlsdorf, das nun von allen Seiten mit Macht angegriffen und genommen wurde. Ein Nebenumstand darf hier nicht unerwähnt bleiben; als der Major von Sjöholm zum Angriff vorrückte, kam eine schwedische reitende Batterie gedeckt von dem Mörner'schen Husarenregiment auf der Anhöhe rechts von Wölmsdorf an und begann zu feuern, aber auf die Bataillone Sjöholm's; der Lieutenant und Brigadeadjutant von Kaweczinski sprengte beim fünften Schuß unerschrocken in ihrer Schußlinie vor, klärte den Irrthum auf, und gab ihr beßre Richtung.

Auf dem linken Flügel Krafft's wurde nicht minder lebhaft gekämpft; der Major von Reckow stürmte mit 2 Bataillonen eine gegenüberstehende Batterie und nahm 4 Haubitzen. Als der Staub und Pulverdampf sich etwas verzog und wieder freien Blick ließ, erkannte der Feind die geringe Stärke dieser

Schaar, und rückte mit Fußvolk und Reiterei rasch auf sie los. Allein Reckow hatte schnell Bataillonsmassen gebildet, wies die wiederholten Angriffe tapfer zurück, und als ihm ein Bataillon zu Hülfe kam und 2 Schwadronen Dragoner, wandte sich der Kampf zum Vortheil der Preußen, die hier viele Gefangene machten.

Unterdeß war Thümen mit seinen zu fester Ordnung hergestellten und mit neuem Muthe beseelten Truppen heftiger vorgedrungen, und Bülow glaubte den Augenblick gekommen, die Höhe von Dennewitz und das Dorf zu stürmen, 2 Bataillone erhielten Befehl zum Angriff und drangen muthig vor, fanden aber den tapfersten Widerstand. Der Major von Mirbach sank an der Spitze seines Bataillons von drei Kugeln getroffen; die Fahne des Bataillons wurde zerschossen, der Fahnenträger getödtet, der Hauptmann von Hülsen nahm die Stücke der Fahne und sie hocherhebend führte er das Bataillon auf's neue vor, das in wenigen Augenblicken an Todten und Verwundeten über 100 Mann einbüßte. Das Geschütz mußte hier verstummen, nur ein mörderisches Gewehrfeuer und furchtbares Handgemenge, in welchem Bajonet und Kolben wütheten, brachte die Entscheidung. Der Feind wurde von der Höhe vertrieben, das Dorf Dennewitz genommen. Die Division Durutte wich unter beständigem Kampfe, jeden Fußbreit streitig machend. Noch am Ausgange des Dorfes stellte sich ein Bataillon zum Widerstand auf, von einigen Schwadronen unterstützt, das preußische Fußvolk empfing unerschrocken das Gewehrfeuer, ging ohne Schuß auf den Feind los und brach in seine Reihen mit furchtbaren Schlägen ein, bis alles auseinander stob, die Reiterei wartete den Angriff nicht ab und floh in wilder Flucht. Hinter Dennewitz trafen schon Bülow's Truppen mit denen Tauenzien's zusammen und begrüßten einander mit lautem Zuruf. Bertrand's Heertheil, durch Tauenzien's und Bülow's

Truppen von Dennewitz und der Verbindung mit Ney abgedrängt, zog sich gegen Rohrbeck, wohin Thümen mit aller Kraft nachrückte. Auf dieser Seite war der Sieg errungen, auf der andern dagegen erst jetzt wieder sehr zweifelhaft geworden.

Ney hatte den noch frischen Heertheil Oudinot's nebst der großen Reiterschaar Arrighi's von Oehna herbeigerufen, diese kamen jetzt bei Göhlsdorf an, und stellten sich hinter den Sachsen Reynier's und deren linken Flügel weithinaus überragend in Schlachtordnung auf, die Reiterei hinter dem Fußvolk; hier standen nun 47 feindliche Bataillone gegen 14 preußische! Die französische Division Guilleminot rückte zuerst in's Gefecht, sie drang mit zahlreichem Geschütz auf Göhlsdorf vor, beschoß das Dorf von vorn und von beiden Seiten, und bereitete sich zum Sturm. Ein wilder Kampf erhob sich im Dorfe selbst; man focht in den Häusern, Gärten, in der Kirche, unter Kartätschenhagel und auflodernden Flammen; nur ein Brunnen in der Mitte des Dorfes vereinigte Freund und Feind, Hunderte drängten sich friedlich herbei, den brennenden Durst zu löschen, und eilten dann erfrischt wieder zum Gefecht. Die Preußen wichen vor der Uebermacht einen Augenblick, doch der Major Friedrich von Bülow drang mit seinem Bataillon auf's neue in und durch das Dorf; am Ausgange desselben gegen den Feind hin sah er sich plötzlich von 3 Bataillonen zugleich bedroht, eines war im Dorfe selbst, das andre in den Gärten, das dritte im freien Feld; er hatte nur ein schwaches Bataillon, das dritte Glied war ihm genommen worden um eine russische Batterie zu decken, doch er war schnell entschlossen, entwickelte seine Mannschaft, und ließ sie auf eine Entfernung von etwa 70 Schritt Feuer geben, dann mit dem Bajonet angreifen; es entstand ein furchtbares Handgemenge, in welchem die Preußen gegen 300 Gefangene machten, aber ihr tapfrer Führer einen Schuß in die

Seite bekam. Der Uebermacht des Feindes mußte das Dorf überlassen werden, doch hemmte für den Augenblick noch der Major von Gleißenberg mit seinem Füsilierbataillon das weitere Vordringen, indem er einen Graben benutzte um hinter demselben gesichert dem Feinde wohlgezielte Schüsse zuzusenden. Doch immer mehr Schaaren zogen heran, es zeigte sich die stärkste Uebermacht, Krafft aber wollte nicht weichen, und Boyen, der den letzten Rückhalt hier befehligte, führte persönlich die Bataillone immer wieder in's Feuer vor.

Die Sachen standen höchst gefährlich. Der Kampf hatte sich mit ganzer Stärke dahin gezogen, wo Borstell's Brigade erfordert war ihn aufzunehmen. Bülow hatte voll Ungeduld wiederholt an ihn Offiziere gesandt, den Major von Reiche, dann Burgsdorf, der ihn endlich im Vorrücken traf. „Nur keine Vorwürfe! rief er dem letzteren entgegen, ich komme!" Reiche und Burgsdorf ritten eiligst mit der guten Nachricht zu Bülow zurück.

Borstell war um 11 Uhr von Kroppstädt abmarschirt und hatte unterwegs vom Kronprinzen von Schweden den Befehl erhalten sich nach Eckmannsdorf zu wenden, wo dieser unterdessen mit den schwedischen und russischen Truppen eine beobachtende Stellung genommen; Borstell aber antwortete, Bülow stehe in vollem Kampfe, die Pflicht rufe ihn dorthin, auch habe er diesem schon seine nahe Ankunft gemeldet, und nahm daher seine Richtung auf Dalichow und gradezu auf Göhlsdorf, welches ihm von Reiche als Zielpunkt angewiesen war. Dieser glückliche Ungehorsam gegen den Kronprinzen wurde ihm von Bülow hoch angerechnet, und sühnte den früheren gegen ihn versuchten. Borstell wollte nicht die Zuschauer vermehren, sondern verstärkte lieber die Kämpfenden.

Auch an den Kronprinzen selbst hatte Bülow die Meldung der großen Gefahr gesandt und ihn dringend ersucht vorzurücken.

Der Zettel war nach Marzahne überschrieben, der Ordonnanzreiter hatte Zahna verstanden, und war schon im Begriff dorthin zu den Franzosen zu reiten, als ihm der Förster von Treuenbriezen begegnete, die Aufschrift las, und ihn zurecht wies. Die Antwort des Kronprinzen lautete: „La bataille est gagnée, j'arrive avec 48 bataillons, le général Bülow n'a qu'à se retirer en seconde ligne." Tief empört über diese Arglist, welche die theuer errungenen Lorbeern sich zueignen und die Preußen und ihn selbst um den gerechten Preis des blutigen Kampfes bringen wollte, kümmerte sich Bülow gar nicht um die unwürdige Zumuthung, sondern beschloß, der Ankunft Vorstell's gewiß, die letzte Kraft aufzubieten, um den hier noch keineswegs entschiedenen Sieg zu erringen. Auch erschien der Kronprinz nicht auf dem Kampfplatz, sondern sandte nur einige schwedische und russische Reiter und Geschütze vor.

Borstell hatte den Major von Rüchel-Kleist vorausgeschickt, um die ankommenden Truppen nach der Lage der Dinge zweckmäßig aufzustellen, mit rascher Einsicht und Thätigkeit führte dieser seinen Auftrag aus. Gegen halb 4 Uhr rückte die in zwei Treffen entwickelte Brigade zum Angriff, jedes Treffen nur von 4 Bataillonen, 12 Kanonen vor der Mitte des ersten Treffens, die Reiterei mit 2 reitenden Kanonen in der rechten Flanke; 3 Bataillone, 2 Schwadronen und 2 Geschütze hatten noch zurückbleiben müssen. Der Kampf hatte sich von allen Seiten auf Göhlsdorf zusammengezogen. Die Nordseite des Dorfes wurde von 8 schwedischen und 4 russischen Kanonen beschossen, Borstell richtete sein Geschütz auf die Südseite. Der Feind antwortete aus 16 zwölfpfündigen Kanonen mit aller Kraft und behauptete sich im Dorfe. Das preußische Fußvolk war inzwischen näher gerückt, und 4 Bataillons drangen plötzlich stürmend ein, der Feind wehrte sich tapfer, wurde jedoch nach hartem Kampfe hinausgeschlagen. Der Major von Hövel drang

mit seinem Bataillon auf der andern Seite bis an die nächste
feindliche Batterie, während die Franzosen schon mit verstärkter
Macht wiederkehrten, ihm mußte befohlen werden zurückzugehen;
6 französische Bataillons folgten ihm auf dem Fuße, stürmten
Göhlsdorf, wo 2 preußische Bataillons nach tapfrer Gegenwehr
weichen mußten. Die Ueberlegenheit des französischen Geschützes
an Zahl und Schwere zwang auch das preußische, vielfach be=
schädigte, aus der zu großen Nähe sich etwas zurückzuziehen.
Dieser erste Angriff Borstell's war also abgeschlagen, Bülow
sandte den Befehl, unverzüglich die Anstalten zu einem kräftigern
zweiten zu machen, zugleich wiederholte er seine Aufforderung
bei dem Kronprinzen, ja sogar unmittelbar bei Wintzingerode,
seinen schweren Kampf wenigstens dadurch zu unterstützen, daß
sie durch Vorrücken ihre Truppen dem Feinde zeigten.

Inzwischen hatte Thümen die Truppen Bertrand's über
Dennewitz hinaus gegen Rohrbeck verfolgt, wohin gleichzeitig
von der andern Seite Tauentzien's Truppen vordrangen. Die
Franzosen vertheidigten die Brücke von Rohrbeck mit verzwei=
felter Tapferkeit, im furchtbarsten Handgemenge wurden ihrer
viele schonungslos erschlagen, der Rest floh mit Hinterlassung
von 2 Kanonen. Die Division Durutte stellte sich unverzagt
nochmals bei Rohrbeck gegen Thümen auf, dieser ließ die eine
der russischen Batterieen vorbringen, deren nahes Kartätschenfeuer
die französische Linie schnell wieder zerriß, das Dorf gerieth in
Brand und der Feind wich zurück. Ney, der diese Zerrüttung
sah, den Ueberblick über das Ganze des Kampfes wie es scheint
verloren hatte, und diesen Theil desselben bei Rohrbeck jetzt
für den wichtigsten und gefährlichsten hielt, rief augenblicklich
den Heertheil Oudinot's von Göhlsdorf ab, mit dem Befehl
eiligst hinter Rohrbeck sich in Schlachtordnung zu stellen und
die geschlagenen Truppen Bertrand's aufzunehmen. Als Rey=
nier den Abmarsch Oudinot's erfuhr und nun mit den beiden

sächsischen Divisionen wieder allein blieb, gerieth er in Verzweiflung, er sah sich verlassen, aufgegeben, seine Niederlage vor Augen. Der letzte Erfolg bei Göhlsdorf, der die Täuschung erzeugte, als könne man hier der Uebermacht entbehren, war nur durch diese errungen und ohne sie nicht zu behaupten. Auch erkannte er schon die Zeichen des nahen erneuerten Sturms. Man sagt, er habe im Schmerz über sein Mißgeschick sich in das schärfste Plänklerfeuer begeben und den Tod gesucht.

In der That ließ der neue Angriff der Preußen nicht lange auf sich warten. Bülow gab den Befehl, daß 4 Bataillone von Krafft sich an Borstell anschlössen, Oppen mit seiner ganzen Reiterei auf dem rechten Flügel desselben vorrückte, alles Geschütz herbeigeholt und in Wirksamkeit gesetzt würde. Heftiges Kanonenfeuer eröffnete den neuen Angriff, die preußischen Bataillone marschirten im Sturmschritt vor, der Feind von allen Seiten bedrängt, durch Geschoß und Bajonet und Gewehrkolben, wurde endlich zum letztenmal aus Göhlsdorf hinausgeworfen. Der schwedische Oberst Cardell rückte mit seiner schwedischen Batterie vor, 2 russische Batterieen, die hinter Wölmsdorf hielten, holte der Hauptmann von Grabowski herbei, der Hauptmann Spreuth brachte von seiner zusammengeschossenen Batterie die hergestellte Hälfte zum drittenmal in's Feuer, 2 russische Husarenregimenter schlossen sich an Oppen, 2 russische Jägerbataillone an Krafft's Truppen an. Der Feind wich nun auf allen Seiten. Staub und Pulverdampf begünstigten seinen Rückzug, doch litten die Abziehenden sehr von dem Geschützfeuer, das weithin den Kampfplatz bestrich und durchwühlte. Die sehr zahlreiche Reiterei Arrighi's wagte nicht gegen Oppen's wohlgeordnete Schaaren hervorzubrechen, sie trat bald ebenfalls den Rückzug an, und wurde nun herzhaft angegriffen, die pommerschen und russischen Husaren sprengten ein französisches Reiterregiment und nahmen 8 Kanonen.

Bei Oehna versuchte der Feind nochmals sich aufzustellen. Doch bevor es geschehen war, überraschten ihn die pommerschen Husaren, hieben in das noch nicht schußfertige Fußvolk ein, machten 1200 Gefangene und nahmen 3 Kanonen; darauf kamen noch 2 Uhlanenschwadronen von Borstell herbei, und die Verfolgung wurde kräftig fortgesetzt. Unterdessen hatten Tauentzien's und Thümen's Truppen den Feind bei Rohrbeck in erneuerten Angriffen wiederholt geschlagen, und zuletzt in völlige Flucht geworfen. Der Heertheil Oudinot's war eiligst herbeigezogen, allein er vermochte nicht sich aufzustellen, im vollen Marsche von den Flüchtlingen überrannt, von den Verfolgern in der Flanke bestürmt, gerieth er in Verwirrung und wurde in die allgemeine Flucht unaufhaltsam mit fortgerissen. Vergebens bot Ney sein ganzes Ansehn auf, die Flüchtlinge zu hemmen, sie gehorchten nicht mehr, Fußvolk und Reiterei, von panischem Schrecken ergriffen, eilten aufgelöst in allen Richtungen davon.

Bülow befahl den wenigst ermüdeten Truppen die weitere Verfolgung, 3 Landwehrregimenter Borstell's und 1 Reiterregiment Oppen's drangen nach Körbitz und Welsigkendorf vor, wo sie mit der verfolgenden Reiterei vom linken Flügel zusammentrafen; der Oberst von Hobe mit seinen Uhlanen in der Richtung von Schönwalde vorsprengend nahm noch zuletzt 3 Geschütze. Die Kosaken schwärmten weit in die Gegend hinaus.

Beim Einbruch der Nacht ließ Bülow seine Truppen zwischen Langen-Lippsdorf und Bochow lagern, die Reiterei voraus oder auf den Flügeln, doch viele Truppentheile nahmen ihre Rast, wohin grade die Bewegung des Kampfes sie geführt hatte. Die Schweden und Russen, endlich in Marsch gesetzt, lagerten zwischen Dennewitz und Jüterbogk.

Die Schlacht war vollständig und glänzend gewonnen, der richtige Blick und feste Muth des Feldherrn wie die kühne und nachhaltige Tapferkeit der unvergleichlichen Truppen hatten sich auf's neue herrlichst bewährt. Eine gewisse Aehnlichkeit dieser Schlacht mit der von Groß-Beeren ist auffallend, man erkennt in beiden dieselbe Leitung, dieselbe Kriegsart, nur erscheint beides in der Schlacht von Dennewitz wie an Umfang so auch an Kraft gesteigert. Es gab keinen Augenblick, in welchem Bülow die Uebersicht und Leitung des Ganzen nicht in der Hand gehabt, nicht jedem Theile des Kampfes Ziel und Mittel zugewiesen hätte. Auch hier anfangs nicht ohne Unruhe und heftigen Eifer, wurde er im vollen Sturm des Gefechts nur immer ruhiger und zuversichtlicher. Seine Haltung, unerschrocken in der größten Gefahr ohne diese über seinen Beruf hinaus zu suchen, beseelte die Truppen mit dem höchsten Muth und Zutrauen. Generale, Offiziere und Soldaten hatten gewetteifert in Tapferkeit und Hingebung.

Mehrere Züge von Heldenmuth sind unsrer Erzählung schon eingeflochten, wir müssen noch einige nachtragen. — Als bei dem ersten Angriff Thümen's die Truppen in Verwirrung geriethen, und zurückwichen, hielt dieser sie mit dem Zurufe fest: „Ein Hundsfott wer noch einen Schritt zurückgeht!" und dieselben Truppen thaten gleich darauf aufs tapferste ihre Schuldigkeit. — Im Allgemeinen herrschte der größte Eifer, die kühnste Todesverachtung; viele Verwundete wollten ihre Truppe nicht verlassen, und blieben im Gefecht. — Ein pommersches Bataillon begrüßte die Granaten, die vor ihm einschlugen, mit „Hurrah" und „Vorwärts!" — Der Musketier Drobowski, vom dritten ostpreußischen Regiment, verlor durch eine Kanonenkugel das Bein, seine Kammeraden wollten ihn aufnehmen, er aber trieb sie in den Kampf zurück. — Der Dragoner Schwarz, brandenburgischen Regiments, hatte mehrere feindliche Reiter niedergehauen, da fiel sein Pferd verwundet zusammen und die Feinde umringten ihn, allein er entkam ihnen, raffte Gewehr und Patrontasche eines Todten auf, und schloß sich dem Fuß-

volk als Plänkler an. — Der Landwehrmann Baumann, kur=
märkischen Regiments, warf die schweren Schuhe weg, um
schneller den Feind verfolgen zu können, schoß einen höhern
Offizier nieder, und verschmähte dessen Uhr und Börse. — Die
freiwilligen Jäger Ebel, von Kleist, Koch und Schumann, vom
Füsilierbataillon des kolbergischen Regiments, traten mit ihren
kurzen Büchsen in die Reihen des stürmenden Bataillons. —
Der Lieutenant Schmückert, Adjutant des kolbergischen Regiments,
führte freiwillig die Plänkler des Regiments zum Sturm. —
Der Unteroffizier Haak desselben Regiments riß dem Trommel=
schläger, der ihm zu lässig schien, die Trommel weg, und ging
sturmschlagend voran. — Der Lieutenant von Nordhausen, vom
zweiten Bataillon des dritten ostpreußischen Regiments, nachdem
seine Vormänner gefallen oder verwundet waren, führte die
Schützen des Bataillons zum Sturm, und nahm eine Haubitze. —
Das pommersche Bataillon des Majors von Podewils, das
schon viele Mannschaft verloren hatte, stand etwas vor die Linie
hinausgerückt, und sollte deßhalb etwas zurückgehen, aber die Leute
riefen: „Lieber zu Grunde gehen, als einen Schritt weichen!"
Die Fahnenstange wurde durch einen Schuß zerschmettert, die
nächsten Rotten waren getödtet, Alle wetteiferten die Fahnenrot=
ten zu ersetzen, die am meisten gefährdeten; Podewils nahm
selbst die Fahne und führte zum Angriff, eine feindliche Fahne
wurde erobert. — Der Rittmeister von Romberg nahm mit
westpreußischen Uhlanen 3 Kanonen. — Der Lieutenant von
Proek machte mit 12 brandenburgischen Dragonern 100 Gefange=
ne, der Lieutenant von Petersdorf mit 20 kurmärkischen Land=
wehrreitern 200 Gefangene. — Der Wundarzt Karl Arendt,
vom ersten pommerschen Fußregiment, wurde beim Verbinden
zweimal verwundet. — Der Regimentsarzt Assing, des zweiten
kurmärkischen Reiterregiments, nahm sich während der ganzen
Schlacht im heftigsten Kugelregen so unerschrocken und unermü=

bet der Verwundeten an, daß ihm Bülow das eiserne Kreuz am schwarzen Bande geben ließ. — Der Lieutenant von Korth, vom ersten pommerschen Fußregiment, stürzte sich zweimal dem russischen Geschütz entgegen, das eben auf dem Schlachtfeld angelangt, sein Feuer aus Irrthum auf die Preußen richtete. — Die Reihe solcher tapfern Züge ließe sich noch lange fortsetzen, die wenigen hier angeführten sind nur Beispiele aus der Menge. —

Bülow befehligte in dieser Schlacht nicht viel über 30,000 Mann und bestand den Kampf gegen 3 französische von den berühmtesten Feldherren geführte Heertheile, zwischen 65 und 70,000 Mann stark, von denen höchstens 10,000 durch Tauentzien beschäftigt waren. Der Sieg war theuer erkauft; der Bülow'sche Heertheil verlor an Todten und Verwundeten über 200 Offiziere und gegen 6000 Mann. Tauentzien's Verlust wurde auf 3000 Mann geschätzt. Die Franzosen verloren an Todten und Verwundeten über 10,000 Mann, gegen 15,000 an Gefangenen, 4 Fahnen, 80 Kanonen, 400 Pulverwagen, unermeßliches Gepäck und Geräth, da schon auf dem weiten Schlachtfeld, noch mehr aber auf der nächtlichen Flucht, alles zurückgelassen und den Siegern zur Beute wurde. —

Der Eindruck dieses Sieges übertraf den von Groß-Beeren weit. Der Kronprinz von Schweden selbst war davon ganz ergriffen. Er schrieb gleich am folgenden Tag an Bülow: „J'ai été témoin hier du courage que vos troupes ont déployé et de l'activité et des talents de vos généraux; continuez à leur donner le bel et honorable exemple qu'ils reçoivent de vous dès le commencement de la guerre", und fügte hinzu, daß er selbst vollkommen würdige und auch dem Könige gebührend anzeigen werde, was alles das Vaterland den Leistungen Bülow's und seiner standhaften Beharrlichkeit verdanke. — Ney dagegen, um Mitternacht in Dahme ange=

langt, schrieb von hier an Napoleon ganz entmuthigt: „Ich bin gänzlich geschlagen, und noch weiß ich nicht, ob mein Heer sich wieder gesammelt hat. Ihre Flanke ist entblößt, nehmen Sie sich daher in Acht. Ich glaube es ist Zeit, die Elbe zu verlassen und sich auf die Saale zurückzuziehen." An den Kommandanten von Wittenberg, General Lapoype, schrieb er noch schlimmer: „Ich bin nicht mehr Herr der Truppen, sie versagen mir den Gehorsam und haben sich selbst aufgelöst; nehmen Sie, Herr Kommandant, darnach Ihre Maßregeln." Was von dem geschlagenen Heer noch übrig war, zog eiligst der Elbe zu. Ney sammelte die Flüchtlinge des Bertrand'schen Heertheils am 7. bei Dahme; — hier hatte Napoleon an diesem Tage von Dresden her mit starker Macht eintreffen wollen, um sich mit Ney zu vereinigen. Reynier's Truppen nahmen ihren Rückzug theils auf Herzberg, theils auf Annaburg, Oudinot's Heertheil ebenfalls auf Annaburg; sie wurden noch sehr von den Verfolgern beunruhigt; Tauentzien sandte noch am 6. September Abends seiner Brigade, die unter Wobeser in Luckau stand, den Befehl nach Dahme vorzurücken um den Feind in der Flanke zu nehmen; Wobeser machte mit 8 Landwehrbataillons, 8 Schwadronen und 1 Batterie einen angestrengten Nachtmarsch, erschien am 7. früh um 5 Uhr vor Dahme, wo Ney's Hauptquartier war, griff sogleich mit Ungestüm an, jagte Ney's Hauptquartier in die Flucht, nahm 1 Kanone und machte 2500 Gefangene; ebenso überfiel der Rittmeister von Blankenburg mit einer gemischten preußischen Reiterschaar den Feind bei Holzdorf, nahm 10 Offiziere und 800 Gemeine gefangen und 8 Kanonen; der Oberstlieutenant Graf von Lottum mit einer Schaar preußischer und russischer Reiter nahm bei Herzberg gleicherweise 800 Gefangene und 1 Kanone. Unfähig solcher Angriffe sich zu erwehren, zogen am 8. September alle französischen Truppen bei Torgau sich über die Elbe zurück.

Bülow schrieb am Tage nach der Schlacht aus Dehna folgenden Brief an seine Frau: „Der gestrige Tag war einer der merkwürdigsten und glänzendsten, welche die preußische Militairgeschichte aufzuweisen hat; wir haben eine Hauptschlacht gewonnen, wo gegen uns jeder Fuß Terrain hartnäckig vertheidigt wurde. An der Schlacht hat von den Aliirten nichts Theil genommen, als zuletzt, nachdem wir den Feind schon aus den mehrsten Positionen geworfen, die schwedische und russische Artillerie und beim Verfolgen die russische Kavallerie. An 5 Stunden habe ich mich beinahe allein gegen einen ungeheuer überlegenen Feind mit 3 Divisionen erhalten müssen, denn die von Borstell konnte erst nach 3 Uhr Nachmittags ankommen, und um 10 Uhr fing die Schlacht nahe bei Jüterbogk an. Wir haben sehr viel Menschen verloren, mehrere Bataillone sind bis auf die Hälfte geschmolzen. Die Hand der Vorsehung schützte mich sichtbar. Auch von meinen Adjutanten ist niemand verwundet. Der Prinz von der Moskwa (Ney) war mit seinem Armeekorps zu Oudinot gestoßen und hatte das Kommando übernommen, daher die sehr bedeutende Stärke des Feindes. Wir sind noch im Verfolgen begriffen. Ich kann noch nicht genau übersehen, wie viel wir an Trophäen aufzuweisen haben werden, 20 Kanonen und eine große Menge Munitionswagen weiß ich vorläufig. Unsere Truppen haben Wunder gethan; sie haben mit dem Bajonet Batterieen gestürmt; es sind wieder die alten Preußen von Prag, Leuthen 2c. Es kommt nur darauf an, daß wir unsere Siege nutzen, und wir werden bald Herr von Deutschland sein." Die unrichtigen Angaben in diesem Briefe, besonders in Betreff der eroberten Kanonen, zeigen auf's neue wie schwer es ist nach solchem Ereigniß alle Folgen desselben sogleich zu übersehen.

Bei Dennewitz wie bei Groß=Beeren hatten die Sachsen im französischen Heere tapfer gefochten und es war nicht ihre

Schuld, daß die Franzosen nicht siegten. Das Mitstehen dieser Deutschen auf der undeutschen Seite regte großen Unwillen auf, und Bülow enthielt sich nicht, den gefangenen sächsischen Offizieren, am folgenden Morgen eine bittre Strafrede zu halten, indem er sie auf das Beispiel ihres ehemaligen Generals Thielmann verwies, der jetzt der Sache der Verbündeten und hiemit dem Könige von Sachsen besser diene als sie, die noch mit den Franzosen vereinigt waren, und forderte sie zum Uebertritt auf. Der Zeitpunkt aber, wo eine solche Gesinnung zur That werden sollte, trat erst sechs Wochen später ein, der ausgeworfene Samen mußte durch die Ereignisse selbst der Reife näher gebracht werden.

Am 8. September feierte das Heer den erfochtenen Sieg durch ein feierliches Tedeum unter dem Donner der Kanonen und dem Gewehrfeuer der in Vierecke gestellten Regimenter. Dem Könige wurde von den Preußen ein dreimaliges Hurrah gerufen, sodann Bülow'n von seinen Truppen. Der Kronprinz von Schweden sammelte alle Angaben über den Verlauf der Schlacht, besonders erkundigte er sich bei den Gefangenen ob nicht Napoleon selbst dabei gewesen, welches er anfangs zu glauben schien, weil ihn vielleicht geheime Kundschaft benachrichtigt hatte, daß Napoleon, wie er wirklich die Absicht gehabt, sich von Dresden her mit Ney zu vereinigen dachte. Dieser Voraussetzung gemäß wollte der Kronprinz auch nicht zu schnell vorrücken, sondern das Heer vorsichtig beisammen und zurück halten, in diesem Sinne gab er viele zweckmäßige Befehle, die jedoch zu sehr ins Einzelne gingen, und den vorstrebenden Geist der Preußen nicht befriedigten. Nach einigen Tagen aber erschien ein vom Hofkanzler von Wetterstedt unter den Augen des Kronprinzen verfaßter Kriegsbericht, der zuerst das größte Staunen und dann das unwilligste Murren erregte. Darin wurden die Sachen folgendermaßen dargestellt: „Das preußische Heer, höch=

stens 20,000 Mann stark, hielt mit wahrhaft heroischem Muth die wiederholten, durch 200 Kanonen unterstützten Angriffe von 70,000 Feinden aus. Der Kampf war ungleich und mörderisch, doch herrschte nicht einen Augenblick Unentschlossenheit unter den preußischen Truppen; und wenn einige Bataillone das gewonnene Terrain augenblicklich räumen mußten, so geschah es nur, um es auf der Stelle wieder zu erobern. In dieser Lage der Dinge rückten 70 russische und schwedische Bataillone, 10,000 Mann Reiterei von beiden Nationen und 150 Stück Geschütz in Angriffskolonnen mit freien Zwischenräumen zum Entwickeln vor. Schon waren über 4000 Mann russischer und schwedischer Reiterei und mehrere Batterieen in Gallop herangesprengt, um einen Punkt, gegen den der Feind vorzüglich seinen Angriff richtete, zu unterstützen. Ihre Ankunft begann demselben Einhalt zu thun, und die Erscheinung der Kolonnen that das Uebrige. Das Schicksal der Schlacht war auf der Stelle entschieden." Ungeachtet des glänzenden Lobes, das hier der preußischen Tapferkeit ertheilt wird, ist die Arglist doch nur zu sichtbar, welche die Ehre des Sieges den Preußen und ihrem Feldherrn doch zum Theil entziehen und dem Gesammtheer so wie dem Oberbefehlshaber desselben zuweisen möchte; zu diesem Zweck wird sogar die Zahl der Kämpfenden wie ihre Anstrengung zum Theil verkleinert, damit es scheine, als habe der preußische Heertheil nur gleichsam als Vorhut gefochten, und die übrigen Heertheile dicht hinter sich gehabt. Allein der Augenschein zeigt, daß die Preußen allein hier eine selbstständige Schlacht geliefert, und sie gewonnen haben ehe die Schweden und Russen herangekommen. Auch waren letztere zusammen nicht 70 Bataillone stark, sondern nur 46 Bataillone, 40 Schwadronen und 118 Kanonen, die Preußen aber nicht 20,000 Mann, sondern zwischen 40 und 50,000 Mann.

Bülow versuchte die schwedischen Angaben durch eine wahr=

heitsgetreue Darlegung der Thatsachen in den Berliner Zeitungen zu berichtigen, allein der Zensor verweigerte auch diesmal die Zulassung. Empört über dieses Versagen des nach seiner Ueberzeugung gerechtesten Verlangens, beschwerte sich Bülow bei dem Fürsten von Wittgenstein, als demjenigen Minister, dem die Zensursachen untergeben waren, und hatte mit ihm einen scharfen, doch fruchtlosen Briefwechsel. Aber auch an Adlercreutz sandte er seine bittren Klagen in einem Schreiben, das er anfangs sogar an den Kronprinzen selbst richten wollte, und worin er sowohl gegen das Uebermaß der Bedeutung, welches dieser der Mitwirkung der schwedischen und russischen Geschütze beilegen wolle, als gegen die Hervorhebung des Prinzen von Hessen-Homburg im Vergleich der andern Brigadegenerale nachdrücklich Einspruch that. In letzterem Betreff sagte er grade heraus: „Quoique le prince de Hombourg aye fait son devoir, il n'a cependant point eu l'occasion de se distinguer comme les généraux de Thümen, de Borstell et de Krafft, et je crois comme chef de mon corps et comme témoin oculaire le mieux pouvoir juger du mérite des officiers à mes ordres." Adlercreutz antwortete begütigend, und schrieb unter andern: „Je suis pleinement convaincu que ces batteries ne décidèrent pas la victoire, mais elles doivent avoir contribué en partie à accélérer la retraite de l'ennemi;" er fügt schließlich hinzu: „Je déclare hautement que les dispositions de votre Excellence et la bravour des troupes à ses ordres ont tout l'honneur de l'heureux résultat de cette bataille."

Hier erhebt sich eine alte, vielfach verhandelte und für jeden gegebenen Fall absonderlich zu entscheidende Frage, wem von kriegerischen Thaten der Ruhm gebühre? Der Mitwirkenden sind hier immer viele, unter den mannigfachsten Verhältnissen und Umständen. Unstreitig hat der Oberbefehlshaber ein unbedingtes Recht auf alles, was seine Untergebenen nach seinem Befehl ausführen. Aber der größte Feldherr hört auf das Urtheil, auf den Rath von Andern, und seines General= stabs, seiner Adjutanten, seiner Unterbefehlshaber, kann er nicht entbehren; ja manche Schlacht hat vorzugsweise der General= stab, ein Adjutant, ein Unterbefehlshaber, ohne und sogar wi= der Befehl, oder die Tapferkeit der Truppen allein gewonnen. In unserem Falle stellt es sich klar heraus, daß Bülow mit vollkommener Selbstständigkeit gehandelt hat, daß auch in die= ser Beziehung die Schlacht von Dennewitz nur eine Steigerung der Schlacht von Groß=Beeren ist; von oben fand höchstens eine hemmende Einwirkung Statt, von unten nur die nothwen= dige, die richtige Mitwirkung. Das Verhältniß zu dem Kron= prinzen von Schweden konnte zu derjenigen Zeit, in der es amtlich in Kraft war, das Verdienst und den Ruhm der That einigermaßen auf jenen hinüberleiten; die spätere Geschichts= kunde, frei von amtlicher Rücksicht, darf diesen Schein nicht dulden. Bülow hatte jedoch sein Werk und Verdienst nicht nur gegen den Höheren, sondern auch gegen den Nebenstehenden, ja gegen seinen Untergebenen zu wahren; von ersterem wird spä= ter die Rede sein, in Betreff des letzteren sei nur in Kürze ge= sagt, daß Vorstell, gestützt auf sein Zuletzterscheinen und auf die Wegnahme von Göhlsdorf, gar sehr gemeint war, sich für den eigentlichen Sieger zu halten, und unruhig bald mehr bald min= der solche Ansprüche blicken ließ, die niemand sonst ihm jemals zugestehen wollte. —

Um den Gegenstand zu erledigen schließen wir gleich hier eine spätere Erörterung an, welche Bülow zur Wahrung seines Rechtes an den Hauptmann von Thile schrieb, von dem zu er= warten war daß er sie dem Könige vorlegen würde; er sagt darin: „Der Kronprinz für seine Person ist niemalen auf dem Schlachtfelde erschienen, noch hat er in Absicht der Schlacht weder die mindeste Veranstaltung getroffen noch Ordres er=

theilt. — **Der Kronprinz ließ mich fragen, ob die Schlacht gewonnen?** ich antwortete, allerdings, der Feind sei in völligem Rückzuge; zum zweitenmal ließ er mich fragen, ob der Sieg vollständig und der Feind in Unordnung zurückginge? ich bejahte dies abermals." Von den furchtbaren Kolonnen, welche ein solches Schrecken bei dem Feinde verursacht haben sollen, hat Bülow nichts gesehen, überhaupt nichts von den Schweden, als 2 reitende Battericen, und deren Oberst Cardell nebst dem General Adlercreutz, die persönlich bei ihm im stärksten Feuer waren. Seine gereizten Gefühle sprechen sich noch später in einem Schreiben an seine Frau mit gerechtem Stolz aus: „Die Berliner haben eine Deputation an den Kronprinzen geschickt, welche ihn gebeten zu erlauben, daß sie zum Andenken seiner, als des Retters von Berlin, eine Medaille mit seinem Bildniß dürften prägen lassen. Er hat geantwortet, sie wären es größtentheils mir und meinen Truppen schuldig, sie möchten also eine Medaille mit seinem Bildniß prägen lassen, wo aber auf der andern Seite mein und Tauenzien's Name, so wie die der schwedischen Generale Stebingk, Adlercreutz und Tawast, und der russischen Generale Woronzoff und Winzingerode stehen sollten. Da ich dieses erfuhr, habe ich an's Gouvernement geschrieben, und verboten, daß mein Name auf dieser Medaille geprägt werde. Beiliegend erhältst Du das Brouillon dieses Schreibens. Theile es der Prinzeß Luise mit, es wird ihr Spaß machen."

Die Kriegsbewegungen gingen langsam vorwärts. Bülow's Heertheil zog am 9. September nach Nonnendorf, Tauenzien nach Luckau, Hirschfeldt nach Seyda. Der Kronprinz nahm eine Mittestellung vor Wittenberg bei Seyda, und dehnte nur seine Flügel etwas aus. Die erlangten Vortheile, wie groß immer, waren noch keine entscheidenden, Oudinot und Ney waren geschlagen, aber die dunkle Gestalt Napoleons und seines

Haupttheers schwebte gleich einer Gewitterwolke drohend im Hintergrund; was seinen Marschällen zweimal mißlungen war, konnte er selbst zum dritten Male durchsetzen. Ueber die Elbe zu gehen und den gefürchteten Feind aufzusuchen, machte der Kronprinz allerdings einige Anstalten, doch zur Ausführung hielt er für nöthig erst einen Stützpunkt an der Elbe gewonnen zu haben, Wittenberg oder Torgau. Er nahm sein Hauptquartier in Koßwig, während Bülow nach Seyda vorrückte und ein Lager zwischen Seyda und Gabegast bezog; Vorstell's Brigade stand in Schweinitz und Jessen. Tauentzien erhielt Befehl die Brigade Wobeser gegen Torgau vorzuschicken, und den dortigen Brückenkopf anzugreifen; Hirschfeldt sollte Wittenberg einschließen; die Belagerung dieser Festung wurde am 14. September Bülow'n aufgetragen, und ihm zu diesem Zweck auch Hirschfeldt untergeben. Zugleich erhielt Bülow die Ermächtigung oberhalb Wittenberg's bei Elster, gegenüber von Wartenburg, eine Brücke über die Elbe schlagen und einzelne Truppenabtheilungen übergehen zu lassen, falls keine zu große Gefahr dabei wäre; ein Theil seiner Reiterei, zwischen der Elster und Elbe zweckmäßig aufgestellt, erhielt die Verbindung mit Tauentzien. Das zur Belagerung Wittenberg's nöthige schwere Geschütz wurde aus Spandau und Berlin schleunigst herbeibefohlen, die Festung sollte in kürzester Frist erobert werden. In dieser Aufgabe und Stellung fand Bülow zwar genugsamen Stoff rastloser und mannigfacher Thätigkeit, aber sich im Ganzen doch auf Abwarten und Stillstehen angewiesen.

In dieser Zeit sandte die Prinzessin Luise von Preußen, vermählte Fürstin Radziwill, ihren ältesten Sohn zu Bülow, um unter dessen Augen den Krieg mitzumachen. Ihr Brief vom 18. September aus Berlin lautete: „Sie sind seit so langen Jahren uns ein so treuer und werther Freund gewesen, daß ich gewiß, lieber Bülow, meinem Sohne kein besseres Schicksal wünschen konnte, als in Ihrer Nähe und unter Ihren Augen an dem heiligen und gerechten Kampf Theil zu nehmen, für den Sie bis jetzt mit einem so herrlichen Erfolg gefochten haben. Ich hoffe daß Wilhelm Ihre Gewogenheit zu verdienen suchen wird, und bin fest überzeugt, daß es ihm wenigstens dazu an gutem Willen nicht fehlen wird. Möge er ganz meinen sehnlichsten Wünschen entsprechen, und mit Ihrem Beifall beehrt einst zu mir zurückkehren! Auch Herrn von Royer, einen seit 20 Jahren meinem Bruder und mir treu bewährten Freund, empfehle ich Ihnen angelegentlichst; er verdient alles Gute was man nur von einem Menschen sagen kann, und hat mich jetzt, in einem Augenblick, der doch wohl jedem Mutterherzen schwer wird, einen sehr werthen Beweis seiner Anhänglichkeit durch dem Anerbieten gegeben Wilhelm zu begleiten. Sobald wir die nöthigen Pferde werden angeschafft haben, wird Wilhelm abreisen. — Daß Sie in der Gegend von Wittenberg bleiben und zu der Belagerung dieses Platzes bestimmt sind, thut mir herzlich leid, — denn ich weiß daß es Ihrem Wunsch und Ihrer Ueberzeugung nicht entspricht. — Mein Mann sprach dem Obrist Boyen im Hauptquartier des Kronprinzen, und hoffte Sie auch bei dem Uebergang über die Elbe zu treffen, in Zerbst erfuhr er erst das Gegentheil und mußte nun eine weitere Reise aufgeben. — Ihre gute Pauline tummelt sich noch immer in der Welt herum; — ich wünschte ihr wohl baldige Ruhe in ihrem Bette, nach dem sie sich recht herzlich sehnt. Ich besuchte sie zuweilen, aber nun habe ich einen so bösen Husten und Fieber, daß ich nicht mehr das Zimmer verlassen kann. — Schenken Sie mir die Fortdauer Ihrer Freundschaft. Empfehlen Sie mich dem Obrist Boyen, Herrn von Auer und Weyrach, und versichern Sie sich meiner Dankbarkeit und Ergebenheit."

Vom König erhielt Bülow das Großkreuz des eisernen Kreuzes, der Kronprinz von Schweden sandte ihm mit schmeichel=

haften Worten das Großkreuz des Schwertordens. Wie er beides aufnahm, ersehen wir aus dem Brief an seine Frau vom 19. September aus Seyda: „Auf meinen ersten vorläufigen Bericht der Schlacht von Dennewitz habe ich Antwort vom Könige. Er ist höchlich erfreut, und hat mir das höchste militairische Ehrenzeichen, was in diesem Kriege gegeben wird, das Großkreuz des eisernen Kreuzes übersandt. Zugleich habe ich das Großkreuz des schwedischen Schwertordens erhalten. Dieses letzte ist mir in Wahrheit sehr gleichgültig. Tauentzien hat den schwarzen Adlerorden erhalten, aber kein eigentlich rein militairisches Ehrenzeichen; man muß ihm die Gerechtigkeit widerfahren lassen, daß er sich immer entschlossen und gut benommen hat. — Wenn man die Berliner Zeitungen liest, so ekelt es einen an, die erbärmlichen Bulletins des Kronprinzen zu lesen, wie er so ängstlich bemüht ist dem Publikum vorzuspiegeln, daß er Antheil an der Schlacht bei Dennewitz habe. Seine Bulletins enthalten beinahe nichts wie Lügen; es ist kein wahres Wort, daß Tschernischeff Dessau besetzt hat, der Kronprinz hat ihn vielmehr wieder über die Elbe zurückkehren lassen, worüber dieser außer sich ist."

Der Kronprinz that sehr ungedulbig, und fragte wiederholt an, warum Bülow die Laufgräben vor Wittenberg noch nicht eröffnet habe? Dieser fand das Drängen des sonst immer Zaudernden sehr ungehörig, und antwortete scharf, daß eine Belagerung ohne Belagerungsgeschütz noch nie Statt gefunden. Als endlich einige Mörser und schwere Kanonen so wie auch eine englische Batterie Congreve'scher Raketen eingetroffen waren, verlegte Bülow am 24. September sein Hauptquartier näher an Wittenberg im Birkenbusch oder Nudersdorf, ließ Nachmittags durch Thümen diesseits der Elbe, jenseits durch Hirschfeldt, die nächsten Dörfer um Wittenberg nehmen, und die Franzosen auf die Festung beschränken.

Ney hatte sich mit seinen geschlagenen Truppen auf die Mulde zurückgezogen, und strebte aus allen Kräften sie wieder zu ordnen, zu ermuthigen, zu verstärken. Bülow lag dem Kronprinzen dringend an, ihn bei Elster über die Elbe gehen zu lassen und selber bei Roßlau überzugehen, um den Feind zu gleicher Zeit auf beiden Flügeln anzugreifen, das Gelingen sei unfehlbar, und werde auch für die andern Heere die größten Folgen haben; aber der Kronprinz verwies ihn auf Wittenberg, ohne dessen Besitz das Nordheer nichts jenseits der Elbe unternehmen könne; während Bülow umgekehrt eine solche Unternehmung für das beste Mittel hielt, den Fall von Wittenberg zu bewirken; er beklagte bitter, daß von diesem Feldherrn das geringste Vorschreiten nur gewaltthätigerweise zu erpressen sei! Der Oberstlieutenant von Valentini, bis dahin Oberquartiermeister von York's Heertheil, eben jetzt aber in gleicher Eigenschaft zu Bülow versetzt, schrieb in gleichem Sinn an seinen Freund Schack: „Der Oberfeldherr, dessen Panier ich jetzt folge, läßt seinem Heerhaufen mehr Ruhe, als wir unter den lorbeerbegierigen Strategen genossen, die uns bei Tag und Nacht durch Bäche und Ströme jagten; bei dem dritten Armeekorps kann man auf die Jagd gehen, einen Landedelmann besuchen, ein Leben führen, wie ich mit meinem Freunde Zielinski in den ersten Tagen unsrer Ruhe in Bautzen ... Man lebt ungenirt und in guter Eintracht in diesem Hauptquartier, doch bin ich in einer fremden Welt." Vom Kronprinzen von Schweden sagt er noch, derselbe habe hierin auch etwas Imperatorisches, daß er seinen Generalen wenig über das Ganze der Sachen mittheile; er sei übrigens sehr höflich, mache aber auch ebenso seinerseits Prätensionen von Höflichkeit, die gegen ihn Devotion werden müßte, „mehr als unsre preußischen Gebräuche es erlauben."

Ein Aufruf an die Sachsen vom 7. September auf dem

Schlachtfelde von Dennewitz erlassen, lautete wie folgt: „Sachsen! Deutsche Brüder und Nachbarn! — Von den Gefilden einer gewonnenen Schlacht, in der wir mit Unwillen euer deutsches Blut vergossen, sprechen wir noch Einmal zu euch. — Sachsen! Einst zählte Deutschland euch mit Stolz zu dem edleren Theile seiner Söhne, die jeder Unterdrückung kühn widerstrebten; rühmlich erwähnt die Geschichte der heißen Schlachten, in denen eure Vorfahren für die Freiheit des Vaterlandes fochten. Ihr waret eine der kräftigsten Stützen Deutschlands, unter dessen alter Verfassung unser aller Wohlfahrt und Glück blühte. Was seid ihr jetzt? Unterwürfige Knechte eines fremden Monarchen, dessen unersättlicher Ehrgeiz euch auf immer in die Ausführung seiner blutdürstigen Plane verwickeln, auf immer von dem Genusse des wahren häuslichen Glücks entfernen wird; Helfershelfer bei der Unterdrückung eurer deutschen Brüder; Theilnehmer an der Verwüstung eures vaterländischen Bodens, den jene Fremdlinge, nicht wir, zur Einöde gemacht haben. Was habt ihr, selbst bei dem glücklichsten Ausgang eures ungerechten Kampfes, zu erwarten? Sklavenfesseln, die euch unaufhörlich drücken, die euch bei euren Zeitgenossen, so wie bei der Nachwelt, mit ewiger Schande bedecken werden. — Es ist nicht Gefühl von Schwäche, was uns diese Worte an euch entlockt; das froheste Bewußtsein, die festeste Zuversicht, führt uns der Zukunft entgegen, und auch ohne euch werden wir diesen heiligen gerechten Kampf bestehen, aber eben weil wir euch als unsere deutschen Brüder gerne lieben und achten möchten, weil wir nur mit Unwillen daran denken mögen, euch gleich jenen räuberischen und verhaßten Fremdlingen zu behandeln, fordern wir euch auf, des deutschen Namens, der deutschen Abkunft euch würdig zu zeigen, und die Fahnen des Unterdrückers mit denen der Freiheit und des Rechts zu vertauschen. — Wählt jetzt, Sachsen! Ruhe und Glück für eure Zukunft, Ruhm und Ehre bei der Mit= und Nach=

welt, und unsre herzliche Liebe und Achtung, — oder Knecht=
schaft, Schande, und Zerstörung eures Wohls. — Als Brüder
werden wir diejenigen von euch empfangen, die eingedenk ihrer
heiligsten Pflichten vereint mit uns für Deutschlands Wohlfahrt
kämpfen wollen. — Aber wir sagen uns los von aller Gemein=
schaft mit denjenigen, die länger noch die schimpfliche Fessel des
Unterdrückers tragen; unwürdig erklären wir sie des deutschen
Namens, und sie selbst und ihre Eltern und Verwandten sollen
erfahren, wie wir Deutschlands ausgeartete Söhne zu verachten
und zu strafen wissen."

Dieser Aufruf hatte wenig gefruchtet; er mochte nicht ge=
hörig bekannt geworden oder für Einzelne schwer zu befolgen
sein, nur wenige Sachsen kamen auf die deutsche Seite herüber.
Den Versuch einen ihrer Generale zu gewinnen, machte Bülow
durch ein Schreiben vom 25. September an den sächsischen
Generallieutenant von Zeschau. Die darin angeführten Beweg=
gründe sind merkwürdig genug, sie erinnern an die, von denen
Yorck geleitet war, und bezeugen abermals, daß Bülow diesen
vollkommen beipflichten konnte. Nach einigen allgemeinen Be=
trachtungen fährt er eindringlichst fort: „Sollten Sie nicht
durchdrungen sein von der Ueberzeugung, daß die wahre Ehre
dem Soldaten den Kampf für die Freiheit und das Wohl des
Vaterlandes gebietet, und daß, indem Sie dem ersten Bür=
ger desselben den Eid der Treue leisteten, derselbe auf keine
Art gebrochen wird, wenn Sie, treu dem Wohl des Vater=
landes, einen entscheidenden, ewig ruhmwürdigen Schritt für
dasselbe thun? — Nein gewiß! Euer Exzellenz fühlen dies eben
so sehr, als Sie die Achtung nicht verkennen können, die Sie sich
durch diesen Schritt bei dem ganzen freien Europa erwerben
würden, und als Ihnen die dauernde Dankbarkeit des geretteten
Vaterlandes werth sein muß. — Ihr edler Monarch kann, ge=
fesselt von dem Unterdrücker Ihrer Freiheit, nicht mehr aus der

Fülle seines Herzens zu Ihnen sprechen. Könnte er das, seine Befehle würden gewiß, mit meinen Ansichten übereinstimmend, zur Befreiung des Vaterlandes Sie auffordern. Auch ihn aus dieser schmachvollen Unterwürfigkeit zu befreien, ist Ihre Pflicht. — Es wird an Mitteln Ihnen nicht fehlen, aus der Gemeinschaft mit jenen verhaßten Fremdlingen zu treten; — die Wege über Dessau und Wörlitz und die heilige Zusicherung unserer Mitwirkung und Unterstützung, wo Sie solche wünschenswerth finden, bieten sich Ihnen dazu dar. — Ich aber, der ich mir vorzüglich die Ehre wünsche, die braven Sachsen mit meinen Preußen vereinigt zu sehen, und der ich hierin nur die Gesinnungen des Königs meines Herrn und aller meiner vaterländischen Waffenbrüder ausspreche, sichere Ihnen im Namen meines Monarchen das ungetheilte Zusammenbleiben Ihrer Mannschaft unter Ihren Fahnen und die Bestätigung eines jeden in seinen Rang- und Gehaltsverhältnissen zu. — Werfen Sie diese Anerbietungen nicht zurück; sie sind mit Vertrauen, mit Achtung und Liebe gegeben, und verdienen eine gleiche Aufnahme. Euer Excellenz persönlich aber bitte ich die Versicherung meiner hohen Achtung und Ergebenheit zu genehmigen." — Es war ein besonderes Geschick, daß grade dieser General, der so angesprochen wurde, grade am längsten bei den Franzosen aushielt. —

An seine Frau schrieb Bülow an demselben Tage: „Die Prinzeß Luise hat mir geschrieben, eben so die Gräfin Kalnein; beide haben mir ihre Söhne empfohlen. Ich habe also eine weitläufige Korrespondenz mit den Damen. Wie paßt aber diese Damen-Korrespondenz für einen Menschen, der handwerksmäßig Mordbrennerei treibt? Heute Nacht fange ich an, Wittenberg zu bombardiren; mit Leidwesen werde ich so viele für uns wichtige und ehrwürdige Denkmäler zerstört sehen, die Zelle, wo Luther noch als Mönch gewohnt 2c. Alles dieses wird wahrscheinlich in kurzem ein Raub der Flammen sein, und ich fürchte, daß vielleicht mehr unschuldige, unglückliche Einwohner den Tod finden werden, als Feinde darin umkommen. Das ist der Krieg, meine gute Pauline! Gestern habe ich die Vorstädte genommen, und den Feind in die Festung hineinwerfen lassen. Auf einer Höhe sitzend habe ich die ansehnliche, in der Geschichte der Reformation so merkwürdige Stadt mit Wehmuth betrachtet. Aber das ist der Krieg, meine Pauline!"

Am 25. September Abends um 8 Uhr wurden wirklich die Laufgräben eröffnet und 3 Batterieen mit Geschütz besetzt, in der Nacht begann das Bombardiren, doch ohne große Wirkung. Die Franzosen antworteten kräftig, die Preußen errichteten neue Batterieen, und warfen in den Nächten zum 28. und 30. September zahlreiche Bomben in die Stadt, sie wurde zum Theil eingeäschert, ein Magazin in Brand gesteckt, aber die Brücke blieb unzerstört, und die Uebergabe um nichts genähert. Die Bewegungen des Feindes waren indeß wieder bedrohlich gegen die Elbe gerichtet, und nöthigten die Aufmerksamkeit sich vorzugsweise ihnen entgegen zu wenden.

Ney hatte am 27. September mit seinen Vortruppen Dessau besetzt, dann Roßlau, wo die Schweden standen, wiederholt angegriffen, doch hier zurückgeschlagen sich stromaufwärts gewandt; er glaubte, das Nordheer wolle bei Elster übergehen, schickte daher Bertrand's Heertheil dorthin um den Brückenbau und den Uebergang möglichst zu hindern. Doch war es nicht das Nordheer, sondern das aus der Lausitz kühn hervordringende schlesische, namentlich der Heertheil York's, dessen Uebergang über die Elbe hier sollte bewerkstelligt werden. Bülow lieh seine kräftige Hülfe dazu. Er sandte 1 Grenadierbataillon und 6 Musketierkompanieen, 1 zwölfpfündige Batterie und 1 reitende sechspfündige, unter deren Schutz die Arbeit glücklich ausgeführt wurde.

An seine Frau schrieb am 29. September Bülow aus Rudersdorf: „Es ist schon sehr lange, daß ich keine Zeile von Dir erhalten; bei allem, was auf mir beruht, bei meinen großen und wichtigen Geschäften ist es nothwendig, daß ich in Ansehung Eurer, meine Lieben, beruhigt bin. — Wittenberg ist nun zwei Nächte bombardirt worden; das letzte, gestern Nacht, hat große Wirkung gehabt. Es brannte an vier Orten, und sehr viel von der Stadt liegt in Asche; ein Theil des Schlosses, worin ein großes Magazin war, ist auch ein Raub der Flammen geworden. — So eben erhalte ich die Nachricht, daß der König von Baiern die französische Parthei verlassen, und sich mit uns vereinigt. Auch wurde gestern gemeldet, daß der Feind sich zurückzöge, und daß Dresden vielleicht schon geräumt sein würde. Alles dieses ist von großer Wichtigkeit. Wir werden also auch hier in wenig Tagen über die Elbe gehen. Ein großes Uebel ist es, daß wir es nicht schon lange gethan. Das Korps des Marschall Ney müßte gänzlich vernichtet werden. — Du weißt, meine liebe Pauline, ich bin Gourmand und betrachte eine schlechte Speise halb und halb wie eine verlorne Schlacht. Mein Staatsrath hatte einen Wildschweinskopf komplet zum Brei verkochen lassen. Wir Alle fanden uns in unsern Erwartungen sehr getäuscht, und es hat eine derbe Epistel gesetzt." —

Das Annahen des schlesischen Heeres und die nun lebhaft eingetretenen Mittheilungen zwischen Blücher und Bülow erhoben den Kriegseifer beider zu größeren Entwürfen und Hoffnungen; Blücher und Gneisenau hatten schon Vorschläge gemacht, Bülow'n von dem Nordheer abzutrennen und mit dem schlesischen zu vereinigen, allein der König wollte darauf aus politischen Gründen nicht eingehen. Nun galt es also den

Kronprinzen zu thätigem Vorschreiten zu bewegen, allenfalls fortzureißen; allein er wies alles gebieterisch zurück. Bülow schrieb hierüber am 2. Oktober an seine Frau: „Der General Blücher hat sich mit seiner ganzen Armee an uns herangezogen, und wird oberhalb Wittenberg bei Elster, wo ich eine Brücke habe bauen lassen, über die Elbe gehen. Dieses geschieht hauptsächlich darum, damit dem Kronprinzen gar kein Ausweg gelassen wird, und er gezwungen ist über die Elbe zu gehen. Es ist ein großes Uebel, daß dieser Charlatan hier erschienen; der Krieg müßte unter einem Andern seit geraumer Zeit eine bessere Wendung bekommen haben."

Nachdem aber York am 3. Oktober bei Elster seinen Uebergang über die Elbe glücklich bewirkt, und die starke Truppenmacht Bertrand's, die es ihm wehren wollte, bei Wartenburg in einem blutigen Treffen gänzlich geschlagen hatte, vermochte der Kronprinz nicht länger seine Mitwirkung zu versagen, und er kündigte an, daß er mit ganzer Macht bei Roßlau über die Elbe gehen werde. Seine Vortruppen standen schon wieder bei Dessau, welches der Feind geräumt hatte. Bülow erhielt Befehl, die Brigade Thümen auf dem rechten Elbufer vor Wittenberg stehen zu lassen, selbst aber mit den Brigaden Hessen-Homburg, Krafft und Borstell nach Roßlau zu marschiren und daselbst ins Lager zu rücken. Dies geschah am 4. Oktober. Bülow, dem in dieser Zeit entscheidender Bewegungen jeder Tag ein wichtiger Gewinn dünkte, wünschte dringend, schon am 4. überzugehen, und hatte deshalb Boyen an den Kronprinzen abgeschickt, allein dieser blieb dabei, den 5. dafür festzusetzen. An diesem Tage marschirte Bülow mit allen seinen Truppen über die Brücke von Roßlau und durch Dessau in das Lager zwischen Hinsdorf und Meilendorf, sein Hauptquartier nahm er in Jeßnitz. —

Die Spannung zwischen dem Kronprinzen und Bülow hatte

sich mit jedem Tage gesteigert. Bittre, beleidigende Aeußerungen, vermeintlich im Kreise von Vertrauten ausgesprochen, aber der Gegenseite sorgsam und wohl auch mit Ausschmückungen hinterbracht, schürten das Feuer zur offnen Flamme. Bülow sowohl als Tauentzien hatten schon mehrmals beim Könige sich über den Kronprinzen beschwert, Bülow insbesondre geklagt, er werde durch die Furchtsamkeit und selbstsüchtige Staatsklugheit eines Fremdlings gehemmt, eines zwiefachen, denn als Schwede und als Franzose sei er es den Preußen. Allein auch der Kronprinz hatte seinerseits dem König über den Ungehorsam, die Eigenwilligkeit und Tadelsucht Bülow's geklagt, und diese Anklage von Seiten eines Verbündeten und Oberbefehlshabers mußte schwer in's Gewicht fallen. Ehe hierüber ein Bescheid erfolgen konnte, las Bülow in einem Tagesbefehl des Kronprinzen diese Worte: „D'ailleurs le général Bülow est prévenu que les mouvements de la grande armée du nord ont été jusqu'ici paralysés par la faiblesse des ouvrages devant Wittenberg." Diese ungerechte, als öffentlicher Verweis ausgedrückte Beschuldigung, mußte Bülow'n aufs äußerste empören; er schrieb darüber an Adlercreuz einen Brief, durch den er dem Kronprinzen gewissermaßen den Gehorsam aufsagte. Adlercreuz meinte, wenn der Kronprinz diesen Brief sähe, würde er vielleicht den Oberbefehl niederlegen und mit seinen Schweden das Heer verlassen. Indeß hatte derselbe schon genug erfahren, um an den König zu schreiben, er möchte einen andern General an Bülow's Stelle schicken; in seinen redseligen Klagen äußerte er unter andern, bisher habe er mit Bülow auf dem Fuß eines Kriegskammeraden gelebt, er werde ihm fortan den Befehlshaber zeigen. Doch im vielen Reden pflegte der Zorn des Kronprinzen bald zu verrauchen; man stellte ihm vor, wie sein Schreiben den König betrüben würde, wie tapfer Bülow sei, Adlercreuz und Löwenhielm halfen ihn beschwichtigen, er ließ ben schon abgesandten Kurier zurückholen, vernichtete das Schreiben, und sagte gutmüthig: „Je n'en veux point au général, je ne veux point faire de la peine au roi, il n'en sera plus question!" Auch die andern Schweden, Stebingk, Tawast und Sparre bestärkten die gute Stimmung, sie waren alle für Bülow gutgesinnt, als sein Gegner in der Umgebung des Kronprinzen wurde nur dessen Generaladjutant Oberst Biörnstierna genannt. In dieser guten Stimmung kam Abends am 6. Oktober der Kronprinz nach Jeßnitz, stieg bei Bülow ab, lud ihn ein mit ihm in seinem Wagen zu Blücher nach Mühlbeck zu fahren, beide sprachen sich gegeneinander freundlich aus, und kamen ziemlich versöhnt von der Fahrt zurück. Bald hierauf erhielt Bülow das nachfolgende Kabinetsschreiben des Königs, durch welches ihm der Ernst des Verhältnisses glimpflich vorgestellt und auch von dieser Seite die Aufwallungen beruhigt oder zurückgedrängt wurden. „Der Kronprinz von Schweden, — lautet das Schreiben, — so sehr er Ihrer Tapferkeit und Ihren militairischen Talenten Gerechtigkeit widerfahren läßt, hat sich darüber beklagt, daß Sie mit seinem Kommando unzufrieden, den Anordnungen desselben nicht diejenige willige Folge leisten, welche er nach den Verhältnissen, in denen Sie zu ihm stehen, zu erwarten berechtigt sei. Da höhere politische Rücksichten des Kaisers von Rußland Majestät, so wie den Prinzen=Regenten von England und mich bewogen haben, dem Prinzen den Ober= befehl über die vereinigte Nordarmee zu übertragen, so werden Sie selbst einsehen, daß ihm der Gehorsam ohne den größten Nachtheil nicht verweigert werden dürfe. Ich vertraue daher zu Ihrem Patriotismus und zu Ihrem Eifer für mich und die Sache des Vaterlandes, daß Sie dem Prinzen hierin keinen Anlaß zu Beschwerden geben, in Ihren Aeußerungen über ihn und sein Benehmen vorsichtig sein, und die so nothwendige gute Harmonie zu erhalten streben werden."

Inzwischen hatte Bülow von Jeßnitz seine Reiterschaaren möglichst weit gegen Leipzig vorgesandt, ohne daß die Stellung und Stärke des Feindes sonderlich aufgehellt wurde. Ney ließ von Magdeburg her 6000 Mann in des Kronprinzen rechte Flanke gegen Aken vorrücken, ihm wurde Hirschfeldt entgegengeschickt, der nöthigenfalls auch die vor Magdeburg stehenden Truppen des Generals von Putlitz aufnehmen sollte. Der Kronprinz nahm am 8. Oktober sein Hauptquartier in Zörbig, wohin Bülow am 10. folgte, und wo auch Blücher sich einfand. Beide Heere, das Nordheer und das schlesische, waren nun vollkommen vereinigt, und Bülow empfing die erfreuenden Besuche Yorck's, Gneisenau's, des Prinzen Karl von Mecklenburg-Strelitz, und andrer Generale und hohen Offiziere. Sie stimmten alle in dem Verlangen und der Erwartung überein, daß entscheidende Schläge mit aller Macht jetzt geschehen müßten.

Die Bewegungen des Feindes waren schwer zu erspähen, es fehlte durchaus an sichern und genauen Nachrichten. Doch soviel war klar zu erkennen, daß von allen Seiten, Feind und Freund, die Heermassen sich gegen Leipzig hinwälzten. Der Kronprinz von Schweden fühlte sich, ungeachtet seiner Vereinigung mit Blücher, gegen die Hauptmacht Napoleons nicht sicher genug, er wollte dem Andrange ausweichen und auf das rechte Elbufer zurückgehen, auf dem linken nur unter dem Beding bleiben, wenn Blücher mit ihm hinter der Saale eine Stellung nähme; dann verlangte er noch, mit seinen Schweden die nächste Verbindung mit der Elbe zu behalten, daher sollte Blücher auf den rechten Flügel der vereinigten Heermasse hinausrücken; alles dies bewilligte Blücher, nur um das Nordheer festzuhalten und einer bevorstehenden Schlacht nicht zu entziehen. Der Uebergang über die Saale wurde am 10. Oktober bewerkstelligt. Bülow ging bei Wettin über und lagerte bei Rothenburg, Wintzingerode folgte, die Schweden, bei Alsleben übergegangen, schlossen sich an. Hirschfeldt stand in Aken an der Elbe; Tauenzien war nach Dessau vorgerückt, die Mulde beobachtend, und hauptsächlich auch angewiesen auf die Sicherheit Berlins bedacht zu sein. Thümen stand bei Wittenberg, Wobeser bei Torgau.

Napoleon, an demselben 10. Oktober, an welchem die verbündete Heeresmacht über die Saale ging, in Düben angelangt, ließ 4 seiner Heertheile, zusammen wohl 70,000 Mann, in angestrengten Märschen gegen die Elbe vordringen. Ney rückte mit Macht gegen Dessau vor; Tauenzien wich dem Andrang schnell auf das rechte Elbufer zurück. Reynier ging mit seinem Heertheile bei Wittenberg über, wo Thümen anfangs Widerstand leistete, dann aber vor der Uebermacht wich und sich an Tauenzien anschloß. Dieser, für Berlin besorgt, zog sich eiligst auf die Hauptstadt zurück. Bertrand drang mit seinem Heertheil nach Wartenburg. Eine starke Schaar ließ Ney am 12. Oktober auf dem rechten Elbufer abwärts nach Steutz gegenüber von Aken vorgehen, wodurch Hirschfeldt, erhaltenen Befehlen gemäß, sich bewogen sah, die Brücke daselbst eiligst abzubrechen; nach heftigem Kanoniren zog der Feind wieder ab, denn er hatte nur eine Erkundung beabsichtigt, aber die Zerstörung der Brücke, über welche allein der Kronprinz von Schweden noch zurückgehen konnte, war verhängnißvoll. Er hatte nun keine Wahl mehr, er mußte auf dem linken Elbufer bleiben, und den Ereignissen Stand halten.

Am 13. Oktober nahm das Nordheer eine Stellung bei Köthen; Bülow sandte starke Streifschaaren nach Dessau, Jeßnitz und Bitterfeld, die indeß vom Feinde wenig erkundeten. Der Kronprinz sandte Befehle an Tauenzien und Hirschfeldt, sich vor Wittenberg und bei Aken zu behaupten, und letzterem die Brigade Hessen=Homburg zur Verstärkung, allein Tauenzien war schon auf dem Rückzuge nach Berlin, und Hirschfeldt wurde nicht weiter angegriffen. Auf das rechte Elbufer hatte Napoleon nur wenige Truppen vorgeschickt, und auch diese bald zurückgerufen; seine Absicht, einen kräftigen Stoß gegen Blücher zu führen, oder auch das Nordheer zu überfallen, war durch das Ausweichen beider Heere über die Saale verfehlt; welches auch seine weitern Absichten gewesen sein mögen, die bedenklichen Nachrichten, daß Baiern von ihm abgefallen und daß das große böhmische Heer stark herandränge, riefen ihn am 14. von Düben zurück, und er begann seine ganze Macht bei Leipzig zusammenzuziehen.

Es scheint kaum zu bezweifeln, daß er bis dahin alles Ernstes den Gedanken gehegt, nördlich der Elbe sich ein neues Kriegsfeld zu eröffnen, wobei Berlin sein besondrer Zielpunkt sein mußte, da der Besitz dieser Hauptstadt ihm unberechenbare Vortheile gewährte; ja es steht nicht fest, daß er auch jetzt, indem er auf Leipzig zurückging, jenen Plan schon aufgegeben habe, denn wenn es ihm gelang das böhmische Heer sogleich zu schlagen und in das Erzgebirge zurückzuwerfen, so konnte er hoffen Kräfte und Zeit genug zu haben, um an dem schlesischen und Nordheer rasch vorüber nach Berlin vorzudringen, sich mit den Truppen aus Magdeburg und Hamburg zu vereinigen, und die beiden Heere, oder auch eines allein, in höchst ungünstiger Lage zur Schlacht zu nöthigen. Wir müssen dabei der Annahme widersprechen, als habe Wallmoden mit seinem schwachen und sehr zusammengesetzten Heertheil den Anmarsch Davoust's hemmen können, der letztere, mit den Dänen vereinigt, war wenigstens dreimal so stark. Die Bedenken des Kronprinzen von Schweden waren demnach nicht so grundlos, wie man sie später hat vorstellen wollen, und wenn wir erwägen, daß er berechtigt war, eher an Napoleons Raschheit zu glauben als an die des großen Hauptquartiers der Verbündeten, so dürfen wir ihn nicht zu sehr tadeln, wenn er nur zaudernd und vorsichtig einem Kampfe sich aussetzen wollte, der für ihn vernichtend werden konnte. Aus gleichem Gesichtspunkte dürfte Tauentzien's eiliger Rückzug bis Potsdam und Berlin wenigstens entschuldigt werden, denn war es den Franzosen wahrer Ernst und folgten sie mit großer Macht, so war Tauentzien nicht im Stande ihnen unterwegs irgendwo die Spitze zu bieten, sondern nur von Berlin selbst und gestützt auf dessen Kräfte war noch eine Vertheidigung möglich. Die Wirkung des Vordringens der Franzosen und die Besorgniß daß Napoleon selbst im Anzuge sei, dauerte noch fort, als die Bewegung schon rückgängig geworden war. Daß man nicht schneller und zuverlässiger von jedem Wechsel unterrichtet wurde, war ein überall vorkommendes Gebrechen dieser Kriegsführung; die große Ueberzahl leichter Truppen hätte ihm abhelfen sollen, that es aber nicht. —

In den Hauptquartieren Blücher's und Bülow's hatte sich allerdings eine andre Ansicht festgestellt. Der Kriegseifer und das Selbstvertrauen der preußischen Feldherren, unbekümmert um politische Bedenken, und selbst mancher militairischen jetzt nicht achtend, hatten einzig den großen Zweck vor Augen, den gewaltigen Gegner im Kerne seiner Macht anzugreifen, zu schlagen, zu vernichten. Dieser Meinung war auch Bülow, der doch in dem früheren Theile des Feldzuges genug bewiesen hatte, daß Vorsicht und Bedacht ihm keineswegs fremd seien. Aber die feindlichen Heerschaaren, mehrmals von blutigen Schlägen getroffen und auf allen Seiten weichend, schienen ihm jetzt genug erschüttert, um endlich einem Hauptschlage unterliegen zu können. Er bewunderte Napoleons Feldherrngröße und traute ihr das Außerordentlichste zu, allein er glaubte den Augenblick erschienen, wo seine Ueberlegenheit durch eine andre aufgewogen sei; in solchem Sinne sprach er es jetzt lebhaft aus, der Nimbus, der bisher geblendet habe, müsse schwinden, und auch ohne das böhmische Heer abzuwarten seien die Heere Blücher's und des

Kronprinzen fähig und befugt, den Feind bei Leipzig aufzusuchen und zu schlagen.

Der Kronprinz bezeigte jetzt den besten Willen, an den Ereignissen, die sich bei Leipzig vorbereiteten, mit allen Kräften Theil zu nehmen. Allein auch jetzt wünschte er möglichst sicher zu gehen. Während Blücher am 15. Oktober schon bis Schkeudiz gegen Leipzig herangedrungen war, und die Nachricht mittheilte, daß es am 16. daselbst zur Schlacht kommen solle, für die auf das vereinigte Wirken der drei Heere gerechnet sei, — denn auch Schwarzenberg war mit dem böhmischen Heere bereits in der Nähe von Leipzig, — rückte das Nordheer in eine Stellung zwischen Wettin und Radegast. Bülow's Truppen waren am 15. früh um 3 Uhr von Köthen nach Halle aufgebrochen, allein unterwegs bekamen sie Befehl, beim Petersberge zwischen Wettin und Radegast, Halt zu machen. Der Kronprinz erwartete, der Feind werde sich nicht erst bei Leipzig aufsuchen lassen, sondern hieher entgegenkommen; er bestellte Wächter mit Fernröhren und reitende Boten auf dem Petersberg; wenn der Feind anrückte, sollte ein großes Feuer auf dem Berge das Zeichen für die rückwärtigen Truppen sein, schleunigst heranzukommen und sich anzuschließen. Hirschfeldt jedoch, nachdem auch er anfangs hatte folgen sollen, erhielt schließlich Befehl bei Afen zu bleiben und die dortige Brücke herzustellen.

Obschon Bülow mit diesen Zögerungen nicht zufrieden war, so sah er doch den Kronprinzen jetzt ernste und zweckmäßige Maßregeln treffen, die seinen Willen an der Schlacht Theil zu nehmen, nicht bezweifeln ließen. In diesem und dem vortheilhaften persönlichen Eindruck, den er in den letzten Tagen wiederholt empfangen hatte, durfte Bülow am 15. Oktober aus dem Lager beim Petersberge mit Fug an den König schreiben: „Ich bin auch bereits im Stande, Euer Königlichen Majestät die bestimmte Versicherung zu geben, daß meine Verhältnisse mit dem

Kronprinzen jetzt schon die günstigste Wendung genommen haben. Höchstderselbe hat sich mir höchst gütig und vertrauensvoll genähert, und mich verschiedenemale mit seinem Besuch beehrt."

Am 16. Oktober standen bei Leipzig das böhmische und das schlesische Heer in grimmigem Kampfe, jenes bei Liebertwolkwitz und Konnewitz, dieses bei Möckern, wo York und seine tapfern Truppen die herrlichsten Lorbeern durch Ströme des edelsten Bluts erkauften. Bülow mußte diesen Kampf aus der Ferne vernehmen, ohne den schwerringenden Brüdern beistehen zu können. Vergebens forderte er, unterstützt von dem General Lord Stewart, dem englischen Bevollmächtigten bei dem Kronprinzen, diesen auf, in Eilmärschen über Zörbig vorzurücken, und auf Blücher's rechter Flanke seine Streitkräfte wenigstens zu zeigen. Der Kronprinz blieb unbeweglich. So lange Bülow in französischer Sprache zu ihm selbst redete, ließ er es zwar an Ernst und Nachdruck nicht fehlen, verletzte jedoch nicht die Haltung, die er dem Oberbefehlshaber gegenüber zu beobachten schuldig war. Allein sein Blick, seine Gebärden und der Ton seiner Worte, wenn er deutsch zu dabeistehenden Landsleuten sprach, zeigten genug den Eifer und die Heftigkeit seiner Meinung, um den Kronprinzen merken zu lassen, daß er in ihrer freien Aeußerung nicht geschont werde. Dieser zweifelte noch, daß die feindlichen Heerhaufen, die sich bei Wittenberg und Dessau gezeigt hatten, sämmtlich nach Leipzig zurückgegangen seien, und erst nachdem er sich durch die eingehenden Meldungen sattsam überzeugt, daß dies wirklich geschehen, und schon Meldungen kamen, daß York bei Möckern gesiegt hatte, befahl er den Aufbruch des Heers; doch gelangten die Truppen, weil der Marsch so spät angetreten worden, nur bis Landsberg. Auf dringendes Ansuchen Lord Stewart's ließ er auch Winzingerode mit 5000 Reitern über Delitzsch nach Eilenburg vorrücken, um Blücher's linke Flanke zu sichern, die vor dem Eintreffen des polnischen Heeres unter Bennigsen ganz entblößt war; sie erschienen am 17. Oktober bei Taucha, bemächtigten sich dieses Ortes durch Ueberfall, mußten aber, als Reynier von der Elbe zurückkehrend schnell mit allen Waffen anrückte, nach mehrstündigem Gefecht wieder weichen, und der Feind blieb im Besitz dieses wichtigen Uebergangspunkts über die Partha.

Am 17. ruhte der Kampf größtentheils; um so eifriger rüstete man sich auf beiden Seiten, denselben am folgenden Tage zu erneuern. Der Kronprinz marschirte von Landsberg in erster Frühe nach Breitenfeld und Klein-Podelwitz, und ließ hier die Truppen lagern. Er stellte nun an Blücher, der früher mit äußerster Nachgiebigkeit auf den rechten Flügel gerückt war, das Ansinnen jetzt wieder auf den linken zu ziehen, doch diesmal lehnte Blücher solchen unangemessenen Tausch entschieden ab, und wollte sich auch um widrige Erörterungen zu vermeiden, zu der Zusammenkunft nicht einfinden, zu der ihn der Kronprinz nach Breitenfelde eingeladen hatte; erst als dieser bestimmt erklärte, er wünsche nähere Verabredungen wegen der morgenden Schlacht zu nehmen, kam Blücher in der Nacht des 18. nach Breitenfelde, begleitet von Gneisenau, Bülow und dem Prinzen Wilhelm von Preußen, dem Bruder des Königs. Blücher hatte sich schon im voraus Bülow's versichert, daß im Falle der Kronprinz sich weigerte, an einem Tage, wo das Schicksal der Staaten und Völker auf dem Spiele stand, nach Kräften mitzuwirken, dann wenigstens die unter ihm stehenden Preußen dadurch nicht gelähmt sein dürften, sondern dennoch an der Schlacht Theil nehmen würden. Bülow hatte sein Wort gegeben, in diesem Fall den Oberbefehl eines solchen Feldherrn nicht zu beachten, sondern mannhaft zu den Landsleuten und Waffengefährten zu stehen. Winzingerode schloß sich für seine Russen diesem Versprechen an. Doch der Kronprinz wollte jetzt Theil nehmen; aber im Gegensatz davon, daß zwei seiner Heertheile ihn, falls er es nicht thäte, zu verlassen drohten, verlangte er von Blücher nun, daß dieser ihm einen Heertheil des schlesischen Heeres zur Verstärkung abgäbe. Damit kein Vorwand zu längerer Unthätigkeit bliebe, willigte Blücher auch in dieses Begehren, und stellte den russischen Heertheil Langeron's unter des Kronprinzen Befehl, beschloß aber, um ganz sicher zu gehen und diese Truppen und ihre Verwendung noch stets in der Hand zu haben, persönlich bei diesem Heertheile sich aufzuhalten. Bei den Verhandlungen in Breitenfelde gab es heftige Reden, dadurch um so wilder und lauter, als der Kronprinz das Deutsche nicht verstand, Blücher nicht das Französische. Der preußische General von Krusemarck, der russische General Pozzo-di-Borgo, und der Prinz Wilhelm selbst, indem sie die Aeußerungen dolmetschten, mäßigten sie zugleich, doch waren sie selbst ganz auf Seiten Blücher's und Bülow's. Als der Kronprinz das Bedenken äußerte, ob denn Bennigsen wirklich so stark sei, wie man ihn angemeldet? rief Bülow voll Eifer: „Ei was! die Russen werden sich für so viel Mann schlagen, als sie gemeldet sind!" Nach vielem Streiten kam es endlich zum Schluß, daß der Angriff beginnen solle. Der Ungeduldigste war Bülow, man sah ihn mit erhitztem Kopfe die Thüre ungestüm aufreißen, und mit gewaltiger Stimme rief er seinen draußen harrenden Adjutanten zu: „Die Truppen sollen sogleich abkochen, dann aufbrechen nach Taucha und über die Partha vorgehen."

Blücher's beide Heertheile York und Sacken blieben in ihrer gestrigen Stellung an der Pleiße und untern Partha, das verstärkte Nordheer erhielt die Bestimmung weiter oben die Partha zu überschreiten und auf Leipzig vorzudringen. Von Osten führte Bennigsen das polnische Heer, von Süden Schwarzenberg das böhmische zum großen Kampf heran. Als Ziel aller dieser Heerzüge stand Napoleon in der Mitte wohlgerüstet, er hatte seine Truppen nach allen Seiten geordnet, und that alles ihre alte Zuversicht und Tapferkeit zu beleben. Gegen Osten und Norden stand Ney mit 3 Heertheilen, dazu die Reiterei von Arrighi und die polnische Dombrowski's. Die vielgeschlängelte Partha mit ihren sumpfigen und buschigen Ufern bot eine treffliche Vertheidigungslinie, die zahlreichen Brücken waren zerstört, Häuser und Gärten mit Plänklern gut besetzt, zahlreiches Geschütz vortheilhaft aufgepflanzt. Ney war entschlossen, die Partha mit äußerster Hartnäckigkeit zu behaupten. Reynier's Heertheil, 12,000 Mann, bei Paunsdorf aufgestellt, hielt Taucha und die Umgegend stark besetzt; Souham mit 20,000 Mann stand weiter links zwischen Taucha und Neutsch; Marmont mit 14,000 von Neutsch bis zum Einfluß der Partha in die Pleiße, ihm lag insbesondere ob, das Dorf Schönfeld mit aller Kraft zu vertheidigen; die Reiterei bildete den äußersten linken Flügel und hielt das Rosenthal besetzt. —

Das Nordheer brach am Morgen des 18. Oktobers auf, und marschirte gegen Taucha, Bülow's Heertheil voran. Mit größter Anstrengung konnten die Truppen doch erst gegen 11 Uhr vor diesem Ort anlangen, während auf allen Seiten schon Geschützdonner scholl und die Schlacht entzündet war. Taucha selbst wurde von russischen Truppen angegriffen, aber ein sächsisches Bataillon vertheidigte sich hartnäckig. Dem Uebergang über die Partha standen überall die größten Schwierigkeiten entgegen, die feindlichen Anstalten zeigten nirgends eine Schwäche. Der Kronprinz von Schweden erschien hier persönlich, ordnete an, ertheilte Befehle, alles zweckmäßig und kräftig, er ritt mit seinem Gefolge weit vor und hielt längere Zeit gleichgültig im Plänklerfeuer, um die Lage der Gegend und die feindliche Stellung genau zu besichtigen. Einigemal ritt er auch mit Bülow allein auf Erkundung in das heftigste Kanonenfeuer, er schien von Gefahr gar nichts zu wissen. Er war äußerst aufmerksam und verbindlich gegen Bülow, in der That mehr Kammerad als Befehlshaber; so bestand denn für einige Zeit das beste Vernehmen, dem unerschrockenen und bewährten Kriegsmann war die höchste Achtung nicht zu versagen.

Das Geschützfeuer dauerte schon längere Zeit, der Angriff auf Taucha war noch immer nicht gelungen. Bülow's Ungeduld sprach sich in zorniger Heftigkeit aus. Da meldete Burgsdorf, er habe oberhalb Taucha eine steinerne Brücke entdeckt, welche vom Feinde nicht gesprengt worden. „Was? schrie Bülow ihn an, ist die Brücke haltbar für Geschütz? Nun, wenn das ist — aber Sie stehen mir mit Ihrem Kopf dafür! — so eilen wir!" Einige leichte Kanonen fuhren sogleich hinüber, russische Reiterei folgte, Taucha nun auch von hinten beschossen mußte sich ergeben.

Die Truppen zogen nun durch Taucha, auf das linke Ufer der Partha, wurden jedoch durch Hemmnisse aufgehalten und selbst etwas auseinander gebracht. Die Reiterei zog linkshin um die Verbindung mit Bennigsen's rechtem Flügel zu gewinnen; das Fußvolk nahm die Richtung auf Paunsdorf. Bülow, welcher sah, daß inzwischen auch die Russen Wintzingerode's unterhalb Taucha bei Grasdorf und die Schweden bei Plaußig den Uebergang erzwungen hatten, befahl alles was herüber sei solle gleich gegen Paunsdorf anrücken. Als Boyen die Leute truppweise so hinziehen sah, sprengte er hin und hielt sie an, sie sollten sich erst besser sammeln und dann geschlossen vorgehen. Bülow jedoch, der nirgends eine Gefahr erblickte, hatte vor allem die Absicht, dem Feinde hier Truppen zu zeigen, und als er diese durch Boyen vereiteln sah, kam er rasch herbei, und schrie Boyen an: „Wer hat hier zu befehlen? wer darf meine Befehle ändern?" Boyen, bestürzt durch den unverdienten Zorn seines geliebten Generals, entfernte sich um schleunigst die an=

bern Truppen heranzuführen, und sorgte dafür, daß die vorangeeilten bald verstärkt und in bester Ordnung sich dem Feinde zeigten. Den rechten Flügel hatte die Brigade Krafft, die Brigade Borstell nahm die Mitte, den linken Flügel, der am meisten voran war, bildete die Brigade Hessen-Homburg. Oppen's Reiterei marschirte noch weiter linkshin, wo der Boden für sie geeignet war.

Es sei vergönnt hier die Schilderung mitzutheilen, welche ein Augenzeuge und Mitkämpfer, der Lieutenant Kretzschmer, in seinem lesenswerthen Buche „Soldaten- Kriegs- und Lagerleben", von dem Erscheinen der Bülow'schen Truppen entwirft, und die auch auf andre Theile unsrer Erzählung eine wohlthuende Anschaulichkeit verbreiten mag. In dem erwähnten Buche heißt es wie folgt: „Wer erinnert sich noch des Aufmarsches vom Bülow'schen Korps zur Schlacht von Leipzig? Nie hat es wohl ein imposanteres Schauspiel gegeben, und nie begann wohl ein Heer den Kampf mit einem größern Enthusiasmus und mit erhabenern Gefühlen! Noch war der Himmel mit einem trüben Schleier bedeckt, der Wind jagte die nächtlichen Regenwolken vor sich her; die Armee debouchirte schweigend und ernst durch Taucha, jenseits zog sich eine niedere Hügelreihe vor uns hin, welche uns den Anblick des Feindes entzog, und jenem unsern Aufmarsch verdeckte. Jenseits der Hügelreihe in der Ebene schlug sich leichte Artillerie und Kavallerie mit den Franzosen, und sicherte den Aufmarsch, von allen Seiten donnerten die Kanonen, und verkündeten, daß unsre Landsleute und Verbündeten schon im heftigen Kampfe begriffen sein mußten, selbst jenseits Leipzig schien ein hitziges Gefecht zu sein, und wir sahen dort den Dampf der Geschütze aufsteigen, und hörten von dorther den Kanonendonner. Es war Giulay mit den Oesterreichern, welche bei Lindenau Napoleon den Rückzug abschneiden wollten und konnten, aber entweder durch seine

Kraft zurückgedrängt wurden, oder sich, weil man einem mächtigen Feinde zu seiner Flucht goldene Brücken bauen muß, absichtlich zurückdrängen ließen. — Diesseits der oben erwähnten Hügelreihe formirte sich das Bülow'sche Korps, rechts die Krafft'sche Brigade, in der Mitte die Borstell'sche, links diejenige des Prinzen von Hessen-Homburg. Als alles en ordre de bataille wie auf dem Exerzierplatze stand, da scholl das ernste Kommandowort: Brigade Marsch! Regiment Marsch! Bataillon Marsch! und alle setzten sich nun in Bewegung, wie zur Parade vor dem Könige, die Hügelreihe hinauf. — In diesem Augenblicke brach die Sonne hell und freundlich durch die trüben Wolken hindurch, als wollte sie uns zum Siege leuchten und Zeugin unseres Kampfes sein; freundlich blinkten die Bajonette im Sonnenschein, und höher hoben sich die Herzen. Da stimmten die Kolberger Jäger und diejenigen vom Regiment Kronprinz voll Enthusiasmus das Volkslied „Heil dir im Siegerkranz" an, und alle Musikchöre stimmten ein; aus vielen tausend Kehlen ertönte die Hymne, und so stiegen wir jubelnd die Anhöhe hinauf. Kaum mochten die Spitzen der Bajonette darüber fortblitzen, so kam die erste Granate sausend durch die Luft, und platzte zwischen dem ersten und zweiten Treffen. — Nur höher erhoben sich die Stimmen und lauter tönte der Hymnus des Kriegs und des Vaterlandes, bis wir die Anhöhe erreicht hatten, und nun auf Einmal Leipzig, seine weite Ebene und das Getümmel in derselben vor uns sahen, die leichten Truppen, welche den Aufmarsch gedeckt hatten, zurückkehrten, unsere Batterieen abprotzten, und nun mit ihrem Donner den Gesang erstickten. Die Schlacht war eröffnet." —

Inzwischen war auch Blücher bei Mockau über die Partha gegangen und drängte die Heertheile von Souham und Marmont gegen Schönfeld zurück; Reynier, der seine Stellung bei Paunsdorf deßhalb aufgeben zu müssen glaubte, nahm eine neue sehr vortheilhafte zwischen Sellershausen und Stüntz, mit dem linken Flügel an der Partha, der rechte nach Stötteritz hinaus, wo die französischen Reserven gedrängt standen. Ney dagegen wollte Paunsdorf behaupten, und sandte die Division Durutte wieder dorthin vor. Die Brigade Hessen-Homburg war im vollen Anrücken, ein heftiges Gefecht entspann sich, welches damit endete, daß die Preußen das Dorf erstürmten und sich darin festsetzten. Die russische Reiterei von Langeron's Heertheil, der bei Schönfeld gegen Marmont stand, erschien in Durutte's linker Flanke, und beschleunigte dessen Rückzug auf Sellershausen.

Schon am Vormittage war der würtembergische General von Normann mit 2 Reiterregimentern so wie einige Abtheilungen sächsischer Truppen zu den Verbündeten übergegangen; jetzt gegen 2 Uhr verließen alle sächsischen Truppen unter dem General von Ryssel mit 38 Kanonen die französische Schlachtlinie und schlossen sich den Verbündeten an; sie begehrten sogleich gegen diejenigen zu fechten, an deren Seite sie bisher gestanden hatten, ihre Kanonen kamen zuerst in Anwendung. Ney, auf dessen rechtem Flügel bisher die Sachsen bei Seltershausen gestanden, gerieth in heftigen Zorn, und hielt einen Augenblick seine Stellung für verloren; während er indeß unerschrocken seine Anordnungen traf um die in seine Ordnung gerissene weite Lücke nothdürftig auszufüllen, kam Napoleon selbst herbei, ließ Verstärkungen anrücken, gab dem Kampfe neue Richtung und Kraft. Südlich von Paunsdorf war der österreichische General Graf Bubna mit der Vorhut des polnischen Heeres nach Mölkau vorgedrungen und reichte Bülow'n die rechte Hand; Napoleon wollte beide zurückwerfen und dadurch zugleich wieder trennen, auch um den Truppen, die möglicherweise der Marschall Gouvion-Saint-Cyr ihm von Dresden auf dieser Seite heranführen konnte, den Anmarsch offen zu erhalten. Ney's verstärkter Angriff geschah unter den Augen Napoleons

mit ungestümer Kraft, die französische Reiterei unter Nansouty
warf die russischen Reiterschaaren Manteuffel's, drang dann zwi=
schen dem polnischen und Nordheer ein und rückte in die linke
Flanke der Brigade Hessen=Homburg, die, schon in Fronte durch
überlegenes Geschütz und Fußvolk angegriffen, nach mörderischem
Gefecht Paunsdorf verließ und sich auf Heiterblick zurückzog,
von wo die andern Brigaden Bülow's eben erst vorrückten.
Die englischen Raketen, vom Kronprinzen von Schweden her=
beigeschickt, hemmten durch ihre verwirrenden Feuerwürfe die
feindliche Reiterei, die Brigade Hessen=Homburg stellte sich wie=
der zum Kampf, und links von ihr brachen im Sturmschritt die
Brigaden Borstell und Krafft hervor, Bülow selbst an ihrer
Spitze; auf der Höhe von Paunsdorf ließ er sein Geschütz auf=
fahren, schwedische und russische Batterieen schlossen sich an, und
ein furchtbares Feuer schlug in die Reihen des Feindes, der
schon vor dem anstürmenden Fußvolke sich zurückzog, doch nur
in die alte Stellung zwischen Stüntz und Sellershausen, wo er
sich wieder hartnäckig vertheidigte. Gegen Abend erhielt Bülow
den Befehl, beide Dörfer zu nehmen. Gegen Stüntz wurden
der Major von Müllenheim und der Major Friccius mit ihren
Bataillonen beordert, gegen Sellershausen, das in Flammen
stand, der Major von Gleißenberg mit seinem Füsilierbataillon,
unterstützt vom Major von Reckow mit einem Reserveregiment.
Nach einem scharfen Plänklergefecht wurde der Feind zum Wei=
chen gezwungen und beide Dörfer behauptet. Die Preußen
setzten sich auch in dem wiedereroberten Paunsdorf auf's
neue fest.

Der Widerstand der Franzosen war auf allen Seiten kräf=
tig und ausdauernd. Sacken hatte mit seinen Russen vergeb=
lich ihre Verschanzungen vor dem Hallischen Thore gestürmt,
Schwarzenberg mit dem böhmischen Heere nur wenig Boden
gewonnen, bei Lindenau sogar eine blutige Zurückweisung er=

litten; nur Blücher mit den Truppen Langeron's war in Schönfeld eingedrungen, hatte nach furchtbarem Kampfe das Dorf behauptet und den Marschall Marmont auf Reudnitz gegen Leipzig zurückgedrängt. Die Schlacht stand im Ganzen doch so vortheilhaft und die Ueberlegenheit der Verbündeten an Streitkräften war so offenbar, daß die Niederlage und der Rückzug Napoleons bei fortgesetztem Kampfe nicht zweifelhaft erschien; daher schon im Laufe des Tages, um den Rückzug abzuschneiden, zwei Heertheile, ein österreichischer gegen Lindenau und Yorck's preußischer nach Merseburg, in Marsch gesetzt wurden. Wirklich auch schon am Abend des 18. Oktobers traf Napoleon zum Rückzug durchgreifende Anstalten. Er erkannte die Unmöglichkeit, hier die Uebermacht und Tapferkeit seiner Gegner zu besiegen, der Mangel an Munition, an Lebensmitteln, die Menge der Verwundeten, die überall eingetretene Unordnung seiner hin und her geworfenen, mit jedem Augenblick mehr gelichteten und erschöpften Truppen, alles bewog ihn, diesen verderblichen Kampfplatz aufzugeben; aber um dies mit einiger Sicherheit zu thun, mußte Leipzig selbst noch mit größter Hartnäckigkeit möglichst lange behauptet werden. Dazu traf Napoleon die kräftigsten Anstalten. Alle seine Heertheile zog er in der Nacht auf Leipzig zurück. Die Heertheile Poniatowski und Macdonald unter dem Oberbefehl des letzteren wurden bestimmt als Nachhut den Abmarsch der Heertheile Ney, Lauriston und Marmont zu decken; die Divisionen Dombrowski und Durutte — die letzte noch vorhandne des Heertheils Reynier — erhielten Befehl die Hallische Vorstadt aufs äußerste zu halten. —

Aber auch die Verbündeten waren ihrerseits thätig. Ihre sämmtlichen Heere standen nun im Zusammenhang um Leipzig, die Kreislinie brauchte sich nur zu verengern und zu schließen um den Feind zu erdrücken. Die Feldherren trafen in der Nacht zum 19. Oktober alle zweckmäßigen Verabredungen für den folgenden Tag. Bülow brachte die Nacht in Paunsdorf zu, inmitten des Brandes, der während des Gefechts entstanden war. Eine kleine Stube beherbergte ihn und sein Gefolge; auch Adlercreutz, Tawast, Pozzo=di=Borgo und Andre fanden sich ein; als Boyen erschien, trat ihm Bülow mit ausgestreckter Hand entgegen, rief: „Mein tapfrer Boyen!" und schloß ihn in die Arme; so war die Aufwallung gesühnt und vergessen; beiden standen die Thränen in den Augen. Der Kronprinz selbst machte Bülow'n am frühen Morgen einen Besuch, lobte ihn und seine Truppen, die tapfre Landwehr, und verabredete mit ihm die nächsten Maßregeln. Der gute Eindruck sollte bald wieder getrübt werden, als Adlercreutz auf Befehl des Kronprinzen ihn aufforderte, eine Brigade sogleich über Taucha auf die Straße nach Torgau zu entsenden, weil sich dort eine feind= liche Schaar zeige. Bülow hatte dies bereits erfahren und 2 Schwadronen nach jener Gegend abgeschickt, die dann melde= ten, es sei der Rest einer baierischen Division, die Napoleon noch zuletzt dorthin gesendet hatte; bei Taucha war sie auf die Schweden gestoßen, und hatte nichts weiter unternommen. Aber in keinem Fall, auch wenn die Sache bedeutender gewesen wäre, wollte Bülow jetzt eine Brigade missen, es standen ja die Schweden rückwärts unthätig, die der Kronprinz zu solchem Zweck verwenden konnte. — Die Truppen lagerten die Nacht mit dem Gewehr im Arm, starke Wachten wurden ausgestellt, der Prinz von Hessen=Homburg ging selbst umher, sie nachzu= sehen, ihnen Aufmerksamkeit und Vorsicht zu empfehlen. —

Am 19. Oktober in starkem Morgennebel rückten vier Heere zum Sturm gegen Leipzig vor. Südlich das böhmische Heer, von Osten her das polnische, nächst diesem das Nordheer auf dem linken Ufer der Partha, das schlesische auf dem linken und rechten; da York abmarschirt war, so rückten Langeron's Truppen beim schlesischen Heer wieder ein.

Gegen 7 Uhr führte Bülow die Brigaden Hessen-Homburg und Vorstell zum Angriff über Sellershausen vor; sein Geschütz war das erste, welches diesen vierten Tag der großen Schlacht begrüßte. Hessen-Homburg machte die Vorhut. Der Kronprinz befahl, die Brigade Krafft und dann die Schweden sollten als Rückhalt langsam folgen. Rechts drang Blücher kräftig vor, kam Woronzoff heran in Verbindung mit Bennigsen. Vor Bülow's Anmarsch wichen die Franzosen überall zurück, erst bei Reudnitz standen sie fest und leisteten tapfre Gegenwehr. Bülow ließ durch zahlreiche Plänklerschwärme das Dorf angreifen, trotz des heftigen Geschütz- und Gewehrfeuers drangen sie hinein und vertrieben den Feind, der sich in die Gärten und Häuser der Vorstädte warf.

Unter fortwährendem heißen Kampfe waren zwei Stunden vergangen, da befahl gegen 10 Uhr der Kronprinz, Bülow solle die nächsten Vorstadtthore stürmen lassen. Die Brigade Hessen-Homburg rückte demnach gegen das Kohlgärtenthor — oder äußere Grimma'sche —, die Brigade Vorstell gegen das Hinterthor zum Angriff; Bülow ließ das Geschütz der Brigaden zur Unterstützung auffahren und ihnen die Bahn eröffnen; die Brigaden Hessen-Homburg, namentlich der Major Friccius mit seinem Bataillon — das dritte des dritten ostpreußischen Landwehrregiments, auch das Königsberger Landwehrbataillon genannt — gefolgt von dem zweiten und dem Füsilierbataillon desselben Regiments, waren die ersten im heißen Gefecht, ihren dichten Plänklerschaaren rückten die geschlossenen Reihen muthig nach. In das furchtbarste Kartätschen- und Gewehrfeuer hinein drangen die Plänkler unerschrocken vor und gelangten bis an die Mauer des verrammelten Thors. Die Franzosen hatten hier Schießlöcher eingebrochen, und schossen heftig heraus, die Preußen wurden nur um so hitziger, versuchten die Mauer einzuschlagen, zu überklettern; dieselben Schießlöcher wurden von beiden Theilen benutzt, die Schützen mit dem Bajonet erstochen, die vorgestreckten Gewehrläufe mit Kolben zerschlagen. Der Kampf dauerte lange, die Hartnäckigkeit der Vertheidigung entsprach der Wuth des Angriffs. Inmitten des Getümmels erschienen unter dem Schutze von Trompetenschall und geschwungenen weißen Tüchern französische Unterhändler bei Bülow, die eine kurze Waffenruhe vorschlugen, um wegen der Uebergabe der Stadt nähere Bedingungen festzusetzen. Es war offenbar nur darauf abgesehen, einige Zeit zu gewinnen, und Bülow verwies sie an den Kronprinzen, ohne das Gefecht auch nur einen Augenblick zu unterbrechen. Mittlerweile ließ Bennigsen, der linksher vorrückte, sein schweres Geschütz, 48 Zwölfpfünder, auffahren, um die Mauer des Kirchhofs einzuschießen, der in der Vorstadtmauer neben dem Thore weit vorragte und dem Feinde zum Stützpunkt diente; die Plänkler der Königsberger Bataillons waren in größter Gefahr mitzerschmettert zu werden, nur mit Mühe gelang es sie zurückzurufen.

Bülow hielt mit seinem Gefolge bei den vordersten im freien Felde aufmarschirten Bataillonen im stärksten Kugelregen. Eine Kanonenkugel schlug in das Königsberger Bataillon und riß 4 Landwehrmännern die Köpfe weg, Blut und Gehirn spritzten umher. Da ließ Bülow dem Bataillon sagen, sich so lange niederzulegen, bis es Zeit sei vorzurücken; doch nur wenige Leute thaten es, und als mehrere Stimmen riefen: „Wir bücken uns nicht!" stand alles aufrecht voll Unerschrockenheit. Mit solchen Truppen, meinte Bülow, sei nicht zu zögern, sondern alles zu wagen, er befahl ein allgemeines Vorrücken zum Sturm.

Der Prinz von Hessen=Homburg an der Spitze seiner Brigade drang durch den unaufhörlichen Kugelregen im Sturmschritt auf das Thor los. Dieses widerstand allen Anstrengungen der Stürmenden, Brecheisen und Sturmbalken wa=

ren nicht zur Hand. Der Major Friccius aber, schon zu Fuß wegen Verwundung seines Pferdes, schlägt mit einem Gewehrkolben die dünne Wand des nebenstehenden Zollhauses ein, Andre helfen, das Fachwerk fällt und gewährt Durchgang, das Bataillon bringt ein, öffnet von innen das Thor, die andern 2 Bataillone eilen im Sturmschritt hindurch, andre folgen. Diese Truppen, Friccius an der Spitze, drangen gegen 11 Uhr die ersten in Leipzig ein. Weiter rechts mögen auch Plänkler von Borstell's Brigade ihrerseits den Eingang erzwungen haben, ganze Bataillone gewiß erst später; immer waren es Bülow's Truppen.

Die zuerst Eingedrungenen wollten nun die Vorstadt durcheilend den Eingang zur inneren Stadt gewinnen, allein die tapfern Schaaren sahen sich bald so zahlreichen französischen Truppen gegenüber, daß sie nicht weiter konnten, sondern sogar auf die eigne Rettung bedacht sein mußten. In der Vorstadt hatten sich eine Menge Franzosen angehäuft; ganze Regimenter standen aufmarschirt, die des Befehls zum Abzug harrten, Geschütz und Reiterei war mit dem Fußvolk vermischt. Die Erscheinung der Preußen, die in geringer Zahl den erbitterten und noch stolzen Franzosen sogar den Rückzug streitig machen wollten, entflammte diese zur Wuth. Es erhob sich ein furchtbarer Kampf. Der Feind hatte die Häuser inne, hinter Mauern gedeckt gab er von allen Seiten Feuer auf die bloßgestellten Preußen; welchen Heldenmuth diese hier bewiesen, welche Todesverachtung, unter welchen Wandlungen das Gefecht geführt worden, welche Lähmung und Bestürzung auf der einen Seite, welches Selbstvertrauen auf der andern hier gewaltet, alle merkwürdigen Einzelheiten und wunderbaren Züge sind in dem trefflichen Werke von Friccius aufbewahrt und dort nachzulesen. Der Prinz von Hessen=Homburg selbst erhielt einen Schuß in die Schulter; die Brigade, von allen Seiten angefallen, wich aus der Vorstadt zurück, um sich außerhalb des mörderischen Feuers wieder zu ordnen. Friccius und der Major von Müllenheim deckten mit ihren Bataillonen den Rückzug, hielten aber das äußere Thor standhaft besetzt.

Unterdessen waren die Truppen Bennigsen's in dem südlichen Theil der Grimma'schen Vorstadt eingedrungen, wo seine Plänkler sich ausbreiteten. Der Kronprinz von Schweden ließ 6 Bataillons Schweden das innere Thor angreifen; sie gingen muthig an's Werk und verloren eine Anzahl Leute, mußten aber unverrichteter Sache zurückkehren. Als Bülow diesen Versuch scheitern sah, sandte er an Borstell den Befehl, seinen Angriff mit aller Macht zu erneuern. Die Brigade Borstell war schon zwischen dem Grimma'schen und dem Hinterthor in die Vorstadt gedrungen, aber mit ungeheurem Verlust, unter stärkstem Widerstand; alle Truppen waren im Feuer, ein einziges Bataillon ausgenommen, das zum Rückhalt diente; dieses Bataillon, von Borstell selbst geführt, rückte nun mit gefälltem Bajonet und im Sturmschritt auf den offnen Platz vor dem innern Grimma'schen Thor und trieb die Feindesschaaren in das Thor zurück; aber ein ungeheurer Kugelregen aus den Häusern und von den Dächern hemmte die Angreifenden; da war eine kleine Schaar Freiwilliger des ersten Bataillons des pommerschen Fußregiments so verwegen, — die überlieferten Namen einiger dieser Helden sollen hier nicht fehlen, sie sind: Feldwebel Granz, Unteroffiziere Winkler und Kela, Musketiere Kersten, Giese, Haß, Löper und Treptow — plötzlich hervorzustürmen und mitten in die sich im Thore drängenden Franzosen mit dem Bajonet einzudringen, alles niederzustechen was nicht floh, und auf diese Weise, unterstützt von herbeigerufenen Kammeraden gelang ihnen eine große französische Truppenmasse abzuschneiden, die sich gefangen geben mußte, 5 Generale, 100 Offiziere und 2 bis 3000 Gemeine. Das Thor wurde darauf behauptet und die Preußen rückten in die innere Stadt.

Von allen Seiten wurde Sieg verkündet und zogen die Sieger heran. Bülow ritt mit dem Kronprinzen von Schweden durch das Grimma'sche Thor ein, der Kronprinz eilte zum Könige von Sachsen; als er hörte, daß der König von Preußen und der Kaiser von Rußland eben zum Grimma'schen Thore herein kämen, ritt er mit Bülow ihnen entgegen und traf mit ihnen auf dem Markte zusammen; Bülow empfing die schmeichelhaftesten Lobsprüche, der Kronprinz konnte nicht genug seine Tüchtigkeit und seinen Muth rühmen. —

Das Ganze dieser gewaltigen Schlacht, ihre Bedeutung und Folgen zu schildern, kann hier nicht unsre Aufgabe sein. Der Verlust der Franzosen war ungeheuer, nur die Hälfte seines Heeres rettete Napoleon über die Saale, kaum ein Drittheil über den Rhein, ganz Deutschland entfiel seiner Hand. Die Preußen hatten ihren reichen Antheil an dieser ungeheuern Kriegsthat, an Zahl den Streitern der größten Staaten kaum nachstehend, an Tapferkeit von keinen übertroffen. Ihr Verlust entsprach ihrem Muth und ihren Anstrengungen. Bülow's Heertheil zählte an Todten und Verwundeten über 120 Offiziere und beinahe 2000 Unteroffiziere und Gemeine, ein Verlust, der hauptsächlich die Brigade Hessen-Homburg, dann die von Borstell trifft, denn die Brigade Krafft hatte weniger gelitten, die Reiterei fast gar nicht, da die Gelegenheit zu ihrer kräftigen Verwendung fehlte. — Für seine Offiziere erhielt Bülow 75 eiserne Kreuze, für die Unteroffiziere und Gemeine 227. Ihm selbst wurde der rothe Adlerorden zweiter Klasse und die zweite Klasse des russischen St. Georgsorden zu Theil. —

Der Feind floh in wilder Verwirrung, in aufgelösten Haufen, Kanonen und Heergeräth und Gepäck im Stich lassend. Um die Verfolgung zu hemmen, sprengte er die Elsterbrücke, vor dem Rannstädter Thor, wodurch Tausende, die noch diesseits weilten, abgeschnitten wurden. Von Bülow's Truppen eilten freiwillige Jäger und ganze Bataillone dem Feinde dennoch über die Elster nach, und verfolgten ihn bis Lindenau, wo eine starke Nachhut wieder festen Stand hielt.

Bülow zog seine in Leipzig eingedrungenen Truppen aus der Stadt und Vorstadt heraus, und ließ sie theils in den Kohlgärten lagern, theils an der Straße nach Dresden, von wo noch ein ganzer französischer Heertheil ankommen konnte, gegen den man auf der Hut sein mußte. Die größte Schwierigkeit war jetzt der Mangel an Lebensmitteln, an jeder Verpflegung. Nach solchen Anstrengungen war das Bedürfniß der Erquickung, der Herstellung übergroß, aber alles fehlte, den Meisten in der herbstlichen rauhen Jahreszeit sogar Obdach oder auch nur Bedeckung. Dazu kamen Seuchen, die aus den verpesteten Hospitälern um sich griffen, der schreckliche Anblick der umherliegenden Kranken, Verwundeten, Erschlagenen. Unter allen diesen Einwirkungen, so geeignet die Bande der Zucht und Ordnung aufzulösen, wußte Bülow sie noch immer zu erhalten, obschon er einsah daß in solchen Lagen sie straff anziehen zu wollen sie sprengen hieße. Vor allem suchte er dem Mangel an Lebensmitteln abzuhelfen, dann die Verwundeten und Kranken unterzubringen, was seinen strengen Befehlen und seiner thätigen Fürsorge denn auch ziemlich gelang. Ihn selbst erregte der Anblick der großen Verwüstung, so vieler geopferten und hinsterbenden Menschen zu tiefer Wehmuth. Er ritt mit Barclay-de-Tolly auf dem Schlachtfeld umher, nach Hülfsbedürftigen, nach Bekannten forschend; ein solcher fand sich in einem preußischen Major — der Name ist nicht genannt — der tödtlich verwundet am Boden lag, ein Wundarzt verband ihn, meinte aber es sei alles schon nutzlos, da stiegen beide Generale von den Pferden, bedauerten herzlich den Sterbenden, besonders Bülow mit Thränen in den Augen, küßte ihm die Hand, und sprach Worte der tiefsten Rührung.

Doch der Kriegslauf gestattete keine Rast und entrückte schnell dem Schauplatze des angeführten Jammers. Blücher war bereits aufgebrochen und drängte den fliehenden Feind unmittelbar auf den Fersen; Bülow's Heertheil sollte nördlich auf einer Seitenstraße vorrücken. Die Truppen hatten hier den großen Vortheil durch noch unverheertes Land zu ziehen, wo für alle Bedürfnisse kein Mangel war. Am 22. Oktober frühmorgens nahm Bülow Abschied vom Könige, der so bewegt war, daß er weinte, wobei auch Bülow sich der Thränen nicht erwehren konnte, und folgte dann seinen nach Lützen abmarschirten Truppen. Der Marsch wurde über Weißenfels, Freiburg, wo noch zuletzt ein Scharmützel mit dem Feinde Statt fand, der dann aber nicht mehr erreicht wurde, ferner über Kölleda, Tennstädt und Langensalza nach Mühlhausen fortgesetzt, wo Bülow am 29. Oktober eintraf. Die Truppen hielten hier zwei Ruhetage, den Offizieren gab die Stadt einen Ball. Nichts war Bülow'n mehr zuwider, als feierlicher Empfang und Gepräng, doch konnt' er es nicht stets vermeiden, sich als Held und Sieger begrüßen zu lassen. Er gab sich jedoch mit den Leuten nicht mehr ab als nöthig, und auch schöne Damen, für die er sonst wohl Augen und Aufmerksamkeit hatte, ließen ihn jetzt gleichgültig. In Mühlhausen entschied sich auch Bülow's weitere Bestimmung, denn auf dieser Straße das Heer Napoleons noch einzuholen, war schon ganz unmöglich, und da der Kronprinz von Schweden mit zwei Heertheilen nordwärts ziehen wollte, Winzingerode die Richtung nach der untern Weser zu nehmen hatte, so bekam Bülow den Auftrag mit dem seinigen die alten preußischen Länder in Westphalen wieder in Besitz zu nehmen. Dem Kronprinzen war daran gelegen, vor allem die Sache Schwedens gegen die Dänen, das heißt die

Abtretung Norwegens an Schweden durchzusetzen, denn er fürchtete, wenn er diesen günstigen Zeitpunkt versäumte, möchte späterhin die Geneigtheit der Verbündeten, dies zu erzwingen oder geschehen zu lassen, weniger vorhanden sein. Er wünschte daher den Krieg nach Norden zu spielen, und da in Hamburg noch eine ganze französische Heeresmacht unter dem Marschall Davoust mit den Dänen verbündet stand, so war es leicht die Nothwendigkeit darzuthun, auch dorthin die Waffen zu lenken, besonders da zu vermuthen war, daß Davoust mit seiner ganzen Macht nach dem Rhein abzuziehen versuchen würde. Der Kronprinz rieth überhaupt den Verbündeten ihre Kriegsführung auf Deutschland einzuschränken, und warnte sie besonders den Rhein zu überschreiten, indem er befürchtete, ganz Frankreich würde zu neuer Kraft erwachen, wenn es seine Gränzen bedroht sähe. Hiemit war Bülow durchaus nicht einverstanden, und obschon äußerlich sein Vernehmen mit dem Kronprinzen jetzt ein befriedigendes schien, so verläugnete sich doch nie ganz die innere Verschiedenheit, zu deren Hervortreten nur grade kein wichtiger Anlaß vorlag.

Am 1. November kam Bülow's Hauptquartier nach Heiligenstadt, am 2. nach Göttingen; er selbst war an diesem Tage in Nörten, dem Hardenberg'schen Gute, wo jedoch die Damen des Hauses beim Abendessen sehr seinen Zorn reizten, indem sie eine starke Vorliebe für den König Hieronymus von Westphalen blicken ließen, dessen Reich grade jetzt ein Ende nahm. Wir haben von einem Marsch im Freundeslande nicht viel zu berichten, daher möge auch das Unbedeutendere hier seinen Platz finden. In Göttingen saßen junge Offiziere beim Wein im Gasthof, waren lustig und jubelten, brachten Gesundheiten aus, auf den König, das preußische Heer, den grauen Blücher, den braven Bülow, den klugen Boyen, den tapfern Borstell, es wurde gesungen und erzählt, besonders viel von Bülow und wohl öfters in Ausdrücken, die wenn auch schmeichelhaft, doch nicht immer die angemessensten sein mochten; da entdeckten sie unerwartet in zwei ältern Offizieren, die abgesondert und still ebenfalls ihren Wein tranken, den General selbst und den Oberst von Boyen; betroffen, und unsicher wiefern sie sich vergangen haben könnten, entfernten sich nach und nach die jüngern Offiziere, doch hatte Bülow sie sich gemerkt, und am andern Tage während des Marsches kam er an ihr Bataillon herangeritten, sprach mit dem Major, und dieser hielt darauf den versammelten Offizieren den kurzen Vortrag: der General habe gestern in einem Gasthofe die gute Stimmung zu bemerken Gelegenheit gehabt, welche die Offiziere des Bataillons begeistere; er freue sich darüber und hoffe sie werde fortdauern, bis der Kampf zu Ende sei; bei einem solchen Geist, der die Truppen beseele, habe er stets die Gewißheit zu siegen, auch danke er für die Wünsche, die sie seinem Wohle gewidmet hätten, und es wären die Gefühle der Anhänglichkeit, die sie rücksichtlich seiner ausgesprochen hätten, ihm sehr schmeichelhaft gewesen. — Dergleichen Erklärung konnte nur auf's neue die fröhlichste Stimmung hervorbringen. —

In Göttingen trennten sich der Kronprinz von Schweden und Bülow nach verschiedenen Richtungen, für letztern ein in allem Betracht erfreuliches Ereigniß! Der Kronprinz verlegte sein Hauptquartier nach Hannover; Bülow ging über Eimbeck, Hameln und Bückeburg nach Minden; unterwegs, in Eimbeck am 5. November, stieß die von ihm lange getrennt gewesene Brigade Thümen wieder zu ihm; sie war in Tauenzien's Rückzug von Wittenberg nach Potsdam mit fortgezogen worden, dann am 22. Oktober wieder aufgebrochen, und über Treuenbriezen, Köthen, Eisleben, Sondershausen und Göttingen nachgefolgt. Nach ihrem Eintreffen war der Heertheil nun 22,000 Mann stark, wohlbewaffnet und bekleidet, gestärkt und erfrischt, zu neuen Kämpfen bereit und munter. Die Brigade Hessen=Homburg befehligte anstatt des verwundeten Prinzen einstweilen der Oberst von Sjöholm. —

In Minden, wo wenige Tage früher noch die Franzosen gewesen waren, hielt Bülow unter Geläut aller Glocken und dem Jubelrufe der Einwohner am 7. November seinen feierlichen Einzug. Durch eine öffentliche Bekanntmachung nahm er von der Stadt und dem Fürstenthum für den König förmlich wieder Besitz, setzte vorläufige Regierungsbehörden ein, und rief die junge Mannschaft zum Kriegsdienst auf. Den Major Friccius mit seinem Bataillon und einer Abtheilung Husaren sandte er nach Ostfriesland, um auch dieses Fürstenthum wieder für Preußen in Besitz zu nehmen. Borstell, der gern von Bülow abgesondert war, was sowohl der Kronprinz als Bülow selbst dem Willen des Königs gemäß, nicht unberücksichtigt ließen, erhielt den Auftrag mit seiner Brigade die Festung Wesel zu umstellen und den Niederrhein zu beobachten; Bülow behielt nach diesem Abzug kaum noch 18,000 Mann verfügbar bei sich.

Bülow's Truppen verließen Minden am 13. November, und marschirten über Herford, Bielefeld und Wahrendorf nach Münster, wo Bülow selbst am 16. eintraf; ein Brief vom 17. an seine Frau meldet dies mit folgenden Worten: „Gestern Mittag bin ich hier angekommen, und hier mit eben dem Jubel wie in den übrigen Städten empfangen worden. Für einen recht eiteln Menschen wäre die Rolle, die ich hier spielen muß, schmeichelhaft genug. Ich muß indessen gestehen, daß es nachgerade mir lästig wird; eine jede Wiederholung ermüdet am Ende; indessen kann ich nicht ohne Theilnahme und Rührung die so herzlich gutgemeinten Ausbrüche der innigsten Theilnahme und Freude des guten westphälischen Volkes mit ansehen. Ich versuche ihnen so viel Schönes und Gutes zu sagen wie nur immer möglich, und es gelingt mir noch so ziemlich. — Damit Du auch von unserm westphälischen Triumphzug ein Andenken hast, so lege ich Dir das in Bielefeld mir von recht hübschen jungen Mädchen überreichte Gedicht mit bei." — Die Gleichgültigkeit Bülow's gegen öffentliche Ehrenbezeigungen gab zu lustiger Verwechslung Anlaß, indem statt seiner ein Prinz von Hohenzollern-Hechingen öfters die Huldigungen und wie es schien nicht ungern empfing, was Bülow selbst gar nicht merkte, sein Schwager und Adjutant von Auer jedoch ernstlich abzustellen suchte. —

In Münster entwickelte Bülow eine große Thätigkeit; die ganze Last der Einrichtungs- und Verwaltungsgeschäfte ruhte auf ihm; vor allem aber beschäftigten ihn militairische Anordnungen. Den Major von Reiche sandte er nach Lippstadt, um dort Befestigungen anzulegen, ausgesuchte Hauptleute in alle Städte des ehemals und wieder preußischen Westphalens, um die Landwehr schleunigst einzurichten, sie brachten ihre Bataillone bald auf guten Fuß, und kamen dann zur Truppe zurück, mancher mit dem von ihm errichteten Bataillon; diese Hauptleute, in ihren Dienstleistungen schon als Majors gebraucht, wurden sämmtlich bald zu diesem Rang erhoben. —

Aus Münster mußte sich der Blick, nachdem den vaterländischen Angelegenheiten bestens vorgesehen war, von selbst auf das nahe Holland richten, wo die Niederlagen der Franzosen und der Freiheitsruf der deutschen Völker eine starke Gährung erweckten. Seit dem Machtspruche Napoleons, der die Selbstständigkeit des Landes vernichtete und dasselbe dem französischen Reich einverleibte, war die Stimmung allgemein den Franzosen feindlich geworden; die einstigen Anhänger der Republik, und daher als solche vormals Freunde der Franzosen, waren schon durch die Einführung des Bonapartischen Königthums bitter enttäuscht, durch die Verschmelzung ihres Vaterlandes aber um so heftiger für dessen Selbstbestehen entzündet worden; die oranische Parthei, nie ganz erloschen und durch einen klugen Fürsten vertreten, bot jeder andern jetzt eine willkommene Anschließung. Das Volk in den größern Städten wurde schon unruhig, und drohte gewaltsam auszubrechen. Die französischen Truppen, unter dem Oberbefehl des Generals Molitor, etwa 14,000 Mann, reichten kaum hin, die festen Plätze gehörig zu besetzen, geschweige denn das Volk im Zaum zu halten; als der Krieg vor wenigen Wochen noch in Sachsen geführt wurde, hatte man nicht gedacht, daß nächstens Holland bedroht sein könnte, und jetzt, da die Noth eingetreten war, bedurfte Frankreich selbst der geretteten oder neugeschaffenen Truppen am dringendsten zum eignen Schutze. Unter diesen Umständen hatten die Kosakenschaaren, welche von der Niederweser her schon um die Mitte des Novembers in Holland eingedrungen waren, wenig Widerstand gefunden, und streiften tief in's Land hinein. Molitor sah sich genöthigt, das eigentliche Holland, wo der Volksaufstand am heftigsten drohte, gänzlich zu räumen, und nachdem die letzten Franzosen am 18. November von Amsterdam abgezogen waren, rief auch sogleich das Volk mit begeistertem Jubel die Herstellung des Fürstenhauses Oranien aus. Molitor zog die geringen Streitkräfte, die ihm neben den nöthigsten Besatzungen im freien Felde verfügbar blieben, etwa 5000 Mann, bei Utrecht zusammen, und hielt mit einer schwachen Vorhut nur noch Amersfort besetzt, um die Kosaken nicht gleich bis Amsterdam vordringen zu lassen.

Als diese Nachrichten am 22. November in Münster eintrafen, waren Bülow's Gedanken und Plane schon ganz gereift. Er bedurfte zur Ausführung nur einer höheren Erlaubniß. Bereits hatte er vom Kronprinzen von Schweden den Befehl erhalten, an den Niederrhein vorzurücken, die Festung Wesel einzuschließen und seine Linie links bis zur Mündung der Yssel zu erstrecken. In Voraussicht der Wendung, welche die Sachen in Holland nehmen könnten, erbat er sich vom Kronprinzen nachträglich die Erlaubniß, falls eine der Festungen der Yssel dazu die Gelegenheit gäbe, seine Unternehmungen weiter auszudehnen. Der Kronprinz gewährte diese Erlaubniß, und dachte so wenig an eine Eroberung Hollands, daß er meinte, wenn ein solcher Platz etwa gewonnen würde, so sei es am besten ihn zu schleifen, da er ja doch nicht würde behauptet werden können! Bülow jedoch war entschlossen, die erlangte Erlaubniß in weitester Ausdehnung zu benutzen. Die Abhängigkeit von dem Kronprinzen war ohnehin nur noch eine scheinbare, da das Nordheer täglich mehr auseinander ging und sich zersplitterte; der Schein aber war um so mehr beizubehalten, als er der wirklichen Selbstständigkeit eine Art Schutz verlieh. Bülow fuhr bis zum Ende des Feldzuges fort, dem Kronprinzen Berichte zu senden, so wie auch Weisungen zu empfangen, ohne daß sein Handeln dadurch sonderlich bestimmt wurde.

So sehr er gewohnt war seine Entschließungen aus sich selbst zu nehmen und durch keinen fremden Rath sich bestimmen zu lassen, so wollte er dies neue Unternehmen doch nicht beginnen ohne sich der Zustimmung Boyen's versichert zu haben. Er eröffnete diesem tüchtigen Leiter seines Generalstabs den gefaßten Vorsatz und Plan in ganzem Umfang und erfreute sich des vollen Beifalls und der thätigen Unterstützung des treuen Waffenbruders. Er berieth alles Nöthige mit ihm, und ging sogleich an's Werk. Dem Könige meldete Bülow sein militairisches Vorhaben, das von dieser Seite, so wenig wie das politische, einen Widerspruch zu befürchten hatte. Das Nächste war die Sendung des Rittmeisters von Auer nach England mit geheimen Eröffnungen und Aufträgen sowohl an den Prinz-Regenten von England als an den Prinzen von Oranien, um für die beabsichtigte Eroberung von Holland die Billigung und

Unterstützung beider, besonders aber auch die Mitwirkung englischer Streitkräfte anzusprechen. Deßgleichen wurde der Lieutenant von Szwykowski nach Berlin an die Prinzessin von Oranien mit Depeschen abgefertigt. In Holland selbst waren schon Verbindungen angeknüpft, die man zu erweitern und dem Zwecke gemäß zu leiten strebte. Dies kühne Verfahren, welches den noch fraglichen Willensmeinungen der Verbündeten in Betreff Hollands vorgriff und dessen künftiges Schicksal entschied, lag allerdings außerhalb der Befugnisse des militairischen Befehlshabers, allein zugleich so sehr in der natürlichen Entwicklung der Verhältnisse, daß Bülow das Werk ungestört durchführen konnte, und weit entfernt wegen seiner Eigenmacht zur Verantwortung gezogen zu werden, nur Lob und Ruhm dafür erntete.

Aus London der vollen Zustimmung sowohl von englischer als oranischer Seite vorläufig versichert, erließ Bülow sogleich an die Bewohner der Vereinigten Staaten von Holland folgenden schon vom 20. November aus Münster erlassenen Aufruf, der in's Holländische übersetzt in vielen tausend Abbrücken verbreitet wurde, den preußischen Waffen vorausging und sie begleitete: „Die Vorsehung hat die Waffen unserer Monarchen mit Sieg gekrönt, und der große Bund der freien Völker Europa's hat die Macht des blutdürstigen Unterdrückers Napoleon jetzt zum zweitenmale vernichtet. Deutschland hat jetzt völlig die schmachvollen Fesseln abgeworfen, unter denen es auf Wohlfahrt und Glück Verzicht leisten mußte. — Holländer! Ihr, die ihr einst schon früher als wir, der Unterdrückung kühn widerstrebtet, schon früher ein knechtisches Loos abschütteltet, auch für euch schlägt jetzt die Stunde der Erlösung von einem Druck, dem ohne eure Schuld ein unglückliches Verhängniß euch nebst so vielen andern unterwarf. — Die verbündete Armee, die unter dem würdigen Nachfolger des großen Gustav Adolphs in dem Norden von Deutschland den Sieg errang, betritt jetzt eure Gränzen, und mahnt euch, dem Beispiel zu folgen, welches eure Freunde und Brüder in ganz Deutschland schon gaben. — Das preußische Truppenkorps unter meinen Befehlen, welches einen Theil dieser Armee ausmacht, bietet euch zunächst die Hand, um zu eurer Befreiung und zu eurem Wohl mitzuwirken, welches wenn ihr von der Unterdrückung befreit eure Flagge wieder in allen Meeren wehen lassen werdet, bald und für immer wiederkehren wird. — Habt Vertrauen zu uns; wir haben es einst früher schon von euch verdient; wir werden demselben auch jetzt durch die strengste Mannszucht, und nur von dem Wunsch euch zu befreien geleitet, zu entsprechen wissen. — Aber auch wir treten mit Zuversicht zu euch hin, ihr biederherzigen, braven, alten Nachbarn und Freunde. Auch wir bauen fest auf eure Mitwirkung zur glücklichen Vollendung des großen Werks, die bei vereinter Anstrengung aller Kräfte nicht mehr zweifelhaft sein kann. — Zeigt euch würdig eurer Ahnherren, stellt euch kräftig, wie jene, zu uns, unter die Fahnen, die für Freiheit und Recht wehen, und laßt die Mitwelt aufs neue den Muth und die Ausdauer der batavischen Legionen im Kampfe für die gerechte Sache bewundern." — Ohne alle Eitelkeit und Selbstüberhebung spricht hier Bülow nur das zur Sache Gehörige, und die Klugheit, welche durch die schmeichelhafte Hinweisung auf Gustav Adolph den Kronprinzen von Schweden in das Unternehmen zu verflechten sucht, erscheint in Betreff seiner sowohl als der Holländer nur von wirksamer Zweckmäßigkeit.

Die militairischen Ausführungen waren in der Stille vorbereitet, und konnten unverzüglich beginnen. Oppen stand mit den Bülow'schen Vortruppen bereits in Bocholt, er empfing den Befehl in Holland einzurücken. Der Oberst von Sydow, mit 3 Reiterregimentern und 2 Füsilierbataillonen nach Coeverden entsendet, mußte sich näher zu Oppen heranziehen, um die-

sen nöthigenfalls zu unterstützen, da dieser, mehrere Märsche von
der Hauptstärke entfernt, fürerst auf sich allein angewiesen war.
Oppen ging über Anholt und Deutekom rasch gegen die an der
Yssel gelegene Stadt Doesburg vor, vernahm aber, als er eben
am 23. November die holländische Gränze überschritt, daß ihm
eine Schaar von Tschernischeff's Kosaken schon zuvorgekommen
sei; sie war durch Ueberraschung in den schlechtbewachten Ort
eingedrungen, jedoch eben so schnell wieder gewichen, als sie
die Annäherung feindlichen Fußvolks vernahm; dieses hatte
darauf den Ort wieder besetzt, war aber, den Nachrichten zufolge, nur schwach und eines sogleich erneuerten Angriffs wohl
nicht gewärtig. Hierauf rechnend sandte Oppen zum Versuch
einer Ueberrumpelung schleunigst ein Dragonerregiment mit einer
halben reitenden Batterie voraus; sie kamen gegen 3 Uhr an
und sprengten muthig auf das Thor los, doch von lebhaftem
Gewehrfeuer empfangen mußten sie zurückweichen und das Eintreffen des Fußvolks abwarten. Die früheren Festungswerke
bestanden noch theilweise, ein starker Wall, gedeckt von tiefem
Wassergraben umgab die Stadt. Der Rittmeister Franz von
Eckardstein versuchte den Feind mit Vorschlägen zur Uebergabe,
während die Dragoner absaßen, und ein gutes Plänklergefecht
unterhielten. Nach einer Stunde traf das Fußvolk ein, und
schritt unmittelbar zum Angriff, er richtete sich auf das nächste
Thor, einige Kartätschenschüsse reinigten den Wall, ostpreußische
Jäger erstiegen auf Leitern die Zugbrücke, zerhieben die Ketten
daß sie herabfiel, und nun brangen die Füsiliere stürmend ein.
Die Franzosen, etwa 150 Mann, suchten theils über die schon
halbzerstörte Yffelbrücke theils auf Kähnen zu entkommen, wurden aber größtentheils eingeholt und niedergemacht oder gefangen, unter den letztern befand sich der Kommandant und 4 Offiziere, nebst andrer Kriegsbeute wurden auch 2 schwere Kanonen
genommen.

Dieser leichte Sieg, der mit nur 10 Verwundeten, unter denen 2 Offiziere, erkauft worden, verbreitete Schreck und Bestürzung in der ganzen Gegend, und Oppen eilte diesen Eindruck bestens zu benutzen. Er entsandte sogleich den Major von Sandrart mit seinem Husarenregimente, 1 Bataillon Jäger und einiger andern Mannschaft auf dem rechten Ysseluter gegen Zütphen, während über die schleunigst hergestellte Brücke der Major von Müller mit 2 Schwadronen Dragoner, einer Abtheilung Füsiliere und 2 Kanonen ebendahin auf dem linken Ufer vordrang. Sandrart, der früher eintraf, griff sogleich an, wurde aber mit Verlust von 60 Todten und Verwundeten abgewiesen; als aber Müller von der andern Seite erschien, sein Geschütz feuern ließ und auch schon Anstalten zum Sturm machte, ergab sich am 24. November der Kommandant und die Besatzung von 300 Mann wurde kriegsgefangen. Mehrere Kanonen wurden erbeutet, ein großes Tabacksmagazin und andere Vorräthe. Den Taback ließ Bülow bald nachher verkaufen, und verwandte die daraus gelöste Summe für seine Truppen.

Oppen gönnte sich kein Ausruhen, und wandte sich schon am 25. Morgens von Zütphen zurück gegen Arnheim, um sich dieses wichtigen Ortes zu bemächtigen, und zugleich den Feind, der sich bei Nymwegen stärker zusammenzog, näher zu beobachten. Während Molitor noch bei Utrecht stand, sammelte der Marschall Macdonald, der den eilften französischen Heertheil befehligte, seine Truppen zwischen Grave und Nymwegen; er hatte jetzt ungefähr 9000 Mann, die sich aber täglich verstärkten; zur Sicherung seiner linken Flanke sandte er 2000 Mann unter dem General Amey gegen Deventer, wo sie mit einer vom General Laubardière zusammengerafften Schaar von Douaniers und Gendarmen zusammenstoßen sollten. Diese Truppen stellten sich am 25. Mittags den gegen Arnheim anrückenden Preußen bei Midachten entgegen. Oppen griff sie sogleich auf beiden Flanken an, und warf sie in die Flucht. Das hügelige und strauchigte Geländ hinderte die Verfolgung durch Reiterei, und die Franzosen zogen sich durch den Wald von Rosendal ungehindert in die vor Arnheim errichteten Verschanzungen. Zugleich mit ihnen traf aber auch Oppen ein, der über Velpe einen Eilmarsch gemacht hatte, bemächtigte sich der Vorstadt, und ließ die Nachhut des Feindes noch lebhaft angreifen, die jedoch mit einigem Verlust bald in Sicherheit war. Auch Arnheim hatte von seiner früheren starken Befestigung nur noch einen hohen Wall und tiefen Graben, der zunächst der Rheinbrücke trocken und daher leicht zu überschreiten war. Da es jedoch nicht gelang mit dem Feinde zugleich einzudringen, so mußte für den Augenblick jeder Angriff aufgegeben werden, und nachdem auch eine Aufforderung zur Uebergabe fruchtlos geblieben, begnügte sich Oppen die Stadt zu umstellen, und zog sich einstweilen auf Velpe zurück, bis die nöthigen Verstärkungen einträfen. Damit inzwischen seine Kräfte nicht müssig blieben, sandte er ein Reiterregiment unter dem Major von Kameke gegen Amersfort und ein andres unter dem Major von Sandrart gegen Utrecht, sie sollten den Volksaufstand, der mit jedem Tage bedeutender wurde, und die Franzosen hart bedrängte, durch ihr Erscheinen ermuthigen und befördern.

Mittlerweile rückte Sydow mit seiner Abtheilung von Zütphen heran, und die Brigade Krafft erreichte Doesburg, während die Brigaden Zielinski und Thümen mit angestrengten Märschen folgten. Oppen wünschte mit Krafft vereinigt Arnheim zu stürmen, und schon standen die Truppen dazu bereit, als man erfuhr, daß die Franzosen jetzt eben beträchtliche Verstärkung erhalten hatten, und auch sogleich wahrnahm, daß sie nicht nur auf den Wällen, sondern auch auf dem linken Rheinufer zahlreiches Geschütz aufführten, welches alle Zugänge bestrich. Oppen mußte daher vom Sturm abstehen, und be=

gnügte sich die Stadt eng einzuschließen; zugleich beabsichtigte er mit einem Theil seiner Reiterei über den Rhein zu gehen, um auch auf der andern Seite die Stadt zu berennen und ihr fernern Zuzug abzuschneiden. —

Die Franzosen machten am 29. November Mittags einen kühnen Ausfall; ihr ungestümer Reiterangriff überraschte die preußischen Vorposten, die einigen Verlust erlitten und weichen mußten, bis Verstärkung eintraf und den Feind zurückwarf. Abends traf Bülow in Doesburg ein, unterrichtete sich genau von der Lage der Dinge, und beschloß die Stadt am folgenden Morgen durch Sturm zu nehmen, weßhalb sogleich noch 4 Bataillons der Brigade Thümen von Doesburg in der Nacht herangezogen wurden.

Bülow ritt am nächsten Morgen früh nach Arnheim vor, um bei dem Sturm, dessen nähere Anordnungen er Oppen überließ, persönlich gegenwärtig zu sein. Von vier Angriffen sollten die beiden auf dem linken Flügel nur zum Schein geschehen, auf dem rechten Flügel aber die wahren mit allem Nachdruck ausgeführt werden. Erst gegen Mittag, als der dichte Nebel gefallen war, konnte der Kampf beginnen, auf allen vier Seiten zugleich. In der Nacht war ein Theil der französischen Truppen, besonders Reiterei, über die Rheinbrücke abgezogen, nur die eigentliche Besatzung, etwa 4000 Mann, unter dem tapfern General Charpentier zurückgeblieben, sie schienen zur Vertheidigung mehr als hinreichend. Der vierfache Angriff jedoch verwirrte ihre zweckmäßige Verwendung, und Charpentier selbst hatte die Truppen nicht in seiner Gewalt. Die beiden falschen Angriffe gelangen über alles Erwarten; der Major von Clausewitz drang mit seinen Truppen nach einigem Widerstand durch das Velper=Thor, der Major von Reckow mit den seinigen durch das Jahns=Thor in die Stadt, zugleich der Major von Colomb mit seiner längs des Rheinufers geführten Schaar durch das Gatterthor. Dagegen fanden die ernstlichen Angriffe, welche der Oberstlieutenant von Zastrow befehligte, tapfre Gegenwehr, die nur durch die unerschrockene Entschlossenheit der Preußen überwältigt wurde. Nachdem ein heftiges Geschützfeuer einige Zeit gedauert, erstiegen 2 Landwehrbataillone, des Kartätschenhagels nicht achtend, den hohen Wall, vertrieben den Feind mit dem Bajonet, und drangen, gefolgt von den übrigen Sturmschaaren, durch die Vorstadt grade auf das Rheinthor zu, wohin auch die andern Angriffe siegreich ihre Richtung nahmen. Hier war noch eine starke Wallschanze zu stürmen, sie wurde genommen, und mit ihr das Rheinthor. Ein blutiger Straßenkampf, in welchem Charpentier tödtlich verwundet wurde, endete mit der völligen Niederlage der Franzosen. Was vom Feinde nicht im ersten Augenblick über die Rheinbrücke sich retten konnte, mußte sich ergeben. Der General Saint=Marie, 24 Offiziere und gegen 1000 Mann wurden zu Gefangenen gemacht, 14 Kanonen erobert nebst vielen Pulverwagen. Die ergrimmten Soldaten wollten dem General Saint=Marie, den sie mitten im Kampf ergriffen hatten, niederstechen, der Major von Weyrach aber entriß ihnen denselben und ließ ihn in Sicherheit bringen. Thümen hatte die größte Mühe unter den sturmerhitzten Leuten Zucht und Ordnung herzustellen. Die Franzosen hatten zur Deckung ihrer Flucht die Rheinbrücke in Brand gesteckt. Oppen ließ sie durch die Pioniere retten und schnell herstellen, und verfolgte den Feind auf der Straße nach Nymwegen bis Elst mit größtem Nachdruck. Das zweite Bataillon des ersten neumärkischen Landwehrregiments hatte sich beim Sturm außerordentlich hervorgethan, und schloß nun auch der Verfolgung sich eifrigst an; als Oppen dasselbe von neuem Kampfesmuth beseelt vorüberziehen sah, nahm er nebst seinem Begleiter ehrerbietig den Hut vor ihm ab. —

Noch am Abend desselben Tages schrieb aus Arnheim Bülow

über diese Waffenthat an seine Frau: „Dies ist also das erste Schreiben, welches ich auf holländischem Boden an Dich richte. Gestern Abend kam ich nach Doesburg, und beschloß gleich heute früh die noch ziemlich im Stande seiende Festung Arnheim anzugreifen. Nach einem sehr hartnäckigen Gefecht haben wir die Stadt mit stürmender Hand genommen, indessen, wie natürlich, nicht ohne bedeutenden Verlust. Der Feind hat sehr bedeutend verloren, denn er mußte über die Rheinbrücke unter unserm Kartätschenfeuer gewissermaßen Spießruthen laufen. Wir haben eine sehr bedeutende Anzahl Gefangener gemacht, wieviel kann ich noch nicht bestimmt angeben; außer dem Kommandanten befindet sich noch ein Brigadegeneral unter selbigen. Die Einwohner der Stadt behaupten, es sei ein General geblieben. Wir haben den Feind bis nahe vor Nymwegen verfolgt. Morgen marschire ich gegen Utrecht, und in ein paar Tagen werde ich ziemlich Meister von Holland sein. Ich und meine Umgebungen, wir sind alle gesund, es scheint als wenn das Schicksal uns vorzüglich begünstigt. Ich habe nun in diesem Kriege Napoleon manchen argen Streich gespielt, unter diesen ist die Besitznahme von Holland einer der ärgsten. Theile den Königlichen Hoheiten, denen ich mich zu Füßen lege, diese guten Nachrichten mit."

Der schon in diesem Schreiben ausgedrückte Entschluß, die Verfolgung gegen Nymwegen nicht fortzusetzen, sondern gegen Utrecht vorzudringen, wird von Grolman getadelt; derselbe meint, wahrscheinlich würde Nymwegen, ja vielleicht Grave, Herzogenbusch, und somit der Bommeler Waerd, in Bülow's Hände, und dann auch ohne Zweifel die übrigen Festungen gefallen sein, und auf diese Weise hätte, gleichsam auf Einen Schlag, ganz Holland erobert werden können. Allein schon die angeführten Worte selbst zeigen, daß das „auf Einen Schlag" nur als ein sehr bedingtes „nach und nach" gelten kann, und daß die angenommene Wahrscheinlichkeit bei jedem einzelnen Schritt aufs neue zu einer sehr fraglichen wird. Denn schwerlich würden Macdonald und Molitor jenem Vordringen auf Nymwegen ruhig zugesehen, vielmehr mit vereinten Kräften sich ihm widersetzt haben, wobei Bülow, der schon durch das Zurücklassen der Brigade Vorstell vor Wesel und durch andre Entsendungen geschwächt war, unter nachtheiligen Umständen zu einer Schlacht genöthigt werden konnte, die er besser vermied. Grolman sagt dann weiter selbst, da Bülow die nachtheiligen Verhältnisse auf feindlicher Seite damals nicht genau habe wissen können, und er mit Recht dahin gestrebt habe, sich zuvörderst eines Hauptortes im Innern von Holland zu bemächtigen um von hieraus die Zügel der Regierung zu erfassen und dem Aufstande des Landes einen festen Haltpunkt zu geben, so erscheine die getroffene Wahl, gegen Utrecht vorzugehen, hinlänglich gerechtfertigt. Noch mehr als diese Worte es sagen, waren Bülow's Gründe wichtig und dringend. Es galt vor allem den schon ausgebrochenen Aufstand auszubreiten, zu befestigen, und besonders auch das Volk gegen die Rache des Feindes, der leicht auf Augenblicke wiederkehren konnte, zu schützen. Wir können eine andre Betrachtung nicht verschweigen. Der russische General von Benkendorf mit seiner fliehenden Schaar war im Anzug auf Amsterdam, eine andre russische Abtheilung unter dem General von Stahl stand schon bei Amersfort, Kosaken durchstreiften das Land nach allen Richtungen; uns dünkt es eine erlaubte militairische Eifersucht, im eignen Werke freie Hand zu behalten, und wir glauben es konnte Bülow'n nicht verdacht werden, daß er in Holland den russischen Truppen nicht den Vorzug lassen mochte. Der Verfolg wird zeigen, daß dies auf die gegenseitige Hülfe und Unterstützung, die er eben so gern annahm als leistete, keinen Einfluß hatte.

Auf die Nachricht, daß am frühen Morgen des 24. November 300 Kosaken von Benkendorf, die sich zwischen den französischen Posten klug durchgeschlichen hatten, in Amsterdam eingerückt und vom Volke mit Jubel begrüßt worden seien, sandte Bülow sogleich den Oberst von Sydow mit 2 Reiterregimentern ebendahin. Auch empfing er die Anzeige, daß der Prinz von Oranien, mit dem und dessen Beauftragten er in lebhaftem Verkehr stand, am 1. Dezember bei Amsterdam gelandet sei, und mit einer Schaar von Freiwilligen der dortigen Schuttery sofort nach Utrecht vorrücken wolle. Diesem die Hand zu reichen, war eben so militairisch richtig, als politisch von Wichtigkeit.

Den Prinzen von Oranien zu begrüßen und weitere Maßregeln mit ihm zu verabreden, sandte Bülow den Major von Royer nebst dem Fürsten Radziwill und Rittmeister von Burgsdorf nach Amsterdam, von wo sie ihn nach dem Haag begleiteten. Der Prinz trat unter begeisterter Zustimmung des Volks nun förmlich in Amt und Rechte seiner Vorfahren, und erklärte sich zum Statthalter von Holland. Er ließ Bülow'n den innigsten Dank und Beifall ausdrücken, und ihn auffordern, in seinen glücklichen Unternehmungen eifrigst fortzufahren; alle Unterstützung, über welche der Prinz verfügen und die er von den erwarteten englischen Truppen vermitteln könne, solle ihm unverzüglich zu Theil werden. —

Molitor, den Schwierigkeiten nicht gewachsen, die der Zustand des Landes ihm häufte, und noch weniger dem Angriffe Bülow's, war am 30. November von Utrecht abgezogen, über den Leck und die Waal zurückgegangen, und hielt nun hinter der letztern die Uebergänge besetzt, welche durch Festen und Schanzen vertheidigt waren; auch verstärkte er die Besatzung von Gorkum. Napoleon aber, unzufrieden mit der bisherigen Vertheidigung Hollands, beauftragte den General Decaen mit derselben, und überwies ihm zu diesem Behuf ansehnliche Verstärkungen.

Bülow traf am 2. Dezember in Utrecht ein, und ließ ohne Verzug die Vorhut unter Oppen nach verschiedenen Richtungen vorgehen. Ein Theil derselben kam nach Vianen, einer befestigten Stadt am Leck, von deren Dasein die Führer nichts gewußt hatten, zum Glück war der Feind abgezogen, und man konnte ungehindert einrücken. Der Major von Sandrart ging über Meerkerk gegen Gorkum; die Franzosen hatten sich vorwärts bei Arkel und Spyk hinter den Dämmen festgesetzt, wo hitzige Plänkeleien wiederholt stattfanden. Der Oberst von Sydow rückte an die Waal, der Stadt Bommel gegenüber. Der Major von Kameke kam gleichfalls an die Waal, mehr aufwärts; der Oberstlieutenant Graf von Lottum stand noch weiter aufwärts gegen Nymwegen hin. Während Bülow hinter diesen Vorposten in Utrecht in rastloser Thätigkeit alles aufbot, seine Streitkräfte zu mehren, die zahllosen Geschäfte, die sich ihm aufdrangen zu erledigen, und neue Unternehmungen vorzubereiten, waren auch die Franzosen ihrerseits nicht müssig.

Der General Decaen kam den 4. Dezember in Antwerpen an. Er überschaute den Zustand der Dinge, gab für jetzt alles auf, was schon verloren oder nicht zu halten war, also nicht nur das eigentliche Holland, sondern auch Zeland, welches in voller Gährung und den Engländern eine sichre Beute schien, beschloß aber um so hartnäckiger den Schlüssel von Belgien, die Festungen Gorkum, Gertruydenburg, Bergen-op-Zoom, Herzogenbusch und Breda zu behaupten. Er hoffte, wenn erst alle Truppen, die Napoleon ihm zugewiesen hatte, eingetroffen wären, gegen 32,000 zur Verfügung zu haben, und diese konnten in der That für jenen Zweck hinreichen. Hätte er augenblicklich diese Stärke gehabt, so würde er freilich noch mehr im Vortheil gewesen sein!

Die englischen Hülfstruppen, der Angabe nach 8000 Mann stark unter dem General Sir Thomas Graham, landeten am 4. Dezember auf der Insel Tholen in der Oster-Schelde; sie hatten auf der Ueberfahrt sehr gelitten, und bedurften längerer Zeit, um sich zu erholen, zu ordnen, wieder auszurüsten. Bülow setzte sich mit dem General sogleich in Verbindung, und zwischen beiden knüpfte sich das beste Vernehmen an, das nie getrübt wurde. — Abgeordnete aus dem Haag begrüßten Bülow'n als den Befreier von Holland, und luden ihn nach dem Haag und nach Amsterdam ein, wo seiner außerordentliche Festlichkeiten harrten; er zog aber vor bei seinen Truppen und inmitten der vielfachen Arbeiten zu bleiben, die seiner Leitung und Aufsicht keinen Tag entbehren konnten. Außer der Sorge für seine eignen Truppen, für deren Verpflegung, Vervollständigung und Ausrüstung, hatte er die viel mühsamere, den Eifer der Holländer zu wecken und zu spornen, um holländische Truppen in's Feld zu stellen; die zahllosen, immer neuen Schwierigkeiten, denen er hiebei begegnete, setzten seine Geduld auf harte Proben. Der Prinz von Oranien selbst vermochte in dieser ersten Zeit nur wenig und hatte vor allem seine persönlichen Verhältnisse festzustellen. Doch billigte und unterstützte er soviel ihm möglich die Maßregeln Bülow's. Daß er seinen sechszehnjährigen Sohn den Prinzen Friedrich ihm nach Utrecht sandte, um unter seinen Augen die kriegerische Laufbahn zu betreten, war ein Zeichen von Achtung und Vertrauen, das von allen Seiten gut aufgenommen wurde.

Aber auch für die Kriegsführung selbst gab die Eigenthümlichkeit dieses Landes vielerlei Bedenken. Ein überall von Gewässern und Gräben durchschnittener Boden, verbunden nur durch hohe, zwischen tiefen überschwemmbaren Niederungen hinlaufende Dämme, die überall eine natürliche Vertheidigung bieten, dazu eine Menge von Festungen und Schanzen, denen schwer beizukommen, die jede Bewegung hindern, wenn der Feind sie besitzt, und nichts bedeuten, wenn man sie erobert hat, — dies alles machte den Truppen große Beschwer, und ihre besten Kräfte fanden sich gelähmt, weil deren Anwendung unter solchen Umständen nicht möglich war. Bülow studirte mit Aufmerksamkeit diese neuen Verhältnisse, und berieth sich mit allen Offizieren und erfahrnen Einwohnern. Mit den holländischen Bewaffnungen ging es überaus langsam. Es meldeten sich genug Leute, allein es fehlte an Offizieren sie zu ordnen und auszubilden, an Anstalten der Verpflegung, besonders auch an Gewehren, denn die zuerst auf Zeland von den Engländern gelandeten mußte Bülow für seine aus Westphalen eintreffende beträchtliche Ersatzmannschaft in Anspruch nehmen, die jedenfalls wichtiger war als das holländische Aufgebot. Doch wirkte schon das bloße Gerücht von diesem auf den Feind sehr beunruhigend, er hielt die ganze Bevölkerung für streitfertig, und konnte nicht unterscheiden, was nur erst Vorbereitung oder schon Ausführung sei. Einen starken Eindruck machte es auch auf die Franzosen, daß Bülow auf den Vorposten überall von den Kirchthürmen neben der preußischen die oranische Fahne wehen ließ. Um die Franzosen noch mehr besorgt zu machen, und sie glauben zu lassen, daß ihnen auch im Rücken schon Aufstand drohe, erließ Bülow in französischer Sprache einen Aufruf an die Brabanter, der indeß nur Allgemeines sagen und daher nur wenig wirken konnte. —

Ein Gegenstand, den Bülow mit allem Eifer anstrebte und verfolgte, war die Wiederheranziehung seiner Brigade Borstell, die seiner unmittelbaren Leitung entzogen vor Wesel stand, und diese Festung so wie den Niederrhein bis oberhalb Düsseldorf beobachtete. Borstell war mit dieser Absonderung sehr zufrieden; Bülow aber fand sich durch sie eines bedeutenden Theils seiner Truppen beraubt, und mit den ihm verbliebenen nicht mehr stark genug um angriffsweise zu verfahren. Es standen viele Truppen der Verbündeten rückwärts im Lande unthätig und verfügbar, die den Dienst vor Wesel übernehmen, und Bülow's Truppen ablösen konnten, ja der Heertheil Winzingerode's war hiezu schon bestimmt, aber die meisten Kriegsbewegungen stockten, oder geschahen unentschlossen und langsam. Bülow verwandte die dringendsten Bitten und Aufforderungen, bei dem Kronprinzen von Schweden, bei Winzingerode selbst, in dem großen Hauptquartier, doch alles ohne raschen Erfolg. Und als später denn doch endlich Winzingerode kam, und somit Bülow's Wunsch erfüllt wurde, mußte dieser mit Staunen erkennen, daß er nur sein Unheil herbeigewünscht habe! —

Borstell indeß war seinerseits thätig und tapfer. Bei Wesel hatte er am 2. Dezember ein günstiges Gefecht, und beinahe wäre die Festung durch Ueberfall genommen worden. Der Oberst von Hobe besetzte Düsseldorf. Der Major von Knobloch ging mit 2 Bataillons und 3 Schwadronen Husaren über den Rhein, überfiel Neuß, wo große Vorräthe und die Düsseldorfer Schiffbrücke gefunden wurden, verfolgte den Feind auf der Straße nach Jülich, nahm ihm einen Adler, und machte 230 Gefangene, worunter 30 Offiziere; am folgenden Tage schlug er den Feind, der in Stärke von Köln gegen ihn heranzog, kräftig zurück, und ging dann mit seiner Beute wieder auf das rechte Rheinufer. Diese und einige andre Gefechte und kühne Streifereien hatten außer ihrem besondern Vortheil auch den allgemeinen, den Marschall Macdonald in Nymwegen sehr zu beunruhigen und seine Aufmerksamkeit auf seine rechte Flanke, von Bülow daher abzulenken.

Nachdem dieser in Utrecht zwölf Tage zwar in größter Geschäftsthätigkeit, aber auch in peinlichem Abwarten zugebracht, beschloß er, ungeachtet seiner geringen Stärke, wieder angriffsweise gegen den Feind aufzutreten. Sein nächster Zweck war die Wegnahme des Inſellandes zwiſchen Waal und Maas, der Bommeler Waerd genannt, um demnächſt die Maas zu über=schreiten und die auf dem linken Ufer dieſes Fluſſes gelegenen Feſtungen anzugreifen. Seine Befehle waren, Oppen mit der Vorhut ſollte bei Bommel über die Waal und dann über die Maas bis gegen Herzogenbuſch vorgehen, die Brigade Krafft die Feſtung Gorkum eng umſtellen, dann über die vereinigte Waal und Maas — die Meerwede — gehen, und die feſten Orte Workum, Löwenſtein und Heusden zu nehmen ſuchen, die Brigade Heſſen=Homburg ſollte zur Unterſtützung in die Nähe von Gorkum, die Brigade Thümen nach Thiel vorrücken. Die Uebergänge fanden indeß große Schwierigkeiten.

Zunächſt mußte Bommel angegriffen werden, eine auf dem linken Ufer der Waal gelegene zwar kleine aber ziemlich ſtarke Feſtung. Der Uebergang mußte auf Kähnen geſchehen, allein der Feind hatte die nächſtvorhandenen theils fortgeführt, theils verſenkt, es mußten andre von oberhalb herbeigeſchafft werden, die jedoch im Vorbeifahren dem Geſchütz des Forts St. Andreas ausgeſetzt waren, das am öſtlichen Ende des Waerds auf einer ſchmalen Landzunge gelegen ſowohl nördlich die Waal als ſüd=lich die Maas beſtrich. Bülow beſchloß dies Fort durch Ueber=fall zu nehmen. Der Major von Zglinitzki ſchiffte ſich deßhalb am 13. Dezember in aller Frühe mit 1 Füſilierbataillon und 2 Kompanieen oberhalb des Forts bei dem Dorfe Varik auf zwei großen Kähnen ein, um mit dem Strom hinabtreibend am Fuße der Schanzen anzulanden. Allein die Schiffer konnten die ſchweren Fahrzeuge in der Strömung nicht meiſtern, ſie gelang=ten trotz aller Anſtrengung nicht auf das jenſeitige Ufer, das Fort richtete ſein Kanonenfeuer auf ſie, aus deſſen Bereich ſie nur mühſam wieder auf dem rechten Ufer in Sicherheit kamen. Bülow befahl, den Verſuch am nächſten Morgen zu wieder=

holen, wollte aber auch den Angriff auf Bommel selbst nicht länger aufschieben.

Die wenigen Kähne, deren man noch habhaft geworden, hatte Bülow gegenüber von Bommel bei Thuyl und höher hinauf bei Varik schon zusammenbringen lassen, sie konnten höchstens 1000 Mann aufnehmen. Zum Schutz der Ueberfahrt ließ Bülow auf dem Uferdamme 60 Kanonen aufpflanzen. Am 14. Dezember früh, im Dunkel und Schweigen der Nacht geschah die Einschiffung. Die Truppen waren voll Muth und Begier, sie wetteiferten um die Ehre die ersten zu sein, Oppen selbst, der den Angriff befehligte, fuhr in dem vordersten Boot allen voran. Die Zurückbleibenden, die auf die Wiederkehr der Kähne harren mußten, standen in größter Spannung am Ufer, sie horchten auf die immer schwächer klingenden Ruderschläge, die Wellen gingen hoch, die Strömung schoß reißend fort, und schnell war das kleine Geschwader in Nacht und Wogen dem Blick entrückt. Banges Vorgefühl gab die muthigen Kammeraden schon verloren, sie schienen dem sichern Tod entgegen zu gehen, jeden Augenblick erwartete man das Aufblitzen des feindlichen Geschützes, dem zwar furchtbare Antwort bereit stand, aber ohne daß dadurch den Bedrängten, die auf dem wogenden Wasser dann in der Mitte des beiderseitigen Feuers schwebten, unmittelbare Hülfe wurde. Doch sie hatten ungestörte Fahrt, und als sie dem jenseitigen Ufer näher kamen, sandte Oppen, der bei aller Kühnheit nicht der Vorsicht vergaß, ein kleines Boot zur Erkundung voraus, das bald unerwarteten Aufschluß zurückbrachte. Der Strand war schwarz von Menschen, die in dichten Haufen erwartungsvoll dastanden, aber durchaus nichts Feindliches verriethen, sondern plötzlich, als eben der Tag hell anbrach, die nun sichtbar werdenden Schiffe mit tausendfachem Freudengeschrei und dem begeisterten Rufe Oranje boven! begrüßten. Die Franzosen, unterrichtet von dem kühnen Willen und den ernsten Anstalten Bülow's, hatten nicht geglaubt widerstehen zu können, und daher Bommel in aller Frühe verlassen. Die Landung der Preußen erfolgte nun unter lautem Jubel und die wiederholten Ueberfahrten wurden mit allem Eifer beschleunigt. Bülow war vor allem bedacht den Feind zu verfolgen. Er ließ die Truppen, die von den Einwohnern sogleich mit Speis und Trank erfrischt worden, unverzüglich auf den Dämmen östlich und westlich vorrücken, so wie südlich gegen das Fort Crevecocur; doch hielt der Feind bald wieder Stand, und die Verfolgung in allen diesen Richtungen mußte Nachmittags einstweilen aufhören.

Auch die Brigade Krafft war am 14. Dezember unterhalb Gorkum bei Hardieksvelt über die hier schon vereinigte Waal und Maas — Meervede — gegangen, hatte einen Ausfall aus Gorkum, der den Marsch hindern wollte, tapfer zurückgeschlagen, und in raschem Vordringen die Forts Workum, Löwenstein und Heusden, die von dem Feinde kaum vertheidigt wurden, glücklich genommen und besetzt.

Wir müssen hier der gleichfalls noch an diesem Tage geschehenen Wegnahme des Forts St. Andreas gedenken, die jetzt weniger wichtig war, aber in ihren Einzelheiten merkwürdig erscheint. Der Major von Zglinitzki hatte nach seinem fehlgeschlagenen ersten Versuch, den Befehlen Bülow's gemäß, in der Nacht zum 14. Dezember etwa 20 kleinere Kähne zusammengebracht, um vor Tagesanbruch nochmals das Wagniß zu bestehen. Der Lieutenant Schmidt mit 40 Füsilieren hatte diese Schiffe zu bewachen. Während der Nacht kamen auf einem Schifferkahn drei Bauern aus dem Dorfe Rossum, das dicht an dem Fort liegt, zu dem preußischen Posten herüber und berichteten, die Besatzung des Forts sei größtentheils ausgerückt um aufwärts bei Thiel die dort noch vorräthigen Schiffe zu zerstören, werde aber gegen Morgen zurückkommen; es sei nur ein

Wachtposten zurückgeblieben, und das Thor gewöhnlich frühmorgens offen, weil die Landleute dann Lebensmittel einbrächten. Diese willkommene Nachricht meldete der Lieutenant Schmidt sogleich dem Major von Zglinitzki, er selbst aber schiffte sich mit seinen Leuten ein, gelangte glücklich an das jenseitige Ufer, und hielt sich im Gebüsch bei Rossum verborgen bis er das Thor öffnen hörte, drang dann ungestüm ein, nahm die Wache gefangen, sprengte die übrige Mannschaft nach Heerwaarden, einem Dorfe auf der östlichsten Spitze des Insellandes, und verschloß sich in der kleinen Feste, hoffend daß die Unterstützung nicht zu lange ausbleiben werde. Mittlerweile war Zglinitzki mit dem Reste seiner Schaar ebenfalls übergeschifft, und hatte 2 Kompanieen noch weiter oberwärts bei Varik übergehen lassen, die dem nach Heerwaarden geflüchteten Feind auf dem Fuße folgten. Auf der andern Seite mußten 2 Kompanieen bei Rossum ein heftiges Gefecht gegen die von Bommel abgezogenen Franzosen bestehen, die sich in das Fort St. Andreas zurückziehen wollten, mit 2 Kompanieen warf er sich in das Fort, dessen zugefrorene Gräben er eiligst aufeisen ließ. Bald auch drang die ganze Stärke des von Thiel über Heerwaarden zurückkehrenden Feindes, der die beiden dorthin gesandten preußischen Kompanieen überfallen und gesprengt hatte, mit frischem Muthe zum Angriff heran, und da die 2 Kompanieen, die bei Rossum gekämpft und den Feind zurückgeworfen hatten, ihn auf Oppen's Befehl nach Crevecoeur verfolgen mußten, so hatte Zglinitzki kaum noch 250 Mann zur Verfügung, dagegen der Feind durch Molitor's Fürsorge in der Nacht zum 15. eine Stärke von 4 bis 5 Bataillons erlangte, deren Angriff in der Tagesfrühe zu erwarten war. Bülow, von Zglinitzki's Lage unterrichtet, hatte demselben noch Abends 2 Kanonen gesandt, die mit großer Anstrengung über den Graben in das Fort gebracht wurden, indem die halbzerstörte Brücke nur noch für einzelne Leute gangbar war. Nun aber fehlte es ganz an Artilleristen zur Bedienung der Kanonen, und als frühmorgens am 15. der Feind gegen das Fort sein Geschützfeuer eröffnete, blieb dasselbe über eine Stunde unbeantwortet. Nach einer vergeblichen Aufforderung zur Uebergabe brachte der Feind sein Geschütz näher heran, und verstärkte seinen Angriff; da traten aus den Preußen Freiwillige hervor, welche die beiden Kanonen luden, der Lieutenant Schmidt richtete selbst eine derselben, und der erste Schuß machte gleich ein feindliches Geschütz unbrauchbar. Der Feind wurde hiedurch stutzig, glaubte daß jetzt erst Kanonen und Verstärkung angekommen sei, und da ihm zugleich die gestrigen Erfolge der Preußen kund wurden, so hielt er seine Stellung für gefährdet und zog nach Heerwaarden zurück. Als eben jener glückliche Schuß gefallen war, nach welchem der Feind ostwärts abzog, erschien unerwartet auf der andern Seite, von Rossum her, Bülow mit dem Prinzen von Oranien und vielen Offizieren; sie mußten, um in das Fort zu kommen, nicht nur vom Pferde steigen, sondern auch mühsam über den Wall klimmen, da kein andrer Zugang offen war. Bülow belobte die tapfern Krieger, und sandte sogleich eine Schwadron freiwilliger Jäger, die mit ihm gekommen war, nach Heerwaarden zur näheren Beobachtung des Feindes, der dort eine gute Stellung genommen hatte. Erst am 16. Dezember zogen die Franzosen von Heerwaarden, und bald ganz nach Nymwegen ab. Hiemit endet dieses wenn auch kleine doch ruhmvolle Zwischenereigniß. —

Oppen hatte am 15. Dezember ein Gefecht bei Well mit den aus Löwenstein sich zurückziehenden Franzosen, besetzte das von ihnen aufgegebene Fort Crevecoeur, und ging bis vor Herzogenbusch, welche Festung zwar nur schwach besetzt, aber doch durch einen Handstreich nicht zu nehmen war. Der Bommeler Waerd befand sich nun ganz in der Gewalt der Preußen. Bülow ließ bei Bommel eine Schiffbrücke schlagen, um die

Verbindung zu erleichtern, und zwischen Waal und Maas alle streitbare Mannschaft zu den Waffen rufen. Der Mangel an Gewehren war auch hier sehr hinderlich.

Inzwischen war Benkendorf mit seiner russischen Schaar ungehindert über Rotterdam am 7. Dezember nach Dortrecht vorgedrungen, und hatte schon am 9. Breda und am 12. Wilhelmstadt gewonnen, während General von Stahl in Gertruydenburg einrückte, und die Engländer unter Graham sich nun gleichfalls in Bewegung setzten.

Bülow nahm sein Hauptquartier in Bommel, und leitete von hieraus die weitern Unternehmungen. Er unterhielt lebhafte Verbindung mit Graham, Benkendorf und Stahl, mit Borstell, mit Winzingerode, mit dem Prinzen von Oranien und den holländischen Behörden, berichtete an den Kronprinzen von Schweden, an den König, an den Kaiser von Rußland; letzterem stellte er besonders vor, wie wichtig es sei jetzt baldigst von Holland aus nach Belgien vorzudringen, wie nöthig daher daß Winzingerode oder Thielmann mit den Sachsen vorrücke um Borstell abzulösen, damit durch ihn verstärkt der jetzt in Holland festgehaltene preußische Heertheil wieder in voller Kraft auftreten könne. —

Napoleon, dem die großen Heere längs des Rheins durch ihre Unthätigkeit eine erwünschte Frist gewährten, richtete seine Aufmerksamkeit wiederholt auf die Ereignisse in Holland, und beschloß die dortigen Fortschritte der Verbündeten, die schon Belgien bedrohten und seiner linken Flanke gefährlich wurden, durch kräftige Schläge zu hemmen. Er versammelte bei Brüssel eiligst eine beträchtliche Macht, ein ganzer Heertheil war für das verschanzte Lager bei Antwerpen bestimmt, General Decaen wurde vom Oberbefehl abgerufen und wegen nachlässiger Führung zur Verantwortung gezogen, der Großwürdenträger Lebrun zum Statthalter in Belgien bestimmt, bewährten Generalen besondre

Weisung zugeschickt. Der General und Senator Rampon, der mit einigen von ihm selbst gebildeten Bataillons aus Antwerpen nach Gorkum geeilt war, erhielt den gemessenen Befehl diese Festung auf's äußerste zu halten; General Roguet sollte gegen Breda vorrücken, diesen Platz durch raschen Ueberfall wiedernehmen und die Verbindung mit Gorkum herstellen; Macdonald, auf den sich Molitor zurückgezogen hatte, sollte diese Bewegungen durch kräftiges Vorrücken von Nymwegen her unterstützen; Napoleon sprach die Hoffnung aus, die Truppen Bülow's unverzüglich über die Maas und Waal zurückgeworfen zu sehen.

Während diese Maßregeln vorbereitet wurden, und Macdonald als nächststehend und zuerst fertig schon zu deren Ausführung schritt, erhielt Oppen, der seit dem 16. Dezember seine Vorposten vor Herzogenbusch hatte, von Bülow den Befehl, am 19. mit 2 Bataillons, 4 leichten Geschützen und 1 Reiterregiment einen Versuch zur Einnahme dieser Festung zu machen; Krafft sollte seinerseits mit gleicher Stärke von Heusden her, diesen Angriff unterstützen. Allein schon beim Uebersetzen über die Maas wegen zu geringer Zahl von Schiffen, dann durch die grundlosen Wege verzögert, kam Oppen anstatt am frühen Morgen erst gegen Mittag vor der Festung an, fand den Feind benachrichtigt und in guter Fassung, und das eröffnete Geschütz- und Plänklerfeuer, von den Franzosen lebhaft erwiedert, blieb erfolglos. Noch mehr verspätet erschien Krafft mit seinen Truppen; und da der Versuch, den Kommandanten zur Uebergabe zu bewegen, an dessen Festigkeit scheiterte, und zugleich das nach Grave vorgeschobene Dragonerregiment melden ließ, daß feindliche Truppen von dort zum Entsatz heranzögen, so mußten sowohl Oppen als Krafft jeder nach seiner Seite zurückgehen.

Allein die Bewegung Macdonald's, welche für Herzogenbusch im Augenblick so vortheilhaft war, hatte nicht diesen besondern Zweck allein, sie hing mit dem befohlenen allgemeinen Vorrücken zusammen. An demselben 19. Dezember drang der General Roguet von Antwerpen mit 6000 Mann Fußvolk, 30 Kanonen und 800 Reitern über Westwesel, wo die russischen Vorposten gleich geworfen wurden, rasch gegen Breda vor, stand am 20. vor der Festung, und traf sogleich alle Anstalten zum heftigsten Angriff. In der Nacht wurde die Stadt furchtbar aus Wurfgeschütz beschossen, an mehreren Orten in Brand gesetzt, zugleich ein allgemeiner Angriff auf die Thore gemacht. Benkendorf, der sich hier befand, hatte nur 500 Mann Fußvolk und etwa 1000 Reiter nebst 8 leichten Kanonen, er vertheidigte sich tapfer mit seiner wenigen Mannschaft, in der auch 100 Preußen von der Streifschaar des Majors von Colomb mitfochten. Erst im Verlaufe der Nacht gelang es den Engländern von Wilhelmstadt 18 schwere Kanonen nebst Munition und 500 Mann Fußvolk in die Festung zu schaffen, welche dadurch aber noch keineswegs fähig war einem ernstlichen Sturme, den der Feind schon vorbereitete, zu widerstehen. Am 21. und 22. wiederholten die Franzosen ihren Angriff, doch mit mehr Ungestüm als Nachhalt, bei größerem Ernst, wenn die herbeigeschafften Sturmleitern wirklich angelegt wurden, konnte die Festung fallen. Bülow jedoch hatte auf die erste Nachricht von der Bedrängung Breda's der Brigade Krafft den Befehl ertheilt dorthin eiligst vorzurücken; er ließ in allen Dörfern die Sturmglocken läuten und die Bauern aufbieten, die sich zahlreich an die Preußen anschlossen; zugleich bediente er sich der List ein Schreiben abzusenden, durch das er die Besatzung benachrichtigte, er werde mit 15,000 Mann unverzüglich eintreffen; dieses Schreiben, den Franzosen mit guter Art in die Hände gespielt, ließ diese in dem Anrücken Krafft's, dem sie überlegen waren, das Herbeikommen der ganzen Stärke Bülow's erblicken, mit der sie es nicht aufnehmen konnten, auf der andern Seite sahen sie von

Wilhelmstadt über Sevenbergen englisches Fußvolk heranziehen um sich mit den Preußen zu vereinigen; sie ließen daher vom Angriff ab, und gingen vorsichtig auf Minderhout und Hoog= straten 4 Stunden weit zurück. Krafft erreichte ihre Nachhut zwischen Dorst und Upelaer, und seine Husaren warfen in einem glänzenden Angriff die französischen Gardejäger in die Flucht; bei der Ueberzahl des Feindes und dem starken Nebel der alles verdeckte, wagte er nicht seine Verfolgung weiter auszudehnen; er glaubte genug gethan und Lob und Dank verdient zu haben, allein Bülow machte ihm Vorwürfe, daß er dem Feinde nicht schärfer zugesetzt habe. Seine Maßregeln und Ansichten hatten überhaupt nicht immer den Beifall Bülow's, der ihn nicht feu= rig genug fand, und den an ihn ausgefertigten Befehlen oft eigenhändige derbe Nachschriften beifügte. Krafft hatte seiner= seits einen eignen Sinn, der sich öfters wunderlich äußerte; als ihm zugemuthet wurde, den festen Platz Heusden noch besser in Stand zu setzen, um sich daselbst gegen den Feind halten zu kön= nen, erwiederte er kalt: „Das sind Geschmackssachen! Ich habe keine Lust mich einschließen zu lassen!"

Bülow jedoch war in dieser Zeit überhaupt verstimmt und mißvergnügt. Seine Truppenstärke, durch die fortdauernde Ver= wendung der Brigade Borstell vor Wesel bedeutend geschwächt, war für die Aufgaben, welche sein feuriger Eifer sich zunächst vorstellte, für einen raschen Einbruch in Belgien oder einen kräftigen Anschlag auf Antwerpen, durchaus ungenügend; alle Versprechungen, die ihm aus dem großen Hauptquartier gemacht wurden, ihm die Brigade, die seinem Heertheil angehörte, wie= der zugehen zu lassen, oder ihn durch andre Truppen zu ver= stärken, blieben unerfüllt; die Trägheit der Holländer in ihren Rüstungen gab wenig Hoffnung ihre Truppen bald streitfertig zu sehen, und dabei zeigte sich deutlich der Wunsch sie lieber den Engländern als den Preußen anzuschließen. Inmitten des ruhmvollsten Siegeslaufes und Thateneifers sah Bülow sich zu dem traurigsten Stillstand verurtheilt, zu leidendem Abwarten, durch welches nichts erreicht wurde, als daß die persönliche Lage sich noch mehr verschlimmerte. Aber auch sonst glaubte er Ursache zu haben, sich für vernachlässigt, für gewissermaßen beseitigt zu halten; in dem großen Hauptquartier, in der Umgebung des Königs, schien man ihn weniger zu berücksichtigen als Andre, denen an Verdienst und Tüchtigkeit sein Selbstgefühl ihn wenigstens gleichstellte. Burgsdorf, den er mit den Schlüsseln der Festungen Breda, Bommel, Crevecoeur und des Forts St. Andreas in das große Hauptquartier gesendet hatte, meldete ihm von daher die neuesten Beförderungen. Der folgende Brief Bülow's, aus Bommel am 20. Dezember an seine Frau gerichtet, giebt das volle Maß seiner Mißstimmung zu erkennen: „Obgleich ich wie auf einer wüsten Insel verschlagen, von Allen verlassen, ohne alle Unterstützung, mich hier ganz selbst überlassen bin, so stehen dennoch unsere Angelegenheiten ziemlich gut, jedoch macht die Indolenz und Langsamkeit der Holländer, daß ich alle Geduld verliere. — Tauentzien und York sind Generale der Infanterie geworden; ich und Kleist aber noch nicht. Tauentzien sein Korps wurde bei Seyda geschlagen und größtentheils auseinandergesprengt, den Tag darauf bei Dennewitz war er geschlagen und vom Schlachtfelde verschwunden, ehe ich ankommen konnte. Sein Rückzug von der Elbe bis Berlin, welcher mit dem von Auerstädt viel Aehnlichkeit hatte, krönte das Werk. — Er ist General der Infanterie. — Ich habe die Impertinenz gehabt, den Feind bei Groß-Beeren gegen die Befehle des Kronprinzen zu schlagen, bin so unverschämt gewesen, den 5. September gegen dessen Befehle abzumarschiren, und den 6. die Bataille von Dennewitz zu gewinnen, wodurch der Krieg eine ganz andre Gestalt gewonnen und wodurch nur die Schlacht bei Leipzig möglich wurde; ich war ferner so impertinent, die

Vorstadt von Leipzig wegzunehmen, wodurch 200 Kanonen genommen wurden, dann, ohne Autorisation, den Feind aus Holland hinauszuwerfen und dieses für ganz Europa so wichtige Land nebst einer Menge Festungen zu erobern. — Ich habe den rothen Adlerorden erster Klasse erhalten. Friedrich der Zweite würde freilich für eine gewonnene Schlacht einen zum General der Infanterie, für die zweite zum Generalfeldmarschall gemacht haben; aber der Mann war nicht mit seinem Zeitalter fortgegangen, er hatte nur veraltete Ideen; gegenwärtig versteht man das Ding besser." — Burgsdorf war vom Könige mit den Schlüsseln der Festungen, besonders auch weil russische Truppen Breda genommen hatten, an den Kaiser von Rußland gesandt; dieser ließ sich auf der Landkarte genau die Kriegszüge Bülow's nachweisen, lobte deren Kühnheit und außerordentlichen Erfolg, „Grüßen Sie, sagte er, den General Büloff, — der Kaiser sprach den Namen in russischer Weise —, alle Truppen haben sich gut geschlagen, Büloff's Truppen ganz außerordentlich gut!" Dabei legte er ihm die Hand auf die Schulter, und versprach, daß Bülow'n Truppen nachgesandt werden sollten; er nannte zuerst den Heertheil Wintzingerode's, dann die Sachsen unter Thielmann, endlich den ganzen Heertheil, zu dem dieser gehörte, den dritten deutschen, unter dem Oberbefehl des Herzogs von Weimar. —

Fünf Tage nach dem mitgetheilten Briefe, schrieb Bülow von seiner Lage wieder: „In diesen Tagen war unsere Lage hier ein wenig bedenklich; allein wir haben uns wieder gut durchgearbeitet. Der russische General Benkendorf hat die wichtige Festung Breda besetzt. Der Feind hatte sich bei Antwerpen sehr verstärkt, rückte vor, schloß Breda ein, und griff es drei Tage hintereinander an. Durch ein Detaschement, welches ich unter dem General Krafft vorschickte, und auf der andern Seite sich einige Engländer zeigten, ist die Festung entsetzt, und wir sind nun im Stande sie mit allem gehörig zu versehen. Für die Berliner wird diese Nachricht einiges Interesse haben, dahero Du sie mittheilen kannst. Im Uebrigen steht alles beim Alten, außer daß Wintzingerode endlich den Befehl erhalten an den Rhein zu marschiren, wodurch Borstell vor Wesel abgelöst wird, und ich ihn an mich ziehen kann." Die letztere Nachricht, das Heranrücken Borstell's betreffend, erheiterte ihn durch die Aussicht auf neue Kriegsthätigkeit, und seine persönlichen Widrigkeiten traten dagegen ganz in den Hintergrund. Er ahndete nicht, daß sie sogleich wieder und in weit schlimmerer Gestalt ihn bedrängen sollten! —

Borstell wollte vor dem Eintreffen der Vortruppen Wintzingerode's, die am 26. Dezember ankommen sollten, noch einen Versuch machen Wesel mit stürmender Hand zu nehmen. Auf dem Schlosse zu Diersfort, wo er sein Hauptquartier hatte, verkündigte er bei der Mittagstafel laut, er wolle dem Könige mit Wesel ein Weihnachtsgeschenk machen. In der That ordnete er zum 24. Dezember alles zum Sturm, die Truppen standen aufmarschirt, von Muth und Eifer so beseelt, daß als zum ersten verzweifelten Angriff 800 Freiwillige vorgerufen wurden, alle Mannschaft der 8 Bataillone zugleich vortrat. Allein der plötzlich eingetretene hohe Wasserstand machte jeden Angriff unmöglich, und überdies war der Feind, dem jene Aeußerung Borstell's war verrathen worden, zum Empfange gut vorbereitet. Das Unternehmen mußte daher gänzlich aufgegeben werden. Die Russen trafen ein, übernahmen die Einschließung und Borstell marschirte nach Arnheim ab, um wieder zu Bülow zu stoßen. —

Dieser hatte mittlerweile den Rittmeister von Auer auf's neue nach England abgefertigt, mit Depeschen an den Prinz-Regenten, dem er den Stand der Sachen in Holland berichtete und ihm das bringende Bedürfniß an Waffen und Rüstungsstücken vorstellte, welchem nur England auf dem kürzesten Wege, durch Sendungen nach Rotterdam, abzuhelfen im Stande sei. In gleichem Sinn, um die Verhältnisse gehörig aufzuklären und die nöthigen Hülfsmittel zu erlangen, schrieb er wiederholt an den Kaiser von Rußland, den Kronprinzen von Schweden, an den Staatskanzler von Hardenberg, an Blücher; der Major von Royer entwarf diejenigen Schreiben, welche in französischer Sprache geschrieben sein mußten. Bülow erwog, daß selbst mit Hinzurechnung der Vorstell'schen Brigade seine Truppenstärke nicht hinreichen könne, gegen die französische, seither auch täglich angewachsene Macht etwas Tüchtiges zu unternehmen.

Napoleon hatte nun schließlich den General Maison zum Oberbefehlshaber des ersten Heertheils und aller Truppen in Holland und Belgien ernannt, und obwohl er ihm zwei Divisionen alter Garden entzog, so blieb derselbe doch den Verbündeten noch immer überlegen, und andre Truppentheile so wie Nationalgarden rückten fortwährend zu seiner Verstärkung heran. Bülow's Truppen waren sehr vertheilt; die Brigade Thümen war zur Besetzung des Bommeler Waerds erforderlich, die Brigade Hessen-Homburg, deren Befehlführung jetzt dem General von Zielinski übertragen war, stand vor Gorkum fest, deßgleichen durfte Herzogenbusch nebst noch andern vom Feinde besetzten Festen nicht unbewacht bleiben. Zur freien Verwendung blieben zuletzt nur wenige Bataillone, und Bülow mußte sich begnügen, mit diesen geringen Kräften den Feind in Unruhe zu erhalten, Erkundungen anzuordnen, und besonders möglichst zu verhindern, daß Macdonald, der fortwährend mit 7000 Mann bei Nymwegen und Grave stand, sich mit den bei Antwerpen versammelten Streitkräften vereinigte. Die Beklommenheit dieser Lage wurde noch erhöht, als die starken Ströme mit Eis zu gehen anfingen, die schon beschädigten Schiffbrücken über die

Waal und die Maas in Sicherheit gebracht werden mußten, und alle rückwärtige Verbindung zeitweise abgeschnitten war.

In dieser bedrängten Lage stieg Bülow's Ungeduld aufs höchste. Für sich allein war er nicht nur in großer Gefahr, sondern auch unfähig etwas zu unternehmen, er konnte sich nur in Verbindung mit Andern halten. Von holländischen Truppen war fast nichts zu sehen; die 6000 Engländer unter Graham, der persönlich den besten Willen zeigte, beobachteten Bergen-op-Zoom und richteten ihr Augenmerk noch besonders auf Antwerpen; nur von den Russen unter Winzingerode war eine kräftige Mitwirkung möglich, durch welche Holland gesichert und Bülow aus den hemmenden Banden, in die er gerathen war, befreit wurde.

Winzingerode ließ die nöthige Berennungsmannschaft vor Wesel, und marschirte mit den übrigen Truppen nach Düsseldorf, hier aber blieb er stehen. Bülow stellte ihm dringend vor, wie zweckmäßig und rühmlich, ja wie nothwendig es sei, über den Rhein zu gehen, wo fast gar kein Feind ihm entgegenstehe, die Franzosen bei Nymwegen, denen er weit überlegen sei, im Rücken zu bedrohen und sie dadurch zum Abzuge zu bestimmen. Diese an sich gefahrlose Bewegung war noch mehr dadurch gesichert, daß auch der sächsische Heertheil unter Thielmann schon in diese Gegend heranrückte. Doch Winzingerode gab allem diesen kein Gehör, sondern wiederholte nur immer dieselben Bedenklichkeiten und Einsprüche, die Bülow bereits widerlegt hatte und beseitigt glaubte. Da sah denn Bülow kein anderes Mittel um Winzingerode'n in Bewegung zu bringen, als höhere Befehle zu erwirken, die ihn das zu thun nöthigten, was er aus eignem Antrieb hätte thun sollen. Er entschloß sich, dieses wichtige Anliegen seinem einsichtsvollen in aller Weise kriegstüchtigen Oberquartiermeister Major von Reiche anzuvertrauen, und sandte denselben in das große Hauptquartier nach Karlsruhe an den König, mit besondern Aufträgen an den Kaiser von Rußland, dessen General und Truppen die Sache zunächst betraf. Mit den erforderlichen Briefschaften und mündlichen Weisungen versehen verließ Reiche Bommel am 31. Dezember.

Während Bülow damit umging nach seinem Sinne Wintzingerode'n zu bestimmen oder durch höhern Befehl ihn anweisen zu lassen, nahmen die Sachen unerwartet eine andre Gestalt an, durch welche grade das Gegentheil hervorgehen wollte, nämlich die Stellung Bülow's unter Wintzingerode's Befehl. Der letztere nämlich war vor kurzem vom Kaiser von Rußland zum General der Reiterei befördert worden, während Bülow noch Generallieutenant geblieben war; kamen sie nun in Verbindung, in engeres Zusammenwirken, ohne daß ein gemeinsamer Oberbefehl unmittelbar über ihnen stand, so konnte nicht zweifelhaft sein, daß dem höheren Rang der Vorzug gebühre. Hierauf war Bülow allerdings schon vorbereitet durch folgendes freundliches Schreiben des Kronprinzen von Schweden aus Kiel vom 22. Dezember: „Je vous félicite avec un vrai plaisir de vos nouveaux succès. J'avais déjà prévu que vous auriez besoin d'une augmentation de troupes, l'ordre était donné au général Borstell de vous rejoindre. Ma lettre du 9. vous prévenant de la marche du général Wintzingerode sur l'Ems, je lui ai écrit de se porter sur le Rhin entre Dusseldorf et Wesel; si un mouvement trop prononcé de l'ennemi le forcait à abandonner le terrain, je lui prescris de passer l'Issel et de se joindre à vous en laissant la majeure partie de sa cavalerie entre ce fleuve et le Rhin. Si ce cas arrivait avant qui je fusse réuni à vous, il est de la dernière importance pour l'unité d'action qu'un seul ait la direction des mouvements, et vous jugerez qu'il est naturel que ce soit le plus ancien. Je sais que d'après les traités existants entre nos souverains je n'ai pas le droit de vous faire passer sous un autre commandement que le mien sans une autorisation expresse de votre roi; cependant si l'ennemi se trouvait entre nous, et que les circonstances vous forçassent à vous réunir au général Wintzingerode avant que je pusse vous faire parvenir mes dispositions, je compte assez sur votre dévouement à la cause générale, et surtout sur vos vertus militaires pour croire que les considérations qui pourrait influencer des hommes ordinaires disparaitraient devant les nobles mobiles de vos actions." — — Bülow hatte beim Empfange dieses Schreibens nur bitter gelacht; er mochte nicht denken, daß es mit dieser Farce, wie er es nannte, je Ernst werden könnte, ja die eignen Worte des Kronprinzen, daß er nicht befugt sei ihn unter andern Befehl zu stellen ohne Zustimmung des Königs, schienen ihn zu sichern. Noch mehr beruhigte ihn ein Antwortschreiben des Kaisers Alexander vom 27. Dezember, das in dieser Zeit einging, und so lautete: „J'ai reçu, général, le rapport que vous m'avez adressé en date du $^{6}/_{18}$ décembre. Les détails que vous me donnez sur vos opérations m'ont vivement intéressé. Je ne puis qu'approuver tout ce que vous avez fait, et vous inviter à suivre le plan que vous vous êtes tracé. Il m'est fort agréable de pouvoir vous témoigner toute la part que je prends à vos succès. J'attache la plus grande importance aux mouvements qui doivent s'exécuter en Belgique, et je vous préviens que, pour soutenir nos opérations, le général Thielmann à reçu des ordres réitérés pour accélérer la marche du corps saxon sur Wesel ou Dusseldorf, suivant les circonstances." Hiernach schien der Kaiser einzustimmen, daß Wintzingerode vordringen, und am Niederrhein durch Thielmann ersetzt werden solle, zu welchem Zweck diesem wiederholt befohlen wurde seinen Heranmarsch zu beschleunigen. Bülow drang also ferner in Wintzingerode, wenigstens mit einem Theil seiner Truppen schon jetzt über den Rhein zu gehen, wenigstens die fliegende Schaar Tschernischeff's, der ganz willig dazu sei, übergehen zu lassen; doch alles war umsonst; Wintzingerode erlaubte auch das letztere durchaus nicht, indem der Eisgang, wie er sagte, die Verbindung unterbrechen würde.

Bülow hoffte auf die Entscheidung aus dem großen Hauptquartier; in dieser Erwartung schrieb er noch am 3. Januar 1814 gutes Muthes aus Bommel an seine Frau: „Im Ganzen hat sich hier wenig verändert, und unsere Angelegenheiten stehen noch ganz gut; nur bei größern Mitteln und bei zeitig genug erhaltener Unterstützung wäre das Resultat noch ganz anders gewesen; man muß sich indessen mit dem begnügen was möglich war. Mit dem englischen General Graham, welcher die hier gelandeten Truppen kommandirt, bin ich auf einem sehr guten Fuße; er geht in alles ein was ich wünsche. Wintzingerode hingegen gehört zu denen, die eigentlich nichts thun wollen; ob ich ihn werde mit Gutem über den Rhein bringen, ist eine andere Frage."

Inzwischen hatte doch Bülow seiner nächsten Umgebung die sonderbare Wendung, welche seinen Verhältnissen drohte, mitgetheilt, und die bittern Betrachtungen nicht verhehlt, zu denen sein empörtes Gemüth durch die unerhörte Zumuthung, die man ihm machte, aufgeregt wurde. Zwar wollte er nicht glauben, daß es dahin kommen könne, allein er erklärte, daß wenn dies je geschehen würde, so werde er sich solcher Schmach nicht unterwerfen, sondern lieber den Abschied nehmen, als unter einem Manne dienen, den er, als er selbst schon Stabsoffizier gewesen, noch als bloßen Hofschranzen am Ferdinand'schen Hof in Berlin gesehen, und der zwar jetzt Militair und General sei, aber wie man gesehen habe mit den besten Truppen nichts auszurichten wisse. Durchdrungen von der Unbill, die seinem General widerfuhr, und von dem Gefühl der Gefahr, daß das preußische Heer ihn wohl gar durch diese Mißverhältnisse verlieren könnte, hatte der treue Boyen schon unter dem 29. Dezember ausführlich über die ganze Lage der Sachen an den Staatskanzler vertraulich geschrieben, und ihn beschworen, es bei dem Könige dahin zu vermitteln, daß Bülow dem Heer erhalten und in seiner bisher immer glücklichen Kriegführung nicht gehemmt werde.

Reiche war indeß im großen Hauptquartier angekommen, und hatte beim Könige die gnädigste Aufnahme gefunden; eben so früher in Frankfurt am Main auf der Durchreise bei dem Staatsminister vom Stein, der die deutschen Angelegenheiten im Namen der Verbündeten leitete, und besonders bei dem Kaiser von Rußland im höchsten Ansehn stand. Die Aufnahme beim Kaiser war anfangs nicht ganz so günstig, er hörte ungern die vielen Klagen über Wintzingerode, dem er persönlich geneigt war, und hielt Bülow's Wunsch und Begehren für nicht in der Lage der Sachen begründet; allein Reiche vermochte den Kaiser auf nähere Erörterung einzugehen, die Landkarte zur Hand zu nehmen, und sich alle Stellungen genau angeben zu lassen, und so gelang es ihm, den Kaiser von der Richtigkeit der Ansichten Bülow's zu überzeugen. Der Befehl an Wintzingerode, über den Rhein vorzugehen und Bülow'n die Hand zu bieten zum Einbruch in Belgien, wurde sogleich ausgefertigt.

Wintzingerode, der immer den besten Willen haben und nur durch militairische Gründe gehindert sein wollte, verkündete endlich am 5. Januar, daß er bei Düsseldorf über den Rhein gehen werde, verlangte jedoch zugleich, daß Bülow ihn dazu durch eine Brigade — oder Division — verstärken solle. Die Forderung war in der That eine unglaubliche. Bülow, der überall mit seinen Truppen kaum ausreichte, der einem überlegenen Feinde gegenüber stand, sollte einen Theil derselben 20 Meilen weit entsenden, um einen General zu verstärken, der

solche im Ueberfluß und nur einen schwächeren Feind gegenüber
hatte, dabei sollte der Rheinübergang, der nicht genug beeilt
werden konnte, an eine Maßregel geknüpft werden, die ohne
großen Zeitverlust nicht möglich war. Dabei berief sich Wintzingerode auf die erwähnten Vorschriften des Kronprinzen von
Schweden, denen zufolge Bülow sich den Weisungen Wintzingerode's zu fügen hätte! In seiner heftigen Empörung würdigte Bülow ihn keiner Antwort, und es ist merkwürdig, daß
die Sache dabei auch ihr Bewenden behielt. Die russischen
Streifschaaren Benkendorf's und Andrer, die sich in Holland befanden, und die Wintzingerode zu sich berief, zogen nach Düsseldorf ab.

Um diese Zeit erhielt Wintzingerode den Befehl des Kaisers zum Vorrücken, und nun rüstete er sich zum Rheinübergang, am 6. Januar waren alle seine Truppen bei Düsseldorf
versammelt, man sprach von großen Unternehmungen, von Hauptschlägen, die gethan werden sollten, aber die Ausführung verzögerte sich, der Uebergang über den Rhein erfolgte erst am
13. Januar.

Bülow hatte unterdessen, in Erwartung dieses Ereignisses,
die Brigaden Thümen, Krafft und Borstell bei Breda zusammengezogen, um bei erster Gelegenheit angriffsweise vorzugehen.
Die Brigade Zielinski blieb vor Gorkum stehen, der General
von Hobe mit 6 Bataillons und 2 Reiterregimentern vor Herzogenbusch, wo die Franzosen die Außenwerke geräumt hatten,
aber die Stadt selbst und das starke Fort Papenbrill tapfer vertheidigten. Der General Maison hatte 25 bis 30,000 Mann unter
seinem Befehl, aber freilich nicht beisammen, denn nur ein Theil
davon stand im Feld, die übrigen mußte er mannigfach versplittern, denn Napoleon hatte sowohl ihm als Macdonald befohlen, alle festen Plätze möglichst zu behaupten. Dennoch war er
Bülow'n noch sehr überlegen, und dieser, um nicht angegriffen

zu werden, fühlte die dringendste Nothwendigkeit selbst anzugreifen, um dadurch seine Schwäche dem Feinde noch eine Zeitlang zu verbergen. „Bei den wenigen Mitteln, die mir zu Gebote stehen, sagte er, muß ich in etwas den Bramarbas spielen, und die Leute glauben machen, es sei mehr, als ich wirklich habe." Wirklich hatte schon das bloße Zusammenziehen seiner Truppen die erwünschte Folge, daß Macdonald, sobald er es erfuhr, Nymwegen verließ und sich nach Geldern zurückzog, von wo er jedoch, wenn nicht Wintzingerode ihn beschäftigte, noch immer Bülow's linker Flanke gefährlich war. Am 9. Januar empfing Bülow die schlimme Nachricht, daß der Eisgang die Brücken zerstört habe und alle Verbindungen abgeschnitten seien. Getrennt von der Brigade Zielinski waren die Preußen nur 12 bis höchstens 13,000 Mann stark, ein überlegener und kühner Feind vor ihnen, hinter ihnen kein Rückzug möglich, von keiner Seite eine Unterstützung die im Augenblicke wirken konnte; die Lage war bedenklich, und in ihr zu bleiben gefahrvoll, daher beschloß Bülow ihr sogleich durch muthiges Vorgehen sich zu entziehen, und ohne noch Nachricht von Wintzingerode zu haben gab er Befehl zum Aufbruch. Er benachrichtigte Graham, und ersuchte ihn um die möglichste Mitwirkung.

Noch am 9. Januar selbst ließ er einige Reiterschaaren über Turnhout gegen Roermonde und Venloo vordringen. Maison hielt dies für Ernst, und in der Meinung, Bülow habe sein Absehn auf Diest und Löwen gerichtet, sandte er einen Theil seiner Truppen von Brüssel nach Lier. Am 10. Januar brach von Breda die preußische Macht in drei Kolonnen auf. Borstell's Brigade als linker Flügel erhielt die Richtung auf Hoogstraten; Thümen's Brigade als Mitte die Richtung auf Westwesel; Oppen mit einem Theile seiner Reiterei und der Brigade Krafft sollte rechts über Klundert die Stellung des Feindes bei Westwesel im Rücken angreifen. — Graham hatte versprochen zu gleicher Zeit mit seinen Engländern über Rosendal gegen Antwerpen vorzugehen. Bülow hoffte den Feind aus seiner Stellung zurück und von Antwerpen abzudrängen. Am 11. Januar sollte angegriffen werden.

Die Stellung der Franzosen war folgende: der General Roguet hielt mit beinahe 7000 Mann Hoogstraten besetzt, in zweiter Linie standen der General Aymar in Turnhout mit etwa 5000 Mann, der General Lefebvre-Desnouettes mit etwa gleicher Stärke zwischen Turnhout und Brecht, bei Lier eine Reserve von 5000 Mann; die Besatzung von Antwerpen konnte den linken Flügel der Franzosen, Macdonald mit 7000 Mann den rechten unterstützen, doch war jene durch die Engländer festgehalten, und ehe dieser eintreffen könnte, hoffte Bülow den Angriff schon geglückt.

Zuerst kam Borstell an den Feind, frühmorgens um 8 Uhr. Er griff Hoogstraten in der Front an, der Oberst von Schon mit 2 Bataillons nahm den Kirchhof von Minderhout und setzte sich hier fest; darauf entspann sich ein hartnäckiges, mörderisches Plänklergefecht, das 4 Stunden anhielt, während welcher die Preußen stets der Ankunft des Obersten von Sydow harrten, der links über Wortel die Stellung von Hoogstraten umgehen sollte; doch dieser hatte die Truppen Aymar's vor sich, welcher durch sein Vordringen schon von Hoogstraten abgeschnitten war und sich langsam auf Lier zurückzog, erst nachdem dieser Feind aus der Nähe verscheucht war, konnte Sydow sich zurück nach Hoogstraten wenden, welches nun von allen Seiten angegriffen, und nach hartnäckigem Widerstande, wobei viele Franzosen im Handgemenge fielen, um die Mittagszeit von den Preußen genommen wurde. Der Feind wich indeß nur Schritt für Schritt, unter hartnäckigem Plänklergefecht, und sehr begünstigt von dem durchschnittenen Boden, der den Verfolgern weder Geschütz noch Reiterei zu entwickeln erlaubte; nachdem er 3 Stunden weit bis Ostmalle zurückgegangen, hielt er hier festen Stand, und rückte dann verstärkt sogar wieder vor, so daß Borstell 16 Kanonen auffahren ließ um ihn zurückzuweisen.

Der Angriff Thümen's, in der Mitte gegen Westwesel geschah beinahe gleichzeitig mit dem des linken Flügels, in zwei Kolonnen, die geschickt verwendet und tapfer geführt wurden, vom Obersten von Stutterheim links auf Loenhout, vom Major von Hellwig rechts auf Westwesel, beide Dörfer wurden nach lebhaftem Plänklergefecht genommen, der Feind, der sich auf Brecht zurückzog, wurde auch hier vertrieben und gegen Westmalle verfolgt. Borstell und Thümen standen nun bei Hoogstraten vereinigt, und harrten der Ankunft Oppen's, der den Feind umgehen sollte. Schon war es 5 Uhr Nachmittags, und Oppen erschien nicht; da ließ Borstell, in Betracht, daß seine Truppen 14 Stunden marschirt und 8 Stunden im Gefecht waren, dieses bei eintretender Dunkelheit abbrechen und die Truppen eine halbe Stunde vor Ostmalle lagern.

Oppen hatte auf seinem Marsche unerwartete Schwierigkeiten gefunden, sein nächster Weg nach Westwesel wäre über Nieuwmör nur 4 Stunden gewesen, allein dieser führte über Bruch und Eis und erwies sich ungangbar für Geschütz und Reiterei, er mußte daher den Umweg über Rosendal und Klampthout, 9 Stunden statt 4, zurücklegen, und obschon in Voraussicht großer Schwierigkeiten ein Theil der Truppen schon um Mitternacht aufgebrochen war und der Marsch mit aller Anstrengung beschleunigt wurde, so war der Zeitverlust jenes Umweges doch nicht einzubringen. Eine neue Verzögerung entstand durch den Irrthum, daß die Engländer in der Ferne den preußischen Truppenzug, so wie die Preußen den englischen, eine Zeitlang für den Feind hielten, wodurch beiderseits ein vorsichtiges Innehalten veranlaßt wurde. Als Oppen endlich in Westwesel eintraf, war alles zu spät, der Feind längst auf dem

Rückzuge gegen Antwerpen. Bülow befahl nun, Krafft's Brigade solle hier stehen bleiben, Oppen aber seine Reiterei und 4 Kanonen gegen Westmalle vorsenden, auch durch eine Streifschaar gegen Brackschoten die Verbindung mit Graham suchen. Bis Westmalle waren noch 4 Stunden Weges, die Reiterei legte sie im Trabe zurück. Ein heftiges Plänklergefecht, an welchem bald auch das Geschütz Theil nahm und Kartätschen und Granaten warf, brachte den Feind zum Weichen, die Reiterei verfolgte ihn noch eine weite Strecke. Von dieser Seite sicher, und von andrer her nichts besorgend, wandten sich die ermüdeten Soldaten zum Ausruhen und Abkochen. Plötzlich fielen ganz nahe Gewehrschüsse und das ganze Dorf war von Franzosen erfüllt, sie kehrten von Ostmalle zurück nach Antwerpen und hatten hier keinen Feind vermuthet; die Preußen hatten sich schnell aufgerafft und zum Gefecht gestellt, aber dem Feinde, der nur seinen Rückzug fortsetzen wollte, war dieser nicht mehr zu verwehren; Roguet gelangte mit allen seinen Truppen in der Nacht auf verschiedenen Wegen nach Antwerpen. Doch verlor er dabei noch über 500 Mann an Gefangenen; an Todten und Verwundeten hatte er in den verschiedenen Gefechten wohl ebensoviel eingebüßt, die Preußen über 400 Mann, größtentheils von der Brigade Borstell.

Am 12. Januar nahm der General Roguet vorwärts von Antwerpen eine gute Stellung hinter der Linie des Baches Klein=Schyn; seine Brigade Flament hielt Deurne und mit 2 Bataillons rechts Wyneghem besetzt; der General Ambert stand links bei Merrem. Der General Maison hatte 2 Divisionen Garde bei Lier, dazu 1000 Mann aus Antwerpen herangezogen, und auch die Brigade Aymar hier aufgenommen. Die Preußen rückten vor, die Brigade Thümen rechts bis Brackschoten, links die Brigade Borstell bis St. Antonin, die Brigade Krafft unter Oppen's Befehlführung zwischen beiden bei

Gravenwesel. Der General Graham mit 4000 Engländern schloß sich bei Eekeren dem rechten Flügel der Preußen an.

Früh am 13. ritt Bülow gegen Wyneghem vor um die feindliche Stellung zu besichtigen. Er beschloß dieselbe durch einen allgemeinen Angriff näher zu erkennen und zu prüfen. Vorstell blieb gegen Lier hin aufgestellt, um den General Maison dort zu beobachten und zugleich als Rückhalt zu dienen. Thümen erhielt Befehl von Brackschoten gegen Merrem vorzurücken, welcher Bewegung die englischen Truppen unter Graham folgten, Oppen mit Krafft sollte von Gravenwesel gegen Wyneghem vordringen. Thümen führte sofort den Angriff auf Merrem mit großer Entschlossenheit. Die Preußen drangen von vorn, die Engländer rechtsher in das Dorf, welches der General Avis mit 5 Bataillons tapfer vertheidigte; der General wurde erschossen, das Dorf genommen. Thümen rückte dann bis auf 800 Schritt gegen Antwerpen vor, warf ein gegen ihn herausrückendes Bataillon zurück, und beschoß aus seinen Batterieen den Wall, versuchte aus seinen Haubitzen die Kriegsschiffe im Hafen mit Granaten zu bewerfen, beides jedoch erfolglos. Auf dem linken Flügel eröffnete Oppen den Angriff auf Wyneghem durch Plänklerschwärme; der Ort war durch starke Verhaue befestigt, durch mehrere französische Bataillone und 2 Kanonen vertheidigt. Nachdem das Plänklergefecht eine Zeitlang gedauert, befahl Oppen das Bajonet zu fällen und muthig drangen die Preußen in das feindliche Feuer vor. Die Franzosen erhielten Verstärkung. Der General Roguet selbst führte frische Bataillone und zahlreiches Geschütz herbei, auch Oppen ließ ansehnliche Unterstützung vorrücken. Der Kampf stand eine kurze Zeit sehr zweifelhaft, dann entschied ihn die handfeste Tapferkeit der Pommern, der Oberst von Zastrow an ihrer Spitze stürmte die Verhaue, drang in das Dorf und behauptete sich darin, die Franzosen wichen auf Antwerpen zurück. Gleichzei=

tig war der Major von Zglinitzki gegen Deurne angerückt; der General Flament vertheidigte den Ort mit größter Tapferkeit, und versuchte sogar zur Unterstützung von Wyneghem vorzudringen, kam aber als das Dorf eben erstürmt war, und mußte eiligst nach Deurne zurück. — In der Dunkelheit erhob sich noch ein großer Allarm. Es erscholl plötzlich das Geschrei, der Feind komme von Schilde, auf dem Wege von Lier nach Wyneghem, den Preußen in die linke Flanke; da man den General Maison mit beträchtlicher Stärke in Lier und Borstell ihm gegenüber wußte, so mußte man diesen verdrängt glauben, und die Sache konnte von größter Gefahr sein; auch drang wirklich schon eine Schaar Franzosen in Wyneghem ein und griff die Preußen herzhaft an; allein es war nur eine kleine Zahl, etwa 200 Mann, die während des Gefechtes abgeschnitten sich im Gehölz versteckt gehalten hatten und nun in der Dunkelheit hier durchbringen wollten um wieder zu den Ihrigen zu gelangen. Die Ueberraschung gab ihnen im ersten Augenblick einigen Vortheil, sie waren in die Lagerstätten zweier Dragonerregimenter gerathen, und richteten hier eine große Verwirrung an, die Pferde rissen sich los und liefen durcheinander, der Allarm wurde allgemein; aber schnell gefaßt, warfen Offiziere und Soldaten sich den Eingedrungenen mit größter Entschlossenheit entgegen, Mann stritt gegen Mann, der Adjutant Zastrow's, Lieutenant Schmückert, sprang vom Pferde, und vertheidigte eine dem Feinde zum zweitenmal abgenommene Kanone, wobei er schwer verwundet wurde; Zastrow raffte einiges Fußvolk zusammen, Oppen einige Reiter, und die kühn eingedrungene Schaar wurde schneller als sie gekommen wieder verjagt, viele zusammengehauen oder gefangen; die Davongekommenen gelangten jedoch auf einem Umwege noch glücklich nach Deurne. —

Bülow hatte befohlen das Gefecht, in welchem die Preußen 40 Offiziere und gegen 500 Mann, die Franzosen wenig=

stens das Doppelte verloren, allmählig abzubrechen. Er hatte den Feind nicht nur erkundet, sondern auch überall geschlagen. Allein er hatte auch die Unmöglichkeit erkannt, gegen das wohl= befestigte Antwerpen, das eine Besatzung von 12,000 Mann hatte, und dem zur Seite Maison mit noch größerer Stärke das freie Feld hielt, etwas Ernstliches zu unternehmen. Auch mit Hinzuzählung der Engländer waren Bülow's Truppen viel zu schwach an Zahl, um nach beiden Seiten dem Feinde dauernd die Spitze zu bieten, überdies fehlte Belagerungsgeschütz und alle sonstigen Hülfsmittel zum Festungsangriff. Bülow beschloß, die eroberten neuen Stellungen zu behaupten, mit der Haupt= stärke jedoch der bessern Verpflegung wegen, etwas zurückzuge= hen. Er ließ eine starke Vorhut unter Vorstell in Hoogstraten, Westwesel und Loenhout, zog die Brigade Thümen nach Rys= bergen, die Brigade Krafft aber nebst Oppen's Reiterei nach Breda, wo er wieder sein Hauptquartier nahm. Gorkum und Herzogenbusch wurden auf's engste eingeschlossen. Graham zog sich mit seinen Engländern nach Oudenbosch, seine Vorhut blieb in Rosendal, und in genauer Verbindung mit den preußischen Posten. Macdonald war auf Maestricht zurückgegangen, wodurch Bülow's Lage viel freier wurde. —

Diese kühnen Gefechte hatten den glücklichen Erfolg, den Feind über die Stärke der ihm gegenüberstehenden Truppen völlig zu täuschen, er konnte bei solcher Angriffslust nur eine Uebermacht voraussetzen, und lähmte dadurch die seinige. Die Franzosen, bei der größten Tapferkeit, die sie hier bei jeder Ge= legenheit bewiesen, blieben eingeschüchtert, und wagten keine Unternehmung, wobei freilich mit in Betracht kam, daß sie von Antwerpen sich nicht entfernen durften.

Am 16. Januar kam Auer aus London nach Breda zu= rück, und brachte die befriedigendsten Nachrichten. Der Prinz= Regent gewährte bereitwillig alle Wünsche Bülow's in Betreff der Sendung von Waffen und Rüstsachen, anerkannte mit höchstem Lob alles von ihm Geleistete und Verfügte, und billigte die von ihm dargelegten weiteren Kriegsplane. Als Zeichen seiner besondern Hochachtung und Gunst ließ er einen goldnen Ehrendegen für Bülow anfertigen. Mit diesen guten Nachrichten, und um den Stand der Sachen in Holland so wie die persönlichen Verhältnisse hinsichtlich der Befehlführung gehörig vorzustellen, wurde Auer alsbald in das große Hauptquartier nach Basel abgefertigt. Burgsdorf, der von seiner Sendung dorthin vor kurzem zurückgekehrt war, ging am 19. mit besondern Aufträgen nach Berlin.

Unterdessen war Winzingerode endlich am 13. Januar über den Rhein gegangen, und am 18. ohne Hinderniß bis Lüttich vorgerückt. Macdonald, der ihm entgegengestanden, war plötzlich abgerufen worden, und marschirte mit allen seinen Truppen nach Frankreich zu dem Hauptheere Napoleons, das von den verbündeten Heeren gegen die Marne und Seine hin hart bedrängt wurde. Wichtiger für Bülow, als der Vormarsch Witzingerode's, der ihm zu gemeinsamem Wirken kein Vertrauen einflößte, und mit dem er daher keine nähere Berührung suchte, war das Herankommen des dritten deutschen Heertheils unter dem Oberbefehl des Herzogs von Weimar, bei dessen Eintreffen Bülow, gemäß einer aus dem großen Hauptquartier eingegangenen Weisung, mit seinem ganzen Heertheil nach Frankreich aufbrechen sollte. Jene Truppen waren aber am 18. Januar noch bei Münster, und ihre Tagemärsche waren so eingerichtet, daß erst am 5. Februar ein Theil von ihnen bei Breda sein konnte. Bülow brannte vor Ungeduld, diese Erlösung kommen zu sehen, und nach Frankreich abziehen zu können, um an den großen entscheidenden Ereignissen dort Theil zu nehmen.

Einstweilen gab es aber in der Nähe noch genug zu thun. Bülow befahl die Festungen Gorkum und Herzogenbusch mög=

lichst zu bedrängen und kein Mittel unversucht zu lassen die Besatzungen zur Uebergabe zu bewegen. Zielinski, der mit seiner Brigade Gorkum einschloß, fand trotzigen Widerstand. Glücklicher war der General von Hobe vor Herzogenbusch; Bülow verstärkte ihn durch einige Bataillone von Krafft, und die französische Besatzung von etwa 1000 Mann unter dem General Laraitrie wurde kleinmüthig, es gelang den Preußen in der Nacht vom 25. zum 26. Januar mit Hülfe der Einwohner sie zu überrumpeln, wobei der Lieutenant von Kretzschmer sich durch Unternehmungsgeist und Muth besonders auszeichnete.

Das Nähere dieses Ueberfalls von Herzogenbusch, der allerdings eine kriegsgeschichtliche Merkwürdigkeit ist, giebt Kretzschmer in romantischer Umständlichkeit, wir ziehen aber den gedrängteren Bericht vor, welchen Hasenkamp davon liefert. „Es war in einer dunkeln Winternacht, — sagt er, — als sich zwei Amsterdammer Schiffer dem Orte näherten, wo eine preußische Jägerabtheilung zur Beobachtung des Weges, der von Crevecoeur nach Herzogenbusch führt, aufgestellt war. Von einer Patrouille festgehalten, wurden beide Schiffer zu dem Befehlshaber jener Abtheilung, dem Lieutenant Kretzschmer, geführt, dem sie die Mittheilung machten, daß sie aus Herzogenbusch entflohen wären, wo man, der französischen Herrschaft müde, jeden Augenblick eine Befreiung von derselben erwartete. Die ganze Bürgerschaft, vorzüglich aber die Schiffergilde, an deren Spitze der Syndikus Wilhelm Hubert, ein Mann von anerkannter oranischer Gesinnung, stände, sei jederzeit bereit durch einen Aufstand im Innern einen Angriff von außen zu unterstützen. In Folge dieser Mittheilung wurde der Lieutenant Kretzschmer mit einer Jägerabtheilung nach Vugt, einem Dorfe im Süden von Herzogenbusch, geschickt, um von dort aus Unterhandlungen mit der Schiffergilde anzuknüpfen. Eine Abtheilung Husaren wurde zu seiner Unterstützung in St. Michel Gestel, einem

Dorfe auf dem rechten Ufer der Dommel, aufgestellt, und ihm dieser Ort als Rückzugspunkt angewiesen. Mit Hülfe des Maire's Jannette und seines Dorfdieners Jan van Bowlen, eines frühern Schmugglers, der mit allen Ortsverhältnissen der Gegend genau bekannt war, gelang es dem Lieutenant Kretzschmer einen Brief in die Stadt zu besorgen, und eine Verbindung mit der Schiffergilde anzuknüpfen. Durch den Besitzer einer Mühle, die auf dem Stadtwalle stand, wurde von jetzt ab, sowohl bei Tage wie bei Nacht, durch Oeffnen und Schließen der Fenster und durch verschiedene Beleuchtung derselben eine telegraphische Verbindung zwischen der Einwohnerschaft und dem Lieutenant Kretzschmer unterhalten, dem es sogar sich einmal während der Nacht nach Herzogenbusch einzuschleichen und sich dort in einer Unterredung mit dem Syndikus Wilhelm Hubert über die Stärke der Besatzung und über die innern Verhältnisse der Festung zu unterrichten gelang. Selbst einen Plan der Stadt hatte er auf seiner nächtlichen Wanderung erhalten."

„Obgleich die Franzosen durch mehrere kleinere Unternehmungen, die der Lieutenant Kretzschmer gegen die Festung ausführte, hätten vorsichtiger und wachsamer werden sollen, so scheint doch der innere Dienst nicht mit der Sorgsamkeit betrieben worden zu sein, die ein so wichtiger Posten erforderte. — Nach einem vom Lieutenant Kretzschmer entworfenen, vom Obersten von Hobe fast gänzlich gebilligten Plane, sollte der Angriff gleichzeitig in zwei Kolonnen, von denen die eine gegen das Vugter= die andere gegen das Hinterhammer=Thor geschickt wurde, unternommen werden. Das Dorf Vugt und das Fort Crevecoeur waren den Kolonnen als Sammelplätze angewiesen, von wo sie um die dritte Morgenstunde in der größten Stille aufbrechen sollten. Da die Bürgerschaft von Herzogenbusch den Offizieren der Besatzung einen Ball gab, und man deßhalb eine geringere Wachsamkeit erwartete, die Schiffergilde sich auch mit

Waffen und Schießbedarf versehen und den Rückzug der Franzosen nach der Zitadelle Papenbrill zu verhindern versprochen hatte, so schien ein glücklicher Ausgang dieser nächtlichen Unternehmung nicht zweifelhaft."

„Lieutenant Kretzschmer, der die Vorhut der gegen das Hinterhammer=Thor rückenden Kolonne führte, war so glücklich, von den Franzosen, die mit dem Aufbrechen der Eisdecke des Grabens beschäftigt waren, weder gesehen noch gehört zu werden. Die grelle Beleuchtung der Laternen verhinderte die Arbeiter, die vorrückende Kolonne zu bemerken, deren Tritte durch den frischgefallenen Schnee so gedämpft und durch das Zerschlagen des Eises so übertönt wurden, daß die Franzosen in einer Entfernung von kaum 200 Schritt die Annäherung der preußischen Truppen nicht bemerkten, welche auf diese Weise bis an das vor dem Hinterhammer=Thor liegende Ravelin unentdeckt vorrückten. In der größten Stille überschritt die Vorhut des Lieutenants Kretzschmer auf mitgebrachten Brettern den Graben des Ravelins, dessen Wälle sie erstieg, die dort aufgestellte Schildwache mit dem Bajonet tödtete, und den übrigen Theil der Wache überfiel, entwaffnete und gefangen nahm. Da der Graben des Hauptwalles nicht zugefroren, die Brücke aber aufgezogen war, so wurden Sturmleitern angelegt und durch einen Schlosser die Ketten derselben geöffnet, so daß sie mit einem so lauten Geräusche herunterfiel, daß die Thorwache, dadurch aufmerksam gemacht, zu einem heftigen Geschütz= und Kleingewehr=Feuer bewogen wurde. Die preußische Vorhut hatte indeß schon die Brücke überschritten, schnell einige Pallissaden heruntergehauen und sich den Eingang in die Stadt mit dem Bajonet erzwungen. Die französische Wache, welche jetzt jeden Widerstand vergeblich hielt, trat ihren Rückzug nach der Zitadelle an, wohin auch die bei den Bürgern einquartierten Soldaten in wilder Unordnung flüchteten."

„Die gegen das Bugter-Thor gerichtete Kolonne hatte inzwischen ebenfalls, von dem Dorfdiener Jan van Bowlen geführt, die Eisdecke unbemerkt überschritten, und in der Gegend der oben erwähnten Mühle den Hauptwall erstiegen. Schnell waren auch hier die Thore eingeschlagen und die auf dem Walle stehenden feindlichen Geschütze gegen die Stadt auf die nach der Zitadelle eilenden Franzosen gerichtet worden, deren Flucht durch die bewaffnete Schiffergilde leider nicht aufgehalten werden konnte. Da die Zitadelle zwar mit Geschützen und Schießbedarf, nicht aber mit Mundvorrath versehen war, so machten die in derselben schon befindlichen Franzosen noch einen Ausfall gegen ein Magazin, wo Schlachtvieh und Kochgeschirre aufbewahrt waren. Schon waren die Thüren dieses Gebäudes erbrochen, als Lieutenant Kretzschmer zum Schutze desselben mit seinen Plänklern anlangte, und den Feind durch einen energischen Bajonetangriff unverrichteter Sache zum Rückzuge nach der Zitadelle nöthigte. Hierdurch war die Eroberung von Herzogenbusch entschieden, denn die Besatzung der Zitadelle mußte aus Mangel an Lebensmitteln sich schon um die Mittagsstunde des 26. Januars entschließen."

Durch diesen wichtigen Erfolg wurden gegen 1000 Franzosen kriegsgefangen, 153 Kanonen — nach andern Angaben nur 80 — und große Kriegsvorräthe fielen in die Hände der Sieger. — Der kleine Krieg auf den Vorposten dauerte überall lebhaft fort, in den täglichen Scharmützeln behielten die Preußen fast immer die Oberhand; die Streifschaaren wurden mit jedem Tage kühner, und drangen tiefer in Brabant ein; der Major von Hellwig nahm mit der seinigen die Stadt Diest und zog gegen Löwen vor. —

Den Engländern aber war hauptsächlich daran gelegen, sich Antwerpens zu bemächtigen, wegen des herrlichen Kriegshafens, der daselbst liegenden französischen Flotte, der ungeheuern für das Seewesen aufgehäuften Vorräthe. Der Herzog von Clarence kam aus England und brachte einige 1000 Mann Verstärkung, er wiederholte nun persönlich die bringenden Aufforderungen, welche Bülow schon vielfach aus London erhalten hatte, zu einem gemeinsamen Angriff auf Antwerpen mitzuwirken. Zwar hieß es, Bülow möchte nur das Unternehmen der Engländer unterstützen, allein er wußte recht wohl, daß er dabei die Hauptsache thun mußte, auch hatte er die feste Ueberzeugung, daß der Anschlag nicht gelingen könne. Doch es wurde zur Ehrensache, solchem Versuche sich nicht zu entziehen, und die ausgeruhten Truppen waren begierig an dem Kampfe theilzunehmen. Der gemeinsame Angriff wurde beschlossen und die Einleitungen dazu verabredet. Die Engländer sollten über Merrem, die Preußen über Wyneghem vordringen.

Um sich in der linken Flanke zu sichern, sandte Bülow die Brigade Borstell gegen Lier, sie sollte wo möglich bis Mecheln bringen, um die Ufer der Dyle und Demer zu besetzen. Borstell, mit einem Vortrab unter Sydow, rückte am 30. Januar von Hoogstraten über Ostmalle und Westmalle nach Pulderbusch und Santhoven vor, zugleich ließ er Hobe mit 3 Bataillons und 1 Uhlanenregiment von Herzogenbusch nach Tilburg marschiren, um von da weiter nach Turnhout und Herenthals vorzugehen.

Borstell fand Lier am 31. Januar von den Franzosen stark besetzt und mit vielem Geschütz versehen; er sammelte seine Truppen bei Massenhoven, und befehligte den Oberstlieutenant von Knobloch mit 2 Bataillons und 1 Jägerkompanie zum ersten Angriff. Knobloch meinte das nächste Thor durch Ueberrumpelung zu gewinnen, stürmte heftig an, bekam aber starkes Feuer und verlor viele Leute; doch setzte er den Angriff muthig fort, die Füsiliere erstiegen den Wall und öffneten von innen das Thor, die Preußen stürzen im Sturmschritt gedrängt hinein, Knobloch als Führer voran, aber der Feind bestreicht den Eingang mit sich kreuzendem Geschütz- und Gewehrfeuer, Knobloch, dem schon sein Pferd unter dem Leib erschossen worden, fällt von drei Kugeln getroffen, auch der Major von Massow wird schwer verwundet; aber der Major von Mirbach bringt mit 2 Bataillons siegreich ein, und eilt durch die Stadt zum Antwerpener Thor, nun weicht der Feind, doch ohne zu großen Verlust und unter stetem Gefecht. Der französische Oberst Vautrain, von Antwerpen mit 1 leichten Fußregiment und 60 Reitern nach Lier zur Unterstützung gesandt, wird angegriffen und zurückgeworfen, und gelangt, schon abgeschnitten, durch Muth und Entschlossenheit noch glücklich nach Antwerpen zurück. Auf die Nachricht, daß der Major von Hellwig mit seiner Freischaar am 30. Januar in Löwen eingerückt und der Feind auch aus Mecheln zurückgewichen sei, bringt Borstell ebenfalls dahin vor. Der Oberst von Sydow ging mit seiner Schaar auf Vilvorden an der Senne, der Major von Heidenreich mit 1 Bataillon 2 Schwadronen und 1 Jägerkompanie nach Willebroeck, der Rittmeister von Blankenburg streifte bis gegen Alost, Termonde und Gent, auf der linken Flanke machte der Rittmeister von Rottberg Streifzüge bis gegen Namur und Nivelles, der Major von Hellwig rückte am 31. Januar unter großem Volksjubel in Brüssel ein; überall wurden Kanonen aufgefangen, Vorräthe genommen, Gefangene gemacht.

Maison, der am 29. Januar mit etwa 9000 Mann, den Divisionen Barrois und Caster, noch zwischen Mecheln und Löwen an der Dyle stand, hatte bei Wintzingerode's Annäherung und auf die Nachricht von den neuen Bewegungen der Preußen, seine Stellung nicht haltbar gefunden und sich über Brüssel zurückgezogen. Er überließ Antwerpen seinen eignen Kräften, und war nur bedacht, die alten Gränzen Frankreichs mit größter Hartnäckigkeit zu vertheidigen.

Am 30. Januar waren inzwischen Bülow von Breda und

Graham von Bergen=op=Zoom mit ihren Truppen aufgebrochen und gegen Antwerpen vorgerückt. Die Engländer versuchten, ehe man zur Gewalt der Waffen schritt, die Macht des Goldes, sie ließen dem Kommandanten von Antwerpen eine Million Franken anbieten, wenn er den Platz sofort übergäbe, die Bestechung wurde jedoch schnöd abgewiesen, die Franzosen schienen zur tapfersten Abwehr entschlossen und trafen alle Anstalten dazu; sie wollten den Angriff möglichst von der Stadt entfernt halten, hielten die vorliegenden Ortschaften stark besetzt, verschanzten die Linie des Baches Schyn.

Durch den Abmarsch Maison's und das Vordringen Borstell's in der linken Flanke völlig sicher, ließ Bülow seine Truppen am 1. Februar zum Angriff gegen Wyneghem vorrücken, während Graham mit seinen Engländern sich auf Merrem richtete. Die Brigade Thümen von Schilde her in 3 Kolonnen anrückend fand Wyneghem wider Erwarten verlassen, den Feind aber dahinter auf der Straße nach Deurne vortheilhaft aufgestellt; er wurde sogleich angegriffen. Es entspann sich ein heftiger Kampf, der General Aymar mit seiner Brigade leistete den tapfersten Widerstand; 2 französische Bataillons und 1 Schwadron polnischer Uhlanen drangen siegend aus Deurne vor, bis preußische Reiterei sie wieder zurückwies; nach und nach kamen alle Unterstützungen in's Feuer; erst spät gelang es einem preußischen Bataillon den Feind in der linken Flanke zu fassen, worauf er seine Verschanzungen verließ und sich nach Deurne zurückzog, die Preußen machten dabei 300 Gefangene und folgten hitzig nach, die Franzosen kehrten zum Angriff wieder, nach einem anhaltenden Nachtgefecht behaupteten sich die Preußen nur in den letzten Häusern von Deurne und in den eroberten Verschanzungen. Die Brigade Krafft hatte das Dorf Schooten genommen; Oppen, auf dem linken Flügel, war an den Kanal von Herenthals gegen Lier vorgedrungen, ohne jedoch den Uebergang erzwingen zu können, ein Theil seiner Reiterei wandte sich rechts gegen Deurne. Graham, durch die schwierige Fortbringung des schweren Geschützes sehr verspätet, kam erst am Abend an den Feind, der auf Merrem zurückwich.

Am 2. Februar geschah der eigentliche gemeinsame Angriff. Die Engländer nahmen Merrem nach hartem Kampf und verfolgten den Feind bis unter die Kanonen von Antwerpen. Thümen erneuerte den Kampf um den Besitz von Deurne, der Feind vertheidigte den Ort mit größter Tapferkeit; die Preußen suchten rechts und links einzudringen, fanden aber hartnäckigen Widerstand. Bülow sah von Wyneghem her dem Gefechte zu, rief den Major von Reiche herbei und befahl ihm sich an die Spitze des nächststehenden Bataillons zu stellen und in der Front anzugreifen, Reiche führte das Bataillon im Sturmschritt vor, überwältigte den Feind, erreichte die Brücke über die Schyn und hielt sie fest, worauf die beiden Flügel auch das Ufer des Baches behaupteten. In beiden Gefechten verloren die Preußen an Todten und Verwundeten 17 Offiziere und 670 Mann.

In der Nacht zum 3. Februar wurden von den Engländern und Preußen die Batterieen zur Beschießung von Antwerpen erbaut. Bülow bekannte gleich anfangs, daß er dem Unternehmen keinen Erfolg zutraue, doch ließ er es seinerseits an keinem Eifer fehlen. Die preußischen Batterieen eröffneten, der Verabredung gemäß, ihr Feuer zuerst, um die Aufmerksamkeit des Feindes hieher und von den Anstalten der Engländer abzulenken, deren Angriff dann um so wirksamer überraschen sollte. Thümen hatte schwere Haubitzen aufgepflanzt, und bewarf die Stadt mit Granaten. Erst um 3 Uhr Nachmittags begann das Feuer der Engländer, und Granaten und Bomben zündeten hin und wieder, doch war der Schaden nicht erheblich. Am 4. und 5. Februar wurde mit dem Bombardiren eifrig fortgefahren, allein mit nicht besserem Erfolg. Ein Brand in der Nähe der französischen Flotte wurde bald gelöscht, diese selbst durch kluge Anstalten möglichst gesichert. Graham erkannte, daß die Fortsetzung kein besseres Ergebniß verspreche und der Angriff aufzugeben sei. Dies war um so mehr der Fall, als am 5. der General Carnot in Antwerpen eingetroffen war, von Napoleon ausdrücklich zur Vertheidigung dieses Platzes wieder in Thätigkeit gerufen, und die Anwesenheit dieses so geschickten als standhaften Kriegsmannes schlug alle Hoffnung nieder Antwerpen so leichten Kaufs zu nehmen. Er beschränkte sogleich die Vertheidigung, hielt nur Berghem und Borgerhout noch zurück, und zog die Division Roguet in die Festung.

Das Aufgeben dieses Unternehmens auf Antwerpen wurde für Bülow einigermaßen durch den Erfolg vergütet, den er auf andrer Seite durch die am 6. Februar beschlossene Uebergabe von Gorkum gewann; der Kommandant dieser Festung knüpfte sie zwar an die Bedingung, daß er bis zum 20. Februar warten dürfe, ob nicht bis dahin die Festung entsetzt werde; allein bei dem allgemeinen Stande der Dinge konnte hierdurch das feststehende Ergebniß nur den kurzen Aufschub, aber keine Aenderung mehr erleiden. Die Sache war für die Verbündeten keine nur im geringsten zweifelhafte; Bülow konnte die Brigade Zielinski nun gleich an sich ziehen und mitnehmen, sie sollte nur noch eine kurze Zeit verweilen, bis einige holländische Truppen, die für die weitere Beobachtung und dann Besetzung des Platzes hinreichend waren, herbeikämen sie abzulösen.

Bülow fand nun für sich hier nichts mehr zu thun, und beschloß den Engländern die fernere Berennung oder Belagerung von Antwerpen zu überlassen, was ihnen eigentlich ganz lieb zu sein schien, dagegen mit seinen Preußen eiligst in Frankreich einzurücken, um sich dem schlesischen Heer anzuschließen, wozu Blücher für ihn im großen Hauptquartier den Befehl schon erwirkt hatte. Den Oberbefehl in Belgien zu führen war der

Herzog von Sachsen=Weimar bestimmt, dessen Vortruppen am
5. Februar in Breda eintrafen, und dessen Heertheil, wenn erst
alle Truppen nachgerückt waren, vollkommen hinreichend schien,
um sowohl den Engländern vor Antwerpen beizustehen, als auch
dem General Maison die Spitze zu bieten.

Der Herzog Carl August aber war persönlich in Breda
schon am 24. Januar eingetroffen, und hatte sich mit Bülow,
den er vom Rheinfeldzuge her kannte und achtete, freundlich
begrüßt. Der tapfre und lebensfrohe Fürst besaß alle Eigenschaften, um einen Mann von Bülow's Gemüths= und Geistes-
art anzuziehen, seinen hohen Rang unterordnete er der militairischen Tüchtigkeit, seine unbefangene kammerabschaftliche Art
verbannte jeden Zwang. Indeß hielt sich Bülow doch einigermaßen von ihm zurück, was damals nicht auffiel, da Geschäfte
jeder Art ihn stets in Anspruch nahmen. Bei den ersten Gefechten vor Antwerpen hatte der Herzog, dem soldatischen Blut
in seinen Adern folgend, sich jederzeit eingefunden, und keine
Gefahr gescheut. Einst war er unter die vordersten Plänkler
hitzig mit vorgeritten, und hatte sich längere Zeit unter ihnen
aufgehalten; als er zurückkehrte, begrüßte ihn Bülow mit den
schmeichelhaften, doch leise tadelnden Worten: „Ich hätte Euer
Durchlaucht ein gutes Tirailleur=Gewehr anbieten sollen." Er
benahm sich übrigens gegen ihn mit großer Artigkeit, aber leicht
und frei, und als stünden sie beide auf gleicher Linie.

Bülow hatte den Abmarsch seiner Truppen, mit Ausnahme
der Brigade Borstell, die mit der Reiterei Oppen's schon voraus war, gleich am 6. Februar angeordnet, und am 7. wurde
derselbe sofort von den Brigaden Thümen und Krafft angetreten. Bevor er Holland verließ hatte er noch die Genugthuung,
die dankbare Anerkennung seiner Leistungen und seines Verdienstes abseiten des Prinzen von Oranien in folgendem Schreiben aus dem Haag vom 6. Februar zu empfangen: „Mit

besonderem Vergnügen habe ich die wegen der Uebergabe der Festung Gorkum zu Stande gekommene Kapitulation erfahren. Hierdurch betrachte ich die Eroberung von Holland nunmehr als völlig sichergestellt. Eurer Excellenz verdanken wir hauptsächlich dies große Werk. Ihre einsichtsvollen mit Ruhm gekrönten Operationen haben dem Feinde Holland völlig entrissen, und Euer Excellenz dadurch die größten Ansprüche auf meine Dankbarkeit und Erkenntlichkeit erworben. Jederzeit werde ich Denenselben dafür verpflichtet bleiben. Empfangen Sie indessen auch schon jetzt die Ausdrücke meines verbindlichsten Dankes, den Ihnen der Ueberbringer dieses, mein Adjutant, der Oberst von Fagel mündlich noch näher zu bewähren beauftragt ist. Betrachten Sie dasjenige, was derselbe Euer Excellenz zu überreichen die Ehre haben wird, als einen einstweiligen Beweis meiner nie erlöschenden Erkenntlichkeit. Euer Excellenz haben übrigens bisher bei jeder Gelegenheit mir so günstige Gesinnungen gezeigt, daß ich hoffen darf, Sie werden auch ferner mein Interesse nach Möglichkeit befördern. Ich empfehle Ihnen dasselbe hierdurch von neuem, und ersuche Sie, sich meiner vollkommensten Hochschätzung jederzeit versichert zu halten. Wilhelm." Die weitere Mittheilung, welche Bülow durch den Obersten von Fagel zu empfangen hatte, war die Verleihung einer lebenslänglichen Rente von jährlichen tausend Dukaten, welche später in eine erbliche, auf den jedesmaligen ältesten Sohn übergehende, verwandelt wurde.

Zu dem Erfreulichen sollte sich bald wieder Verdruß und Aerger gesellen. In Lier anlangend, fand Bülow daselbst unerwartet das Hauptquartier des Herzogs, der nicht gesäumt hatte, mit den in Breda eingetroffenen Truppen seines Heertheils hieher vorzurücken. Der Herzog war verwundert, daß Bülow abmarschiren wollte, bevor noch der dritte deutsche Heertheil vollständig beisammen sei; er gab zu erkennen, daß er der

Preußen noch nicht entbehren könne, und erklärte zuletzt, daß Bülow unter seinen Befehlen stehe. So hatte sich also Bülow in der Ablösung, die ihn freimachen sollte, nur einen neuen Zwang herbeigewünscht, der ihn noch schlimmer festzuhalten drohte als es früher der Kronprinz von Schweden gethan. Der Herzog war allerdings in seinem Rechte, er war zum General-Gouverneur der Niederlande ernannt, und die sämmtlichen verbündeten Truppen daselbst unter seinen Befehl gestellt; dem so nah mit dem russischen Kaiser verwandten Fürsten hatte man geglaubt keine geringere Befehlsmacht ertheilen zu dürfen. Bülow konnte dem Herzoge nicht widersprechen, wohl aber sich darauf berufen, daß er darüber noch keine dienstliche Weisung, wohl aber eine bereits ausgesprochene andre Bestimmung habe, und ohne das Recht des Herzogs anzuerkennen, ließ er sich mit ihm in Unterhandlungen ein, und erbot sich, ihm vorläufig einige Truppen noch zurückzulassen, worauf der Herzog mit billiger Rücksicht einging; er hatte selber zu viel militairischen Geist und menschliches Gefühl, um nicht zu erkennen, wie empfindlich es einem Feldherrn von Bülow's Art und Verdienst sein müßte, mitten im Zuge zu neuen Thaten gehemmt zu werden und auf dem unergiebigen Kriegsschauplatz unselbstständig verweilen zu sollen. Bülow jedoch war aufs äußerste gekränkt und empört, nicht gegen den Herzog, der an diesen Dingen nicht schuld war, aber gegen das große Hauptquartier, wo man zum Schaden der großen Sache ohne Sinn und Urtheil solche Mißverhältnisse anordne. Da er keineswegs gesonnen war, den etwanigen weiteren Anforderungen des Herzogs nachzugeben, vielmehr beschlossen hatte seinen Weg nach Frankreich fortzusetzen, so hielt er sich fortan möglichst von ihm entfernt und mied jede nähere Verbindung.

So zwischen entgegengesetzten Ansprüchen, vom Kronprinzen von Schweden noch keineswegs losgelassen, von Blücher herbeigerufen, Wintzingerode's und nun auch des Herzogs von Weimar sich erwehrend, wußte Bülow sich durch Muth und Geschicklichkeit frei und selbstständig zu erhalten, und grade das zu thun, was der Sache selbst und seinem eignen, stets auf das Beste der Sache gerichteten Sinn am meisten angemessen war. Er setzte den Marsch zu Blücher fort.

Borstell war inzwischen über Brüssel gegen Hall vorgerückt, hatte die Nachhut Maison's, der sich über Ath nach Tournay zog, lebhaft verfolgen lassen, rechtshin Gent besetzt und linkshin die Verbindung mit Wintzingerode angeknüpft; dieser marschirte südlich über Namur und Charleroi, seine Vorhut unter Tschernischeff weit voraus gegen Avesnes.

Bülow zog am 8. Februar unter festlichem Empfang in Brüssel ein, und vereinigte hier alle noch zurückgebliebenen Theile seines Heertheils. Er übte gleich hier eine Handlung aus, die ganz der Selbstständigkeit entsprach, welche er behaupten wollte; er ernannte den Obersten Grafen von Lottum zum Militairgouverneur von Brüssel. Als der Herzog von Weimar mit seinem Hauptquartier gleichfalls am 8. in Brüssel eintraf, war er etwas verwundert, daß ihm hierin vorgegriffen worden, allein aus Achtung für Bülow anerkannte er dessen Ernennung, und begnügte sich seinerseits den Herzog von Ursel zum Zivilgouverneur zu ernennen. Alle Reibungen und Widerstreite ließen sich jedoch nicht vermeiden, und Bülow blieb während der vier Tage, die er in Brüssel verweilte, in sehr übler Laune und gereizter Stimmung, die sich gewaltsame Ausbrüche nicht versagte. Der Herzog von Weimar sandte eines Tages einen seiner Adjutanten an ihn mit einem Schreiben; Bülow las das Blatt flüchtig und legte es bei Seite; plötzlich fragte er mit schnödester Schärfe: „Wo ist denn der .... Bernadotte?" Der Adjutant, überrascht durch die unvermuthete Frage, erwiederte fest und kalt, daß er von dem Kronprinzen von Schweden nichts wisse, und nur beauftragt sei, über den Inhalt des Schreibens, falls es verlangt würde, mündliche Auskunft zu geben, worauf Bülow schwieg. Er mochte gleich an einem hohen Beispiele haben zeigen wollen, wie viel er sich um solche Befehlshaber kümmere, die er nicht berechtigt glaubte, oder die ihm nicht gefielen. —

Borstell erhielt Befehl, den Feind bei Tournay durch den Obersten von Sydow mit seiner Abtheilung beobachten zu lassen, mit seinen übrigen Truppen aber auf Mons zu marschiren. Immerfort wurden Streifschaaren ausgesandt und kleine Gefechte geliefert, bei denen Offiziere und Soldaten sich auszeichneten, unter andern schlug der Lieutenant von Corsepp mit 18 Uhlanen einen überlegenen Feind, und brachte Gefangene und Beute zurück.

Bülow verlegte am 13. Februar sein Hauptquartier nach Braine-le-Comte, am 16. nach Mons. Hier sah er sich veranlaßt, wegen seines weiteren Abmarsches dem Herzog von Weimar bestimmte Vorschläge zu machen, wozu mehr die Lage der Sachen, als persönliche Rücksicht ihn bewog. Er sah wohl ein, daß der Herzog, bevor die rückwärtigen Truppen seines Heertheils angelangt waren, gegen Maison's und Carnot's vorauszusetzendes Zusammenwirken allerdings einen harten Stand haben konnte, und er hielt es daher für seine Pflicht, ihm einige Verstärkungen zurückzulassen; zuvörderst überließ er seine Kosakenregimenter dem Herzog, welcher deren gar keine hatte, sodann sollte Borstell mit einigen seiner Truppen stehen bleiben, was diesem sehr genehm war. Bülow meinte zwar nur einige Bataillons, allein der Herzog befahl darauf Borstell'n mit seiner ganzen Brigade zurückzubleiben, und entzog dadurch Bülow'n 8000 Mann und 1400 Pferde. Ob dies friedlich zur Ausführung gekommen wäre, wenn nicht eine neue Widrigkeit sich eingefunden hätte, läßt sich sehr bezweifeln; allein das Maß der Heimsuchungen war noch nicht voll!

Auch der Kronprinz von Schweden, der mit seinen schwedischen Truppen am 11. Februar in Köln eingetroffen war, glaubte das Band seines Oberbefehls, das bisher lang nachschleppte und nur noch locker anhing, wieder straffer ziehen zu dürfen, und Bülow erhielt in Mons von ihm den bestimmten Befehl, seine Truppen daselbst zusammenzuziehen und hier bis auf weiteres stehen zu bleiben. Das war ihm zu toll. Er fühlte, dieses Gewirr verstrickender Fäden mußte zerhauen werden. Gestützt auf die aus dem großen Hauptquartier ihm zugewiesene Bestimmung, sich in Frankreich dem schlesischen Heer anzuschließen, überdies durch Wintzingerode von Blücher's in der Champagne erlittenen Unfällen benachrichtigt, beschloß er weder um den Kronprinzen noch um den Herzog sich weiter zu bekümmern, sandte Blücher'n am 17. die tröstliche Meldung, daß er eiligst aufbreche um sich über Laon mit ihm zu vereinigen, und trat am 18. wirklich mit allen Truppen den Marsch nach Frankreich an. Es war ein großer und edler Entschluß, ganz aus der Sache heraus, aus hohem militairischen und auch vaterländischen Gesichtspunkt, denn in Blücher und seinem Heer lag Preußens beste Kraft und Bedeutung, hier war Hülfe nöthig, alles andre wurde Nebensache. Daß auch persönliche Triebfedern zu Bülow's Entschluß mitwirkten, wollen wir nicht in Abrede stellen, aber sie bestimmten ihn nicht. Seine Hülfe war nicht gering, er brachte noch immer 16,000 Mann bewährter und zu neuen Kämpfen erfrischter Truppen.

Gegen den Kronprinzen war Bülow noch durch einen besondern Umstand erbittert. In Gemäßheit eines Beschlusses der Verbündeten, daß die ehemaligen preußischen Länder auf dem linken Rheinufer einstweilen wieder als preußische zu behandeln seien, hatte Bülow, der auf jeden Vortheil Preußens aufmerksam war, nach Kleve und Meurs einige seiner Offiziere gesandt, um Freiwillige aufzurufen und die Errichtung von Landwehr zu betreiben. Als der Kronprinz am Niederrhein ankam, mißbilligte und verbot er diese Anordnung und schickte die beauftragten Offiziere augenblicklich fort. Er sagte, es sei wider die Verträge, wobei nicht recht klar wurde, welche Verträge eigentlich er hier meinte.

Von der Stimmung Bülow's und seiner Umgebung berichtet uns ein französischer Oberst Hugues, der aus der Kriegsgefangenschaft mit besondrer Erlaubniß des Kronprinzen heimkehrend an denselben Tagen wie jener in Mons war. Am 17. Februar, erzählt er, gaben einige seiner Offiziere zur Nachfeier seines Geburtstages ihm ein Fest im Gasthof zur Krone, wo Toaste auf einen eben erfochtenen Sieg bei Soissons, auf den baldigen Einzug in Paris, ausgebracht wurden. Bülow selbst verkündigte die Siegesnachricht, erklärte daß Bonaparte'n nichts übrig bleibe, als sich um nicht gehängt zu werden eine Kugel vor den Kopf zu schießen; den Kronprinzen nannte er wetterwendisch, unzuverlässig, eben so unfähig zum Kriegsbefehlshaber als zum Herrscher, bei Leipzig habe man ihn nur einen Augenblick gesehen, und er sei im Grunde nur hinderlich gewesen. Die Offiziere stimmten solchen Worten lebhaft bei, und überboten sie noch. Wurde dergleichen, wie es nicht fehlen konnte, weiter bekannt und durch Ohrenbläser da wo es am schlimmsten war hingetragen, so konnten freilich nur Haß und Zwietracht dadurch genährt und gesteigert werden!

Ueber Pont=sur=Sambre, wo zuerst der altfranzösische Boden betreten wurde, gelangte Bülow, nachdem er auf Nebenwegen die Festung Maubeuge umgangen hatte, am 20. Februar in La=Capelle wieder auf die große Straße. Durch verschiedene Vorgänge veranlaßt, denen er im Beginn Einhalt thun wollte, erließ er hier folgenden strengen Tagesbefehl: „Mit dem höchsten Mißvergnügen erfahre ich so eben, daß von einzelnen Individuen des Korps die abscheulichsten Erpressungen und Unordnungen begangen worden sind, die eben so sehr dem Willen Seiner Majestät des Königs unsres Herrn widersprechen, als den preußischen Namen entehren. — Es ist nicht mein Wille, daß die Truppen meines Armeekorps Mangel leiden sollen, vielmehr soll für ihre gute Verpflegung auf ordnungsmäßige Weise, alle mögliche Sorge getragen werden, aber ich will auch nicht dulden, daß sein Waffenruhm durch schändliches Betragen einiger Einzelnen leiden und dem erhabenen Willen unseres Monarchen zuwider gehandelt werden soll. — Wir rücken nicht in dieses Land um eine unedle Rache zu üben, wir führen nur Krieg gegen denjenigen, der die beklagenswürdigen Einwohner desselben eben so und noch unglücklicher gemacht hat als uns. Dieses soll und muß den Soldaten wohl eingeprägt werden. Mein unterhabendes Korps hat bisher gegen alle übrigen den großen Vortheil genossen, noch nie Mangel gelitten zu haben; nur Erhaltung der Ordnung kann uns diesen Vortheil sichern. — Diese Gründe, vorzüglich aber das Geschehene, veranlassen mich hierdurch zu erklären: 1. daß jeder, der durch Bedrückung oder thätliche Mißhandlung der Einwohner sich zum gemeinen Räuber herabwürdigt, mit dem Tode bestraft und aus den ehrenhaften Reihen der Preußen vertilgt werden soll. 2. Sobald von einem Regiment oder Bataillon dergleichen Exzesse bekannt werden, so wird der Kommandeur desselben sofort und ohne weitere Rücksicht arretirt. Mehrfache Vorfälle ähnlicher Art bei einem und demselben Regiment werden mich bewegen, den Kommandeur als unbrauchbar Seiner Majestät dem Könige zu melden. 3. Die Herren Brigade-Chefs sind in gleicher Art verantwortlich, daß in allen solchen Fällen in dieser Art verfahren und keiner unterdrückt oder übersehen wird. 4. Der Major von Tuschen, Befehlshaber der Gendarmerie des Korps ist in Gemäßheit dieses Parolebefehls instruirt; er wird Verstärkung erhalten, und jeden Nachzügler, der sich gewaltsame Erpressungen zu Schulden kommen läßt, ohne weiteres erschießen lassen. — Ich hege das Vertrauen zu den Herren Brigade-Chefs und Kommandeurs, daß sie mich mit allem Eifer darin unterstützen werden, um die Ehre und den Ruhm unsrer Waffen, die durch ähnliche Vorfälle so sehr leiden, aufrecht zu erhalten, und diejenigen Uebel zu vermeiden, die aus einer zwecklosen Erbitterung der Einwohner entstehen können."

Am 24. Februar erreichte Bülow die Stadt Laon, während Wintzingerode in Rheims stand. Die Truppen bezogen ausgedehnte Quartiere, der bessern Verpflegung wegen. In Erwartung näherer Nachrichten von Blücher, der sich von seinen bei Montmirail, Champaubert und Etoges erlittenen Unfällen schnell erholt und wieder südwärts dem großen Heere genähert hatte, mußte man fürerst hier stehen bleiben. Soissons, von den Russen früher genommen, war von Wintzingerode dann wieder geräumt, von den Franzosen am 19. Februar aufs neue besetzt worden, und eine starke französische Macht schien sich hier zusammenzuziehen. Napoleon selbst hatte sich südwärts gewendet, die Verbindung Wintzingerode's mit Blücher war für den Augenblick unterbrochen. Bülow befahl unterdessen den Angriff auf Lafère, den Sammelplatz großer Vorräthe von Geschütz, Munition und Kriegsgeräth aller Art. Thümen rückte mit 2 Bataillons, 12 Kompanieen Füsiliere, 4 Schwabronen, 1 leichten Batterie, 2 Zehnpfündern und 6 russischen Haubitzen oder sogenannten Einhörnern am 27. Februar vor die Festung, die Füsiliere nahmen sogleich die Vorstadt ein und das aufgepflanzte Geschütz eröffnete sein Feuer. Von den Wällen wurde gut geantwortet, auf die anrückenden Bataillone mit Kartätschen geschossen. Bülow hatte befohlen, dem Angriff eine Aufforderung zur Uebergabe vorangehen zu lassen, Thümen versuchte sie erst nach 2 Stunden nutzlosen Kanonirens, sie gelang über Erwarten, der eingeschüchterte Kommandant übergab den Platz mit allen Vorräthen, anderthalb Millionen an Werth.

Der General von Tettenborn, mit seiner fliegenden Schaar kühn und geschickt in das offene Land vordringend, meldete zuerst Blücher's abermaliges Vorgehen auf Meaux und Paris, eben so wie das Nachrücken Napoleons, der mit ganzer Macht ihm auf den Fersen folgte; und dessen Marsch jener durch ein scharfes Gefecht am 28. Februar bei Fère-Champénoise glücklich entdeckte. Bülow erkannte, daß Blücher mit seinen tapfern aber durch die früheren Unfälle geschwächten Truppen in Gefahr sei erdrückt zu werden, wenn in der Front die Marschälle Marmont und Mortier und im Rücken Napoleon selbst ihn mit aller Kraft angriffen; er war sogleich fest entschlossen, zu dessen Rettung und Hülfe das Aeußerste zu versuchen. Man konnte voraussetzen, und wußte es auch bald, daß Blücher dem Stoße Napoleons glücklich über die Marne ausgewichen war, jetzt kam es vor allem darauf an, ihm den Rückzug über die Aisne und auf die beiden jetzt ebenfalls seinem Oberbefehl untergebenen Heertheile Winzingerode und Bülow zu sichern, mit denen vereinigt er eine Schlacht liefern konnte. Bei der noch unvollkommenen Kenntniß der weiten Gegend, die hier in Betracht kam, mußte man den Besitz von Soissons für die wichtigste, wohl gar einzige Sicherung dieses Rückzugs halten. Bülow beschloß den festen und mit alten polnischen Truppen wohlbesetzten Platz unverzüglich anzugreifen und nöthigenfalls mit Sturm zu nehmen, rückte am 2. März von Anizy-le-Chateau auf dem rechten Ufer der Aisne gegen Soissons, während Winzingerode auf dem linken Ufer von Fismes her daselbst eintraf. Zahlreiches Geschütz wurde aufgepflanzt, die starke Truppenmacht gezeigt, die Sturmkolonnen gebildet; nachdem aber Bülow einige Stunden seine Batterieen heftig hatte feuern lassen, bedachte er wie zweifelhaft der schnelle Erfolg eines

allgemeinen Angriffs und mit wie großen Opfern er verbunden
sei, daß man nicht wissen könne, ob nicht inzwischen der Angriff
Napoleons sich hieher ziehen und dann die größte Verwirrung
entstehen werde, wenn Soissons noch nicht genommen sei. Aus
diesen Gründen kam er mit Winzingerode überein, vorher den
Weg der Unterhandlung zu versuchen, und dem Kommandanten
die besten Bedingungen zuzugestehen, wenn nur der Besitz von
Soissons augenblicklich dadurch erlangt würde. Beide sandten
daher Offiziere an den Kommandanten General Moreau, der
sich auf die Vorschläge einließ, freien und ehrenvollen Abzug
mit 6 Kanonen erlangte, und die Stadt am 3. Nachmittags zu
übergeben versprach.

Am 3. März erhielt Bülow aus Oulchy=le=Chateau vom
2. März ein von Blücher unterzeichnetes Schreiben folgenden
Inhalts: "Euer Excellenz habe ich die Ehre zu benachrichtigen,
daß ich die sichere Nachricht erhalten habe, daß der Kaiser Napoleon von Arcis kommend den 25. durch Sezanne an der
Spitze seiner Garden defilirt ist. Nach einer andern Nachricht
ist er auf der Straße nach Montmirail marschirt, und man hat
am 1. Abends bedeutende Wachtfeuer auf dieser Straße nach
La=Ferté zu entdeckt. Es ist daher ungewiß, ob er bei La=Ferté-
sous=Jouarre, Chateau-Thierry oder Meaux die Marne passiren
wird. — Aus diesen Gründen habe ich heute die Armee bei
Oulchy=le=Chateau konzentrirt, um mich dem Korps Euer Excellenz und des Generals von Winzingerode zu nähern, und so
eine große Schlacht liefern zu können. — Der Major von
Brünneck, den ich vorgestern, den 28. v. M., an Euer Excellenz
geschickt habe, wird hoffentlich angekommen sein, und Hochden=
selben die Königliche Kabinetsordre, wonach Hochdero Korps
und das des Generals von Winzingerode mit der schlesischen
Armee für jetzt vereinigt sind, überbracht haben. — Die Euer
Excellenz damals aufgegebene Bewegung auf Villers=Cotterets

und Dammartin gegen Paris kann nicht mehr stattfinden, da es darauf ankommt, daß Euer Erzellenz sich mit mir vereinigen. Deßwegen erwarte ich schleunige Nachricht, wo Hochdieselben sich befinden, um Euer Erzellenz weitere Anweisung geben zu können. — Auch wünsche ich zu wissen, wo in der Nähe von Soissons sich Brücken über die Aisne befinden, und ob man auf der Chaussee von Dulchy nach Soissons bei Busancy rechts ausbiegen und mit schwerem Geschütz über diese Brücken gehen kann. Sollten sie nicht vorhanden sein, so könnte ich sie durch Pontons ersetzen."

Bülow antwortete sogleich in größtem Diensteifer, berichtete die gestrigen Vorgänge und heutigen Erwartungen in Betreff von Soissons, und fügte dann hinzu: „Es ist wohl keine Frage, daß auch Euer Erzellenz den schnellen Gewinn dieses im gegenwärtigen Augenblicke so wichtigen Punktes der weit unsicherern Gefangennehmung und Aufreibung der Garnison vorziehen werden, und ich schmeichele mir daher, daß dieses Ereigniß Ihnen angenehm sein wird. — Besonders wichtig scheint es mir, da man in diesem Momente eine entfernte Kanonade hört, von der ich zwar den besten Erfolg wünsche und hoffe, doch im entgegengesetzten Falle würde ich nach der Besitznahme von Soissons schnell zur Unterstützung vorzurücken bereit sein. — Auf jeden Fall aber werde ich noch heute eine Avantgarde unter dem Obersten von Sydow in der Richtung gegen Villers-Cotterets versenden. — Eine Anzahl Pontons, die in der Festung La Fère gefunden worden, lasse ich hierher bringen, sie treffen gegen Abend ein, und sollen dazu dienen, in der Stadt oder unter den Kanonen derselben noch eine Brücke über die Aisne zu schlagen und die Verbindung mit dem Gros Euer Erzellenz noch mehr zu erleichtern. Ich sehe sodann Hochdero ferneren Befehlen entgegen, die ich gewiß stets gern auszuführen bereit sein werde. — Einige durch den aus dem Königlichen Hauptquartiere zurückgekehrten

Prinzen von Hohenzollern überbrachte Depeschen für Euer Erzellenz beeile ich mich Hochdenselben bei dieser Gelegenheit überreichen zu lassen. — Es ist mir höchst erfreulich, aus seinen mündlichen Nachrichten erfahren zu haben, daß die Armee unter dem Fürsten Schwarzenberg wieder im Vorrücken begriffen ist, welches unserer gegenwärtigen Lage eine weit vortheilhaftere Wendung geben kann." — Wir sehen, daß Bülow, in ein richtiges und natürliches Verhältniß gestellt, recht gut höheren Befehlen sich fügte, und die Pflicht militairischen Gehorsams willig erfüllte. Soissons wurde am 3. März Nachmittags wirklich den Russen und Preußen übergeben, und eine starke russische Besatzung hineingelegt. Blücher wurde davon durch Bülow sogleich benachrichtigt.

Ueber die Wichtigkeit dieser Uebergabe ist gleich damals und noch lange nachher viel gestritten worden. Es ist ganz außer Zweifel, daß für Blücher außer Soissons noch andre Uebergänge über die Aisne vorhanden, und diese den Führern des schlesischen Heeres auch wohlbekannt waren, daher sie durchaus in keiner Verlegenheit sein konnten, ihren Rückzug hinter diesen Fluß, auch wenn Soissons nicht offen stand, mit Sicherheit auszuführen; er wurde jedoch wesentlich dadurch erleichtert. Wenn Bülow anfangs der Meinung war, Blücher wäre ohne die Uebergabe von Soissons verloren oder doch in größter Bedrängniß gewesen, und dies auch in einem ersten eiligen Bericht an den König angedeutet hat, so ist das sehr verzeihlich; die genauere Kenntniß der Thatsachen muß ihn auch bald enttäuscht und das Wahre, welches denn doch der ganzen Vorstellung zum Grunde liegt, auf sein richtiges Maß zurückgeführt haben. Indeß behauptete sich unter den Offizieren der Bülow'schen Truppe lange Zeit das Gerede, die Uebergabe von Soissons habe das schlesische Heer wunderbar vom Untergange gerettet, und dies war für das Blücher'sche Hauptquartier so empfindlich, daß man nicht nur laut widersprach, sondern auch nach dem Ursprunge des Gerüchtes forschte, den man später denn allerdings in dem erwähnten Berichte Bülow's finden wollte. Müffling aber sagt hierüber: „Man hatte zur Unterhandlung einen Mann gebraucht, der in dem Ruf eines sich selbst überschätzenden Windbeutels stand, und dessen Ansicht, als ob er etwas ganz Außerordentliches gethan hätte, durch die hervorgerufene Meinung unterstützt wurde, als sei er der Erretter des Feldmarschalls gewesen." Reiche sagt außerdem, daß der russische von Wintzingerode gesandte Unterhändler schon vor dem preußischen die Uebergabe erlangt, die Beredtsamkeit des letztern also dabei nichts mehr habe thun können. —

Blücher bedurfte nun der Brücken nicht mehr, die er bei Bailly und Venizel über die Aisne wollte schlagen lassen, und nahm nun die Richtung auf Soissons. Am 4. März erfolgte die Vereinigung Blücher's mit Wintzingerode und Bülow; die 4 Heertheile Blücher's zählten etwa 63,000 Mann, Wintzingerode's Heertheil 30,000, der Heertheil Bülow's 16,000 Mann. Eine solche Macht von mehr als 110,000 Mann durfte nicht weiter zurückgehen, man war entschlossen, dem Angriff Napoleons Stand zu halten. —

Alle die als Augenzeugen dieses Ereigniß der Vereinigung beider Heermassen mit angesehen haben, sind einstimmig in Schilderung des mächtigen Eindrucks, den der verschiedenartige Anblick der hier zusammenkommenden Truppen sowohl auf sie selbst als auf ihre Befehlshaber machte. Das Blücher'sche Heer war durch die unaufhörlichen angestrengten Märsche, durch die zahlreichen blutigen Gefechte und durch die ärgsten Entbehrungen sehr zusammengeschmolzen, Menschen und Pferde durch die rastlosen Beschwerden ganz erschöpft, die Leute verhungert, abgerissen, zum Theil ohne Schuhe, ohne brauchbare Waffen sogar, denn nirgends war Zeit oder Gelegenheit zur Ausbesserung

oder zum Umtausch gewesen, hingegen sahen die Bülow'schen
Soldaten schmuck und glänzend aus, wohlgenährt, wohlbekleidet,
aufs beste ausgerüstet. Unwillkürlich mußte man an Friedrich
den Großen denken, der bei ähnlichem Zusammentreffen der von
ihm herbeigeführten schlechtaussehenden Leute mit den ausgeruhten des Generals Grafen von Dohna sich nicht enthalten
konnte zu diesem zu sagen: „Ihre Leute haben sich schön ge-
putzt, die meinigen sehen aus wie die Grasteufel, aber sie bei-
ßen!" Die gutaussehenden — hier wie dort — bissen zwar
auch, und nicht weniger scharf als die andern; aber läugnen
ließ es sich nicht, daß das schlesische Heer mit seiner angestrengten Thätigkeit, seinem unaufhörlichen Drauflosgehen, seiner
schonungslosen Selbstopferung, die eigentliche Triebkraft des
ganzen Krieges war, und daß ohne diese gewaltsame Verwendung der Krieg längst ermattet und in bedenkliche Friedens-
wege eingelenkt, oder wenigstens nicht hier in Frankreich geführt
wäre. Diese Betrachtung war indeß nicht die nächste, welche
sich den Truppen aufdrängte, sie wurde erstickt oder zurückgedrängt durch den vorherrschenden Eindruck des wilden, ab-
schreckenden, jammervollen Anblicks. Hören wir Müffling erzählen: „Als der Feldmarschall, sagt er, in Soissons seine
Truppen bei sich vorbeimarschiren ließ, und Bülow an seiner
Seite stand, war ich zugegen. Unsre Leute sahen merkwürdig
aus. Vom Biwuakrauch geschwärzte magere Gesichter, dem
Luxus des Rasirmessers seit langer Zeit entfremdet, aber mit
dem Ausdruck der Energie und körperlichen Kraft, in zersetzten
Mänteln, kümmerlich geflickten Hosen, unangestrichenem Leder-
zeug, und unpolirten Waffen. Die Kavallerie auf magern un-
geputzten, aber wiehernden Pferden, — alles in ächt kriegerischer
Haltung. Meine Augen wendeten sich immer unwillkürlich auf
Bülow und seine Umgebungen, in deren Gesichtern ich um so
mehr glaubte lesen zu können, was in ihrem Innern vorging,

als ich so eben einem Truppentheil des Bülow'schen Korps begegnet war, in glänzend schöner neuer Uniform, weiß und rothbäckig, mit zierlich gekräuselten Locken und blinkenden Waffen. „Den Leuten wird einige Ruhe wohlthun," sagte Bülow mit großem Ernst von unsern zerlumpten Soldaten, und das mochte in seinem Innern ohngefähr heißen: „Also so sollen meine Leute auch bald aussehen!" Von seinen Umgebungen verlautete mehr. — Auch ich war mit einigen solchen Phrasen regalirt worden, allein damit war es auch abgemacht, weil ich den Satz aufstellte, daß die rothbäckigen schmucken Jünglinge des Bülow'schen Korps noch viel zu thun hätten, bis sie unsern zerlumpten Soldaten der schlesischen Armee, aus denen der Wind schon alle leichte Spreu gesichtet habe, gleichkommen würden!" Die mißliebigen Ausdrücke Müffling's sind aber in Betreff der Bülow'schen Soldaten eben so ungerecht und fehlgehend, als die der Gegner über die Blücher'sche Kriegsführung, und nur der bittern Unzufriedenheit des bis an sein Lebensende mißvergnügten Autors beizumessen. —

Das erste Begegnen Bülow's und Wintzingerode's mit Blücher war kalt und fremd, aber die gemüthlich-derbe Art des letztern, und selbst die Erkrankung, unter der man ihn leiden sah, milderten die Verstimmung; er hieß Wintzingerode'n als tapfern Haudegen willkommen, und beglückwünschte Bülow'n wegen seiner herrlichen Kriegsthaten, indem er sich selbst als einer, der kürzlich die schönsten Schmiere bekommen, munter mit ihm verglich. Wenn Bülow's Umgebungen, wie Müffling erzählt, ihren nie geschlagenen Feldherrn über den eben geschlagenen Blücher erheben wollten, so hatte Blücher ihnen den Tadel, der ihn treffen konnte, durch sein freies Bekenntniß schon vorweggenommen. Anders war es mit Gneisenau, er und Bülow stießen einander entschieden ab, zwischen beiden war und entstand kein freundliches Vernehmen. Bülow sah auch

hier die alten Waffengefährten Jork und Kleist wieder; die
schon Mißvergnügten wurden durch ihn, der nun gleich ihnen
dem alten Blücher, oder vielmehr, was man leicht durchschauen
konnte, den ihn bei seinem Krankheitszustande leitenden Män=
nern gehorchen sollte, noch mehr aufgereizt. „Was seid Ihr
für Kerls, rief Bülow beim ersten vertraulichen Zusammensein
den alten Kammeraden zu, daß Ihr Euch von den Untergeordneten
des Hauptquartiers, von dem verbrannten Gehirn Gneisenau, von
dem ..... Gesicht Müffling, von dem Grolman und wie sie
alle heißen, befehlen und verbrauchen laßt?" Jork wollte zuerst
auffahren und sich dergleichen verbitten, stimmte aber bald mit
ein, und wurde nun noch heftiger als Bülow. Dagegen war
das Wiedersehen Gneisenau's und Boyen's überaus herzlich
und vertraulich, sie fanden sich durch Gesinnung und Ansichten
innig vereint, und Boyen gewann großen Einfluß auf Gneisenau.
Dabei blieb das gute Vernehmen Boyen's mit Bülow unge=
trübt, und dieser verargte ihm nicht seine entschiedene Hinneigung
zu Gneisenau; frei, wie er sich selbst in Meinungen und Urthei=
len hielt, ließ er auch Andre sein.

Doch diese persönlichen Beziehungen waren fürerst Neben=
sache, der heranrückende Feind spannte jede Aufmerksamkeit,
nöthigte zu den schleunigsten Anstalten. Auf der Hochfläche
zwischen der Aisne und der ihr nördlich gleichlaufenden Lette
wollte Blücher eine Schlacht liefern; die Senkung des Bodens
südlich zur Aisne, sehr steil und durchschnitten, bot eine schwer
angreifbare Stellung. Vor allem aber mußte den Truppen,
wenn der Feind es erlaubte, eine Erholungsfrist gewährt wer=
den, deren sie um so mehr bedurften, als die Verpflegung sehr
mangelhaft war, und vom Lande geleistet werden mußte. Bülow's
Truppen lagerten nordwestlich von Soissons bei Loiry, und schickten
Streifschaaren vorwärts in den Landstrich zwischen der Seine und
Oise. Bülow vermuthete den Feind keineswegs von dieser Seite

her, doch da Wintzingerode, der auf den Höhen hinter Bailly den linken Flügel der Stellung bildete, wiederholt versicherte, auf seiner Seite zeige sich die Stärke des Feindes nicht, so mußte die Aufmerksamkeit sich vorzugsweise auf die rechte Seite wenden; allein der Feind kam dennoch von der linken, von Rheims her. Während seines Heranmarsches hatten die Truppen am 4. März einige Rast.

Am 5. März griffen die vereinigten Truppen Marmont's und Mortier's die Vorstädte von Soissons heftig an, die Russen unter dem General Rudzewitsch vertheidigten die Stadt mit großer Tapferkeit, aber auch mit bedeutendem Verlust. Noch am 6. früh erneuerten die Franzosen den Angriff, als sie jedoch keinen Erfolg sahen, zogen sie rechts ab, um sich den von Napoleon herbeigeführten Truppen anzuschließen, die vereinigte Macht rückte in der Richtung auf Laon vor. Blücher zog am 6. seine Truppen bei Laffaur zusammen und marschirte linkshin dem Feind entgegen, um demselben auf dem Zuge von Rheims nach Laon eine Schlacht zu liefern. Woronzoff hielt mit dem Fußvolk Wintzingerode's die Höhen von Craonne besetzt, während Wintzingerode selbst mit 10,000 Reitern und 60 reitenden Kanonen rechtshin zurück bei Filain stand. Bülow erhielt den Befehl, von Loiry schleunigst aufzubrechen und eine Stellung bei Laon zu nehmen. Wintzingerode mit seiner Reiterei sollte während der Nacht eiligst über die Lette gehen um bei Fétieux die Straße von Laon auf Rheims zu gewinnen und über Corbény dem Feind in den Rücken zu fallen; allein er stand am 7. Morgens, wo er schon seine Bestimmung erreicht haben sollte, noch dicht bei Filain in Chevregny, er selbst hatte geschlafen, die schon weit vorstehende Reiterei hatte mehrere Meilen zurückmarschiren müssen um bei Chevregny über die Lette zu gehen, die schmalen Wege hinderten, es gab nur die eine Brücke, alle Anstalten waren versäumt; die erwartete Schlacht war nun in der gewünschten Weise nicht mehr mög=

lich, es wurde daraus das blutige Treffen am 7. bei Craonne, wo Napoleon die Russen unter Woronzoff und Sacken zurückdrängte. Die Heertheile York, Kleist und Bülow hatten nicht zur Unterstützung rechtzeitig herbeikommen können, Bülow'n sollte der Befehl zum Vorrücken noch auf dem Marsche treffen, allein er empfing ihn gar nicht. Doch war er persönlich in Begleitung Reiche's und andrer Offiziere vorgeritten, und sah bewundernd die ausdauernde Tapferkeit der Russen, die hier allein kämpften, und einen Verlust von 6000 Mann erlitten.

Dieses mißrathene Treffen, welches keinen Zweck und Erfolg hatte, als daß dem Feinde der Boden eine Zeitlang streitig gemacht und mit ungeheuern Opfern die russische Tapferkeit bewährt worden, erregte großes Mißvergnügen sowohl bei den Russen als bei den Preußen. Der Unzusammenhang in der Leitung dieser großen Heeresmassen und die Unzuverlässigkeit mancher Ausführungen weckten düstre Besorgnisse.

Mitten in dieser Spannung herandrängender großen Ereignisse wurde Bülow auch von innern Angelegenheiten heftig aufgeregt und in Anspruch genommen. Er hatte bei dem Abmarsche von Mons dem Herzog von Weimar einige Truppen von Borstell's Brigade willig zurückgelassen, der Herzog aber Borstell'n befohlen mit der ganzen Brigade dazubleiben und Borstell sich dazu gern verstanden, so daß dieser nun auch sich weigerte, dem entschiednen Befehl Bülow's, der ihn sogleich abmarschiren hieß, zu gehorchen, indem er sich darauf berief, daß nicht nur der Herzog ihm befohlen zu bleiben, sondern auch das Wohl Belgiens es fordre. Wie Bülow diesen unerwarteten Widerspruch und Ungehorsam aufnahm, ersehen wir aus seinem nachfolgenden am 7. März aus Laon an Borstell gerichteten Schreiben: „Um über das Verfahren Euer Exzellenz absprechen zu können, bedarf es nur der Frage, wessen Befehle Sie Folge leisten müssen, dem des preußischen Generals, bei dessen Armeekorps Sie von Seiner Majestät dem Könige angestellt, oder dem einer fremden Macht dienenden Generals? Nur politische Rücksichten, nämlich die Verhältnisse des Herzogs zu dem Kaiser von Rußland und die Verbindung unsers Königs mit diesem, halten mich zurück, mich derjenigen Mittel zu bedienen, die mir zu Gebote stehen um meinen Befehlen die gehörige Folgeleistung zu verschaffen. Offen muß ich Ihnen, bei aller Achtung und Freundschaft die ich auch sonst gegen Sie hege, gestehen, daß nur jene Rücksichten mich abhalten, daß ich nicht einen meiner übrigen Generale absende, um Sie zu arretiren, Ihre Brigade unter sein Kommando zu nehmen, und mit derselben hierher abzumarschiren. Euer Erzellenz glauben, das Wohl Belgiens erfordere, daß Dero Brigade dort zurückbleibe? Das Schicksal Belgiens so wie Europa's wird hier im Innern Frankreichs entschieden, eine entscheidende Schlacht entscheidet wahrscheinlich über alles, und auch ob Belgien frei oder nicht frei bleibe, hier also muß mit aller Kraft gewirkt werden, was in Belgien geschieht, sind nur Nebendinge. Der Herzog von Weimar mit dem sächsischen Korps allein ist hinlänglich stark, um sich gegen den General Maison behaupten zu können. Nach des Herzogs eigner Angabe war sein Korps 8 bis 9000 Mann stark, der Prinz Paul von Würtemberg hat ihm 3 bis 4000 Mann zugeführt; ich muß also annehmen, daß das sächsische Korps 11 bis 12,000 Mann stark ist, rechne ich hievon 2000 unter dem General Gablenz ab, so bleiben zur freien Disposition wenigstens 9000 Mann; da nun, nach Dero Angabe, der General Maison, nachdem er alle brauchbaren Truppen aus den Festungen gezogen, mit 8000 Mann im Felde erschienen, so ist der Herzog mit seinem Korps ihm dennoch überlegen, — wo ist denn die Gefahr, welche Belgien droht? Außerdem überließ ich dem Herzog das Hellwig'sche Korps 800 Kombattanten stark, stellte es ihm frei noch 3 Bataillons Dero Brigade zurück=

zuhalten bis der General Thielmann angekommen; dies alles war mehr als hinlänglich, um das Uebergewicht über den Feind im Felde zu behalten. Besetzte man Mons mit den 3 zurückgelassenen Bataillons und 2 Eskadronen, so war das hinlänglich um die Kommunikation zu erhalten, mit dem Uebrigen mußte man eine konzentrirte Stellung — etwa bei Ath — nehmen, aber freilich mußte man sich nicht in einen Kordon auflösen, wodurch man, auf allen Punkten schwach, auf keinem etwas Bedeutendes leisten kann. — Wie der Friede abgeschlossen werden wird, und abgeschlossen werden kann, entscheidet sich vielleicht auf diesem Punkt in diesen Tagen, indem Napoleon uns gegenüber steht, und wahrscheinlich etwas sehr Entscheidendes vorfallen wird, wobei ich bedauern muß, daß mir ein so bedeutender Theil meines Korps abgeht." In diesem Schreiben kann es für Bülow'sche, im weitern Sinne vielleicht für deutsche Weise bezeichnend sein, wie die zürnende Strenge sich zum Eingehen in belehrende Erörterung mildert. Am folgenden Tage jedoch, dem 8. März, als die Aussicht auf eine Schlacht am 9. schon entschieden feststand, schrieb Bülow sogleich an Borstell auf's neue, daß eine Schlacht am nächsten Tage bevorstehe, und fügte hinzu: „Euer Exzellenz können nicht mehr zur rechten Zeit ankommen, um daran Theil zu nehmen, wiewohl daher Seine Exzellenz der Feldmarschall der Natur der Dinge nach Ihre Brigade nur zu meiner Disposition gestellt hat, so kann ich solche unter diesen Umständen entbehren, und befehle Ihnen daher, vorläufig bei dem Herzog von Weimar zu verbleiben und unterdessen zur Eroberung von Maubeuge mitzuwirken." Zugleich schrieb er an den Herzog, daß er ihm die Brigade nun noch lasse, daß derselbe aber kein Recht gehabt sie zurückzuhalten, wobei er auch nicht verschweigt, mit welcher Strenge gegen Borstell zu verfahren er berechtigt und entschlossen gewesen wäre, hätten nicht höhere Rücksichten ihn davon abstehen lassen. Wie bereits Bülow hatte auch der Herzog seinerseits über die Sache schon an den König geschrieben, und Vorstell's Verhalten zu rechtfertigen gesucht, doch die Erörterung der unangenehmen Angelegenheit blieb unbeilt, und der rasche Gang der Ereignisse führte darüber hinweg.

Willkommen war am 8. März das Eintreffen der Brigade Zielinski, die von Gorkum in starken Märschen Bülow'n gefolgt war. — Als Merkwürdigkeit verdient auch noch angeführt zu werden, daß Bülow erst jetzt und hier die Kabinetsordre des Königs vom 7. Februar empfing, die ihn auf Veranlassung des Kaisers von Rußland unter den Befehl des Herzogs stellte; die vom 25. Februar, welche ihn zu Blücher hinwies, hatte er schon am 2. März erhalten. —

Von allen Seiten zogen die Heermassen nun auf Laon, die Franzosen zum Angriff, die Preußen zur Vertheidigung. Die Gegend war den Preußen günstig; das von Hügeln und Bächen durchschnittene Gelände der Aisne und Lette endet nordwärts in weite, fruchtbare Ebene, aus deren Mitte sich ein alleinstehender felsiger Berg 350 Fuß hoch erhebt; auf der unregelmäßigen Abplattung, liegt nördlich die Stadt, durch Mauern und Thürme befestigt, auf der südlichen vorgekrümmten Spitze die Abtei Saint-Vincent; der nördliche Aufgang zur Stadt ist steil, der südliche Abhang von Weinbergen und deren vielen Zwischenmauern bedeckt. Die Vorstädte Vaur und Saint-Marcel östlich und nördlich, die Dörfer Neufville und Semilly westlich und südlich liegen am Fuß des Berges, und nehmen die Straßen von Brüssel, Lafère, Soissons und Rheims auf, südlich von Semilly liegt das Dorf Ardon, an welchem ein sumpfiger Bach vorüber nach Leully und Chivi und sodann zur Lette fließt; ein andrer Bach wendet sich nördlich zur Serre und Oise. Die Ebene selbst hat stellenweise Gehölz und Buschwerk und wird hie und da von Gräben und Hohlwegen durchschnitten. Die

Truppen wurden folgendermaßen aufgestellt: den rechten Flügel bildete der starke Heertheil von Wintzingerode, die Mitte — Laon selbst und der Berg — war von Bülow's Truppen besetzt, den linken Flügel machten die Heertheile von Yorck und Kleist, den Rückhalt die von Langeron und Sacken; ein Heer von 110,000 Mann in einer der stärksten Stellungen!

Bülow hatte sein Hauptquartier auf der Höhe von Laon; sein schweres Geschütz war auf den Abstufungen des Berges vortheilhaft aufgestellt, 36 Kanonen links und rechts von Semilly, 6 andre neben Ardon. Das Fußvolk lagerte auf dem Abhang, Plänkler besetzten die Schluchten und Vertiefungen. Der Oberstlieutenant von Clausewitz hielt mit 2 Bataillonen Semilly besetzt; die Reiterei stand bei der Vorstadt Vaur im Lager, ein Theil bei Neufville und bei Ardon. Diese Anordnungen hatte Reiche im Auftrage Boyen's getroffen und Bülow sie genehmigt.

Schon am Abend des 8. März eröffnete der Feind den Angriff. Die Vortruppen Wintzingerode's unter Tschernischeff und Benkendorf zogen sich auf Chivi zurück, hielten aber Etouvelle besetzt, das ihr Geschütz gegen die französische Reiterei und selbst gegen anrückendes Fußvolk vertheidigte. In der Nacht um 2 Uhr verstärkte Ney den Angriff und drängte die Russen beim Anbruch des Tages auf Semilly zurück, denen der General Belliard mit Reiterei auf dem Fuße folgte, doch Bülow's gutgestellte Batterieen empfingen sie mit Kartätschen, und sie wich eiligst aus dem Bereich der Kanonen zurück. Bülow untersagte die Verfolgung, sowohl um den Vortheil der Stellung nicht aufzugeben als auch um die Truppen nicht voreilig zu verwenden.

In der Nacht hatte es gefroren, der Boden war weithin weiß von Schnee und Reif, und ein dicker Nebel deckte die ganze Landschaft. Die Truppen hatten sehr von der Nachtkälte gelitten und um ihre Lagerfeuer zu unterhalten die Vorstädte

Baur und Saint-Marcel fast ganz abgedeckt. Der 9. März war schon lange angebrochen, ehe der Nebel sich lichtete und die Gegenstände unterscheiden ließ. In tiefster Stille ließ Napoleon seine Truppen zwischen Leuilly und Clacy zu beiden Seiten der Straße von Soissons aufmarschiren und frühmorgens durch Ney den Angriff eröffnen. Der General Boyer drang mit seiner Division gegen Semilly vor. Hier hatte Clausewitz die Straßen und Häuser verrammelt, in die Mauern Schießscharten brechen und alles zur hartnäckigsten Gegenwehr einrichten lassen. Um 9 Uhr begann ein heftiges Kanonenfeuer, während dessen zwei feindliche Kolonnen ganz nah herankamen; die linke wurde durch ein mörderisches Bataillonsfeuer augenblicklich gehemmt, die andre aber drang in das Dorf, das sehr weitläufig und mit 2 Bataillonen zu schwach besetzt war, doch Thümen sandte 2 frische Kompanieen, und der Feind wurde völlig zurückgeworfen. Aber die französischen Plänkler nisteten sich in den nahen Gräben und Vertiefungen ein, und setzten den ganzen Tag ihr scharfes Feuern fort, auch wurden die Versuche in das Dorf einzudringen mehrmals wiederholt, der Feind gelangte jedoch immer nur an die ersten Häuser, und wurde dann stets zurückgeschlagen. Bülow sandte 2 Bataillons zur Verstärkung, von denen das eine als Rückhalt hinter Semilly stehen blieb; so verstärkt blieb Clausewitz im sichern Besitz des Orts.

Weiter rechts hatte der Feind im Nebel die preußischen Schützen in Ardon überfallen und verfolgte sie bis zum Fuße des Berges. Zahlreiche Plänkler drangen in die Weinberge vor und suchten verwegenen Muthes den Abhang zu ersteigen, auf dessen Höhe sich die preußischen Generale befanden. Bülow sah ihrem Treiben eine Weile mit Neugier zu, dann sandte er eine Kompanie Füsiliere gegen sie, die sie den Abhang schnell wieder hinab jagten. Karl von Raumer sagt von diesem Vorgang in seinen Erinnerungen: „Das Hauptquartier war an diesem Tage auf dem Berge von Laon, bei einer Windmühle, von wo das Schlachtfeld zu überblicken war. Kanonenkugeln welche uns dort begrüßten zogen manchen Streifen im Schnee. Die Generale saßen in dieser seltsamen Schlacht auf Stühlen, zu Blücher und Gneisenau gesellten sich Bülow und der Chef seines Generalstabs Oberst Boyen. Diese letztern sah ich hier zum erstenmale. Bülow hatte ein sehr bescheidenes Aeußere, man hätte in ihm eher den Schüler des trefflichen Musikers Fasch und den Komponisten von Psalmen erkannt, als den großen Sieger von Dennewitz. Er zeigte die größte Seelenruhe. Als seine am Laoner Berge aufgestellten Truppen von denen Ney's im Sturmschritt angegriffen wurden und diese ziemlich hoch zu uns hinauf drangen, sagte der General ganz gelassen: „Bin ich mit Ney bei Dennewitz fertig geworden, werd' ich's heute auch." Hinwieder sagt der Graf von Brandenburg in handschriftlichen Aufzeichnungen: „Ueberhaupt kann die Kühnheit der Franzosen bei dieser Gelegenheit nicht genug bewundert werden. An der ganzen Art des Vorgehens, an der Bestimmtheit aller Bewegungen ahndete man zuerst die wirkliche Anwesenheit Napoleons." Wenn er hinzusetzt, daß bei diesem Gedanken die Gesichter mancher Führer sich entfärbten, die in der Regel geisterbleich aussehen, wenn Napoleon ihnen gegenüberstand, so weiß jedermann, daß hier Blücher, Gneisenau, York und Bülow nicht gemeint sind.

Um 11 Uhr war endlich der Nebel gefallen. Man sah einen zweiten feindlichen Heerzug von Rheims her anrücken. Blücher beschloß den Feind, den er vor sich hatte, zu schlagen, bevor jener mit ihm vereinigt wäre. Winzingerode und Wassiltschikoff erhielten Befehl, auf Napoleons linken Flügel vorzugehen; Wassiltschikoff erfüllte seinen Auftrag sehr gut, und kam bis Mons=en=Laonnais, aber Winzingerode, nachdem er Clacy, wo der Feind abzog, besetzt hatte, vermochte nicht weiter zu ge=

langen, weil die französische Reiterei Grouvelle's ihn aus dem Dorfe nicht herauskommen ließ. Hiemit stockte die ganze Bewegung und ihr Zweck war verfehlt.

Inzwischen hatte sich in der Ebene am Fuß der Abtei Saint-Vincent feindliche Reiterei aufgestellt und Angriffskolonnen von Fußvolk waren neben der Straße vorgerückt; Bülow ließ sein Geschütz dorthin richten, und nöthigte den Feind sich der verheerenden Wirkung desselben schleunigst zu entziehen; einem Füsilierbataillon gab er den Auftrag die noch immer nahen feindlichen Plänkler zu vertreiben, und ließ zu dessen Unterstützung 2 Kanonen in die Ebene hinabrücken. Hierauf erhielt Krafft Befehl, mit 3 Bataillons und 2 Kanonen den Feind aus Ardon zu vertreiben; nach tapferer Gegenwehr, bei welcher sie einen General und einen Oberst verloren, wichen die Franzosen auf Leully zurück. Blücher's Vorhaben, Oppen mit seiner Reiterei über Ardon nach Schloß Cornelle dem Feind in den Rücken zu senden, unterblieb wegen der Annäherung des Feindes von Rheims her, gegen den diese Reiterei auf dem linken Flügel nöthig sein konnte.

Napoleon wartete mit Ungeduld auf die Ankunft Marmont's, denn dieser war es, der mit seinem Heertheil, 14 bis 16,000 Mann stark, von Rheims heranmarschirte. Trotz der großen Nähe wußte keiner die Umstände des andern mit Sicherheit, die Seitenverbindung war gänzlich aufgehoben, alle Offiziere, die Napoleon an Marmont absandte, fielen in die Hände der Kosaken, die weit im Rücken des Feindes umherschwärmten, Gefangene machten, Gepäck plünderten und alle Nachrichten abschnitten. Da Marmont um 4 Uhr Nachmittags noch nicht erschien, aber doch allem Vermuthen nach nicht mehr entfernt sein konnte, so beschloß Napoleon einen allgemeinen Angriff auf den rechten Flügel Blücher's, um die Aufmerksamkeit dorthin und von dem linken abzulenken, welchen Marmont dann um so mehr überraschen sollte. Winzingerode konnte dem heftigen Stoße nicht widerstehen, das Dorf Clacy wurde nach kurzem hitzigem Gefecht von den Franzosen genommen und Wintzingerode noch weiter zurückgedrängt, das Gefecht dauerte unter Kanonen= und Gewehrfeuer bis zur Nacht. Das französische Fußvolk, um zur Erneuerung des Kampfes bei Marmont's Ankunft gleich zur Hand zu sein, blieb die Nacht in der Gefechtslinie gelagert, die Reiterei ging aus Vorsicht über den Bach zurück.

Aber schon um 1 Uhr hatte man die Vortruppen Marmont's anmarschiren gesehen, und sich zu ihrem Empfange vorbereitet. Als sie näher kamen, wurden sie von der auf der Höhe von Athies aufgepflanzten preußischen Batterie heftig beschossen. Marmont wartete auf das Herankommen seiner Stärke, nahm eine Stellung, und befahl — etwa um 4 Uhr — das Dorf zu nehmen, Arrighi führte den Angriff, und trotz der tapfersten Gegenwehr wurden die 2 preußischen Bataillons durch die Uebermacht zurückgetrieben, das Dorf war in Brand gerathen, und die Flammen, indem sie den Feind abhielten, erleichterten es den Preußen sich in den letzten Häusern noch zu behaupten. Darauf ließ Marmont auf der Anhöhe am südlichen Ende des Dorfes 18 Kanonen gegen die preußische Batterie auffahren, die dem überlegenen Feuer lebhaft antwortete, bald aber mehrere Geschütze als unbrauchbar geworden abführen mußte. Inzwischen war es 5 Uhr geworden, und der Feind entwickelte seine Reiterei, man sah starke Schaaren derselben gegen die linke Flanke der Preußen scharf anrücken; Yorck und Kleist sandten sogleich ihre vereinigte Reiterei unter Zieten der feindlichen nach Chambry entgegen, und Blücher ließ die Heertheile von Langeron und Sacken zur Unterstützung des linken Flügels zwischen dem sumpfigen Bach und Vaux vorgehen. Im Begriff, sich in einen ernsten Kampf einzulassen, wünschte Marmont doch zuerst mit Napoleon in Verbindung zu stehen, und sandte sie zu suchen den Obersten Fabvier mit 400 Reitern und 4 Kanonen ab. Das Gefecht wurde unterdessen lässiger fortgesetzt, und hörte als es dunkel geworden größtentheils auf.

In der Nacht äußerten Yorck'sche Offiziere — Schack oder Lützow — man müsse die Franzosen überfallen; der Graf von Brandenburg eilte zu Yorck, der sich den Gedanken aneignete, mit Kleist und Zieten Abrede nahm, und dann den Grafen von Brandenburg mit dem Vorschlag an Blücher abschickte. Kaum abgeritten begegnete dieser aber dem Grafen von der Goltz, der schon den Befehl Blücher's zu dem nächtlichen Angriff überbrachte. Mit Eifer und Vorsicht schritt man zum Werk. Die größte Stille wurde anbefohlen; in der dunklen Nacht leuchtete nur der fortdauernde Brand des Dorfes Athies. Der Prinz Wilhelm von Preußen rückte mit 6 Bataillons seiner Brigade schweigend vor, ihm folgten die Brigaden Horn und Klür; die Truppen des Prinzen stießen unvermuthet auf die feindliche Brigade Lucotte, die mit ihnen zu gleicher Zeit in Athies einrückte, sie wurde überfallen und gesprengt, vertheidigte sich aber noch tapfer hinter Hecken und Gemäuer. Durch den Lärm, das Trommeln und Schießen, wurden die still über Feld anrückenden Preußen ungeduldig, und warfen sich im Sturmschritt auf die große feindliche Batterie, die eben ihr Feuer eröffnete, und die aus Athies vordringenden Preußen mit Kartätschenfeuer empfing. Nun befahl auch der Prinz, die Anhöhe zu stürmen, sie war sogleich genommen. Zieten, der alle Reiterei Yorck's und Kleist's hatte aufsitzen lassen, fiel nun durch das Gehölz von Salmoucy dem Feind in die rechte Flanke, der General von Jürgas in das Lager der feindlichen Reiterei; diese wehrte sich mit großer Tapferkeit, der nächtliche Kampf wurde zum erbitterten Einzelgefecht, bis zuletzt in wilder Verwirrung Fußvolk und Reiterei mit Zurücklassung des Geschützes in gemeinsamer Flucht sein Heil suchte. Der von seiner vergeblichen Erkundung eben zurückkehrende Oberst Fabvier suchte mit seinen 400 Reitern und 4 Kanonen die Flüchtigen zu decken. Dieser glänzende Schlag, von welchem uns Droysen im Leben York's ein ausgezeichnetes malerisches Nachtstück gegeben hat, lieferte die größten Siegesergebnisse, der ganze Heertheil Marmont's war aufgelöst, 46 Kanonen, 130 Pulverwagen, viel Kriegsgeräth und Gepäck hatten die Preußen erobert und über 2000 Gefangene gemacht. Der Verlust der Preußen war nur gering, überhaupt am 9. kaum 2000 Mann, von denen etwa die Hälfte auf Bülow's Truppen fällt.

In der Freude über den herrlichen Sieg, beschloß Blücher am 10. März ihn mit aller Macht zu verfolgen und den abziehenden Feind überall anzugreifen; man glaubte Napoleon sei schon im vollen Rückzuge. Yorck und Kleist sollten auf der Straße nach Rheims vorrücken, die Reiterei war schon bis Corbeny gedrungen; Winzingerode und Bülow erhielten Befehl die Stellung von Laon zu behaupten, aber weiter gegen die Lette vorzugehen; Langeron und Sacken waren bestimmt bei Chevregny die Lette zu überschreiten und Napoleons Nachhut anzufallen. Bülow's Truppen sollten in der Ebene südlich von Laon brigadenweise aufmarschiren, allein diese Bewegung hatte kaum begonnen, so begrüßte heftiges Kanonenfeuer die vom Berge niedersteigenden Schaaren, und man sah mit Erstaunen, daß Napoleon nicht nur seine alte Stellung behauptete, sondern auch zu neuem Angriff sich rüstete. Auch Winzingerode, der auf Soissons vorrücken wollte, stieß auf den kampfbereiten Feind. Bülow befand sich auf der Präfektur zu Laon beim Frühstück, als das neue Kanonieren begann; er hielt dasselbe anfangs für eine Maske des Feindes, die seinen Rückzug verdecken sollte. Bald aber, auf weitere Meldungen, und auf die Aussage eines Ueberläufers, daß Napoleon selbst noch da sei, eilte er mit seinem Gefolge von Offizieren auf den Kampfplatz, und erkannte daß die Franzosen im vollen Ernst angriffen; er umarmte Reiche'n, der die ersten schnellen Maßregeln zur Sicherung der Truppen getroffen hatte, und ließ das Kanonenfeuer aus seinen Batterieen lebhaft fortsetzen. Doch da kam plötzlich der Befehl von Blücher, alle vier Heertheile sollten in ihre früheren Stellungen zurückmarschiren. Bülow führte daher seine Truppen wieder auf die Höhe und den Abhang des Berges in ihre starke Stellung. Das Kanonenfeuer indeß dauerte bis zur Nacht mit wechselnder Stärke fort.

Daß Gneisenau durch Blücher die früheren Befehle zurücknehmen ließ, setzte in Erstaunen, und erregte das größte Mißvergnügen, besonders bei Yorck. Auch Bülow meinte, man sollte dem Feind in's offne Feld entgegenrücken, ihn mit ganzer Macht schlagen. Müffling sieht in der Zurücknahme der früheren Befehle eine Bedenklichkeit und Schwäche Gneisenau's, den der tägliche vertraute Umgang mit Boyen so herabgestimmt, mit allerlei politischen Besorgnissen erfüllt habe, jetzt seien die meisten und besten Kriegskräfte Preußens vereinigt, und dürften nicht auf's Spiel gesetzt werden, weil bei dem wahrscheinlich nahen Frieden die Vortheile Preußens nicht würden nach seinen Siegen, sondern nach seiner dann noch streitfertigen Truppenmacht bemessen werden. Daher habe Gneisenau Müfflings Vorschläge zu kühn gefunden, nicht wie dieser links zurück auf das große Heer sich wenden, sondern rechts vor nach Lafère ziehen wollen.

Wir schicken hier voraus was den Feind betrifft, um dann von den innern Verhältnissen zu reden. Napoleon hatte die Niederlage Marmont's erst in der Nacht um 1 Uhr erfahren; er setzte voraus, daß die Hauptstärke der Verbündeten jenem folge, und wollte daher nicht nur sich vor Laon behaupten, sondern auch Blücher'n zu schlagen suchen. Er hatte noch eine frische Heeresmacht alter bewährter Truppen, zwischen 40 und 45,000 Mann, ungerechnet die Nationalgarden, die sich tapfer schlugen, und deren Zahl man nicht wußte, aber nach Umständen sehr hoch anschlagen konnte. Diese Truppen waren in seiner Hand doppelt so viel als in andrer, seine unübertroffene Meisterschaft, seine Kühnheit, seine Verzweiflung, konnten Unglaubliches mit ihnen wagen und ausrichten. Er setzte seine Angriffe den ganzen 10. März hindurch fort, ließ die Russen, welche Clacy nehmen wollten, wiederholt zurückwerfen, versuchte mit den 2 Divisionen Curial und Meunier das Dorf Semilly zu nehmen, dann auch Arbon; das Feuern seiner Plänkler ließ nicht nach. Man konnte genugsam erkennen, daß es ihm Ernst war, daß er eine neue Schlacht nicht scheute. Erst nachdem alle Versuche an der Tapferkeit der Bülow'schen Truppen, die ihm hier zunächst entgegenstanden, gescheitert waren, erst nachdem er sich überzeugt, daß das verbündete Heer ungeschwächt in seiner Stellung beharrte, zog er in der Nacht zum 11. in der Richtung nach Soissons ab. Wäre nicht selbst Blücher, bei aller Unerschrockenheit und Verwegenheit hier vollkommen berechtigt gewesen die Vortheile seiner Stellung nicht um eines Kampfes willen aufzugeben, der jedenfalls die größten Opfer kosten mußte, aber von zweifelhaftem Ausgang sein konnte?

Allein Blücher, der alte Blücher war für den Augenblick nicht da; er schleppte sich schon lange mit schmerzhaften Leiden, die ihn jetzt überwältigten, nach der Anstrengung, die er noch am 9., wenn auch nur als Zuschauer gemacht, hatte er sich niederlegen müssen, ja er meinte er könne nichts mehr leisten, er wollte das Heer verlassen! Daß Gneisenau die Seele des Hauptquartiers war, daß die thätige Kriegsführung hauptsächlich von ihm ausging, war bekannt genug, aber der Antheil, welchen Blücher's Kraft und Wille, ja demgemäß auch schon sein Name zu jener Führung steuerte, ließ sich davon nicht trennen, war so nothwendig als unberechenbar; am wenigsten wünschte Gneisenau, daß diese sondernde Rechnung versucht würde, willig ließ er das eigne Verdienst und den eignen Ruhm in den Namen des Feldherrn aufgehen, der seinerseits ohne Eifersucht ihm so ganz vertraute. Die Erkrankung Blücher's aber drohte das so glückliche Verhältniß aufzulösen. Konnte dieser den Oberbefehl nicht weiter führen, so fiel derselbe nicht an Gneisenau, nicht an York, Kleist oder Bülow, sondern in russische Hand und auch hier nicht an Sacken, sondern an Langeron, als den ältesten General des Heers, der aber selbst nicht glaubte der Aufgabe gewachsen zu sein. Und wie hätte es mit dem Gehorsam ausgesehen? Schon jetzt war er schwierig zu erlangen, mangelte oft; die zu dem schlesischen Heer neu hinzugestoßenen Truppen waren mit den alten noch nicht verschmolzen, es gehörte Zeit und Thätigkeit und Glück dazu, dies zu bewirken. Die ganze Sache stand in größter Gefahr, denn wankte das schlesische Heer, so wankten alle andern; ein schneller übler Frieden stand dann bevor, zum Nachtheil Preußens, zu dessen äußerster Gefahr. Daher war Gneisenau's und aller Gutgesinnten große Aufgabe, vor allem das gebietende Ansehn Blücher's, wenigstens den Schein seiner Befehlführung dem Heere zu erhalten, um diesen Schein zu retten war aber auch die bisherige Kriegsführung, bei welcher Blücher zu Pferde den Soldaten sichtbar und jeden Augenblick fähig erscheinen mußte Befehle zu ertheilen, für einige Zeit einzustellen. Als am 10. daher schon alle Befehle zu neuen großen Bewegungen ertheilt waren, man aber erfuhr, daß Napoleon selbst noch kampfbereit gegenüber stand, bat nicht nur Gneisenau, sondern auch andre tapfre Generale den kranken Feldherrn, jetzt nichts zu wagen, sondern in fester Stellung abzuwarten, was der Feind thun werde, den Truppen aber einstweilen Ruhe zu gewähren; wie groß dieses Bedürfniß war lag ohnehin am Tage, und wurde allgemein gefühlt. Der Stillstand, der durch diese Verhältnisse in den bisher so angestrengten Unternehmungen des sonst un=

ermüdlichen schlesischen Heeres eintrat, das grade jetzt stärker war als je vorher, ist öfters mit herbem Tadel erörtert worden, namentlich hat Müffling diese Stockung mit vielem Eifer besprochen. Er versucht mit großer Beflissenheit, das was so natürlich aus obigen Ursachen sich vollständig erklärt, aus andern kleinlichen und persönlichen abzuleiten. Er will alles Gneisenau'n und dem Einflusse Boyen's auf ihn zuschreiben, der jenem eingeredet habe, es komme hauptsächlich darauf an, daß Preußen nach dem Siege mit beträchtlicher Heerkraft dastände, um nicht bei den Friedensverhandlungen ungerecht verkürzt zu werden. Wiefern Boyen solche Vorstellungen, wie sie hier ihm beigelegt werden, wirklich gehegt und geltend gemacht, und wiefern Gneisenau ihnen nachgegeben habe, müssen wir denen zu untersuchen anheimgeben, die näher in Gneisenau's und Boyen's Sachen zu sprechen berufen sind. Für uns steht einstweilen fest, daß Gneisenau nie, weder vorher noch nachher, ein großes Vertrauen in Müffling hatte, er war schon in amtlichen Mittheilungen zurückhaltend gegen ihn, wie viel mehr mußte er es in persönlichen Dingen sein, und doch soll er selbst ihm das Bekenntniß einer Schwäche abgelegt haben, die dem selbstständigen, abgeschlossenen Karakter ganz unähnlich ist! —

Das Mißvergnügen und der Zwiespalt brachen auch schon wirklich im schlesischen Heere beunruhigend aus. Yorck, höchst aufgebracht über die erhaltenen Gegenbefehle, die nur seinen Siegeslauf zu hemmen schienen, wollte nicht ferner einer Befehlführung gehorchen, die ihm ganz entartet dünkte, er wollte das Heer unter dem Vorwande von Krankheit verlassen, er saß am 12. März schon zur Abreise im Wagen, und nur mit äußerster Mühe, zu der auch Blücher seine schwachen Kräfte anstrengen mußte, gelang es noch ihn zurückzuhalten. Kleist war sehr unzufrieden, Zieten und Andre nicht minder. Die russischen Generale sprachen untereinander über die seltsamen Widerstreite, an denen sie Theil zu nehmen genöthigt sein könnten. In diesen Zwisten und Unsicherheiten vergingen traurige, gefahrvolle Tage. —

Was Bülow betrifft, so wird ihm keine thätige Theilnahme an diesen Dingen zugeschrieben; er war unzufrieden mit vielem was ihn bisher betroffen hatte, mit vielem was er hier sah und erfuhr; er war kein Freund Gneisenau's, doch grollte er seinem Boyen nicht, daß dieser sich ganz an jenen anschloß. Er sah, wie mißlich die Lage der Sachen durch die Krankheit Blücher's war, durch das Verhältniß des eben von Mainz bei seinem Heertheil eingetroffenen Langeron, bei dem Zustande der Truppen, deren Zucht und Ordnung sehr gelitten hatte, bei der Schwierigkeit der Generale, bei der Nähe Napoleons. Ihn entsetzte der Blick in diese gränzenlose Verwirrung, und er wußte zuletzt, damit nicht dieses herrliche Heer ganz in Unheil und Verderben zu Grunde ginge, keinen andern Ausweg, als selbst eine ihm zwar verhaßte Persönlichkeit herbeizurufen, deren Ansehn und Geschicklichkeit aber fähig wäre das Ganze zusammenzuhalten und zu retten. Er sandte einen Kurier an den Kronprinzen von Schweden, dem er noch immer Berichte zu erstatten pflegte, und der seit dem Anfange des März mit seinen schwedischen Truppen in Lüttich angekommen war, er forderte ihn auf, seine Schweden nur zurückzulassen, aber persönlich herbeizueilen, und den Oberbefehl zu übernehmen, damit doch ein Heerführer da sei. Der Kronprinz war sehr geschmeichelt, ja gerührt durch dieses unerwartete Zutrauen Bülow's, so sehr, daß er ein schon früher bestelltes Bild der Frau von Bülow, welches er ihrem Gatten schenken wollte, nun mit doppelt so reichen Brillianten, bis zum Werthe von 40,000 Thalern, zu besetzen befahl; doch zu kommen zögerte er, weil er den französischen Boden, der ihn noch persönliche Glücksloose hoffen ließ, nicht als Feind betreten wollte. Der Schritt Bülow's, so seltsam er nach allem was er mit dem Kronprinzen erlebt hatte, scheinen mag, ist ein neues Zeugniß seines reinen Eifers, denn keine andre Wahl hätte ihn solche Selbstüberwindung kosten können, wie grade diese.

Nach dem wirklich erfolgten Abzuge Napoleons konnte das Heer weitläufigere Quartiere beziehen, um sich herzustellen, zu erholen. Die Heertheile von Sacken, Yorck und Kleist wurden zwischen der Lette und Aisne untergebracht. Bülow's Truppen erhielten ihre Quartiere jenseits der Aisne, in der fetten Gegend von Noyon, 6 Meilen von Laon. Müffling nennt diesen Aufenthalt ein Capua, durch welches 6 Tage rein verloren gingen; man sieht nicht, was diese Benennung rechtfertigen soll. Daß die Kriegsthätigkeit eine kurze Zeit stocken mußte, und aus welchem Grunde, haben wir bereits hinlänglich erklärt.

Indeß erholte sich Blücher in so weit, daß wenigstens der Schein seiner Befehlführung gerettet blieb, und Gneisenau der seinigen stets das Ansehn des Feldmarschalls geben konnte. Einige Zeit opferte auch Napoleon seiner Unschlüssigkeit, nachdem er am 14. in Rheims die russische Division Saint=Priest überfallen und gesprengt, blieb er am 15. und 16. daselbst unthätig stehen, ungewiß, wohin er sich zu wenden habe. Blücher zog auf die Nachricht von diesem Unfall seine Truppen wieder mehr zusammen, und auch Bülow mußte am 15. sich bis Lafère heranziehen, während seine Reiterei fortwährend die Gegend von Noyon beobachtete.

Bis zum 17. März blieb alles ziemlich in derselben Stellung. An diesem Tage kam durch Tettenborn's Partheien die Nachricht, daß Napoleon am Morgen bei Epernay über die Marne gegangen sei, und südwärts gegen das große Heer ziehe. Augenblicklich ließ Blücher den Heertheil Sacken nach Corbeny, Winzingerode's gegen Rheims, Langeron's nach Ramcour, Bülow wieder nach Laon vorrücken. Am 19. ging Blücher bis nach Bery-au-Bac; Bülow erhielt Befehl auf Soissons zu marschiren, um die Arbeiten an den dortigen Festungswerken zu hindern, und wo möglich den Ort selbst zu nehmen. Er kam den 20. März vor der Stadt an, und trieb den Feind in seine Verschanzungen zurück, sandte die Brigade Zielinski und Oppen's Reiterei am 22. über die Brücke bei Bailly, wo der Feind vertrieben wurde, um Soissons auch auf der linken Seite der Aisne einzuschließen, und eröffnete gegen die Stadt seine Batterieen. In Soissons befehligte der junge und tapfre Oberstlieutenant Gérard 3 bis 4000 Mann alter Truppen, hatte starke Verschanzungen und 40 Kanonen sie zu vertheidigen, besonders war die Vorstadt Saint-Wast gut befestigt. Da Blücher befahl, Bülow solle jeden Augenblick bereit sein, gegen die Marne oder Paris zu marschiren, so mußte man alle Mittel aufbieten, um Soissons in kürzester Frist einzunehmen. Am 23. wurde der Angriff erneuert und die Stadt mit glühenden Kugeln beschossen, doch erfolglos. In der Nacht zum 24. wurden die Laufgräben eröffnet, und in der folgenden Nacht bis zum Festungsgraben fortgeführt. Boyen leitete alle Anstalten. Am 27. wurde die Beschießung erneuert, man warf Bomben in die Stadt. In der Nacht zum 29. stiegen die Preußen in den Graben hinab, und bewirkten den Uebergang mittelst einer doppelten bedeckten Schanzkorbsappe; die ganze Vorbereitung geschah in größter Stille und blieb unentdeckt vom Feinde, bis der Tag graute, da wurde plötzlich ein furchtbares Feuer von den Wällen eröffnet, Kartätschenhagel, Sturmbalken und Pulverfässer auf den Uebergang geschleudert; der Angriff war mißlungen, jedoch nicht aufgegeben; Boyen dachte eben den Minirer an der Wallbekleidung anzusetzen, als der Befehl von Blücher eintraf, Bülow solle schleunig auf Paris vorrücken; er ließ demnach Thümen zur Beobachtung vor Soissons, und traf mit den übrigen Truppen am 30. den Marsch nach Paris an. —

Wir haben hier noch einiges nachzutragen, was sich in Betreff der Befehlsverhältnisse während dieser Zeit ereignete. Vom Kronprinzen von Schweden ging ein Schreiben ein, welches Bülow'n gewissermaßen die Erlaubniß ertheilte, vorläufig noch unter Blücher's Befehl zu bleiben, ihn aber auch belehrte, daß nach den geschlossenen Verträgen sein und Wintzingerode's Heertheil, so lange sie nicht durch andre Truppen von gleicher Zahl ersetzt wären, noch immer zum Nordheer gehörten; die Gründe der Monarchen, beide Heertheile zu Blücher zu weisen, seien nach der Lage der Dinge zu billigen, aber der Kronprinz könne sein Recht nicht aufgeben, besonders da er hier nicht bloß General sei, sondern einen König und ein Volk vertrete. Ein ähnliches Schreiben war auch an Blücher gerichtet worden. Bülow, der seine frühere Aufforderung an den Kronprinzen, zumal da dieser nicht gekommen war, längst bereut hatte, wurde durch das Schreiben sehr unangenehm berührt; „Was soll ich damit? rief er aus, indem er das Blatt wegwarf, was brauch' ich seine Erlaubniß? Meint er etwa, ich werde, wenn er mich ruft, zu ihm nach Lüttich zurückmarschiren?" Er selbst aber klagte in einem Bericht, der dem Könige vor Augen kommen sollte, in bittern Ausdrücken über die Leidenschaftlichkeit des Herzogs von Weimar in Betreff eines preußischen Offiziers, den der Herzog beleidigt hatte, weil er mit seiner Abtheilung, wie ihm befohlen war, Bülow'n nachfolgen wollte; noch herber klagte er über Borstell's undienstmäßiges Benehmen, derselbe erkläre sich für den Beschützer Belgien's, und versäume darüber die Pflicht, die ihn dahin rufe wohin er gehöre! Bülow bat dringend, daß Borstell versetzt würde. Inzwischen hatte auch Blücher an den Herzog von Weimar geschrieben, und ihn benachrichtigt, daß er an Borstell den Befehl erlassen, sogleich über Laon nach Soissons zu marschiren, welchem Befehl denn der Herzog nicht zu widersprechen wagte und Borstell nicht anders als gehorchen konnte. Doch entbot ihn der Herzog noch zu sich, um Rücksprache mit ihm zu nehmen, und hielt dadurch den Abmarsch noch um einen Tag auf. —

Während hier noch um diese Verhältnisse gestritten wurde, hatten sie bereits alle Bedeutung verloren. Die Ereignisse führten in rascher Folge die größten Entscheidungen herbei. Napoleon hatte dem Hauptheere der Verbündeten bei Arcis=sur=Aube eine für ihn nutzlose Schlacht geliefert, in ungewissen Bewegungen einige Tage verloren, sich durch Tettenborn's und Winzingerode's Gefecht bei Saint=Dizier täuschen lassen, und dadurch den vereinigten Heeren offnen Raum gewährt gradezu auf Paris zu marschiren; diese schlugen bei Fère=Champénoise die Marschälle Marmont und Mortier, trieben deren Trümmer vor sich her, griffen am 30. März die Außenwerke von Paris an, es erfolgte die Uebergabe, der Abfall Marmont's, die Absetzung Napoleons durch einen Senatsbeschluß.

Mittlerweile hatte Bülow noch am 30. die Brigade Krafft gegen Compiegne vorgesandt, die übrigen Truppen kamen am 31. bis Trosly, wo sie unter freiem Himmel lagerten. Bülow selbst aber war auf die Nachricht, daß die Heere der Verbündeten vor Paris und das schlesische Heer den Montmartre zu stürmen im Begriff sei, mit 8 Schwadronen und 3 reitenden Batterieen dorthin vorausgeeilt, kam jedoch erst an, als bereits die Schlacht geliefert, der Montmartre erstürmt, Paris übergeben war.

Am 31. März erfolgte der Siegeseinzug der verbündeten Herrscher und ihrer Feldherren in Paris; Bülow durfte nicht fehlen, der König ließ ihm aber vorher, durch den Major von Weyrach, den Bülow mit wichtigen Aufträgen in das große Hauptquartier gesendet hatte, den schwarzen Adlerorden zustellen, mit der Aeußerung daß er ihn in Paris nicht ohne diesen Orden sehen wolle, der ihm schon längst gebühre. —

Die Kriegsereignisse hörten nun allmählich auf, nur auf einigen Punkten fielen noch einzelne Kämpfe vor. Krafft's Truppen machten am 1. April einen vergeblichen Sturm auf Compiègne, in welchem der Kommandant erschossen wurde, doch ohne daß die Angreifenden es erfuhren. Einige Tage später kam Borstell mit seiner Brigade, dem Compiègne sich ergab. Alle Truppen Bülow's zogen darauf nach Paris, wo sie am 5. April am Fuße des Montmartre lagerten.

Bülow brachte 10 Tage in Paris zu; die Fülle neuer Gegenstände, der Zusammenfluß so vieler Herrscher, Minister, Generale und Krieger von allen Nationen, die mächtigen Eindrücke des erfolgten ungeheuern Umschwunges der Weltgeschicke, mögen ihn vielfach beschäftigt und erregt haben; indeß nahmen ihn auch die Dienstgeschäfte fortwährend in Anspruch. Da Blücher aufs neue erkrankt war, so mußte für den Oberbefehl über das schlesische Heer anderweitig gesorgt werden; durch ein Schreiben Barclay=de=Tolly's vom 2. April wurde Bülow mit der Nachricht überrascht, daß ihm der russische Kaiser einstweilen diesen Oberbefehl übertragen habe; sonderbar genug sollte er nun denen befehlen, die ihm hatten befehlen wollen, — aber freilich war die Sache jetzt von keiner Wichtigkeit mehr; daß der russische Kaiser für sich dergleichen Anordnungen traf, war nicht auffallend, er hatte oft auf solche Weise in den Gang der Dinge eingegriffen, und es wurde dem Fürsten von Schwarzenberg, dem eigentlichen Oberfeldherrn, zum Verdienst angerechnet, dergleichen gestattet oder schweigend hingenommen zu haben.

Unter dem 4. April erhielt Bülow seine Ernennung zum General der Infanterie, nebst den schmeichelhaftesten Versicherungen der vollen Anerkennung seines Verdienstes um die große Sache, deren Sieg die Freiheit Europa's hergestellt habe. An seine Truppen erließ Bülow am 2. April einen Tagesbefehl, in welchem er ihnen die stattgehabten Ereignisse und die darauf

erfolgte Absetzung Napoleons mittheilt, sodann fährt er fort:
„Die hohen verbündeten Monarchen haben diesen der ganzen
Menschheit zum Heil gereichenden Entschluß bestätigt, und von
diesem Augenblick an sind Frankreichs friedliche Bewohner als
unsre Freunde zu betrachten, und nur die kleine Anzahl von
Bonaparte's noch übrigen Söldlingen, die die Waffen gegen
uns führen, müssen wir als Feinde ansehen und behandeln. —
Hoch erfreut es mich, daß das meinem Befehl anvertraute stets
siegreiche Korps mit gerechtem Vertrauen das Bewußtsein hegen
darf, auf seiner ehrenvollen Bahn sich einen wesentlichen An=
theil an dem glorreichen Ausgange des gemeinschaftlichen Kampfs
erworben zu haben. Eben so nothwendig ist es aber auch, die
Ueberzeugung einst in die Heimath zurück zu nehmen, durch
keine schändlichen Bedrückungen, durch keinen Raub, durch keine
Plünderung, den Ruhm der preußischen Waffen befleckt, die
Ehre unsres Namens geschändet zu haben. — Von meinem
unterhabenden Korps kann ich erwarten, daß es hierin ein
musterhaftes Beispiel geben wird, da es nie durch äußere Um=
stände zu einem unregelmäßigen Verfahren gezwungen worden ist;
sollte dennoch das Gegentheil geschehen, so werde ich solches auf
das härteste bestrafen. — In den erwähnten glücklichen und
erfreulichen Ereignissen finde ich eine neue und bringende Ver=
anlassung, sämmtlichen Herren Brigade=Chefs, Kommandeurs
und allen Offiziers, die Aufrechthaltung der pünktlichsten Ord=
nung nochmals zur Pflicht zu machen, und zu erklären, daß ich
mich dabei lediglich an sie allein nur halten werde. — Jeder
Soldat, der sich eine Uebertretung der vorgeschriebenen Ordnung
erlaubt, ist sogleich und für immer in die zweite Klasse des
Soldatenstandes erklärt, und wird demgemäß bestraft, seine här=
teste Züchtigung aber sei die allgemeine Verachtung seiner recht=
lichen und braven Kammeraden. — Jeder Offizier muß es sich
zur Pflicht machen, Unordnungen die zu seiner Kenntniß gelangen,

ohne Rücksicht auf das Regiment oder Bataillon, zu dem die
Thäter gehören, zu steuern, und jeder Erzeß muß auf der Stelle
und ohne alle Ausrede in vorgeschriebener Art von dem Re=
giments= oder Bataillons=Kommandeur, zu dem diese Leute
gehören, und an den sie abzuliefern sind, bestraft werden. —
Nur auf solche Weise können wir dahin gelangen, die Zahl
unsrer Feinde immer mehr zu vermindern, und Europa, unserm
Vaterlande, und uns selbst recht bald den Frieden zu ver=
schaffen, den wir alle so nöthig bedürfen, und so sehnlich
wünschen müssen."

Am 10. April fand ein militairischer Gottesdienst, ein
allgemeines Dankfest und Tedeum Statt, worauf die verbün=
deten Truppen mit Ausnahme der Garden, Paris und die
nächste Umgegend verließen. Bülow's Truppen, nach dem De=
partement du Nord bestimmt, marschirten fürerst nach Compiègne,
wohin er selbst ihnen sogleich folgte. Hier wohnte er auf dem
Schlosse, und saß am 11. April mit seinen zahlreichen Offizieren
grade bei der Mittagstafel, als ein vierspänniger Reisewagen
unter heftigem Knallen der Postillone in den Schloßhof einfuhr.
Der Kronprinz von Schweden wurde gemeldet, der nun auch
zu der allgemeinen Zusammenkunft nach Paris eilte. Bülow
sprang auf, und Alle mit ihm, den Kronprinzen zu bewillkomm=
nen. Beide umarmten sich herzlichst, indeß konnte Bülow, der
die geheimen ehrgeizigen Wünsche des Kronprinzen in Bezug
auf Frankreich kannte, sich nicht enthalten ihm zuzurufen: „Votre
Altesse Royale arrive trop tard, Louis dix-huit est proclamé
roi de France!" worauf der Kronprinz nur scherzend antwor=
tete. Bald aber kamen andre Dinge zur Sprache, einige
Aeußerungen des Kronprinzen ärgerten Bülow'n, er warf ihm
die früheren Versäumnisse vor, und wurde immer bitterer, bis
zuletzt der Kronprinz in höchstem Unmuth schied, und das Vor=
gefallene so nachtrug, daß fernerhin auch von dem Bilde mit

Brillianten nicht mehr die Rede war; doch die Genugthuung, endlich sein Herz ausgeschüttet zu haben, war Bülow'n ein reicher Ersatz. —

In Compiègne hatte Bülow Gemälde und andre Kunstwerke bemerkt, die aus preußischen Schlössern herstammten oder herzustammen schienen; er schrieb deßhalb an Hardenberg, und erbat sich sachverständige Beauftragte, um die wirklich preußischen Gegenstände auszusondern und mitzunehmen; allein die Ansprüche der Sieger auf die ihnen einst durch Napoleon geraubten Kunstschätze wurden damals allgemein niedergehalten, es bedurfte einer zweiten Besiegung Frankreichs um sie geltend zu machen und den Raub heimzuführen. —

Bülow setzte am 15. April seinen Marsch zur belgischen Gränze fort; der General Maison machte Schwierigkeiten, das Departement du Nord den preußischen Truppen zu räumen, er versuchte Bedingungen zu stellen, eine Art Waffenstillstand einzuleiten, allein Bülow ließ sich auf nichts ein, setzte seinen Marsch fort, und zwang durch seine so feste als besonnene Haltung die Franzosen sich zurückzuziehen. Am 1. Mai brach sein Hauptquartier aus dem Departement du Nord wieder auf und kam nach Belgien, wo es in Gent bis zum 1. Juli verweilte.

Bisher hatte sich Oesterreich um Bülow nicht sonderlich bekümmert; jetzt empfing er unter dem 22. Mai durch Schwarzenberg vom Kaiser Franz das Kreuz des Marien-Theresien-Ordens; dieses Kreuz wird in Oesterreich hoch geehrt und sparsam ausgetheilt, neben den höchsten Orden gilt es als der schönste Ehrenschmuck; für Bülow nur knüpfte sich an dasselbe die Betrachtung, daß der Kronprinz von Schweden wegen der Schlacht von Groß-Beeren, die ihn doch wenig anging, das Großkreuz dieses Ordens erhalten hatte. —

Der König und der russische Kaiser machten nach dem in Paris erfolgten Friedensschluß einen Besuch in England beim

Prinz=Regenten, und wie Blücher, hatten auch Yorck und Bülow
dorthin Einladungen empfangen. Kurz vor der Abreise meldete
Bülow diese seiner Frau, er schrieb aus Gent am 1. Juni:
„In ein paar Stunden werde ich von hier meine Reise über
Calais nach London antreten, ich muß Dir also noch ein paar
Worte schreiben, besonders da ich Dein Schreiben vom 24. Mai
schon gestern Abend erhalten. Du äußerst Dich, daß es wohl
möglich wäre, daß ich mit bei dem Einzug des Königs in Ber=
lin zugegen sein sollte. Die Sache ist möglich, und der Ge=
neral Yorck, der heute früh ebenfalls hier durch nach England
gegangen, ist ebenfalls der Meinung, daß wir drei Generale,
welche die Armeekorps kommandirt haben, mit dem Könige in
Berlin einziehen würden. Aus diesen Gründen ist es also
rathsam, Du bleibst fürs erste noch in Berlin; in London
glaube ich des Königs Idee zu erfahren, ich werde Dir also
sobald möglich Nachricht geben, und bevor Du nicht von mir
etwas hierüber erhältst, so reise nicht ab. Allerdings würde es
auf alle Weise vortheilhafter und auch angenehmer für uns sein,
nachmalen zusammen die Reise nach dem Orte unserer Bestim=
mung machen zu können, auf alle Fälle warte, bis wir hierüber
Gewißheit haben. In Ansehung des Wagenkaufs glaube ich
würdest Du gut thun mit dem Graf Röder zu sprechen, ich
glaube er versteht so etwas. Es ist sonderbar, daß man nun
Konzerts zum Vortheil derjenigen, so sich bei Paris geschlagen
haben, giebt, warum hat denn niemand ein solches zum Vor=
theil der Verwundeten meines Korps gegeben, da dieses doch
ganz allein in drei verschiedenen Schlachten, nicht allein Berlin,
sondern die ganze Mark Brandenburg gerettet! — Daß mein
kleiner Albert wieder besser, dafür dank ich Gott, denn wie ich
höre, so hat er dieselbe Krankheit gehabt, woran ich mein armes
Minchen verloren. Gott erhalte Dich und die Kinder gesund.
Nachschrift: Morgen Abend denke ich in Calais zu sein. Bis

zum 1. Juli wirst Du ja einen Wagen fertig bekommen, wenn keiner vorhanden wie Du ihn haben willst."

In London erhielt Bülow die noch in Paris am 3. Juni unterzeichnete Kabinetsordre des Königs: „Durch Ihr hohes Verdienst und die glückliche Entwickelung der großen Angelegenheit, die wir eben verfochten, haben Sie sich das Vaterland dauernd verpflichtet. Ich wünsche Ihnen einen thätigen Beweis der Anerkennung davon zu geben, indem ich Sie und Ihre Nachkommen hierdurch in den Grafenstand unter Beilegung des Namens Bülow von Dennewitz erhebe. Demnächst wird es meine erste Sorge sein, Ihnen noch einen andern Beweis meiner Erkenntlichkeit durch die Verleihung eines Besitzes in liegenden Gütern für Sie und Ihre Nachkommen zu geben. Friedrich Wilhelm." Zugleich waren York, Kleist und Gneisenau in den Grafenstand erhoben, York mit dem Beinamen von Wartenburg, Kleist mit dem von Nollendorf, der Graf von Tauentzien erhielt den Beinamen von Wittenberg, Blücher, der wie Hardenberg Fürst geworden, den von Wahlstadt. Kurz nachher bekam Bülow auch die amtliche Anzeige seiner neuen Bestimmung, die ihm vertraulich schon früher bekannt geworden, nämlich die Ernennung zum Oberbefehlshaber der Truppen und Festungen in Ost= und Westpreußen. In London wurde ihm auch der reichgeschmückte goldne Degen, den der Prinz von Oranien, nun schon König der Niederlande, ihm bestimmt hatte, feierlich überreicht; auf dem Gefäß desselben waren die Namen der eroberten Festungen Doesburg, Arnheim, Herzogenbusch und Gorkum eingegraben. Hierüber that späterhin Oppen sehr unwillig, er meinte Doesburg und Arnheim seien Eroberungen, die mit seinem, nicht mit Bülow's Namen verknüpft werden müßten, gleiches Mißvergnügen äußerte Hobe wegen Herzogenbusch und Zielinski wegen Gorkum. Es ist in kriegerischen Dingen nicht anders, die persönlichen Ansprüche wollen sich stufenaufwärts und stufenabwärts geltend machen, und das Verdienst, welches sich nicht genug anerkannt oder belohnt glaubt, hat sich damit zu trösten, daß in dem höheren Befehlshaber stets auch diejenigen mitgeehrt und mitbelohnt sind, die durch Rath und That dazu beigetragen haben. Wie sehr Bülow seinerseits die Mitwirkung der unter ihm Dienenden dankbar würdigte, zeigt folgender Tagesbefehl, den er aus London erließ: „Der ruhmvoll erkämpfte Frieden, der die preußischen Heeresabtheilungen in ihre vaterländischen Provinzen zurückruft, trennt auch das bisher meinem Oberbefehl anvertraut gewesene dritte Armeekorps, und hat Seine Majestät den König unsern Herrn veranlaßt mir in dem General=Militair=Kommando von Ost= und Westpreußen einen anderweitigen Wirkungskreis für die Zukunft huldreichst zu ertheilen. — Indem ich dieser neuen Bestimmung folge, kann ich nicht unterlassen, den hochgeachteten Waffengefährten dieses meines Korps mit dem herzlichsten Lebewohl zugleich den innigsten Dank für den unermüdlichen Eifer, das Vertrauen und die Anhänglichkeit zu sagen, mit denen sie meine Bemühungen für das Wohl des Vaterlandes nützlich zu wirken in diesem heiligen Kriege unterstützten. — Ganz vorzüglich fühle ich mich den Herren Generalen, Brigadiers und Kommandeurs verpflichtet, die durch Einsicht und Thätigkeit so sehr zu den schönen und rühmlichen Erfolgen beitrugen, deren sich das Vaterland mit uns erfreut. — Die übrigen Herren Offiziere aller Grade und Waffen bitte ich von der hohen und aufrichtigen Achtung überzeugt zu bleiben, die ich ihnen für ihr stetes ausgezeichnetes Benehmen von ganzem Herzen widme. — Unvergeßlich werden mir die Thaten bleiben, die ich von ihnen, so wie von den braven Unteroffizieren und Gemeinen dieses Korps unter meinen Augen verrichten sah! — Zugleich kann ich nicht unterlassen, bei dieser Gelegenheit dem Korps bekannt zu machen, daß Seine Majestät der

König mir durch die Erhebung in den Grafenstand unter Beilegung des Namens von Dennewitz ein huldreiches Merkmal der allerhöchsten Gnade und Zufriedenheit zu ertheilen geruht haben. Ich und meine Nachkommen werden fortan in diesem Namen das Andenken an ein Korps ehren, dessen hoher Muth demselben seine Bedeutung verlieh, und dessen Mitglieder einen so wesentlichen Antheil an dieser, mir in ihrer aller Namen gewordenen Auszeichnung besitzen. Mein höchster Stolz ist die Ehre solche Truppen gegen den gemeinschaftlichen Feind geführt zu haben, und in ihnen dem Vaterlande ein Korps zurückzugeben, welches dem Feinde gegenüber nie einen Schritt gewichen hat. London, am 20. Juni 1814. Graf Bülow von Dennewitz."

Nachdem Bülow an den zahlreichen Festen und vielfachen Ehrenbezeigungen, die den fremden Monarchen und Generalen in England mit Begeisterung dargebracht wurden, seinen reichlichen Antheil gehabt, auch nach der absonderlichen englischen Weise, wie Blücher, dort die Doktorwürde empfangen, kehrte er nach Belgien zu seinen Truppen zurück, über welche unterdeß Borstell den Befehl geführt hatte, und deren völliger Rückmarsch in die Heimath nun angeordnet wurde.

Die Festlichkeiten im Vaterlande, mit denen die heimkehrenden Krieger geehrt wurden, konnten den im Ausland erfahrenen an Herrlichkeit nachstehen, übertrafen sie aber an Herzlichkeit und Rührung. Wie viele der waffenfreudig Ausgezogenen kehrten nicht heim! Der Bülow'sche Heertheil hatte über 16,000 Mann und 600 Offiziere verloren; nur wenige Mannschaft war in feindliche Gefangenschaft gerathen, kein einziger Offizier. Ueber 600 eiserne Kreuze waren ausgetheilt worden. Die Namen der Gebliebenen wurden mit goldnen Buchstaben auf Ehrentafeln eingegraben und diese in den Kirchen ihrer Geburts- oder Wohnorte angeheftet. Der Einzug in Berlin am 7. August war an ernster Pracht und edlem Schmuck eines der größten Schaustücke, welche diese Hauptstadt je gesehen hat. Bülow insbesondre wurde als der dreimalige Retter Berlins jetzt allgemein anerkannt und hoch gefeiert. Der Magistrat und die Stadtverordneten begrüßten ihn durch Zuschriften und Abordnungen. Die Universität, in Nachahmung der englischen Sitte, verlieh ihm das Ehrendiplom eines Doktors der Philosophie.

Nachdem Bülow seine Frau und Kinder wiedergesehen, von denen er die jüngste am 27. Oktober geborne Tochter Luise Pauline jetzt zum erstenmal erblickte, und im glücklichen Kreise der Seinen einige frohe Tage verlebt hatte, wünschte er vor Antritt seines neuen Wirkungskreises in Preußen sich eine Erholungsfrist zu gönnen, und zur Stärkung seiner Gesundheit die im Wechsel des Feldlebens manchen Stoß erlitten hatte, ein Bad zu besuchen. Er hatte fürerst nur das nahe Freienwalde gewählt, wohin seine Familie ihn begleiten sollte. Alles war zu diesem Aufenthalt eingerichtet, der Tag der Abfahrt bestimmt. Da kam ein unerwarteter Handel, der die Freude der Siegeserfolge und Ehren gleich im Beginn trüben, die des häuslichen Glückes vernichten konnte, wenn die tapfre Brust empfindlicher bei solchem Angriff, oder der Ausgang ernster gewesen wäre.

Der Graf von Tauentzien war mit der Austheilung der Ehrenbeinamen, welche der König seinen ersten Generalen verliehen, sehr unzufrieden. Besonders mißfiel ihm der seinige von Wittenberg, auf den er keinen Werth legen wollte, ja den er ablehnte, dagegen er Anspruch auf den von Dennewitz machte, den Bülow bekommen hatte. Bittre Klagen über die ihm widerfahrene Unbill drückte er in einem Schreiben an seinen Adjutanten Major von Weiher aus, worin er unter andern sagte: „Die Schlacht bei Dennewitz habe ich gegeben, nachdem ich schon zwei Tage zuvor mit dem Feinde ohne Bei=

stand eines andern gefochten, und ich mit kaum 12,000 Mann über 40,000 angriff, und mich allein über 5 Stunden mit denselben schlug; hiedurch rettete ich zum zweitenmale Berlin, und nachher noch zum drittenmal. Die ganze Schlacht habe ich bis zu Ende mit dem vierten Armeekorps mitgemacht, und alle entscheidenden Augenblicke herbeigeführt, und zuletzt dadurch, daß ich den General Wobeser noch nach Dahme vorrücken ließ, über 2000 Gefangene gemacht und 1 Kanone und 6 Munitionskarren erobert. Dieses ist weltkundig, und demohngeachtet trägt ein Anderer den Namen als Denkmal davon und des vierten Armeekorps ist nicht die Rede, — dieses ist hart. — Alles dieses schmerzt, nicht für mich, denn das ruhige Bewußtsein setzt über alles hinweg, aber für andre brave, rechtschaffene Leute, die ihr Leben und Gut ihrem Könige aufgeopfert hatten." Der Brief ist unterzeichnet: „Graf Tauentzien nicht von Wittenberg." Wir erkennen, daß hier ein Gefühl spricht, das sich im besten Rechte glaubt, allein sich in Betreff der Thatsachen den größten Täuschungen hingiebt. Niemand hat je die Tapferkeit und auch Kriegskunde Tauentzien's in Zweifel ziehen dürfen, in unsrer Erzählung ist beider stets mit gebührenden Ehren gedacht; allein die hier erhobenen Ansprüche erscheinen jedem Unbefangenen als eine Verirrung des Selbstgefühls. Weltkundig war grade das Gegentheil von dem, was er aufstellt, ja die öffentliche Meinung war gegen ihn, und tadelte mit Bitterkeit und Hohn seinen Rückzug im Oktober 1813 von der Elbe bis nach Potsdam und Berlin als eine unverantwortliche Uebereilung. Doch dieser Tadel selbst, der ihm als er nach Berlin kam, nicht verborgen blieb, mochte ihn stacheln, sein vermeintliches Recht ernstlich zu behaupten.

In diesem Sinne wandte sich Tauentzien daher gradezu an Bülow durch folgendes Schreiben: „Gleich nachdem Seine Majestät der König geruhet hatten Euer Excellenz in den

Grafenstand mit Beilegung des Namens von Dennewitz zu erheben, und mir den Beinamen von Wittenberg zu geben, stellte ich Allerhöchstdieselben in wenigen Worten den Hergang der gedachten Schlacht dar, und ohne Euer Exzellenz Verdienst zu schmälern, erwähnte ich des kräftigen und thätigen Antheils des vierten Armeekorps bei derselben. Ereignisse von dieser Wichtigkeit, welche in den Annalen der Geschichte Preußens glänzen und der Nachwelt mit Wahrheit übertragen werden sollen, verdienen gründlich berücksichtigt zu werden, daher ich nunmehr diese wahrhafte Ehrensache mit Hochdieselben direkte abmachen will. — Bis jetzt harrte ich auf eine Königliche Antwort in Betreff der oben erwähnten Eingabe, welche mir vorgestern durch die mündlichen Aufträge des Oberstlieutenants von Thile zu Theil wurde und dahin lautete: „Daß Seine Majestät vollkommen mir und dem vierten Armeekorps Gerechtigkeit widerfahren ließen, und unser Verdienst beim Siege von Dennewitz anerkennten, und durch Beilegung des Namens von Dennewitz keinesweges beabsichtigt hätten uns dadurch zu kränken oder zurückzusetzen." Diese gnädigen Aeußerungen konnte ich von der Gerechtigkeit des Königs erwarten, sind aber für mich, dem vierten Armeekorps, und der unkundigen Welt, welche nur oberflächlich urtheilt, nicht hinreichend. Ich wende mich daher an Euer Exzellenz, nachdem Sie ohne Rücksicht den Namen von Dennewitz angenommen, mit der ergebenen Frage: „Ob Dieselben gewilligt sind, nach dieser Königlichen Erklärung mir eine schriftliche auszufertigen, nach welcher Sie förmlich bekunden, daß ich und das vierte Armeekorps zur Schlacht und zum Siege bei Dennewitz wenigstens so viel als Euer Exzellenz und das dritte Armeekorps beigetragen haben." Dieses Aktenstück, welches auf der strengsten Wahrheit gegründet ist, und wo Thatsachen sprechen, gebührt mir und dem vierten Armeekorps, und tastet Ihren Ruhm nicht an. In Erwartung einer bestimmten Antwort habe ich die Ehre Euer Erzellenz die Versicherung meiner ausgezeichneten Hochachtung zu erneuern. Berlin, den 12. August 1814. Tauentzien."

Bülow antwortete hierauf gleich am folgenden Tage ausführlichst wie folgt: „Euer Erzellenz Schreiben vom 12. dieses Monats habe ich erhalten, und muß Ihnen offenherzig bekennen, daß ich es nicht ohne große Verwunderung gelesen habe. Die Beantwortung desselben kann mir nicht schwer werden, denn zuvörderst muß ich Euer Erzellenz so offen als bestimmt erklären, daß ich Ihnen nicht das Recht zugestehen kann, Erklärungen wie die, die Sie von mir verlangen, zu fordern, — in einem Ton zu fordern, als ob ich Ihnen etwas zurückzugeben habe, was ich mir unrechtlicherweise zugeeignet hätte. — Also nicht, weil ich mich, weder auf Euer Erzellenz Schreiben, noch aus irgend einem andern Grunde, dazu verbunden halte, aber weil es mir bei dieser Veranlassung zweckmäßig und passend dünkt, will ich Denenselben hier meine Ansichten, meine unabänderliche Ueberzeugung in der hier in Rede stehenden Angelegenheit mittheilen. — Ich habe nie um Gunst und Gnade bei Seiner Majestät dem Könige, unserm gerechten Monarchen, gebuhlt; — ich habe daher auch so wenig mich zu dem Namen von Dennewitz als zu irgend einem andern gedrängt, und ich darf es gleichfalls glauben, daß bei Auswahl der Namen es nicht nöthig gewesen wäre, sich in Ansehung meiner auf den von Dennewitz zu beschränken. So wie ich diesen Namen nun aber einmal besitze, so führe ich ihn nach meiner festen Ueberzeugung mit Recht, und ich glaube nicht, daß es den Unterthanen zustehen darf, bei Annahme einer Auszeichnung, die ein so gerechter Monarch als der unsrige ertheilt, irgend einige Rücksichten stattfinden zu lassen, wären sie auch weniger grundlos als die, die Sie dabei von mir zu verlangen scheinen. — Gerne gebe ich zu, daß das vierte Armeekorps an

jenem Tage ehrenvoll mitwirkte, doch die Hauptsache, die ganze
eigentliche Schlacht hat das dritte Armeekorps und der von mir
zu dieser Schlacht entworfene und ausgeführte Plan entschieden;
es hat mithin dieses Korps unter meiner Leitung an jenem Tage
nicht bloß **wenigstens** so viel als das von Euer Excellenz befehligte, sondern ganz unstreitig das Meiste gethan. — Wenige
Thatsachen werden hinreichend sein dies zu beweisen. Waren
die Streitkräfte des vierten Armeekorps, mit denen es bei der
Schlacht von Dennewitz erschien, denen des dritten Armeekorps
gleich, und hinreichend in der Hauptsache etwas zu entscheiden? —
Ich behaupte nein, denn abgerechnet, daß mein Korps an sich
schon stärker war, als das was Euer Excellenz von dem Ihrigen
damals bei sich hatten, so ist es notorisch bekannt, daß das
vierte Armeekorps in den früheren nachtheiligen Gefechten bei
Zahna und Seyda einen sehr bedeutenden Verlust gehabt hat,
wie dies die große Anzahl Versprengter beweiset, die von demselben nach der Schlacht bei dem meinigen sich einfanden. Euer
Excellenz Korps hatte also an jenem Tage eine zu geringe
Stärke, um gegen die bedeutende französische Armee entscheidend
wirken zu können. — Mein Entschluß, am 5. September links
abzumarschiren und mich bei Kurz-Lipsdorf verdeckt aufzustellen,
wodurch der Feind getäuscht ward, war eben so sehr ganz mein
eigenes Werk, als das Vorrücken und der Angriff gegen Jüterbog am 6. — zu beidem habe ich weder von dem Kronprinzen
von Schweden den Befehl noch von Euer Excellenz die mindeste
Aufforderung erhalten, vielmehr wär' ich am Abend des 5. Septembers gänzlich ohne Nachricht über Euer Excellenz Korps, und
das was Sie mit demselben thun konnten und wollten, gewesen,
wenn meine Beobachtungen mir nicht gezeigt hätten, daß dasselbe stark vom Feinde gedrängt und gegen Jüterbog zurück
geworfen würde. — Der Entwurf der Schlacht, so wie die
Leitung derselben, war ferner ganz mein Werk, und mußte es

sein, da ich bei weitem die meisten Streitkräfte beisammen hatte. Euer Excellenz müssen damals selbst hiervon überzeugt gewesen sein, denn Sie ließen mich in dem Moment, wo ich mit der Tête meiner Kolonnen in der Gegend von Nieder-Gehrsdorf ankam, durch einen Ihrer Adjutanten fragen: „Wie und welcher Weise Sie am besten mit Ihrem Korps mitwirken könnten?" worauf ich Sie ersuchen ließ, sich an meinen linken Flügel anzuschließen. Mehrere Offiziers meines Generalstabes haben es gehört und müssen dies bezeugen können. — Es ist hier nicht der Ort, alles dasjenige auseinander zu setzen, was das dritte Armeekorps an jenem Tage unter meiner Leitung geleistet hat, aber so viel weiß ich, daß ich persönlich die zwei Attaken meines linken Flügels gegen des Feindes vortheilhafte Position auf der dominirenden Höhe zwischen Nieder-Gehrsdorf und Jüterbog führte, und denselben von dort vertrieb, Euer Excellenz Korps in diesem Moment weit zurück war, und eben aus einem Gehölz wieder vorrückte, um sich an meine linke Flügelbrigade unter dem General von Thümen anzuschließen, die von da ab in stetem Vorrücken blieb, und spätter Dennewitz und Rohrbeck erstürmte; — ich sandte daher sogleich das erste Leibhusaren-Regiment ab, um zwischen Euer Excellenz Korps und meinem linken Flügel die erforderliche Verbindung zu halten. — Schon dieses Wenige wird hinreichend sein darzuthun, daß das dritte Armeekorps damals den Feind auf seiner ganzen Fronte beschäftigte, und eben so sehr beweist die Richtung seines Rückzuges, daß er nur dem Angriff des dritten Armeekorps wich. — Ein mehreres hierüber zu sagen wäre unnütz, da aus den gedruckten Relationen alles Nähere hervorgeht. Ich wiederhole noch einmal, daß das vierte Armeekorps mit der von dem dritten zu ihm gestoßenen Verstärkung auf's ehrenvollste an jenem Tage mitwirkte, ich verkenne keinesweges Euer Excellenz Verdienste, aber ich verbleibe fest bei der bereits ausgesprochenen

Ueberzeugung, und indem ich Euer Erzellenz anheim stelle, was Sie in dieser Angelegenheit weiter zu thun für nöthig erachten mögen, füge ich nur noch die Versicherung hinzu, daß, wie es auch sei, jene meine Ueberzeugung durch nichts verändert werden kann. Berlin, den 13. August 1814. Bülow von Dennewitz."

Hierauf ließ Tauenzien mehrere Tage vergehen, während welcher Bülow sich nach Freienwalde begab, wo er dann durch folgendes weitere Schreiben Tauenzien's, den er, da derselbe sieben Tage geschwiegen, schon beruhigt glauben konnte, überrascht wurde: "Meine Geschäfte und die Zerstreuungen, welche allhier stattfanden, verhinderten mich Euer Erzellenz Schreiben früher zu beantworten; ich eile daher die verlorne Zeit nachzuholen. — Da Euer Erzellenz sich zu keiner Erklärung verstehen wollen, welche Ihnen zur Ehre und keinesweges zum Nachtheil gereicht hätte, da Sie mit wenigen wahren und verbindlichen Worten die ganze Sache hätten abmachen können, dagegen aber sich ungerecht und beleidigend gegen mich und das vierte Armeekorps äußern, so wird es überflüssig, mich in weitere Discussionen einzulassen. Ich breche daher ganz ab, und verlange von Euer Erzellenz die gebührende Genugthuung für die beleidigenden Aeußerungen. — Euer Erzellenz stelle ich es daher anheim, den Tag und den Ort zu bestimmen, wo wir uns treffen, um diese für mich so wichtige Sache mit dem Verlust Ihres oder meines Lebens abmachen zu können. Mit Ungeduld sehe ich Ihrer Antwort entgegen. Berlin, den 20. August 1814. Tauenzien." Das Schreiben überbrachte der Major von Rottenburg, Tauenzien's Adjutant.

Diese Ausforderung konnte Bülow nur annehmen; er sandte auf der Stelle seinen Schwager den Major von Auer mit folgender Antwort nach Berlin: "Da Euer Erzellenz, während ich noch in Berlin war, mehrere Tage vorbeigehen ließen, ohne mir irgend etwas zukommen zu lassen, so konnte ich nichts mehr von Denselben erwarten, reisete also ab hierher ins Bad. — Euer Erzellenz muß ich nun ersuchen, sich hierher zu bemühen, indem die Gegend von Freienwalde sich zu einem solchen Zusammentreffen ganz eignet. Da ich hier niemand bei mir habe, auch nicht einmal meine Pistolen, so wähle ich den Major von Auer, der noch in Berlin zurückgeblieben, zu meinem Sekundanten, welcher Euer Erzellenz dieses einhändigen wird. — Den Tag und die Stunde bitte ich zu bestimmen, den Major von Auer aber davon zu unterrichten, damit derselbe mit dem Erforderlichen hier eintreffen kann. Bülow von Dennewitz." Der Rittmeister von Burgsdorf eilte nach Potsdam um Pistolen für Bülow zu holen.

Hierauf muß Tauenzien sich besonnen und eingesehen haben, daß er zu weit gegangen, und die Sache auf diese Weise nicht auszumachen sei. Er schrieb daher einlenkend: „Euer Erzellenz haben mir durch den Major von Auer gefälligst eröffnen lassen, daß Sie sich hierher bemühen würden, um mir wegen der Ihnen bekannten Sache Satisfaktion zu geben. — Bevor dies aber geschiehet, halte ich es, da der Gegenstand ein öffentlicher und kein persönlicher ist, für Pflicht gegen den Staat und unsrer beiderseitigen Verhältnisse, mich mit Euer Erzellenz nochmals schriftlich zu erklären. — In meinem ersten Schreiben wünschte ich Dero Anerkenntniß, daß an der Bataille von Dennewitz das meinem Kommando damals untergebene vierte Armeekorps einen gleich ruhmvollen Antheil als das dritte gehabt habe, wie solches mehr Pflicht gegen die braven Truppen als gegen mich selbst erforderte. — Dies allein war die Absicht meines Schreibens, keinesweges aber die, Euer Erzellenz persönlich zu beleidigen, welches auch schon aus unsern früheren Verhältnissen genügend hervorleuchten muß. Euer Erzellenz scheinen indessen solches demunerachtet zu vermuthen, und dieser Ursache muß ich die empfindlichen Stellen Ihres Antwortschreibens beimessen. Ob Dieselben aber nach dieser Erklärung meinen Wunsch erfüllen, und zugleich jene Stellen Ihres Erwiederungsschreibens als nicht darin enthalten erklären, oder mir Ort und Zeit bestimmen wollen, stelle ich Dero Ermessen ergebenst anheim. Ich habe mit Vergnügen eine Auseinandersetzung meiner Handlungsweise dargelegt, welche dem öffentlichen Urtheil künftig zur Richtschnur dienen kann. — Genehmigen Euer Excellenz die Versicherungen meiner allervollkommensten Hochachtung. Berlin, den 24. August 1814. Tauentzien."

Bülow konnte dieses Einlenken nur günstig aufnehmen, und that alles was ihm möglich war, um dem Kriegskammeraden, dem er auf dem Schlachtfelde stets nach Kräften beigestanden, auch diesmal aus der Verlegenheit herauszuhelfen, in die derselbe sich unnöthig gebracht hatte; er antwortete mit ehrenvollster Handbietung: „Euer Excellenz muß ich vollkommen darin beipflichten, daß der Gegenstand unseres neuerlichen Briefwechsels lediglich eine öffentliche, keinesweges aber eine persönliche Beziehung haben kann. — Die Erklärung, daß das unter Ihren Befehlen gestandene vierte Armeekorps sich sowohl bei Dennewitz, als bei jeder andern Gelegenheit, mit eben der ausgezeichneten Tapferkeit geschlagen hat, als das dritte und irgend ein anderes, ist von mir früher schon bei mehreren Veranlassungen ausgesprochen worden, sie ist gleichfalls in meinem Schreiben vom 13. dieses Monats enthalten, und ich nehme keinen Anstand solche nochmals hier zu wiederholen. Wenn hierüber Mißverständnisse obwalteten, so müssen solche aus mir ganz fremden Ursachen herrühren, da ich eben so wenig jemals gegen diese Erklärung gesprochen oder gehandelt habe, als ich bisher zweifeln konnte, mit Euer Excellenz in den freundschaftlichsten, auf gegenseitige Achtung gegründeten Verhältnissen zu stehen, wie uns dies auch auf der Stufe, auf welcher wir im Staate und in dem Vertrauen des Monarchen stehen, ohnstreitig geziemt. — Wenn also, wie ich gern aus Euer Excellenz heutigem Schreiben mich überzeuge, das von Denenselben unter dem 12. dieses Monats an mich Erlassene keine persönliche Beziehung und Beleidigung für mich, sondern bloß eine Aufforderung zu der von mir bereits gegebenen, und hier wiederholten Erklärung enthalten sollte, so versichere ich Euer Excellenz dagegen, daß auch das meinige vom 13. dieses Monats keine persönliche und Euer Excellenz absichtlich beleidigende Beziehung hatte und haben konnte. — Indem ich mir die Ehre gebe, Euer Excellenz Vorstehendes auf Dero heute an mich erlassenes gefälliges Schreiben ganz ergebenst zu erwiedern, sehe ich Ihren ferneren Eröffnungen baldigst entgegen, und benutze diese Gelegenheit um Sie zu bitten, die wiederholte Versicherung meiner ausgezeichneten Hochachtung anzunehmen. Berlin, den 24. August 1814. Bülow von Dennewitz."

Durch eine schnelle Erwiederung Tauentzien's erhielt die ganze Sache ihren völligen Schluß; er lautete: „Durch Euer Excellenz Erklärung in dem geehrten Schreiben vom heutigen Tage sind die Gegenstände vollkommen beseitigt, die mich nöthigten Genugthuung zu wünschen. Ich bin aber auch herzlich erfreut, darin von Euer Excellenz die Gesinnungen wiederholt zu sehen, die mich in gleichem Grade erfüllen. Wir und die von uns kommandirten Truppen waren so glücklich, in dem erhabensten aller Kriege zu wirken. Mag ein langer Frieden die Anstrengungen der preußischen Nation und ihrer Krieger krönen, oder müssen wir bald wieder die Rechte unsers verehrten Monarchen und des Vaterlandes vertheidigen, immer werden wir unsere Pflicht erfüllen, und stets wird es mich beglücken, mit Euer Excellenz im freundschaftlichsten, auf gegenseitige Achtung gegründeten Verhältnisse zu stehen, das, wie ich Euer Excellenz von meiner Seite versichern darf, unsere gegen=

wärtige Verhandlung nur noch fester geknüpft hat. — Empfangen Euer Exzellenz die erneuerten Versicherungen meiner allervollkommensten und aufrichtigsten Hochachtung. Berlin, den 24. August 1814. Tauentzien." Hiemit war diese sonderbare Verhandlung so glücklich als rasch erledigt. Hatte schon ihr Beginn und dann ihre plötzliche Steigerung in Erstaunen gesetzt, so konnte es noch mehr der Schluß, der nach dem genommenen Anlaufe kaum in dieser Weise noch möglich schien, aber jedenfalls erwünscht sein mußte. Wer diese gewechselten Briefe in ihrer Reihenfolge durchlas, konnte nicht umhin, auch in dieser Sache, die wohl geeignet war, auch einen gelassenen und milden Karakter heftig aufzureizen, das mannhafte, würdige und großmüthige Benehmen Bülow's anzuerkennen, wie damals von hohen und höchsten Personen, denen die Kunde davon wurde, allgemein geschah. Wunderbar genug hatte Bülow seinen Ruhm nicht nur dem Feinde durch große Kriegsthaten abzuringen, sondern denselben auch im Kampfe gegen Vorgesetzte, Untergebene und Gleichstehende nach allen Seiten zu behaupten! —

Bülow begab sich zu Ende des August nach Königsberg in Preußen, wo die Behörden und die gesammte Bevölkerung ihm den ehrenvollsten und freudigsten Empfang bereitet hatten. Er bezog daselbst das Haus des Kronprinzen, welches auf sein Ansuchen ihm vom Könige als Dienstwohnung war überwiesen worden. Er richtete sich mit den Seinigen hier behaglich ein, doch ohne Prunk, die Hauptsache war ihm ein Musiksaal, wo er viel große Musik ausführen zu lassen sich im voraus freute. —

Der preußische Staat war größer, mächtiger und ruhmvoller hergestellt, als er vor dem Unglück vom Jahre 1806 gewesen. Ein langer Frieden schien auf weithinaus gesichert; es galt die nachgebliebenen Wunden des Krieges durch freudige Friedensthätigkeit zu heilen, dem Staat im Innern wachsendes Gedeihen zu sichern, das tapfre Volk zu neuer Bildung und neuem Wohlstand zu erheben. Dem Kriegshelden konnte kein schöneres Alter bereitet sein, als im Kreis einer glücklichen liebevollen Familie, im Genuß von Ruhm und Ehren; auf hoher wirksamer Stelle, die reichen Früchte reifen zu sehen und mitzugenießen, welche aus der Wiedergeburt des Vaterlandes, dem Erfolge so vieler Heldenthaten, hervorgehen mußten. Bülow scheint in diesem Sinne das Glück seiner Lage tief empfunden und genossen zu haben. Er hatte in Königsberg nur freundliche Verhältnisse, war mild im Umgang, gut mit den Bürgern, im besten Vernehmen mit allen Behörden, verehrt und geliebt in der ganzen Provinz.

Die von dem Könige verheißene Schenkung von liegenden Gütern für Bülow war schon bestimmter ausgesprochen und der Betrag derselben, wie für jeden Oberbefehlshaber eines Heertheils, auf 200,000 Thaler festgesetzt worden, indeß erlitt die Auswahl und schließliche Anweisung der Güter mancherlei Verzögerungen. Bülow schrieb deßhalb nach Berlin an Blücher, um durch dessen Rath und Betrieb die Sache beschleunigen zu lassen. Wir theilen Blücher's selbstgeschriebene Antwort, ihrer Eigenheit und ihres freundschaftlichen Tones wegen, hier unverändert mit: „Euer Excellenz sehr gütiges Schreiben habe ich das Vergnügen gehabt zu erhalten. Ich wundere mich, daß an Dieselben wegen der Donation noch nichts ergangen, die meinige habe ich bereits erhalten, und der Finanzminister von Bülow schreibt mich, der König habe sich in Ansehung der andern Herren Generale, so auch welche erhielten, sehr gütig erklärt. Ich glaube, Sie thun wohl, mein verehrter Freund, wenn Sie gleich in Preußen oder wo Sie wollen, Güter in Vorschlag brächten, das habe ich gethan, und der König hat es akkordirt. Die Güter, so ich gewählt, liegen in Schlesien, und hören zu den ehemaligen Trebnitzer Klostergütern, sie können ohngefähr 12,000 Thaler Revenuen tragen. Der Brief von

Ihnen ist mich sehr werth, ich werde des Inhalts wegen morgen mit dem Finanzminister sprechen, ich kann Bülow in dieser Sache nicht anders als loben, und ich bin versichert Sie werden auch mit ihm zufrieden sein. Unser Kollege in Schlesien hat sich hierbei mit Allen brouillirt, und man will daß er zu enorme Foderungen mache, die mich aber nicht bekannt sind. — Euer Erzellenz können versichert sein, daß ich Ihre Angelegenheit so wie die meinige bei Rückkunft des Königs betreiben werde. Es ist schlimm, daß alle geistlichen Güter mit 50 Prozent belastet sind, ich sollte meinen, dieses müsse eine Abänderung leiden, denn wenn wir Abgaben geben sollen, so müssen sie mit den Abgaben der ablichen Güterbesitzer gleich sein; ich werde mich darüber so viel ich nur kann vertheidigen; so sollen auch alle geistlichen Güter die Jurisdiktion und das Patronatrecht verlieren, beides ist nicht viel werth, aber des Anstands wegen muß man sie doch beizubehalten suchen. — In Schlesien ist es mich wie Ihnen in Preußen ergangen, man hat mich da mit Herzlichkeit aufgenommen. — Ob uns in der Folge noch eine Fehde bevorsteht, weiß der Himmel, trauen will ich der Sache nicht; man hat zu Paris die Umstände nicht benutzt, Frankreich wird schon wieder zu laut, man hätte selbiges die Flügel besser beschneiden sollen. Erhalten Sie mich Ihre Freundschaft und Andenken, und seien von meiner treuen Freundschaft und herzlichen Ergebenheit versichert. Blücher. Wenn Sie in Ansehung vorerwähnter Sachen noch was zu wünschen haben, so schreiben Sie mich, ich will Hardenberg und Bülow schon warm halten, und beide sind auch gut vor uns gesinnt." —

In Wien versammelte sich im Oktober 1814 der Kongreß von Monarchen und Bevollmächtigten, welchen es oblag, die neue Ordnung der Dinge in Europa und besonders auch in Deutschland schließlich festzustellen und dauernd zu sichern. Wie wenig versprechend diese Arbeit begonnen wurde, in welche

Schwierigkeiten und Abwege sie gerieth, ist allgemein bekannt und bedarf hier keines neuen Berichts. Nur zuletzt, als nach viermonatlicher Dauer das Ganze schon im Begriff war sich feindlich aufzulösen, zog am Ende des Februars 1815 ein Ereigniß, das wie ein gewaltiges Schwert den Knoten völlig zu zerhauen drohte, die sich lösenden Fäden wieder zusammen, und rettete einen Theil der gehofften Ergebnisse in der hergestellten Einigkeit der großen Mächte. Dieses Ereigniß war das Wiedererscheinen Napoleons, seine Rückkehr von Elba nach Frankreich, seine Wiederaufnahme des Kaiserthums.

Der Eindruck dieser überraschenden Vorgänge war ungeheuer; die ganze Welt begriff, daß das neue Kaiserthum, wie friedlich es jetzt sich auch ankündigte, gleich dem alten nur Krieg bedeuten könne, daß bei demselben keine Sicherheit und Ruhe zu hoffen sei, daß man aus allen Kräften es sogleich angreifen und vernichten müsse. Deutschland war zunächst bedroht, am meisten Preußen, und hier auch am stärksten erwachte der alte Kriegseifer und rief die gewaltigsten Rüstungen hervor. Das Zusammensein der Monarchen in Wien gab ihren Maßregeln wünschenswerthe Einheit und beschleunigenden Nachdruck, und die Kongreßverhandlungen wurden in neuer Bahn einem vorläufigen Ziel rascher entgegengeführt.

Im Anfange des Jahres war Bülow an einer Leberentzündung bedenklich erkrankt, und zwar bald wieder hergestellt, aber doch nicht von allen Nachwehen befreit worden, und die Aerzte fanden dringend nöthig, ihm für den Sommer den Gebrauch des Karlsbades zu verordnen. Die Wiederkehr Napoleons ließ alle Rücksichten auf Gesundheit wegfallen, und es galt nur die Pflicht aufs neue in's Feld zu ziehen. —

Auf dem linken Rheinufer zog sich eiligst ein preußisches Heer zusammen, über welches Blücher den Oberbefehl erhielt. Bülow erhielt die Bestimmung, wieder einen Heertheil zu befehligen, der diesmal der Zahl nach der vierte hieß. Von manchen Seiten wünschte man Blücher entfernt zu halten, von andrer Bülow'n, aber weder der König war dieses Sinnes, noch Boyen, der jetzt als Kriegsminister in Wirksamkeit stand. Als Merkwürdigkeit ist hier noch anzuführen, daß in der Schweiz, welche gleichfalls durch Napoleons Wiederkehr bedroht und ihre Selbstständigkeit auf's äußerste zu vertheidigen entschlossen war, die deutschgesinnte Parthei sich Bülow'n zum Anführer des schweizerischen Freiheitsheeres erbitten wollte; so groß war das Vertrauen auf seinen Feldherrnruhm und auf sein Kriegsglück.

Von Wien empfing Bülow noch die vorläufige Nachricht, daß der König die kraft der Schenkung ihm erb= und eigen= thümlich zu übergebenden Güter schon bestimmt habe, nament= lich Grünhof, Rudnicken, Kupzau, Nautzau, Neuhausen und Klein=Heide bei Fischhausen in Ostpreußen, und daß die förm= liche Urkunde beßfalls nächstens erfolgen werde. Er beschloß daraus ein Majorat zu bilden, das immer auf den ältesten Sohn vererben sollte. Um völlige Ordnung in seine Angelegen= heiten zu bringen, und für seine geliebte Gattin so wie für seine Töchter gehörig zu sorgen, wollte er jetzt, bevor er auf's neue den Ungewißheiten des Krieges sich hingäbe, auch seinen letzten Willen gerichtlich feststellen. Demnach ersuchte er das Gericht, ihm zu diesem Zweck eine Gerichtsperson zuzusenden. Es er= schien der Tribunalsrath Bobrick, ein sehr geachteter Mann, als Dichter damals geschätzt und zugleich im Gegensatz als einer der förmlichsten Rechtsmänner bekannt. Bülow bat ihn, das Erforderliche vorzunehmen, Bobrick aber setzte sich hin und be= gann ein seltsames Gespräch, er stellte die wunderlichsten Fra= gen, welche Jahrszeit man habe? in welcher Jahrszeit man gewöhnlich ernte? und anderes dergleichen, worauf Bülow höch= lich befremdet anfangs antwortete, dann aber ungeduldig bat, doch zur Sache überzugehn; Bobrick aber belehrte ihn, daß er ganz bei der Sache sei, denn nach den Vorschriften des Gesetzes habe er sich zuvörderst durch angemessene Fragen überzeugen müssen, ob der General auch bei gutem Verstande und verfügungsfähig sei, nachdem er sich hievon nun wirklich überzeugt habe, könne er jetzt das Weitere vornehmen. Bülow hatte großes Vergnügen an dieser Einleitung, und fand es nur unverantwortlich, daß man von Seiten der höchsten Behörden bei Anvertrauung eines Oberbefehls und eines Heeres weniger vorsichtig zu Werk gehe. —

Nachdem Bülow so sein Haus bestellt hatte, reiste er im Anfang des Mai's begleitet vom Hauptmann von Below, von Königsberg nach dem Rhein. Schon am 10. Mai schrieb er aus Köln an seine Frau, und erzählte darin die beklagenswerthen Vorfälle mit den Sachsen in folgender Weise: „Uebermorgen gehe ich nach Lüttich, wo ich den Feldmarschall und das Hauptquartier finde. Dieses Konzentriren der Truppen hat keine feindliche Bewegung zum Grunde, sondern eine bedeutende Empörung der Sachsen. Der Feldmarschall hatte in Lüttich nichts bei sich als das sächsische Korps, 15,000 Mann stark. General Kleist hatte sich das Vertrauen und die Liebe dieser Truppen erworben, und konnte mit ihnen machen was er wollte; er hatte gerathen, sie nicht zu theilen (nämlich in das was der König von Sachsen behalten und was preußisch werden sollte), wogegen diese Truppen einen großen Widerwillen gezeigt. Nun kommt aber der Befehl aus Wien, diese Theilung vorzunehmen, welches die Truppen Abends beim Verlesen (wo sie nur Seitengewehre tragen) erfahren. Im Augenblick entsteht ein großer Tumult, sächsische und preußische Offiziere werden mit Steinen geworfen, die ganze empörte Masse zieht mit gezogenem Seitengewehr nach der Wohnung des Feldmarschalls, General Müffling glaubt sie beruhigen zu können, erhält aber einen tüchtigen Stein auf die Schulter, und nur seine massigen Schulterklappen erhalten ihm den Arm. Die Hausthür des Feldmarschalls wurde barrikadirt, große Steine fallen in alle Zimmer, und am Ende laufen die empörten Sachsen Sturm auf die Wohnung, und hätten den Feldmarschall massakrirt, wenn man diesen nicht schon zu einer Hinterthüre hinaus nach einem nahegelegenen Dorfe gebracht hätte. Hier wurde der Befehl an die preußischen Truppen gegeben, auf Lüttich zu marschiren." —

Blücher und Gneisenau nebst dem Generalmajor von Grolman, jetzt Generalquartiermeister, standen wie früher an der Spitze des Heers, dessen ersten Heertheil Zieten, den zweiten Pirch, den dritten Thielmann, und den vierten Bülow befehligte; von den vier früheren Befehlführern, York, Kleist, Bülow und Tauentzien, war demnach nur Bülow beibehalten, was nicht wenig Neid und Eifersucht erweckte. Sein Generalstab bestand aus dem Generalmajor von Valentini, Major von Ruits, Hauptmann von Below und Lieutenant von Trzebiatowski; seine Adjutanten waren der Major von Drigalski, und die Hauptleute von Szwykowski und von Bülow; als zur Dienstleistung ihm zugetheilt werden der Oberst von Miltitz, Major von Royer, Rittmeister Franz von Eckardstein, Hauptmann von Eichler, Rittmeister von Burgsdorf, Lieutenant von Auerswald und noch einige Andre genannt. Sein Heertheil bestand aus 4 Brigaden, befehligt vom Generallieutenant von Hake, Generalmajor von Ryssel, Generalmajor von Losthin und Oberst von Hiller von Gärtringen; die Reservereiterei befehligte der Prinz Wilhelm von Preußen, unter ihm der Generalmajor von Sydow, das Reservegeschütz der Generalmajor von Braun und Oberstlieutenant Moritz von Bardeleben. Das Ganze betrug ungefähr 30,000 Mann.

Erst nach und nach fanden die verschiedenen Truppen, die zum Theil weite Märsche zu machen hatten, sich an den Sammelorten ein; wegen der von den niederländischen Behörden, trotz

aller Einsprache des preußischen Feldherrn, sehr erschwerten
Verpflegung mußten sie in weitläufige Quartiere verlegt wer=
den, ein Umstand, der sogleich höchst nachtheilig werden sollte.
Doch war die preußische Rüstung allen andern voraus; nur
das englische Heer, dem die niederländischen, hannöverschen
und andre deutsche Truppen vereint waren, stand unter dem
Herzog von Wellington bei Brüssel ziemlich schlagfertig da,
doch ebenfalls in zu weitläufigen Quartieren zerstreut; eines
von beiden, im besten Falle beide zugleich, hatten den ersten
Stoß von Napoleons ganzer Macht aufzunehmen, sobald es ihm
beliebte den Krieg zu eröffnen. Von dem Stande der Sachen
schrieb am 19. Mai Bülow aus Lüttich: „— Bei uns ist
noch alles in größter Ruhe, außer daß ein paar Patrouillen
sich begegnet, wobei aber keine Händel entstanden. Napoleon
ist noch immer mit einem großen Theile seiner Truppen in und
bei Paris. Auf allen Straßen nach dem Innern von Frank=
reich sind die Brücken abgebrochen, die Wege verhauen und
verdorben. Eine sehr große Parthei in Frankreich will den
Herzog von Orleans zum König haben, die übrigen Bourbons
sind durchaus gehaßt oder verachtet, so daß ihnen wenig Hoff=
nung übrig bleibt. Meine Truppen sind noch nicht alle bei=
sammen, doch in Zeit von 8 Tagen wird alles komplet sein.
Die große österreichische Armee in Schwaben ist erst den 7.
oder 8. Juni ganz beisammen, weil viele Regimenter an der
türkischen Gränze standen, doch ist schon ein bedeutender Theil
unter Schwarzenberg bei Heilbronn zusammen. Die Russen
kommen noch etwas später; vor Mitte Juni werden die Feind=
seligkeiten wohl nicht anfangen, wenn nicht besondre Begeben=
heiten sie herbeiführen; indessen ist es mehr als wahrscheinlich,
daß man mit irgend einer Parthei in Frankreich unterhandelt,
dennoch glaube ich wird ein Krieg nothwendig sein, um eine
solche Parthei, sei sie welche sie wolle, emporzubringen." Am

5. Juni ebendaher: „Der König der Niederlande ist vorgestern Nachmittag hier angekommen, 20 vierschrötige Lümmel waren von der Munizipalität gedungen um die Pferde vom Wagen zu spannen und ihn nach seiner Wohnung zu ziehen. Um 7 Uhr Abends ging ich mit den Generalen und Stabsoffizieren zu ihm, er war zuvorkommend artig und freundlich. Gestern war ich mit einigen Andern zu Mittag bei ihm, sein Benehmen ist ohnerachtet seiner Königswürde wie ehedem in Berlin, er ist schwach und kleinlich; er ist ein guter Bureau=Arbeiter, aber wahrlich kein Regent. Wir haben ihm einige Wahrheiten gesagt, welche er übrigens ganz gut aufnahm." Ferner am 11. Juni: „Nach sichern Nachrichten sind in der Vendée so wie auch in Bretagne bedeutende Unruhen ausgebrochen. Nach der Vendée sind von Paris aus 25000 Mann auf Wagen transportirt, und in diesen Tagen sind alle Gendarmen aus den nahgelegenen Departements bei Mezières zusammengezogen und sollen nach der Bretagne gegen die dortigen Insurgenten marschiren. — Der größte Theil der französischen Armee steht zwischen Douay, Maubeuge, Rocroy und Mezières; es sollte eine Reserve bei Guise zusammengezogen werden, allein bis jetzt ist wenig dort angekommen. Das Hauptquartier Napoleons kommt nach Laon, einem Posten, den wir ihm haben kennen lernen. Gegen den Ober= und Mittelrhein steht nur wenig, und Marschall Suchet gegen Piemont und Savoyen ist auch nur schwach; es ist indessen Zeit, daß wir uns in Bewegung setzen, damit Napoleon nicht alles was gegen ihn im Aufstande begriffen unterdrückt."

Die Sachen nahmen schnell ein ernsteres Ansehn, und vier Tage nach dem letzten jener Schreiben war die Eröffnung der Feindseligkeiten schon erfolgt. In dieser Aussicht erging aus dem Hauptquartier zu Namur am 14. Juni diese Weisung an Bülow: „Die Nachrichten, welche vom Feinde eingehen, besagen, daß Napoleon sich bei Maubeuge konzentrirt, und es scheint er beabsichtigt, die Offensive gegen die Niederlande zu beginnen. Diesemnach ersuche ich Euer Erzellenz angesichts dieses eine solche Einrichtung in der Verlegung der Truppen des vierten Armeekorps zu treffen, daß sich dasselbe in Einem Marsche bei Hanut konzentriren kann. Blücher." Diese Nachricht traf in Lüttich Morgens um 5 Uhr am 15. Juni bei Bülow ein, der darauf unverzüglich die nöthigen Maßregeln traf, Blücher'n davon Meldung that, und an Grolman die neue Truppenverlegung einsandte.

Der Befehl sagte nicht, daß die Truppen sich bei Hanut sammeln, sondern nur daß sie so verlegt werden sollten, um mit Einem Marsche dort sich sammeln zu können. Dies war geschehen, und Bülow dachte am folgenden Tage sein Hauptquartier in Hanut zu nehmen, wiewohl er weder diesen Marsch billigte, noch überhaupt den Vermuthungen beipflichtete, die man im Blücher'schen Hauptquartier hegte. Noch nach dem Empfang obiger Weisung schrieb er am 15. Juni aus Lüttich: „Hoffentlich wird nun alles bald in Bewegung kommen, welches nothwendig, damit Napoleon nicht mehr Zeit gewinnt, die gegen ihn aufgestandenen Partheien zu unterdrücken. Im Süden von Frankreich kann man erwarten, daß ein großer Theil des Volkes sich mit den Oesterreichern verbinden werde. Napoleon ist gegenwärtig beinahe ganz in den Händen der alten republikanisch-jakobinischen Parthei. Dieses muß für ihn eine sehr üble Lage sein, da er Despot sein will und nichts weniger als Republikaner ist, überhaupt glimmt das Feuer unter der Asche, die ganze Nation ist in Gährung, eine jede Parthei nach ihrer Ansicht. — Die Herren in Namur haben auf Einmal die Angst bekommen, daß Napoleon von Maubeuge aus, wo er angekommen, und den größten Theil seiner Truppen zusammengezogen haben soll, gegen uns zur Offensive übergehen werde; ich glaube nun dieses durchaus nicht, besonders daß er es auf die Weise, wie man es vermuthet, thun wird, nämlich auf der sogenannten Römerstraße zwischen uns und den Engländern, als wohin ich morgen nach Hanut marschire. Allein durch diese unsere Bewegung wird das ganze Land zwischen der Maas und Mosel entblößt, wir werden ihn vielleicht auf den Gedanken bringen, ein Korps hier vorgehen zu lassen, um diese Provinzen zu verwüsten, über Philippeville oder Givet kann sich dieses wieder zurückziehen." Die Meinung Bülow's, Napoleon werde nicht von Maubeuge sogleich angreifend verfahren, war zwar in demselben Augenblick schon thatsächlich widerlegt, und sein Widerspruch gegen die Herren von Namur giebt allerdings eine unzufriedene Gereiztheit zu erkennen; allein jene Meinung hatte mancherlei Gründe für sich, die auch im englischen Hauptquartiere vorwalteten, und seine Unzufriedenheit war einigermaßen berechtigt, denn das Blücher'sche Hauptquartier benahm sich äußerst zurückhaltend gegen ihn, und ließ ihn fast ganz ohne Mittheilungen, da dem Oberbefehlshaber eines Heertheils doch wohl gebührte, von den einlaufenden Nachrichten und von den Absichten und Planen des Feldherrn mitunterrichtet zu sein. Als ein besondrer Widersacher Bülow's im Blücher'schen Hauptquartier galt der General von Grolman.

Noch am 14. Juni Abends 12 Uhr erließ Blücher durch Gneisenau folgende zweite Weisung an Bülow: "Euer Excellenz gebe ich mir die Ehre ergebenst zu ersuchen, das unter Dero Befehlen stehende vierte Armeekorps morgen als den 15. dieses bei Hanut in gedrängten Kantonirungen konzentriren zu wollen. Die eingehenden Nachrichten machen es immer wahrscheinlicher, daß die französische Armee sich uns gegenüber zusammengezogen hat, und daß wir unverzüglich ein Uebergehen zur Offensive von derselben zu erwarten haben. — — Bis auf weiteres bleibt das Hauptquartier des Feldmarschalls Durchlaucht noch in Namur; das Hauptquartier Euer Excellenz dürfte sich wohl am zweckmäßigsten in Hanut befinden, und ersuche ich Euer Excellenz zugleich zur Briefkommunikation einen Brief-Ordonanz-Posten in Hanret zwischen hier und Hanut aufstellen zu lassen. Gneisenau." Dieses Schreiben empfing Bülow den 15. gegen Mittag. Die Truppen waren im Marsch, aber nicht nach Hanut, sondern nach den neuen Quartieren, aus denen sie mit Einem Marsch Hanut sollten erreichen können. Es galt die Frage, was zweckmäßiger sei, die Truppen auf ihren verschiedenen Wegen plötzlich nach Hanut einlenken, wo für ihre Verpflegung nicht gesorgt sein konnte, oder sie die neuen Quartiere erreichen und von da nach Hanut marschiren zu lassen? Bülow entschied sich für das letztere, denn was hiebei vielleicht an Zeit verloren ging, wurde an Verwirrung und Anstrengung erspart, die mit dem erstern Fall unfehlbar verbunden waren. Doch darf man wohl annehmen, daß Bülow, hätte er gewußt, wie die Sachen wirklich standen, was man aber selbst im Hauptquartier zu Namur, wie die einander überstürzenden Befehle zeigen, nicht gleich im Ganzen erkannte, sondern stückweise nach und nach erfuhr, dann seinen Truppen keine Anstrengung würde erspart haben, um sie wenn auch noch so ermüdet an das vorgeschriebene Ziel zu fördern, obwohl dies so früh, wie man es im Blücher'schen Hauptquartier erwartete, wohl in keinem Falle möglich gewesen wäre.

Blücher schrieb auf's neue aus Namur am 15. Juni Mittags um halb 12 Uhr folgenden Befehl an Bülow: „Der Feind hat heute Morgen die Feindseligkeiten angefangen, und drängt mit Heftigkeit die Vorposten des ersten Korps auf beiden Ufern der Sambre auf Charleroi zurück. Bonaparte ist mit seinen Garden selbst zugegen. Euer Excellenz ersuche ich daher, sobald Ihr Korps die nöthige Ruhe bei Hanut genossen hat, spätestens morgen früh mit Tagesanbruch aufzubrechen und auf Gembloux zu marschiren, auch mich von der Stunde Ihres

Eintreffens genau zu benachrichtigen. Ich werde noch heute mein Quartier nach Sombref verlegen, wohin ich die ferneren Meldungen erwarte. Blücher." Grolman sagt, diesem Befehl sei ein gleicher vorausgegangen, mit dem ein Feldjäger schon früh vor 10 Uhr sei abgefertigt worden, da jedoch Bülow noch nicht in Hanut war, so sei der Befehl dort für ihn liegen geblieben, bis ein zweiter Feldjäger mit dem um halb 12 Uhr ausgefertigten Befehl dort angekommen sei, jenen noch uneröffnet gefunden und dann beide zugleich Bülow'n, der auf dem Marsche war, entgegengebracht habe. Wir haben Ursache, an jenem früheren Befehle zu zweifeln, bei Bülow findet sich nur Kunde von dem spätern. Die Sache ist nicht erheblich, außer daß sie beweist, wie leicht in solchen Erörterungen irrige Annahmen sich einschleichen, und wie schwer die unzweifelhaften Thatsachen klar herauszustellen sind. Genug, der Befehl Blücher's, mit Tagesanbruch am 16. Juni von Hanut nach Gemblour zu marschiren, traf Bülow'n erst am 16. Morgens um 5 Uhr noch in Lüttich als er eben zu Pferde stieg um nach Hanut zu marschiren, wo, wie vorausgesetzt wurde, seine Truppen schon gerastet haben sollten. Bülow sandte sogleich nach allen Seiten die dringendsten Befehle zur äußersten Beschleunigung des Marsches; allein sie waren hier noch nicht vereinigt, geschweige denn ausgeruht und zum Weitermarsch fähig, als am 16. Juni Nachmittags um 1 Uhr ein mit Bleistift geschriebener Zettel von Gneisenau daselbst einlief, also lautend: „Das vierte Armeekorps soll in seinem Marsch das Thal des Orneau und Gemblour links lassend auf der Römerstraße bis auf das Plateau bei Artelle vorgehen. Im Auftrage des Herrn Feldmarschalls. Gneisenau." Bülow erneuerte seine ertheilten Befehle, und sandte den Hauptmann von Below zu Blücher, um die eingetretenen Umstände zu erklären und weitere Befehle zu empfangen. Dieser kam Abends nach Namur, fand Blücher'n nicht mehr dort, eilte ihm nach, und traf ihn erst am späten Abend in Sombref. Die Schlacht, zu welcher Bülow hatte mitwirken sollen, die Schlacht am 16. bei Ligny, war unterdessen begonnen, geschlagen und verloren worden.

Wir sind hier zu dem Punkte gelangt, wo Bülow's Verhalten mit bitterstem Tadel gerügt worden, die schwersten Beschuldigungen erlitten hat. Grolman versicherte laut und ohne Scheu noch bei Bülow's Leben, derselbe hätte vor ein Kriegsgericht gestellt werden und den Kopf verlieren müssen, denn er habe kommen können, aber nicht kommen wollen; man führte Worte an die er gesagt haben sollte, er werde den Teufel thun und seine Truppen opfern, um die dummen Streiche Andrer wieder gut zu machen, man erinnerte an seinen Ungehorsam gegen den Kronprinzen von Schweden; doch diesen Ungehorsam hätten Preußen ihm nicht vorwerfen sollen, sie vergaßen, daß dieser Ungehorsam einer des Vordringens und Angreifens, nicht einer des Zurückbleibens gewesen war. Auch zeigte sich in allen seinen Maßregeln das Gegentheil von bösem Willen, wir werden gleich sehen, daß er ankommt, und in welcher Bereitschaft. Grolman hat in seinen spätern Vorlesungen, die er lange nach Bülow's Ableben hielt, jene gehässigen Anschuldigungen nicht wiederholt, er spricht gleichwohl Bülow'n nicht von jedem Tadel frei. Auch Valentini sagt: „Es gehörte der unerschütterliche und leichte Sinn des Siegers von Dennewitz dazu, um von dem Gedanken an die wahrscheinlichen Folgen wohlgemeinten Abweichens vom Buchstaben des Befehls nicht im Gemüth niedergeschlagen zu werden;" und weiterhin: „Sein glücklicher Sinn, der immer heiter in die Zukunft blickte, und keine Gefahr sah, der er nicht gewachsen wäre, hatte ihn hier zu dem Fehler verleitet, eine wichtige Sache zu leicht zu nehmen. Doch hat diese Sinnesart bei vielen andern Gelegenheiten seinen Truppen manche Mühseligkeiten, die Uebereilung, blinder Lärm und

Aengstlichkeit verursachen, erspart, und sie wohlgenährt, kräftig und gutes Muthes in den Thaten erhalten, zu denen er sie führte." Diese Entschuldigungen setzen etwas voraus, was keinesweges erwiesen ist, nämlich daß Bülow auf die erhaltenen Befehle mit seinen Truppen kampffertig zur Schlacht von Ligny hätte eintreffen können. Man läßt außer Acht wie spät die Befehle ausgefertigt, wie schlecht sie befördert worden. Hier ist der Ort zu bemerken, daß Müffling, der sonst diese Geschäfte mitbesorgte, und von dem wir anerkennen müssen, daß er die Ordnung und Pünktlichkeit des Blücher'schen Hauptquartiers war, diesmal sich nicht hier, sondern bei Wellington befand. Bülow selbst sagte später zum Hauptmann von Below: „Wenn die Schlacht von Bellealliance nicht so glücklich abgelaufen wäre, würden die Herren ihr Möglichstes gethan haben' mich vor ein Kriegsgericht zu stellen, was ich indeß durchaus nicht gefürchtet haben würde."

Doch sehen wir sein ferneres Verhalten! Sobald er vernommen, daß Blücher sogleich eine Schlacht liefern wolle, was ihm übrigens eine Uebereilung dünkte, so war sein Eifer in vollster Thätigkeit. Nach allen Richtungen flogen seine Adjutanten, die marschirenden Truppen zur Eile zu treiben. Er befahl: „Was bei Hanut angekommen, soll kochen und futtern, dann sogleich auf der Römerstraße weitermarschiren." Er selbst sprengte dahin, und an der Spitze der ersten dort gesammelten Brigade zog er eiligst dem Kanonendonner zu, der dumpf schon herüberschallte. Gegen Abend erreichte er die Gegend von Gemblour, die andern Brigaden folgten so rasch sie konnten, aber erst am 17. war alles, nachdem schon in die Bewegung nach Wavres eingelenkt worden, wieder beisammen, nach einem unerhört anstrengenden Marsch. Mehrere Abtheilungen hatten in 16 Stunden über 9 deutsche Meilen zurückgelegt. —

In Gemblour fand er die bei Ligny geschlagenen Truppen

auf dem Rückzuge nach Tilly und Wavres begriffen. Er ließ seine Truppen längs der Römerstraße streitfertig lagern, die Brigade Hake rückwärts bei Hottomont, um die Straße von Namur nach Löwen zu bewachen, welche dort die Römerstraße durchschneidet. Thielmann's Brigaden Borck und Stülpnagel konnten erst um 3 Uhr Morgens ihren Rückzug vom Schlachtfelde bewirken, Thielmann selbst kam mit den übrigen Truppen erst um 7 Uhr durch Gemblour und hielt jenseits bis 2 Uhr Nachmittags Rast. Dies konnte er wagen, weil er von Bülow benachrichtigt war, daß dieser eine Stunde hinter Gemblour lagerte. Mit Ingrimm sah Bülow die unglücklichen Folgen und vernahm er die näheren Umstände der gelieferten Schlacht, und als unerwartet sein ehemaliger Adjutant der Major von Weyrach erschien, schüttete er seinen ganzen Unmuth vor demselben aus. Dieser war jetzt in gleicher Eigenschaft bei Blücher, und von Gneisenau während der Schlacht auf den linken Flügel zu Thielmann geschickt worden, um ihn aufzufordern seinerseits anzugreifen, aber Thielmann konnte nichts ausrichten; indeß verging einige Zeit, die französische Reiterei durchbrach die preußische Linie, die Preußen mußten zurück, und Weyrach, dadurch abgeschnitten, mußte bei Thielmann bleiben, erst um 7 Uhr Morgens am 17. kam er in Melioreur wieder zu Blücher, der ihn unverweilt an Bülow sandte, um dessen Marsch nun über Walhain und Corbair gegen Dion-le-Mont und Wavres zu leiten. Als Weyrach den General in Basse-Bodecée um halb 10 Uhr fand, freute dieser sich zwar des Wiedersehens seines ehemaligen Adjutanten, ergoß sich aber zugleich in heftige Vorwürfe und Klagen über die Voreiligkeit, mit der man ohne ihn abzuwarten eine Schlacht eingegangen sei, auf solche Weise werde das Heer einzeln aufgerieben, und andre dergleichen Aeußerungen, die doch nur aus dem alten Vertrauen und der hohen Achtung hervorgingen, welche er für seinen ehemaligen

Adjutanten hegte, und die derselbe deßhalb ruhig anhören konnte, ohne sie mit seinem amtlichen Auftrag in Verbindung zu setzen. Indeß traf Bülow nun ohne Verzug alle Anstalten zum Marsche nach Wavres, und sandte den noch rückwärtigen Truppentheilen den Befehl, ihre Richtung unmittelbar dorthin zu nehmen.

Im Blücher'schen Hauptquartier hingegen war man über Bülow sehr aufgebracht. Nur Blücher, der obschon verletzt und leidend doch nur daran dachte eine neue Schlacht zu liefern, sah in Bülow und seinen frischen Schaaren nur das, was sie morgen thun konnten, nicht was sie gestern hätten thun können; er wollte mit dem tapfern Waffenbruder nicht hadern, und meinte dem besten Kriegsmann könne einmal solch Unglück widerfahren, wenn er aber nur das Herz auf dem rechten Fleck habe, sei es nicht von Bedeutung; Zeit und Raum immer genau zu berechnen, bekannte er, sei auch bei ihm selbst nicht die starke Seite. — Diese so schwere und wichtige Kunst sollte eben jetzt wieder in gefährliche Anwendung kommen! —

Wellington, der auch nicht im Stande gewesen war, obgleich er es versprochen hatte, am 16. Blücher'n bei Ligny Hülfe zu leisten, weil er selbst ein hartnäckiges Treffen bei Quatre-Bras zu bestehen gehabt, stand jetzt am 17. mit seiner ganzen Macht daselbst; er hatte gemeint, heute gemeinschaftlich mit Blücher den Feind anzugreifen; als er aber ziemlich spät, denn die beiderseits in der Nacht abgeschickten Offiziere waren nicht angekommen, den Unfall von Ligny und den Rückzug auf Wavres erfuhr, fand er seine Stellung bei Quatre-Bras nicht länger haltbar, sondern zog sich auf Mont-Saint-Jean zurück; hier aber wollte er, auf die unverhoffte Zusicherung Blücher's, zu einer neuen Schlacht mit seinem ganzen Heer anzukommen, diese nun annehmen und festen Fußes den Feind erwarten.

Bülow, von diesen Absichten unterrichtet und wegen ihrer Ausführung zu Rath gezogen, entwarf im Augenblick die nach=

folgende bündige Disposition, die von ihm unterschrieben und mit Blücher's Einvernehmen an Wellington gesandt wurde: „Im Fall daß die Mitte oder der linke Flügel der Wellington'schen Armee angegriffen wird, passirt das vierte preußische Armeekorps die Lasne bei Lasne, stellt sich auf dem Plateau zwischen La Haye und Aywiers auf, um sodann dem Feinde in die rechte Flanke und den Rücken zu gehen. Mein Rath ist, daß dann ein anderes preußisches Korps über Ohain geht, um den meist bedrohten Punkt der englischen Armee zu unterstützen. Ein drittes Armeekorps kann über Maransart und Sauvagemont vordringen, und den linken Flügel und den Rücken des vierten Armeekorps decken. Ein viertes Armeekorps bleibt bei Couture in Reserve. Bülow von Dennewitz." Für den kriegskundigen Leser wird es merkwürdig sein, diese Disposition Bülow's mit der von Müffling über 30 Jahre später als die seinige in seine Denkwürdigkeiten aufgenommenen zu vergleichen; sie lautet: „Vorschläge des Generalmajors von Müffling, im Auftrage des Feldmarschalls Herzog von Wellington, wie die preußische Armee in Uebereinstimmung mit der englischen Armee agiren könne, im Fall daß letztere am 18. Juni von der französischen Armee angegriffen würde.

Erster Fall. Der Feind greift den rechten Flügel des Herzogs von Wellington an. Dann kann ihn die preußische Armee über Ohain verstärken.

Zweiter Fall. Der Feind greift das Zentrum und den linken Flügel der englischen Armee an. Da würde eine Offensive der preußischen Armee, auf dem Höhenzuge fort, am wirksamsten sein, und das schwer zu passirende Thal bei La Haye rechts liegen bleiben.

Dritter Fall. Der Feind wendet sich gegen Saint-Lambert. Dann würde der Herzog von Wellington mit dem Zentrum gegen Genappe vorrücken, und den Feind in der linken Flanke und im Rücken angreifen." — Man wird in diesen beiden Entwürfen einen nahen Bezug auf einander leicht erkennen, und das Frühere und Spätere darin dünkt uns nicht schwer zu unterscheiden.

In der Nacht vom 17. zum 18. Juni war Blücher's Hauptquartier in Wavres, die Heertheile Zieten und Thielmann, die am meisten gelitten hatten, waren auf das linke Ufer der Dyle hinübergegangen, die Heertheile Pirch und Bülow lagerten noch auf dem rechten. Der Marsch zur Unterstützung Wellington's wurde in 2 Kolonnen angeordnet, die linke aus den Heertheilen Bülow und Pirch bestehend, sollte auf Saint=Lambert, die rechte, der Heertheil Zieten, über Ohain gehen, Thielmann in und bei Wavres bleiben. Bülow erhielt Befehl, mit dem Frühsten von Dion=le=Mont aufzubrechen, über die Dyle und durch Wavres in der Richtung auf Saint=Lambert vorzurücken. Die Brigade Losthin als Vorhut war kaum durch Wavres marschirt, so brach in der Hauptstraße des Ortes Feuer aus, welches längere Zeit nicht gelöscht werden konnte; die Truppen fanden Nebenwege, allein Geschütz und Pulverwagen mußten zurückbleiben, und die Versperrung der Straße verursachte großen Aufenthalt. Die Brigade Losthin kam zwar schon um 10 Uhr bei Saint=Lambert an; aber in längern Zwischenräumen erst konnten die Brigaden Hiller und Hake, dann die Reservereiterei, und endlich als Nachhut die Brigade Ryssel folgen. Starke Regengüsse hatten die Wege verdorben, und noch immer fiel heftiger Regen, so daß die Truppen unter den größten Mühsalen nur schwierig weiterkamen, besonders aber Geschütz und Pulverwagen sehr verzögert wurden. Pirch's Heertheil, der Bülow'n folgte, erfuhr noch größere Hindernisse, indem er gegen den Feind, der auf Wavres endlich nachgefolgt war und dort lebhaft angriff, 2 Brigaden zurücklassen mußte. Sein Marsch wurde von jenseits der Dyle heftig mit Granaten beschossen.

Zieten, der über Ohain gehen sollte, setzte sich erst um die Mittagszeit von Bierge in Bewegung.

Blücher hatte sich zu Bülow begeben, und war mit ihm nach Saint-Lambert vorausgeritten, mit Ungeduld das Herankommen der Truppen erwartend und beschleunigend. Um 2 Uhr Nachmittags erhielt er daselbst die Nachricht, daß Thielmann von der ganzen Macht des Marschalls Grouchy bedroht sei; der Alte ließ sich das nicht anfechten; in der Flanke beschossen, im Rücken hart bedrängt, Engwege vor sich, alles war ihm gleichgültig, er hatte jetzt nur das eine Ziel, vorwärts an den Feind zu gelangen, das im Kampfe begriffene englische Heer zu unterstützen. Als jene Nachricht später in dringendster Meldung sich wiederholte, änderte sie nicht das Geringste in dem begonnenen Angriff.

Wir müssen jetzt auf das englische Heer und den dortigen Stand der Dinge zurückblicken, und erlauben uns hiezu eine schon frühere Schilderung zu wiederholen. „Die Engländer hatten bei Quatre-Bras — heißt es in Blücher's Lebensbeschreibung — bloß eine starke Nachhut dem Marschall Ney gegenüber zurückgelassen, die den Feind verzögerte, doch ohne den Angriff selbst abzuwarten, sondern in der Richtung von Brüssel abzog. Dahin folgte Napoleon mit allen seinen Truppen voll Eifer und mit größter Anstrengung. Es hatte die Nacht geregnet, und regnete immerfort, der Boden war bald völlig durchweicht, die schwarze Erde löste sich in zähe Flüssigkeit auf, und mit unsäglichen Beschwerden kam das Heer, auf der schlammigen Straße, und in den alsbald unter den Hufen der Pferde grundlos gewordenen Getraidefeldern, nur langsam fort. Bei Genappe hielt die englische Reiterei ernstlich Stand, und setzte erst nach hitzigem Gefecht ihren Rückzug fort. Erst am Abend gelangte der französische Vortrab an die englische Stellung von Mont-Saint-Jean, die sogleich, aber vergeblich, angegriffen

wurde. Die Nacht brach herein, und machte dem Gefecht ein
Ende. Furchtbare Regengüsse strömten diese Nacht vom Him=
mel; die Truppen litten unbeschreiblich, die Tritte versanken im
Koth, Geschütz und Wagen schienen kaum fortzubringen. Am
folgenden Morgen, den 18. Juni, waren die Franzosen sehr
überrascht, den Feind, welchen sie unter Begünstigung der Nacht
über Brüssel hinaus abgezogen glaubten, unverrückt in derfel=
ben Stellung, wie am vorigen Abend, vor sich zu finden. Na=
poleon mußte bald erkennen, daß Wellington's ganzes Heer auf
der Anhöhe von Mont=Saint=Jean schlagfertig ihm gegenüber
hielt. Der rechte Flügel, von Lord Hill befehligt, stand rechts
der Straße von Nivelles und erstreckte sich in der Richtung von
Braine=la=Leude. Die Mitte, unter dem Prinzen von Oranien,
hielt die Strecke zwischen den beiden Straßen von Nivelles und
von Charleroi, und, vorwärts dieser Stellung, rechts das Vor=
werk Hougomont in einem Wäldchen, und links den Meierhof
la Haye=sainte besetzt. Der linke Flügel, unter dem General
Picton, stand zwischen der Straße von Charleroi und den Dör=
fern Papelotte und la=Haye bis gegen Frichemont. Die Schlachtordnung war in zwei gedrängten Treffen; die Reiterei, als
drittes Treffen, stand in der Vertiefung, welche sich hinter der
Anhöhe hinzog; Wellington hatte sein Hauptquartier rückwärts
in Waterloo, am Ausgange des Waldes von Soignes. Die
sämmtlichen Truppen betrugen etwa 68,000 Mann; mit 18,000
Mann stand der Prinz Friedrich der Niederlande bei Hall, um
die rechte Flanke des Heeres, welche durch eine Scheinbewegung
Napoleons bedroht war, zu decken. Napoleon ordnete sein Heer
auf der Anhöhe von Bellealliance zum Angriff. Aber nur müh=
selig und langsam trafen auf durchweichtem Weg und Feld die
Truppen ein; einzelne Regenschauer fielen noch von Zeit zu
Zeit, der Boden erschwerte jeden Fortschritt. Erst um Mittag
konnte Napoleon den Befehl geben, zum Angriff vorzurücken.

Der zweite Heertheil, unter dem General Reille, wandte sich links, der erste, unter dem General Drouet, rechts, von Belle-alliance gegen die englische Linie andringend; der sechste, unter dem General Mouton, blieb in der Mitte rückwärts halten, noch weiter zurück die Garde; die Reiterei war auf beiden Seiten vertheilt. Zuerst wurde links das Vorwerk Hougomont heftig angegriffen, aber nicht minder hartnäckig vertheidigt. Nachmittags um 2 Uhr wurde auch der Angriff rechts gegen den Meierhof la-Haye-sainte und das Dorf la-Haye durch den Marschall Ney mit stärkstem Nachdruck ausgeführt. Auf letzteren Punkt richtete Napoleon den Hauptstoß, weil der linke Flügel Wellington's der schwächere schien, hier die Verbindung mit den Preußen abzuschneiden war, und auf dieser Seite auch Grouchy's Streitkräfte mitwirken konnten. Das Feuer aus dem Geschütz, aus dem Kleingewehr, die Angriffe mit blanker Waffe, wechselten mit immer neuer Wuth; die Reiterei wogte in stürmenden Angriffen hin und wieder, und zerstörte sich gegenseitig in furchtbarem Gemetzel, ohne irgend einen wesentlichen Erfolg. Dieser Kampf dauerte mehrere Stunden, die Franzosen fochten mit andringender Wuth, die Engländer mit ausdauernder Standhaftigkeit. Endlich wurde der Meierhof la-Haye-sainte den Engländern entrissen, darauf auch das Wäldchen von Hougomont, allein weiter vorzudringen war den Franzosen unmöglich. Wellington, sein Heer mehrmals in Gefahr sehend durchbrochen zu werden, eilte persönlich in das stärkste Feuer, zeigte sich den Truppen, und strengte alle Kräfte an, sich gegen die Uebermacht zu behaupten, bis Blücher mit den Preußen herankäme, und dem Kampf eine entscheidende Wendung gäbe. Er wußte, daß Blücher kommen würde, er wußte ihn im Anzuge, die Vortruppen desselben schon in der Nähe, doch wurde dessen wirkliches Eintreffen auch schon mit jedem Augenblicke nöthiger. Napoleon entwickelte unaufhörlich neue Streitkräfte, sein Geschütz wirkte verheerend, seine Truppen rückten entbrannt zu neuen Angriffen vor; die Kräfte Wellington's erschöpften sich. Es war hohe Zeit, daß Blücher auf dem Kampfplatz erschiene, doch zeigte sich von ihm noch keine Spur, und die Lage der Dinge wurde jeden Augenblick bedenklicher."

Erst um 3 Uhr waren Bülow's Truppen bei Saint=Lambert beisammen. Feindliche Reiterei, die zwischen Limale und Saint=Lambert durch die Dyle gesetzt hatte, erschien in der linken Flanke, Bülow sandte ihr 2 Regimenter Landwehrreiterei entgegen, und setzte seinen Marsch fort, durch die Engen von Saint=Lambert und Lasne möglichst rasch vorwärts, um jenseits derselben, wo die Gegend offener wurde, sich zu entwickeln. Reiterschaaren sprengten voraus nach Maransart und Lerouet, um zu erkunden ob in der linken Flanke irgendwo der Feind sich zeige; auf die Meldung, daß in dieser Richtung alles sicher sei, ging es eiligst vorwärts zum Gehölz von Frischermont, das rasch mit 2 Bataillonen Fußvolk und 1 Husarenregiment besetzt wurde. Merkwürdigerweise war der Major von Lützow vom Generalstabe mit einer Abtheilung Husaren schon Morgens um 10 Uhr in dies Gehölz vorgedrungen, ohne vom Feind entdeckt worden zu sein. Die Brigaden bildeten in breiter Front Angriffskolonnen von allen Waffen, und blieben verdeckt aufgestellt, das Herankommen der andern Truppen erwartend.

Schon war es nach 4 Uhr, und keine Zeit mehr zu verlieren, wenn Wellington nicht unterliegen sollte. Nur 18,000 Mann standen erst kampfbereit, aber der Angriff mußte geschehen. Die beiden vordersten Brigaden Bülow's, bisher hinter dem Pariser Gehölz verborgen, rückten grade in die rechte Flanke der Franzosen und senkrecht auf ihre Rückzugslinie vor, und entfalteten sich in Schlachtordnung, Losthin rechts, Hiller links; Hiller besetzte in seiner linken Flanke ein Gebüsch mit 2 Füsilierbataillons. Die Franzosen stellten anfangs nur Plänklerlinien und Reiterei entgegen, doch bald erhob sich auch ein heftiges Kartätschenfeuer, aus dem die preußische Reiterei etwas zurückwich. Das Geschütz der Brigade Losthin, auf einer Höhe aufgefahren, antwortete lebhaft, zugleich drang das Fußvolk in der Richtung auf Smouhen vor, erstürmte das Schloß von Frischermont, dann auch Smouhen, und knüpfte so die erste Verbindung mit Wellington's Linie an. Müffling war hier auf Wellington's äußerstem linken Flügel voll thätigen Eifers, den Heranmarsch der Preußen zweckmäßig zu leiten, und sandte nach einander viele Offiziere ab, den Stand der Sachen nach beiden Seiten hin zu melden.

Bülow ließ hierauf die Brigade Hiller sich links ziehen, um Napoleons rechten Flügel zu umgehen; das Dorf Plancenois wurde zum nächsten Ziel gewählt. Nun rückten auch, da sich der Raum erweiterte, die beiden später angekommenen Brigaden ins Gefecht; Prinz Wilhelm von Preußen füllte mit der Reiterei und ihrem Geschütz die Lücke, welche durch das Linksziehen der Brigade Losthin entstand.

In kurzer Zeit war der ganze Heertheil des Generals Mouton gegen die Preußen in's Gefecht gerückt, um nicht umgangen zu werden zog sich die französische Linie gegen Plancenois zurück, und Napoleon sandte den General Duhesme mit 6 Bataillons junger Garde und 24 Kanonen auf den rechten Flügel Mouton's zur Verstärkung. Eine neue Meldung Thielmann's, daß er heftig gedrängt werde, hatte zur Folge, daß Blücher ihm sagen ließ, mit allen Kräften den Uebergang der Dyle dem Feinde zu wehren, und daß er Bülow'n den Befehl ertheilte rasch vorzugehen und Plancenois zu nehmen.

Bülow ließ durch Hiller das Dorf von drei Seiten mit je 2 Bataillonen zugleich angreifen; rechts und in der Mitte drang das tapfre Fußvolk unter furchtbarem Feuer in das Dorf, nahm 3 Kanonen und erstürmte den Kirchhof, aber der Feind behauptete sich in Häusern und Gärten standhaft, und sein mörderisches nahes Gewehrfeuer zwang die Preußen zum Rückzug, den ihnen feindliche Reiterei schon abzuschneiden drohte. Durch frische Bataillone verstärkt rückten sie unerschrocken zum zweitenmale vor, das Dorf wurde nun völlig erobert. Aber auch Napoleon sandte rasch Verstärkung, und die Franzosen waren wieder im Besitz; sie fochten mit solcher Erbitterung, daß ihre Plänkler bis nahe zu den preußischen Batterieen herandrangen; Reiterei brach gegen Reiterei hervor, Fußvolk auf Fußvolk, es war ein gewaltiger Kampf, der hin und her wogte, kein Theil wollte weichen.

Jetzt erst, nach 6 Uhr, kam der Heertheil von Pirch auf dem Schlachtfeld an, und seine 2 Brigaden rückten auf Bülow's linkem Flügel in's Gefecht. Vom rechten Flügel verkündete der verstärkte Geschützdonner, daß nun auch der Heertheil von Zieten mit Macht herankomme.

Da machte Napoleon einen allgemeinen heftigen Angriff. Er suchte mit aller Gewalt die Verbindung der Preußen mit den Engländern zu hindern, er ließ alles was er an Geschütz noch verfügbar hatte nach dieser Seite aufpflanzen und ein schreckliches Feuer eröffnen, und griff zugleich die Mitte und den linken Flügel Wellington's mit Muth an; die Franzosen nahmen Papelotte wieder und suchten auch Frischermont wieder zu gewinnen. Zwischen Frischermont und Plancenois stand alles im stärksten Feuer. Als der General Durutte dann Smouhen wieder nahm, und die Engländer zu weichen begannen, auch ihre Kanonen verstummten, war die Gefahr augenscheinlich; mit dem Einrücken Zieten's in das Gefecht aber verschwand sie sogleich. Er drang gradeswegs auf Smouhen vor, und ließ 32 Kanonen in dieser Richtung feuern. Das preußische Geschütz fuhr in die Stellung der englischen Kanonen auf, die sich verschossen hatten, der Oberstlieutenant von Reiche, früher an der Spitze von Bülow's Generalstab, jetzt von Zieten's, richtete die Batterieen so, daß 2 dem Feind, der Bülow'n entgegenstand, in die linke Flanke, zwei andre dem, der den Engländern gegenüber war, in die rechte Flanke schossen.

Den vereinten Anstrengungen Bülow's und Pirch's gelang es nun auch auf dem linken Flügel den Feind gänzlich zu schlagen; Bülow selbst machte an der Spitze des 15. Fußregiments, zur Brigade Hiller's gehörig, den letzten Sturm auf Plancenois, das nun schließlich genommen und behauptet wurde. Die Franzosen wichen auf allen Seiten in größter Zerrüttung. Die Engländer athmeten wieder auf. Wellington sandte 6 Reiterregimenter vor. Alle preußischen Truppen drangen unaufhaltsam zu der Höhe von Bellealliance vor, die ihnen Blücher als allgemeines Ziel bezeichnet hatte, hier trafen auch die Sieger Blücher und Wellington zusammen, und ersterer gab der Schlacht den Namen von diesem Ort. —

Napoleon war gänzlich geschlagen, sein Heer in völliger Auflösung; bei Leipzig verlor er nur Deutschland, und behielt noch Frankreich, hier verlor er auch Frankreich und behielt nichts mehr. Wie bei Leipzig war auch hier Bülow zum entscheidenden Schluß erschienen, hatten seine Truppen den heißesten Kampf siegreich bestanden, die 7000 Todten und Verwundeten, welche die Preußen an diesem Tage hatten, waren größtentheils von seinem Heertheil. Unter den Augen des Oberfeldherrn dessen Befehlen folgend, hatte er doch für die Ausführung immer freie Hand behalten, weder Blücher selbst noch Gneisenau hatten sich eingemischt, vielmehr rühmten beide den richtigen Blick, die ruhige Sicherheit, den unerschrockenen Muth, die in allen seinen Anordnungen, und besonders in der Verwendung der Truppen, immer vorwalteten. Jetzt dachte niemand an Vorwürfe, Blücher umarmte ihn, Wellington bot ihm und Gneisenau'n die Hand, und ertheilte, er der karg mit solchen Worten war, ihnen und den Truppen die größten Lobsprüche.

Inzwischen war es Nacht geworden. Der Feind floh mit Hinterlassung aller Kanonen, Pulverwagen, Gepäckfuhren, in schrecklichster Verwirrung. Die Engländer waren völlig erschöpft; die Preußen übernahmen die Verfolgung; Gneisenau raffte die noch frischeste Mannschaft zusammen und eilte dem Feind auf den Fersen nach. Auf der Brüsseler Straße trafen Truppen von allen Heertheilen zusammen, die vom Bülow'schen aber waren die vordersten; die Brigade Hiller hatte von Plancenois eine zweckmäßige Richtung schräg vorwärts genommen, und schnitt dadurch einen Theil des feindlichen Nachzuges ab; das Füsilierbataillon des 15. Fußregiments nahm hiebei eine Menge von Geschütz und Gepäck, darunter mit reicher Beute den eignen Wagen Napoleons, aus dem er eiligst herausgesprungen war, um zu Pferde leichter fortzukommen. Bei Genappe wollte der Feind Halt machen, und zündete Lagerfeuer an, doch das Wirbeln der Trommeln und einige Granatwürfe ließen ihn die Flucht fortsetzen. Die Truppen marschirten die Nacht hindurch bis Mellet, wo sie am 19. Vormittags einige Stunden lagernd rasteten; Bülow ließ die Ordnung völlig herstellen, Lebensmittel herbeischaffen, Munition austheilen, der Hauptmann von Reyher stellte die Vorposten aus, sammelte Nachrichten vom Feinde, der in der linken Flanke des Heers noch eine beträchtliche Macht in dem Heertheile des Marschalls Grouchy hatte. Der Marsch wurde bald wieder angetreten und bis Fontaine l'Evêque fortgesetzt.

In der Nacht zum 20. kam von Blücher der Befehl, eine starke Vorhut jenseits der Sambre auf Thuin vorzuschicken, was Bülow durch Sydow's Reiterbrigade und 4 Bataillons ausführen ließ. Bülow selbst marschirte am 20. nach Colleret; ihm wurde noch eine Brigade vom Heertheile Pirch's überwie=

sen, um die Festung Maubeuge auf beiden Ufern der Sambre einschließen zu können. Am 21. gelangte Bülow bis Merville, am 22. nach Fesmy und Hanappe, die Reiterei bis Cateau-Cambresis; Avesnes wurde beschossen und ergab sich.

Da Blücher und Wellington am 23. beschlossen, mit den vereinigten Heeren gradezu nach Paris vorzugehen, so wurde den Truppen ein Ruhetag gegönnt, dann aber der Marsch unaufhaltsam fortgesetzt. Bülow hielt während desselben gute Mannszucht, und jede Plünderung oder Mißhandlung der Einwohner wurde streng bestraft.

Am 24. Juni ging die Vorhut bis Fontaine-Notre-Dame, Saint-Quentin wurde durch Sydow schnell besetzt. Am 25. in aller Frühe brach die mit 1 Husarenregiment verstärkte Vorhut wieder auf, und gelangte nach Jussy; Bülow ließ alle Reiterei, unter Anführung des Prinzen Wilhelm von Preußen dicht folgen um sogleich zur Hand zu sein. Am 26. machte er den Truppen bekannt, die eingetretenen starken Märsche seien zur Erreichung eines entscheidenden Ergebnisses nothwendig, sie möchten daher muthig ausdauern, den Befehlshabern schrieb er vor, diesen Zweck stets im Auge zu haben, sonst aber den Soldaten alle Erleichterung zu gewähren. Die Märsche betrugen 3, 4 bis 5 deutsche Meilen. Erst am 27. stieß man wieder auf den Feind. Sydow kam den Franzosen in Creil zuvor und behauptete die Brücke über die Oise. An demselben Tage hatte Bülow den Major von Blankenburg über Pont-Saint-Marence mit einem Regiment pommerscher Landwehrreiter nach Senlis vorgeschickt, wo er Abends um 9 Uhr eintraf und seine Leute absitzen und füttern ließ, da sprengte plötzlich Kellermann mit einer Brigade französischer Küraßiere auf den Markt; Blankenburg warf zwar den ersten Anfall tapfer zurück, mußte dann aber doch der Uebermacht weichen, und sich wieder gegen Pont-Saint-Marence ziehen. Gleich traf auch die zweite Brigade

Kellermann's ein, aber auch schon die Vorhut Bülow's, und nun zog der Feind, der nur weitermarschiren wollte, eiligst ab nach Gonesse.

Dahin folgte die Vorhut rasch am 28. Juni. Der Heertheil Zieten hatte ein Gefecht bei Nanteuil, der von Pirch eines bei Villers-Cotterets. Der Prinz Wilhelm stieß mit seiner Reiterei Nachmittags auf die französischen Truppen, die im Rückzuge von Nanteuil begriffen waren, er griff sie unverzüglich an, der Rückzug wurde Flucht, und die Preußen machten gegen 2000 Gefangene.

Bülow's Truppen waren an der Spitze des Heers, die nächsten an Paris. Am 29. Juni standen sie vor Saint-Denis, welches aber vom Feinde stark besetzt und nicht angreifbar war. Bülow besetzte das Dorf le-Bourguet, und näher an Saint-Denis das Dorf la-Cour-neuve. Am folgenden Tage ritt er mit einer Reiterschaar in aller Frühe weit vor gegen die feindlichen Posten, um die Stellung und Stärke des Feindes hinter dem Kanal von Saint-Denis und auf dem Montmartre genauer zu erkunden. Zu demselben Zweck ließ er noch vor Tagesanbruch Aubervilliers durch Sydow mit 10 Bataillons und 2 Reiterregimentern angreifen; der Feind floh und hinterließ 200 Gefangene. In der linken Flanke hinter dem Durcq zeigte sich viel feindliches Fußvolk und Kanonen, die ein lebhaftes Feuer machten, doch ohne zu schaden. Hiller machte unterdeß mit 6 Bataillons 1 Reiterregiment und 6 Kanonen einen Versuch gegen Saint-Denis; aber Nachmittags brach der Feind in Stärke hervor, griff hitzig an, und wurde erst nach scharfem Plänkler-Gefecht hinter seine Schanzen und Verhaue zurückgedrängt. Sydow mußte nachher rechts auf Argenteuil marschiren, um die Verbindung mit Thielmann zu unterhalten, der dorthin vorrückte.

In der Nacht zum 1. Juli verließ Bülow seine Stellung,

in welche englische Truppen einrücken sollten, und marschirte über Dugny und Pierrefite nach Argenteuil, im Vorbeimarsche Saint-Denis mit seinem Geschütz begrüßend, dann nach Saint-Germain, und am 2. Juli nach Versailles, wo die Truppen ein Lager bezogen.

Die Uebergabe von Paris erfolgte am 4. Juli, das wieder angesammelte französische Heer mußte hinter die Loire zurückgehen. Napoleons Sturz war zum zweitenmal und diesmal unwiderruflich entschieden. Die Verhandlungen über den Frieden begannen; die Wiederkehr der Bourbons konnte nicht hindern, daß die Verbündeten diesmal strengere Bedingungen setzten, erhielt jedoch Frankreich im Besitz der ursprünglich deutschen Provinzen, auf welche die Vaterlandsfreunde vergeblich Anspruch machten. Bülow schrieb am 4. Juli aus Versailles an seine Frau: „Ich eile Dir die Nachricht mitzutheilen, daß Paris nebst den Resten der französischen Armee heute früh kapitulirt hat, mithin der Krieg beendigt ist, indem wahrscheinlich noch heute oder morgen Ludwig der Achtzehnte abermals proklamirt werden wird. — Ob eine richtige Relation von der Bataille am 18. erscheinen wird, daran zweifle ich; ich lege Dir daher ein Pariser Blatt bei, worin die Wellington'sche Relation steht, so wie sie in den englischen Blättern bekannt gemacht ist."

Bülow's Heertheil sollte die Ehre des Einzugs in Paris haben, wo schon der von Zieten eingerückt war. Am 9. Juli früh um 6 Uhr brach er von Versailles auf, der Prinz Wilhelm von Preußen nahm die Vorhut, dann folgte die Reservereiterei, dann die übrigen Brigaden. Die Truppen kehrten am 11. und 12. nach Versailles und Rambouillet zurück, wo sie in weite Quartiere verlegt wurden.

Erst in Paris empfing Bülow eine Königliche Kabinetsordre, die schon unter dem 29. Juni aus dem Hauptquartier Weißenburg an ihn war erlassen worden. Sie lautete: „Da

es meine Absicht ist, daß der Kronprinz den jetzigen Krieg mit
dem größtmöglichsten Nutzen für seine militairische Ausbildung
mache, so habe ich beschlossen ihn zu diesem Behuf zum 4. Armee=
korps zu senden, und wünsche, daß Sie sich damit beschäftigen
mögen, die Erfahrungen und Vorfälle des Krieges für ihn so
lehrreich als möglich werden zu lassen. Ich erwähle Sie hierzu
in der Ueberzeugung, daß der Kronprinz unter Ihren Augen
und Ihrer Anleitung mit wahrem Nutzen, und aus großen sei=
nem künftigen Beruf entsprechenden Gesichtspunkten, den Krieg
kennen lernen wird. Ich brauche es Ihnen aber gewiß nicht
bemerklich zu machen, wie nöthig es ist, die genaue Kenntniß
des Materiellen der Kriegführung, der Armee=Einrichtungen und
des Feldbienstes unter allen Beziehungen erst vorangehn zu
lassen, ehe der Kronprinz zur Beurtheilung des Krieges im
Großen geleitet werde, weil diese ohne Kenntniß der Elemente
der Kriegführung nicht möglich ist. Ich überlasse es ganz Ihrer
Beurtheilung, den Kronprinzen durch Aufträge, Expeditionen,
welche seinen Kenntnissen und seiner Erfahrung angemessen sind,
Führung von Truppenabtheilungen u. s. w. für seine künftige
Bestimmung vorzubereiten, und je thätiger Sie ihn beschäftigen
wollen, desto nützlicher werden die Folgen für die Ausbildung
des Prinzen sein. Ich empfehle Ihnen deßhalb diese mir sehr
wichtige Angelegenheit zur vorzüglichsten Sorgfalt und Bemü=
hung, und werde darin gern ein neues Verdienst erkennen, wel=
ches Sie sich um mich und den Staat erwerben." Nichts konnte
für Bülow ehrenvoller und schmeichelhafter sein, als dieses Ver=
trauen, das der König nicht nur in seine Kriegstüchtigkeit, son=
dern auch in seinen Karakter setzte; da jedoch der Krieg so gut
wie beendet war, so fehlte schon die Gelegenheit, den vom Kö=
nig ertheilten Vorschriften in vollem Umfang zu genügen.

Gleich darauf erhielt er einen neuen Beweis der anerken=
nenden Achtung und des besondern Wohlwollens, welche der

König ihm hegte, durch folgendes Kabinetsschreiben vom 11. Juli, das ihn zum Inhaber eines Regiments ernannte: „Ich wünsche Ihnen für den wichtigen Antheil, welchen Sie an dem glänzenden Siege vom 18. vorigen Monats gehabt haben, und durch den Sie zu Ihrem früheren Verdienste um das Wohl des Vaterlandes ein neues eben so großes erworben haben, auch einen neuen Beweis meiner dankbaren Anerkennung zu geben, und habe deßhalb Sie zum Chef des fünfzehnten Infanterieregiments, welches an jenem Tage, wie mir gemeldet worden ist, sich sehr ausgezeichnet betragen hat, ernannt, mit der Bestimmung, daß das Regiment hinführo nächst seiner früheren Benennung Ihren Namen führen soll, in der Art, wie es bei den übrigen Regimentern, welche Chefs haben, bestimmt ist. Wenn ich hierdurch Ihre Verdienste nicht belohnen kann, so werde ich sehr gern jede Gelegenheit wahrnehmen, Ihnen meine besondre Erkenntlichkeit noch zu bethätigen."

In dieser Zeit war eine große Aufregung in Paris wegen des von Blücher ertheilten Befehls zur Sprengung der Brücke von Jena. Blücher und seine Gleichgesinnten wollten von keiner Schonung Frankreichs und der Franzosen wissen, sie begehrten Vergeltung für den Uebermuth und die Gewaltthaten, welche so lange Zeit auf den andern Völkern gelastet hatten, sie wollten vor allem das Denkmal vernichtet sehen, welches dem vaterländischen Unglück der Schlacht von Jena in dieser nach ihm benannten Brücke war errichtet worden. Nicht die andern Verbündeten dachten so streng, auch nicht die Preußen alle, es erhoben sich viele Stimmen gegen ein Vorhaben, das weder den vorwaltenden Gesinnungen noch selbst den Verträgen gemäß erschien, und man berief sich auf die vorauszusehende Mißbilligung selbst des Königs, der jeden Augenblick in Paris erwartet wurde. Der Gesandte Graf von der Golz, ehemals Blücher's Adjutant, Alexander von Humboldt und Andre hatten in diesem Sinne bringende Vorstellungen gemacht; zu ihnen gesellte sich nun auch Bülow, der schon bisher mit dem Blücher'schen Hauptquartier sich in manchem Gegensatz befunden hatte, und schrieb an Blücher folgenden Brief: „Euer Durchlaucht werden es mir verzeihen, daß ich über einen Gegenstand, der in Ansehung unserer Verbindungen mit andern Mächten von Folgen sein kann, vertraulich meine Meinung sage. Es betrifft die Sprengung der Brücke von Jena. Kunstwerke zu vernichten, wenn nicht ein wesentlicher Zweck dadurch erreicht wird, kann man im Allgemeinen nicht billigen, und so ist es wohl hier der Fall; denn ich bin fest überzeugt, daß nicht allein dieser Schritt von unsern Alliirten, sondern auch von unserem Monarchen selbst gemißbilligt werden wird. Nach meiner Meinung muß man die Inschriften, welche die Arroganz Napoleons hervorgebracht, vernichten, das Werk selber aber nicht. Der Karakter unserer Nation erscheint größer und edler, wenn man über so etwas sich hinwegsetzt. Wir haben so viel Großes gethan, daß wir auf die Prahlerei und Eitelkeit anderer Völker nicht achten dürfen, wohl aber bleibt es gefährlich, den Haß der Nationen sich zuzuziehen. Paris, den 10. Juli 1815. Morgens halb 9 Uhr." Der Widerspruch aber spornte nur den Eifer, die Befehle zur Sprengung wurden nur strenger wiederholt. Die Ausführung jedoch mißglückte, ein ungeschickter Versuch that wenig Schaden, und nach dem Eintreffen des Königs war von der Sache nicht mehr die Rede. —

Da die Friedensverhandlungen sich in die Länge zogen, und die Verpflegung der großen Heeresmassen, welche nach und nach in Frankreich eingerückt waren, der Hauptstadt und Umgegend allzuschwer fiel, so wurde beschlossen die kriegerische Besetzung über weitere Landesstrecken auszudehnen. Den Preußen wurden die nordwestlichen Departements angewiesen. Bülow's Hauptquartier blieb noch bis zum 18. Juli in Versailles, die Truppen aber setzten sich schon am 13. in Marsch nach Chartres, wo Bülow selbst am 19. eintraf, und hier bis zum 24. September blieb. Der König der Niederlande sandte ihm hieher das Großkreuz seines neugestifteten Wilhelmsordens. Aus dieser Zeit des Aufenthalts in Chartres sind ein paar Briefe an seine Frau erhalten, die wir als sprechende Zeugnisse seines Wesens und Lebens hier mittheilen. Am 5. August schrieb er: „Vorgestern haben wir hier das Geburtsfest des Königs sehr feierlich begangen, und zwar in folgender Art. Die hier und in der Nähe stehende Brigade hatte sich um 9 Uhr nahe der Stadt auf einer Wiese versammelt, wo Gottesdienst gehalten wurde, sodann Vorbeimarsch. Auf einer sehr schönen, mit hohen Bäumen besetzten Promenade waren für die hier im Orte stehenden beiden Bataillone und eine Batterie Tische gesetzt, welche um 1 Uhr servirt wurden; die Offiziere setzten sich mit zum Essen, ich nahm auch Theil daran, und brachte die Gesundheit des Königs unter dem Donner der Batterieen aus. Die Soldaten hatten Suppe, Fleisch mit Gemüse, Braten mit Salat, und Wein; unsere Leute waren überaus lustig, dennoch hat sich keiner betrunken, obgleich sie unter gewaltigem Jubel mich und alle Generale hochleben ließen. Das Zuströmen des Volkes war außerordentlich, und den Franzosen selbst gefiel dieses Fest."

Wie der Jahrestag von Dennewitz gefeiert worden, berichtet er am 8. September: „Seit mehreren Tagen bin ich abgehalten worden an Dich, meine gute Pauline, zu schreiben; die Ursach ist, daß meine Umgebung mir am 6. dieses, als an dem Jahrestag von Dennewitz, ein großes Fest geben wollte; um dieses ausführen zu können, fanden sie es für nöthig mich zu bewegen ein paar Tage abwesend zu sein, damit Junius das Nöthige veranstalten könne, weßhalb bei La=Louppe am 5. eine große Jagd veranstaltet wurde; den 6. Morgens abermals ein Treibjagen nach der Gegend des Schlosses Villebois hin, wo das

Fest veranstaltet war. Billebois ist ein sehr großes altes Schloß,
die ehemalige Residenz des Herzogs von Sully. Das Zimmer,
worin Sully gestorben, ist noch ganz so eingerichtet wie bei sei=
nem Tode, das Sterbebette mit allen Möbeln, auch das Zim=
mer Heinrichs des Vierten, der hier sich zum öftern aufgehal=
ten, ist noch ganz so wie er es bewohnt hat. Gegen 3 Uhr
kam ich von der Jagd hier an, zu meinem Aerger (denn Du
weißt, ich kann den Bombast nicht leiden) fand ich an einem
errichteten Triumphbogen alle Generale und beinahe alle Stabs=
offiziere des Korps, so wie die Subalternen des nahestehenden
Regiments und die Adjutanten der Generale, versammelt; es
versteht sich also, daß ich gute Miene machen mußte. Ich ging
mich im Zimmer Heinrichs des Vierten umzukleiden; wie ich
fertig war, und die antiken Säle des Schlosses besah, kam der
Prinz Wilhelm von Paris an, um auch Theil an diesem Tage
zu nehmen. Um halb 4 Uhr setzten wir uns zu Tisch; in der
obern Galerie, wo ich mit dem Prinzen war, eine Tafel von
90 Couverts; unten im Saal annoch 40 bis 50 Couverts;
einige Franzosen, Gutsbesitzer der Gegend, waren eingeladen,
und 4 Damen waren auch zum Fest gekommen, dinirten aber in
einem separaten Zimmer; gegen Ende der Tafel kamen sie zu
uns. Junius hatte sich in seiner Größe gezeigt, es war alles
außerordentlich gut, es wurde sehr gut getrunken, die Gesund=
heiten unter Kanonenfeuer. Nach Tische tranken wir mit den
Damen Kaffee; so wie es dunkel wurde, war eine sehr schöne
Erleuchtung, nämlich: vor dem Schloß ein großer runder Platz,
wo die Orangerie erleuchtet war, dann der Triumphbogen, die
ganze Allee durch aufgestellte Pyramiden, am Ende derselben ein
dazu errichtetes Portal; das Ganze machte einen sehr schönen
Effekt. Um 9 Uhr fuhren wir nach Chartres zurück. Junius
will durchaus, daß ich an Dich seinen Küchenzettel schicken soll,
ich lege ihn bei; denn nach seiner Idee spielt er bei diesen Ge=

legenheiten die Hauptrolle. — Beiliegend übersende ich Dir die Antwort des Finanzministers, welche ich bitte an Hrn. Wendland und Siebrodt mitzutheilen; die Sache wird wohl in's Reine kommen, dann noch eine Antwort von Hardenberg, welche ich bitte nach Grünhof an Oberamtmann Lobach zu schicken. Das Wichtigste ist aber, daß der König sich erklärt hat, noch eine abermalige Dotation für diesen Krieg zu geben, wahrscheinlich in Gelde und nicht in Gütern, unsere Mädchens werden also noch genug bekommen, denn wir werden auf diese Weise reiche Leute; geizig wollen wir indessen nicht werden, sondern auf einem recht anständigen Fuß leben. — Seit gestern ist es hier so kalt, daß ich ein wollenes Kamisol angezogen, und mir beim Schreiben die Finger frieren; da Du um 6 Grad nördlicher lebst, so wird es gewiß nicht warm bei Dir sein; man könnte sehr gut Kaminfeuer vertragen. Ist die schöne Flinte und das Sevre=Porzellan noch nicht angekommen? Was machen die Kinder? Ich hoffe es geht Alles gut. Sage meinem Bruder, daß er die andre Lütticher Doppelflinte nehmen möchte, ich bringe noch zwei vortreffliche mit, auch ist ein Hühnerhund aus England verschrieben. — In Ansehung des Soldes und der Bekleidung unsrer Armee ist mit den französischen Ministern abgeschlossen, sie zahlen hiezu an uns 47 Millionen Franken, die Kriegessteuer ist separat. Man glaubt nun, daß gegen den 20. dieses alles beendigt sein wird, und daß wir dann uns in Bewegung setzen werden, da ich denn die meinige unaufhaltsam bis Königsberg fortsetzen werde. Lebe wohl, gute liebe Pauline."

Der Prinz Wilhelm von Preußen, im Begriff von Paris nach Berlin zurückzukehren, wollte von dem Heere nicht scheiden, ohne dem tapfern General, unter dessen Befehlen er gestanden, ein herzliches Lebewohl zu sagen. Zugleich hatte er demselben eine militairische Bitte vorzulegen, die hier eine gute

Stätte finden mußte. Das Schreiben, vom 24. September, welches für beide, sowohl für den Prinzen als für Bülow ein höchst ehrenvolles Zeugniß ist, lautet wie folgt: „Da der Frieden dieser Tage geschlossen werden soll, so habe ich dem Könige um die Erlaubniß gebeten, die Armee zu verlassen und nach Berlin zurückkehren zu dürfen, beides hat derselbe bewilligt, und verfehle ich daher nicht, solches Euer Erzellenz hiermit anzuzeigen. — Vergönnen Sie mir, Ihnen bei dieser Gelegenheit meinen innigsten Dank auszudrücken für die Freundschaft und Güte, womit Sie mir die Zeit als ich das Glück hatte unter Ihrem Kommando zu stehen, fortwährend behandelten, das Andenken daran wird nie aus meinem Gedächtniß verschwinden; gewiß nie werde ich vergessen, daß es mir erlaubt war in einem Korps zu dienen, welches so viel zur glücklichen und glorreichen Beendigung dieses weltgeschichtlichen Krieges beigetragen hat. — Zum Besten meines Vaterlandes — und, erlauben Sie es mir hinzuzufügen, zu meiner eigenen Zufriedenheit — wünsche ich Euer Erzellenz Glück, Gesundheit und Freude aller Art bis in Ihr spätestes Alter, in dem Kreise Ihrer Familie wie an die Spitze der Armeen. — Indem ich aus dem tapfern vierten Armeekorps scheide, begleitet mich nur Ein trauriges Gefühl; ich sehe eins der meinem Kommando untergebenen Regimenter vor den Augen der ganzen preußischen Armee herabgewürdigt, ich sehe es ausgeschlossen aus der Reihe der übrigen, denen die Ehre zu Theil geworden ist eine Estandarte zu erhalten. — Es ist freilich leider wahr, das zweite schlesische Husarenregiment hat am 18. Juni einen unglücklichen Angriff auf feindliche Kavallerie gemacht gleich zu Anfange der Schlacht, es hat aber nachher an demselben Tage eine unerschütterliche Tapferkeit bewiesen, es hat sich bei jeder andern Gelegenheit brav benommen, — warum also den einen Augenblick so strenge bestrafen, und die andern Tage des Ruhms und der Ausbauer in Gefahren und Beschwerden vergessen? Es ist die ganze Kavallerie von der Armee Euer Erzellenz, die Sie durch mich bittet sich eines Regimentes gütigst anzunehmen, das mit dem Siegel der Königlichen Ungnade gezeichnet worden ist. — Das Korps Euer Erzellenz hat es wohl bei Belleaüiance verdient, daß es seine Kavallerie von der Schande befreit sehe, womit der Feldmarschall Blücher die Reiterei, welche bei Ligny ihre Schuldigkeit nicht that, bedeckte. Euer Erzellenz haben dreimal Berlin gerettet, Sie haben Holland erobert, diesen Krieg bei Belleaüiance entschieden, der König kann Ihnen die Bitte nicht abschlagen, dem zweiten schlesischen Husarenregimente zu verzeihen. — Euer Erzellenz empfehle ich mich nochmals bestens, erhalten Sie mir stets die gütigen Gesinnungen, welche Sie bisher für mich gezeigt haben. — Gott schütze Sie! Ewig Ihr wahrer und dankbarer Freund und Gevatter Wilhelm Prinz von Preußen." Der Ausdruck Gevatter hat hier die doppelte Beziehung, daß Bülow bei des Prinzen am 18. Juni gebornen Tochter Elisabeth, der Prinz hinwieder bei Bülow's am 5. Juli gebornen jüngsten Tochter Pathe war.

In Aussicht auf den nahen Abschluß des Friedens setzten auch schon die Truppen sich zum Rückmarsch in Bewegung. Bülow kam im Anfang des Oktobers wieder nach Paris, wo der König ihm durch ein Kabinetsschreiben vom 3. Oktober nochmals den verbindlichsten Dank ausdrückt, und ihm überläßt, nach dem Abmarsch und der demnächstigen Auflösung des bisher unter seinem Befehl gestandenen Heertheils wieder seine vorige Oberbefehlshaberschaft in Preußen zu übernehmen. Ferner empfing er unter dem 15. Oktober ein Geschenk von 25,000 Thalern. —

In oder vielmehr bei Paris war Bülow in dem Schlößchen Lagrange einquartiert, bei dem Marquis de Lafayette, der in der französischen Revolutionsgeschichte eine so große Berühmtheit erlangt hatte. Hier kam es nicht auf politische Denkart an, sondern nur auf edle Bildung und feine Sitte, daher entstand bald das freundlichste Vernehmen, und Bülow fand in dem Umgang mit der liebenswürdigen Familie, die gleich ihm die Musik liebte und ausübte, das angenehmste Behagen. Auch Alexander von Humboldt sah ihn hier oft, und freute sich des vaterländischen Helden, der durch Geist und Anmuth auch in friedlichen Verhältnissen glänzte. —

Die Unterhandlungen dauerten noch länger fort, und somit auch der Aufenthalt Bülow's in Paris. Als letzten Brief von dort an seine Frau finden wir folgenden vom 29. Oktober: „Du erhältst noch immer etwas aus Paris, indessen wird nun trotz des langsamen Ganges der Unterhandlungen unser Abmarsch in diesen Tagen erfolgen. Die Disposition des Rückmarsches ist bereits sämmtlichen Armeekorps zugefertigt, und spätestens den 4. November werden alle Verhandlungen geschlossen sein. Vorgestern habe ich der Sitzung des gesetzgebenden Korps beigewohnt, es wurde über ein zu gebendes Gesetz betreffend die Sicherheit des Staates, der Person des Königs und der Königlichen Familie gegen intendirten Aufruhr debattirt. Mehrere sprachen recht gut; einigemal entstand Lärm, und der Präsident mußte Ordnung gebieten. — Die Catalani habe ich in der großen Oper Semiramis und gestern in der Jagd gehört. Sie ist die größte Künstlerin, die ich in diesem Fach kenne, vortreffliche Sängerin und ganz vortreffliche Schauspielerin, besonders im Hochtragischen. So lange ich hier bleibe, versäume ich keine ihrer Vorstellungen." —

Bülow's Truppen waren auf dem Rückwege von Chartres am 11. Oktober wieder durch Paris gezogen, und marschirten dann über Meaux, Chalons und Mainz nach Frankfurt am Main. Bülow selbst hatte sich unterwegs wieder bei ihnen eingefunden. In Frankfurt am Main widerfuhr ihm die Widerwärtigkeit, daß daselbst im Schauspielhause eine Ungebühr verübt wurde, an der auch Offiziere seiner Truppen sollten Theil genommen haben. Höchst verletzt durch diesen Vorgang erließ er gleich am 14. Dezember einen strengen Tagesbefehl, welcher so beginnt: „Je mehr ich bisher Ursache hatte, mit dem Benehmen des Korps in jeder Hinsicht zufrieden zu sein, je mehr es mich erfreute, dem Vaterlande Truppen zurückzuführen, die sich sowohl auf dem Schlachtfelde als bei den friedlichen Einwohnern, selbst auf fremdem Gebiete, hohe Achtung erworben haben, mit desto größerm Unwillen habe ich das Betragen erfahren, welches sich einige Offiziere des Korps gestern im Schauspielhause erlaubt haben. Von preußischen Offizieren, denen nach ihren Dienstpflichten die Beobachtung des höchsten Anstandes und der sittlichsten Bescheidenheit geziemt, hätte ich nie erwarten sollen, daß sie an einem öffentlichen Orte sich auf eine solche Weise betragen, aller Ordnung Hohn sprechen, und die Achtung für Damen, die eines jeden Ehrenmannes heilige Pflicht ist, ganz aus den Augen setzen könnten. Ich werde diesen Vorgang aufs genaueste untersuchen und auf das strengste ohne Ansehn der Person bestrafen." — Er spricht dann die Hoffnung aus, daß dergleichen nie wieder vorfallen werde, und macht allen höheren Befehlshabern zur Pflicht, alle etwanigen Vorgänge der Art sogleich zu seiner Kenntniß zu bringen, weil er es sich selbst vorbehalten wolle die Untersuchung und Bestrafung zu verfügen. Die ganze Sache soll sich indeß minder erheblich erwiesen haben, als sie zuerst vorgestellt worden war. —

Der Marsch wurde über Fulda und Erfurt nach Leipzig fortgesetzt, wo Bülow am 27. Dezember von seinen Truppen, die darauf nach Wittenberg marschiren und von dort nach verschiedenen Richtungen sich vertheilen sollten, durch folgenden Tagesbefehl Abschied nahm: „Kammeraden! Von den Gefilden ab, wo vor zwei Jahren den großen Kampf für Deutschlands

Freiheit und Unabhängigkeit wir siegreich bestanden, trennt sich
unser bisheriger Verein, und auf den verschiedenen in die Hei=
math führenden Straßen kehrt ihr in den Schoß des dankbar
euch erwartenden Vaterlandes zurück. — Mir, dem es beschie=
den war, an eurer Spitze den Ruhm zu theilen, den ihr euch
in diesem denkwürdigen Feldzuge erwarbt, gebieten Pflicht und
Neigung, bei unserem Auseinandergehen euch den herzlichsten
Dank für die Liebe und das Vertrauen zu sagen, von dem ihr
mir so vielfache, so sprechende Beweise gegeben habt. — Ich
zolle diesen Dank zunächst den Herren Generalen und Brigade=
kommandeuren, deren Umsicht, Entschlossenheit und Thätigkeit so
viel zu dem glücklichen Erfolge beitrug; ich widme ihn gleich=
falls den Herren Regiments=Kommandeuren und allen übrigen
höheren und niederen Offizieren, deren Beispiel und rastloser
Eifer nicht minder die siegreiche Entscheidung herbeiführte; ich
sage ihn allen Unteroffizieren und Gemeinen, deren Muth und
Ausdauer jedes Hinderniß überwand. — Heil unserem Herr=
scher! Heil dem deutschen Volke! dessen heilige und gerechte
Sache von den Söhnen des Vaterlandes so muthig vertheidigt
wird. Heil auch euch, meine Waffenbrüder! daß ihr mit dem
Bewußtsein in eure Heimath zurückkehren könnt, zu denen zu
gehören, die nun zum zweitenmale Europa den Frieden er=
kämpften. — Den Lohn eurer Thaten gewährt euch die Zufrie=
denheit unseres erhabenen Monarchen, der Dank des Vaterlan=
des, die Achtung der Mit= und Nachwelt. Erfreut euch dieser
schönen Ueberzeugung bei dem Rücktritt in den friedlichen Kreis
unsrer übrigen wackern Mitbürger, mit der Bescheidenheit, die
dem verdienstvollen und erfahrenen Krieger geziemt; und wenn
einst wieder das Vaterland eures Schutzes bedarf, so sei sie euch
ein Sporn, um auf's neue zu bewähren, daß Einheit, Muth
und Ausdauer uns stets zum Siege führen werden. — Lebt
wohl! Erhaltet mir euer Andenken, und seid des meinigen, so

wie meiner aufrichtigen Achtung und Anhänglichkeit, stets fest versichert. Graf Bülow von Dennewitz."

Er selbst eilte über Berlin, wo er nur so lange blieb als erforderlich war um dem König und der Königlichen Familie aufzuwarten und einige Freunde zu sehen, der alten theuren Heimath zu. Am 11. Januar 1816 kam er in Königsberg an. Er fand hier die geliebte Gattin wieder, und mit den andern theuren Kindern eine Tochter, die er noch nicht gesehen hatte. Die Einwohner hatten seine Wohnung festlich geschmückt, der Oberbürgermeister und Abgeordnete der Stadt ihn feierlich eingeholt und ihm ihre Glückwünsche dargebracht, unter begeistertem Jubelgeschrei und dem Blasen vorreitender Postillone fuhr er in die Stadt. Am 14. Januar machte er seine Wiederkehr durch folgende schlichte Anzeige bekannt: „Der so glücklich erkämpfte Friede hat mich wieder zu dem mir von des Königs Majestät anvertrauten Generalkommando von Ost- und Westpreußen und Litthauen zurückgeführt, und hiedurch einen meiner liebsten Wünsche verwirklicht. Indem ich sämmtlichen Bewohnern dieser Provinzen meine Ankunft hiedurch bekannt mache, bitte ich sie um das mir früher so ehrend bewiesene Vertrauen, dessen Erhaltung stets mein Bemühen und meine Belohnung sein wird."

Die Stadt wollte ihm aber noch ein besonderes Fest geben, und wählte dazu den Jahrestag der preußischen Krone den 18. Januar. Oberbürgermeister und Magistrat erschienen in feierlichem Zuge und überbrachten ihm einen kostbar ausgestatteten Ehrenbürgerbrief nebst andern Darbietungen; Festtafel und Ball fehlten nicht, Weiheschriften und Gedichte, von Raphael Bock, von Ludwig von Baczko und Andern, wurden vorgetragen. Die Universität erließ an ihn eine in prächtigem Latein abgefaßte Beglückwünschung und schrieb ihn unter ihre Ehrenmitglieder ein. Vom Könige kam ein huldreiches Schreiben aus

Berlin nebst dem Geschenk eines Brustbildes Napoleons aus der Porzellanfabrik von Sevres.

Für den ruhmvollen Kriegshelden schien sich nun eine Zeit des vollen Glückes, einer segenreichen und ruhigen Thätigkeit zu eröffnen, er konnte heiter und getrost wie zurück so vorwärts blicken. Sein militairischer Beruf erhielt ihn in frischer Uebung aller Kräfte, ohne ihn von den geliebten Seinigen zu trennen, überall trat ihm Bewunderung, Verehrung, Zuneigung entgegen, der Genuß der glänzendsten Geselligkeit, der Freuden seiner Musikleidenschaft war ihm in Fülle gewährt. Sein edler Sinn jedoch trieb ihn mehr noch zum Leisten als zum Genießen. Eine seiner eifrigsten Sorgen war die Gründung einer Anstalt für erblindete Krieger, deren es im Heer leider eine große Zahl gab. Die schon früher begonnene Thätigkeit hiefür nahm er nach seiner Rückkehr sogleich wieder auf; dies reinmenschliche Anliegen ging allen andern vor. Der Banquier Wolf Oppenheim, der ihm zu diesem Zweck 100 Friedrichsb'or übergab, die Kaufmannschaft welche sogleich 1000 Thaler hinzufügte, wußten daß sie ihm kein willkommneres Geschenk machen konnten. Und diese Sorge, dieses Bestreben gehörte recht eigentlich zu der Fülle des Glückes, das seinem noch kräftigen Alter zu Theil wurde, denn wer auf antheilvolle Thätigkeit und hülfreiches Leisten verzichtet, dem fehlt bald auch jede Fähigkeit zum Genießen. Noch am 28. Januar erließ Bülow in dieser Sache, die ihn ganz beschäftigte, eine wirksame Bekanntmachung.

Seine Gesundheit war seit dem vorigen Jahre noch nicht wieder ganz befestigt; den Gebrauch des Karlsbades, für den er gleich nach Beendigung des Feldzugs 1815 in Paris Urlaub zu nehmen gesonnen war, hatte er sich versagen müssen, weil er in Erfahrung gebracht, daß der König die fortdauernde Anwesenheit aller Befehlshaber bei ihren Truppen für nöthig halte. So war er nach Königsberg zurückgekehrt, nicht krank, aber auch nicht völlig geheilt. In den ersten Tagen des Februar gab er eine Jagd auf seinem Gute Neuhausen, ein Vergnügen, welches er sehr liebte, zog sich dabei eine Erkältung zu, und erkrankte in Folge derselben am 5. Februar. Am 16. schien er so weit genesen, daß er die Glückwünsche seiner Familie zu seinem Geburtstag in einem Lehnsessel sitzend anzunehmen im Stande war; allein zwei Tage darauf trat ein Rückfall ein, das frühere Leiden entwickelte sich heftig und gefährlich, ein Friesel, das einige Hoffnung gegeben, verschwand wieder, die Kunst der Aerzte war vergeblich, und nach zwanzigtägiger Krankheit und heftigem Todeskampfe verschied Bülow am 25. Februar 1816 im eben begonnenen einundsechzigsten Lebensjahr. —

Allgemeine aufrichtige Trauer beklagte den großen Verlust. Ein prächtiges militairisches Leichenbegängniß geleitete seine Hülle zu dem Kirchhof der Reformirten. Alle Offiziere des Heeres ehrten nach des Königs Befehl sein Andenken durch dreitägiges Tragen eines Trauerflors, eine Ehre, die bisher nur für Schwerin und Seydlitz war angeordnet worden. — Sieben Wochen nach seinem Ableben kam noch aus Paris das ihm vom Könige Ludwig dem Achtzehnten verliehene Großkreuz des französischen Militair-Verdienstordens in Königsberg an. —

Seine Persönlichkeit und Gemüthsart sind wir in dem glücklichen Fall großentheils mit den eignen Worten derer zu schildern, die ihn am nächsten gekannt haben. Das Gepräge der Wahrheit und die Gediegenheit des Ausdrucks in den wesentlichen Zügen dieser Schilderung nicht durch unnöthige Aenderungen geschwächt zu haben, wird uns der Leser hoffentlich nur danken.

Bülow's äußere Erscheinung machte den angenehmsten Eindruck; er war von mittler Größe, von feinem aber dabei festem Körperbau, der Fuß besonders klein und zierlich. Der Kopf war bedeutend, die Gesichtsbildung edel, besonders die etwas gebogene Nase. Die tiefblauen Augen hatten einen lebhaften und leicht wechselnden Ausdruck, sie konnten Zornesblitze sprühen und mild=anmuthig lächeln, in wichtigen Anlässen blickten sie ernst und sinnend, und auf der edlen Stirne sah man das gedankenvolle Erwägen. In den Kriegsjahren saß er oft den Kopf in die Hand gestützt still vor sich hinschauend; dann hatte seine Erscheinung etwas Großartiges, Antikes. In jüngern Jahren schlank und gewandt, blieb er auch in späteren wohl= gestaltet, und für sein Alter gut erhalten, in allen Bewegungen frisch und lebhaft.

Mit hellem und starken Verstande besaß er viele Phantasie, und überhaupt große Beweglichkeit des Geistes. In Sachen des Glaubens folgte er ohne Grübeln den Annahmen der re= formirten Kirche, jede Heuchelei verabscheuend, überall dem Ver= nünftigen zustrebend, und dennoch im Stillen den Swedenborg'schen Träumereien anhängend. Er sprach von solchen Gegenständen nur selten, aber dann mit Wärme und tiefem Gefühl. Außer den militairischen Wissenschaften, die er gründlich studirt hatte, besaß er mannigfache Kenntnisse, selbst solche, die bei ihm über= raschten; seine ästhetische Bildung trat in der Leidenschaft, die er für Musik und Gesang hegte, mächtig hervor, er liebte be= sonders Gluck und Mozart und alte Kirchenmusik; in dieser ernsten Weise waren auch seine eigenen Tonsetzungen, unter welchen eine Messe, eine Motette, der einundfünfzigste und der hundertste Psalm besonders hervorgehoben werden. Merkwürdig ist es, daß er während der Feldzüge nie das Fortepiano — sonst sein liebstes Vergnügen — berührte, ungleich darin dem Erzherzog Karl von Oesterreich, der von gleicher Leidenschaft erfüllt, dieser Erholung jede Mußestunde, deren er im Felde habhaft wurde, widmete.

Sein Gemüth war ursprünglich heiter und freundlich, aber der heftigsten Leidenschaft fähig, sein aufbrausender Zorn im erſten Augenblick furchtbar, aber dann leicht und bald begütigt, und kein Groll blieb zurück; auch verleitete ihn keine Aufwallung leicht zu wirklicher Ungerechtigkeit, er entlud ſeinen Zorn gern im voraus durch heftige Worte und Gewaltthätigkeiten an Sachen, und war dann gleich bereit zu ruhiger Erörterung und Ueberlegung. Nach dem Feldzuge von 1815 beſichtigte er eines Abends noch ſpät ein Lazareth, und fand große Uebelſtände zu rügen; augenblicklich ließ er den Generalarzt Ruſt zu ſich beſtellen; dieſer erſcheint am andern Tag in erſter Frühe, Bülow liegt noch im Bette, doch wie er jenen nur erblickt wirft er ihm donnernde Worte entgegen, aber zugleich alles was ihm unter die Hände kommt, Kiſſen, Bücher, Leuchter, Lichtſcheere, unter einem Strom von Vorwürfen; da Ruſt ruhig ſtehen bleibt und wartet, ſo legt ſich die Aufwallung bald, es kommt zu näherer Erklärung, Ruſt beweiſt ſeine Unſchuld, verſpricht indeß Abhülfe, und ſo iſt der Frieden ſchnell geſchloſſen, wobei denn doch der ganze Auftritt heilſam nachwirkte; wie denn auch Ruſt verſicherte, er habe ſeitdem den General wegen ſeiner treuen Sorgfalt für die Soldaten erſt recht liebgewonnen. Dieſes Entgegenwerfen von Sachen übte er häufig auch bei Meldungen ſchlimmer Nachrichten, natürlich ohne allen Bezug auf die Perſon. Die ſtarken Ausdrücke und maßloſen Redensarten ſtammten aus früher Angewöhnung; in jener Zeit, wo er zu dienen begann, war dergleichen allgemein gebräuchlich, und hinderte nicht, daß daneben, in nicht ſoldatiſchen Verhältniſſen, die feinſte Höflichkeit und gebildetſte Sprechweiſe beſtand.

In ſeiner Denkart freiſinnig und menſchenfreundlich, voll Antheil für das Gemeinbeſte der Menſchheit, aufgeklärt und nachſichtig in der Beurtheilung menſchlicher Dinge, war er der ächte Sohn ſeines Zeitalters; genährt mit den franzöſiſchen Schriftſtellern aus der Mitte des achtzehnten Jahrhunderts hatte er dem Leichtſinn derſelben früh deutſchen Ernſt beigemiſcht, und

sich vor solchen Verirrungen bewahrt, die 'eine nie erlöschende
Reue verursachen. Er liebte die Frauen, und gewann leicht
ihre Zuneigung, aber Achtung und Vertrauen mußten ihm die=
jenigen einflößen, die seine Aufmerksamkeit fesseln wollten. Wir
haben aus seinen Briefen hinreichend ersehen können, welch ein
liebreicher Gatte, welch ein vertrauensvoller Freund er war;
mit gleicher Zärtlichkeit liebte er seine Kinder. Er spielte mit
ihnen, folgte mit inniger Theilnahme ihrer geistigen Entwicklung,
sorgte für ihr körperliches Wohlsein und Behagen. Oefters
mitten im Rapport sprang er auf, wenn er im Nebenzimmer
ein Kind weinen hörte, sah was ihm fehlte, nahm es beschwich=
tigend auf den Schoß. Im Gewühl des Krieges empfahl er
dringend, seinen Lieben eine Freude zu ihrem Geburtstage, oder
zum Weihnachtsabend zu bereiten, und ihre kindlichen Wünsche
zu erforschen. Aber nicht nur seine eigenen, sondern überhaupt
alle Kinder regten seine wärmste Theilnahme an. Zur Zeit des
Waffenstillstandes fuhr Bülow durch die Wilhelmsstraße in seine
Wohnung zurück, als eine an ihn abgefertigte Ordonnanz vor=
übersprengte und ein Kind überritt, er sprang aus dem Wagen,
überzeugte sich daß das Kind nur unerheblich beschädigt sei, und
strafte den Reiter, den er gleich darauf vor seiner Wohnung
fand, handgreiflich.

Im häuslichen Leben von einer seltenen Liebenswürdigkeit,
fast immer ruhig und heiter, ward seine Laune nur zuweilen
durch die Mahnungen seines Leberleidens getrübt; er erkannte
diese Einwirkung, und sprach dann zu den Seinen über den
Grund solcher vorübergehenden Mißstimmungen. Er liebte eine
wohlbesetzte Tafel und guten Wein; er versammelte gern bei
sich Tischgäste, welche er durch heitre Gespräche über die ge=
wöhnliche Tischzeit hinaus zu fesseln verstand. Niemand fühlte
sich in seiner Nähe beengt, da sein Benehmen stets ungezwun=
gen, wohlwollend und offen war, und der Wunsch, es möchte

jeder sich wohl und behaglich fühlen, ihn stets den richtigen Ton finden ließ. So bewegte er sich in der Gesellschaft, nicht wie auf einem Theater, um gesehen zu werden und Eindruck zu machen, sondern von innen heraus, als ein vollkommen vornehmer Mann. Mit dem Blicke des Menschenkenners begabt, erkannte er fein und richtig die Schwächen Anbrer, und belächelte nachsichtig die unschädlichen, Schlechtes und Gemeines versetzte ihn in Zorn, der dann brausend hervortrat. Feiner Witz hatte viel Anziehendes für ihn, und er ergötzte sich oft höchlich daran. Schmeichelei aber war ihm sehr zuwider, und er derselben auch kaum zugänglich. Seines Werthes vollkommen bewußt, und voll Ehrgeiz im Handeln und Leisten, war er doch bescheiden und frei von jeder Eifersucht und Anmaßung, er gönnte jedem sein Verdienst und seine Belohnung, nur wo eine Ungerechtigkeit im Nichtanerkennen oder im Austheilen vorkam, da konnte er mit Entschiedenheit auch seine eignen gerechten Ansprüche geltend machen. So nach dem Frieden 1814 in Berlin, als der Magistrat ihn durch Abgeordnete begrüßen und ihm für die wiederholte Rettung der Stadt danken ließ, machte er diesen bittre Vorwürfe darüber, daß sie nach dem Siege von Groß-Beeren von ihm gar keine Kenntniß genommen, sondern nur dem Kronprinzen von Schweden ihre Huldigungen dargebracht hatten. „Mich, meine Herren, sagte er, konnten Sie damit nicht beleidigen, aber in Ihrer Seele habe ich mich damals des gänzlichen Mangels an Nationalgefühl, den Sie zeigten, geschämt." —

Als Bruder war Bülow liebevoll, und hülfreich wenn es Noth that. Wie großmüthig er seine Brüder Karl und Dietrich unterstützt hat, ist schon angedeutet worden. Er stellte letzterem, als dieser sich auf der Festung befand, für die Bedürfnisse des täglichen Lebens unbedingten Kredit, obschon seine eigne Lage damals eine gar nicht günstige war, und er auch keineswegs darauf eingerichtet war, daß der geniale Unglückliche auch Austern

und Champagner unter die täglichen Bedürfnisse zählte. Der
älteste Bruder Karl befand sich während der beiden letzten Le=
bensjahre des Generals in dessen Hause, und obgleich manche
Lebensgewohnheit des alten Mannes nicht in gleicher Richtung
mit denen seines Bruders war, so behandelte dieser den ältern
doch stets mit der größten Zartheit, und zwischen beiden bestand
das herzlichste brüderliche Verhältniß. Auch für seinen Schwager
von Auer, der von Jugend auf bei ihm lebte, und nur zweimal
auf kurze Zeit durch Dienstverhältnisse von ihm getrennt war,
hatte er väterliche Sorgfalt und brüderliche Zuneigung.

Nicht minder edel und treu wie seine Bruderliebe war auch
seine Freundschaft. Er hatte das Glück, die Freunde seiner Ju=
gend, wenn sie nicht der Tod früher entriß, auch die seines
Alters nennen zu dürfen. Wer einmal seine Neigung und sein
Vertrauen erworben hatte, konnte für immer darauf rechnen,
so wie auch er hinwieder in seinen Freunden sich nie getäuscht
hat. In Dienstverhältnissen ein strenger Befehlshaber, lebte er
doch mit den Offizieren seiner Umgebung als gütiger Vorge=
setzter, der ihr Wohl stets im Auge behielt; die er einmal
kannte und als tüchtig erkannt hatte, ließ er nicht gern wieder
von sich, und es war ihm höchst peinlich als Weyrach und
Reiche im Laufe des Dienstverhältnisses zu andern Anstellungen
gerufen wurden. Er scherzte auch wohl mit seinen Untergebe=
nen über etwanige hervortretende Eigenthümlichkeiten, und ge=
währte diesen freies Spiel; so geschah es einst, als Bülow im
Jahr 1815 von Königsberg zum Heere reiste, sein Wagen in
der damals noch sehr unwirthlichen Tuchel'schen Haide dem sei=
ner Adjutanten Auer und Szwykowski weit vorausgefahren war,
was diese beiden, die ein großes Verlangen nach den mitge=
nommenen Lebensmitteln empfanden, die sämmtlich im Wagen
des Generals waren, in nicht geringe Noth brachte; alle Ver=
suche diesen einzuholen waren vergeblich, die Stimme vermochte

nicht so weit zu bringen; da feuerten die Hungrigen ein Pistol ab, — erstaunt ließ Bülow halten, und als sie herangekommen waren und er die Ursache des Nothzeichens vernommen hatte — ihr jugendlicher Appetit war häufig der Gegenstand seiner Neckereien gewesen, — öffnete er herzlich lachend seine Vorräthe und theilte ihnen reichlich davon mit. Auf alles was ihn umgab erstreckte sich seine Sorgfalt, auch seinen Dienern war er ein gütiger Herr, der stets auf sie billige Rücksicht nahm, und dessen Scheiden sie alle aufrichtig beweinten. Nur Taback rauchen durfte niemand in seiner Nähe, dies haßte er gründlich, — wie alle Bülow's, sagt man. —

Als höchste seiner Eigenschaften, welcher alle übrigen sich als ihrer vereinigenden Mitte anschlossen, haben wir seine Begabung zum Kriegsmann, zum Feldherrn, anzuerkennen. Von früher Jugend bis an sein Lebensende gehörte er dem Kriegsdienst an; dem preußischen, keinem andern. Seine Treugesinnung für den König, sein Vaterlandseifer, sein Bürgersinn, seine Menschenfreundlichkeit sogar, waren vorzugsweise die eines Soldaten. Das erste Erforderniß dieses Standes, der unerschrockene Muth, der keine Gefahr kennt und den Tod nicht fürchtet, darf dem General am wenigsten fehlen, nur auf diesem Grunde können seine höheren Fähigkeiten bestehen und gedeihen; so durchdrungen war Bülow von dieser Eigenschaft, daß er sie unbedingt bei jedem voraussetzte, und in Betreff seiner selbst kaum einen Werth darauf legte; er war vollkommen gleichgültig gegen Gefahr, und dachte nicht an sie. Alle seine Gemüths- und Geisteskräfte waren der höheren Aufgabe zugewandt, zu führen und zu lenken. Die Uebersicht des Ganzen und seiner Glieder verlor er keinen Augenblick, seine Meisterschaft war die Handhabung aller einzelnen Truppentheile und der verschiedenen Waffen, sie waren ihm sämmtlich gleicherweise gegenwärtig und vertraut. Er begnügte sich nicht, seine Generale anzuweisen, er selbst leitete die einzelnen Bataillone und Schwadronen durch seinen eingreifenden Befehl. Wir haben schon seiner Eigenheit gedacht, daß er im Beginn eines Gefechts Unruhe und Ungeduld zeigte, seinem starken Willen war alles zu langsam, dagegen im Verlaufe desselben, und je heißer und gefahrvoller es sich verwickelte, immer ruhiger wurde. Seine geistige Allgegenwart auf dem Schlachtfelde beherrschte dasselbe völlig, nie verwirrte sich ihm das Bild, und alle Züge, die er gethan oder noch thun wollte, lagen klar vor seinen Augen; im Herstellen und Nähren des Gefechts war er der größte Meister. Dabei behauptete er die freieste Selbstständigkeit, er bedurfte keines Rathes, keiner Erinnerung, und nur seine vertrautesten Getreuen durften bei vorhandenen Anlässen ihre Meinung geltend machen; für die bewährte war er dann anerkennend und dankbar. Seine eigne Art den Krieg zu führen und Schlachten zu liefern, hat unsre Erzählung thatsächlich schon dargelegt. Valentini sagt: „Rücksichtsloses Vorwärtsgehen auf Bonaparte'n abgesehene Weise, mit Gewaltmärschen und karger Verpflegung, lag nicht in Bülow's System, das sich fast der gemäßigten Kriegsweise früherer Zeiten näherte, und ihn mit einem Villars, Marschall von Sachsen und Prinzen Heinrich von Preußen vergleichen läßt, mit welchen Heroen er wirklich einige Karakterzüge gemein hatte." Und doch hat er auch die stärksten Gewaltmärsche gemacht, die größte Noth nicht berücksichtigt, die kühnsten Unternehmungen ausgeführt, die gefährlichsten Wagnisse bestanden! Aber seine Kühnheit war stets von aufmerksamer Vorsicht, von kluger Berechnung und ruhiger Besonnenheit geleitet. Aus der Vereinigung dieser Eigenschaften ging hervor was man mit staunender Bewunderung sein Glück nannte, denn ein glücklicher Feldherr war Bülow wie selten ein andrer, er hat als Oberbefehlshaber stets gesiegt, die von ihm geführten Truppen sind während dreier wechselvollen Feldzüge nie geschlagen worden. —

Für die Soldaten trug er in jeder Art die größte Sorge, nichts durfte ihnen fehlen, was zu ihrem Wohlsein, zu ihrer Kraft und Tüchtigkeit erfordert war. Er verlangte viel von ihnen, wenn es galt, aber nie strengte er sie zwecklos an; er ließ den Ermüdeten die mögliche Erholung, den Verwundeten und Kranken die beste Pflege zu Theil werden. Er quälte die Leute nicht mit unnöthigen Uebungen und Paraden, mit den Pedantereien des kleinen Dienstes, auf alles dies legte er wenig Werth und kümmerte sich kaum darum, aber im Felde hielt er streng auf die genaueste Pflichterfüllung, ließ keine Versäumniß unbestraft. So handhabte er auch Zucht und Ordnung mit größter Festigkeit, Ausschweifungen, Bedrückungen und Gewaltthätigkeiten waren unter seinen Truppen selten, und nur die höchste Noth konnte in einzelnen Fällen sie entschuldigen. Doch ist der Krieg einmal ein Zustand der Gewalt, und wo es sich um Leben und Tod, nicht nur der Einzelnen, sondern ganzer Völker und Staaten handelt, hat nicht nur die Noth, sondern auch die Leidenschaft eine Art von Recht; nur darf die unentbehrliche Gewaltsamkeit nicht in rohe Willkür und blinde Wuth ausarten, sondern muß auf das Unvermeidliche beschränkt werden, — diese Pflicht der Menschlichkeit hat Bülow stets im edelsten Sinn geübt. Er freute sich seiner Soldaten und liebte sie, aber sonst ließ er sich mit ihnen nicht eben viel ein; er sprach mit ihnen nur das Nöthige, und dann ernst und gemessen; sich durch kleine Vertraulichkeiten und Scherze beliebt zu machen, lag nicht in seiner Art; dennoch liebten sie ihn, und die scheue Ehrfurcht, die sie ihm bezeigten, wurde nicht selten durch begeisterte Aufwallungen unterbrochen. Ein ähnliches Verhältniß bestand zu den Offizieren; nur seine nächste Umgebung hatte sich eines freundlicheren, bisweilen scherzhaften Verkehrs mit ihrem General zu rühmen. —

Als ein schönster Zug in diesem Feldherrnbilde muß die

großmüthige Selbstverläugnung gelten, mit der Bülow sein Stre=
ben und Handeln immer einzig auf die Sache richtete, auf den
Zweck, der zu erreichen war; dies allein bestimmte ihn, keine
persönliche Triebfeder, kein Neid, keine Eifersucht durfte ein=
wirken; er that was er aus höherem Gesichtspunkt als nöthig,
als richtig erkannte, ob er selbst oder ein Andrer dabei voran=
stand, ob er für sich allein glänzender auftreten, in andrer Ver=
bindung vortheilhafter erscheinen konnte, war ihm gleichgültig.
Sein oft angeklagter Ungehorsam und seine Eigenmächtigkeit bei
Groß=Beeren und Dennewitz gingen nur aus dieser Quelle hervor,
aus der Einsicht in die Sache, in ihre Erfordernisse, aus keinem
Antriebe von Eigensucht oder Ehrgeiz. Der Beweis hiefür liegt
in seinem Verhalten in den Schlachten von Leipzig und Belle=
alliance, der Kronprinz von Schweden und Blücher thaten das
Rechte, das Sachgemäße, und nie hatten sie einen gehorsamern,
eifrigern Vollstrecker ihrer Befehle, als Bülow an diesen Tagen
war. Freilich hatte er ein starkes Selbstgefühl, wo wäre ohne
solches jemals etwas Großes in der Welt ausgerichtet worden?
Sich Unrecht und Zurücksetzung bieten zu lassen, gebührt keinem
Kriegsmanne; seine Einsicht und Tüchtigkeit dem Unverstande,
der Schwäche, der Falschheit willig unterzuordnen, nicht dem
Feldherrn, der außer dem Muthe des Soldaten auch den Muth
großer Verantwortung haben muß; ihm steht es zu, in gegebe=
nen Fällen auch nach oben trotzig zu sein, freilich nie zu persön=
lichem Zweck, und immer auf eigne Gefahr! Aus einem nur
fügsamen, nur unterwürfigen Sinn ist nie ein Helfer in der Noth,
ein Retter hervorgegangen. —

Bülow, wie schon erwähnt, war zweimal verheirathet, er
hinterließ seine zweite Gattin als fünfundzwanzigjährige Wittwe,
die ihn noch sechsundzwanzig Jahre überlebte, sie starb im Bade
zu Töplitz am 15. Juli 1842. Aus seiner ersten Ehe überlebte
ihn eine Tochter Mariane Elise, geboren am 29. Juni 1807,

vermählt im Mai 1827 mit Eugen von Barbeleben, Rittergutsbesitzer und Kammerherrn; aus der zweiten Ehe drei Kinder, der Graf Friedrich Albert Bülow von Dennewitz, geboren den 7. Dezember 1811, vormals Lieutenant im zweiten Garde-Uhlanenregiment, jetzt Majoratsherr auf Grünhof, vermählt im Juni 1841 mit Maria Hedwig von Auer, der Tochter seines Oheims; dann Louise Pauline, geboren den 27. Oktober 1813, früher Hofdame der Prinzessin von Preußen, jetzt vermählt mit dem Freiherrn Eduard von Bülow-Detlishausen, endlich Pauline Wilhelmine Victoria Beerhilde, geboren am 5. Juli 1815, vermählt mit dem Grafen Victor von Klinkowström, Gutsbesitzer in Ostpreußen. —

Der König ließ dem Andenken Bülow's in Berlin ein Standbild errichten, von Rauch's Meisterhand in Marmor ausgeführt; dasselbe wurde zugleich mit der Bildsäule von Scharnhorst im Jahr 1822 enthüllt, und Stägemann feierte das Ereigniß durch ein schönes gedankenvolles Gedicht. Auch andre Dichter und Redner haben den vaterländischen Helden vielfach besungen. Im preußischen Heere lebt sein Andenken und grünt sein Lorbeer unverwelklich fort. —

Nachweisung der gebrauchten Hülfsmittel.

Handschriftliche Mittheilungen aus dem Königlichen Kriegsministerium.
Handschriftliche Mittheilungen aus dem Archiv des Königlichen großen Generalstabes.
Mittheilungen aus dem Gräflichen Familien-Archiv zu Grünhof.
Aufzeichnungen der Freifrau Marianne von Barteleben, geb. Gräfin Bülow von Dennewitz.
Briefliche Mittheilungen des Freiherrn Eduard von Bülow und seiner Gemahlin geb. Gräfin Bülow von Dennewitz.
Aufzeichnungen der verwittweten Frau Generalin von Auer geb. von Kleist.
Mündliche Mittheilungen des Hrn. Obersten Freiherrn Friedrich von Bülow.
Briefschaften und Gedichte Friedrich Ulrich Arweghs von Bülow.
Mündliche und handschriftliche Mittheilungen des Hrn. Generals der Infanterie von Weyrach.
Handschriftliche Denkwürdigkeiten und mündliche Mittheilungen des Hrn. Generals der Infanterie von Reiche.
Mündliche Mittheilungen des Hrn. Generals der Kavallerie von Prittwitz.
Handschriftliche Tagebücher und Bemerkungen des Hrn. Oberlandforstmeisters von Burgsdorf.
Handschriftliche Mittheilungen des verstorbenen Generalmajors Hrn Grafen von Kalckreuth.
Handschriftliche Mittheilungen des Hrn. Premierlieutenants von Auer in Königsberg in Preußen.
Handschriftliche Mittheilungen des Hrn. Hauptzollamts-Rendanten Bülowius in Marienburg, früher Lieutenants im Füsilierbataillon von Bülow.

Handschriftliche Mittheilungen des Hrn. Kreisgerichts-Sekretairs Heinrich in Solbau.

Aus den militairischen und vermischten Schriften des Reichsfreiherrn Heinrich Dietrich von Bülow. Mit seinem Leben und einer kritischen Einleitung. Herausgegeben von Ed. Bülow und W. Rüstow. Leipzig, 1853. 8.

Der Krieg von 1806 und 1807. Von Eduard von Höpfner. Berlin, 1851. 4 Bde. 8.
 Ein vortreffliches, den Gegenstand erschöpfendes Werk.

Tagebuch des Königlich Preußischen Armeekorps unter Befehl des Generallieutenants von York im Feldzuge von 1812. Von dem Generalmajor von Seydlitz. Berlin und Posen, 1823. 2 Bde. 8.

General Graf Bülow von Dennewitz in den Feldzügen von 1813 und 1814. Von einem preußischen Offizier. Leipzig, 1843. 8.
 Von Hugo von Hasenkamp.

Der Krieg in Deutschland und Frankreich in den Jahren 1813 und 1814. Von Karl von Plotho. Berlin, 1817. 3 Bde. 8.

Der Krieg des verbündeten Europa gegen Frankreich im Jahre 1815. Von Karl von Plotho. Berlin, 1818. 8.

Historisch-genealogischer Kalender für 1817. Berlin. 16.

Uebersicht der Kriegsjahre 1813, 1814, 1815. Vom General Ernst von Pfuel.

Histoire de la guerre soutenue par les Français en Allemagne. Par le général Guillaume de Vaudoncourt. Paris, 1819. 4.

Manuscrit de mil huit cent treize. Par le baron Fain. 1824. 2 Vols. 8.

Manuscrit de mil huit cent quatorze. Par le baron Fain. 1823. 8.

Tableau de la campagne d'Automne de 1813 en Allemagne. Par un officier russe. Paris, 1817. 8.
 Vom General Butturlin.

Die preußisch-russische Campagne im Jahr 1813 von der Eröffnung bis zum Waffenstillstande. Von C. v. W. Breslau, 1813. 8.
 Vom General Freiherrn von Müffling, wie die vier folgenden Schriften.

Zur Kriegsgeschichte der Jahre 1813 und 1814. Die Feldzüge der schlesischen Armee unter dem Feldmarschall Blücher, von der Been-

bigung des Waffenstillstandes bis zur Eroberung von Paris. Von
C. v. W. Berlin, 1824. 2 Thle. 8.

Betrachtungen über die großen Operationen und Schlachten der Feldzüge von 1813 und 1814. Von C. v. W. Berlin, 1825. 8.

Napoleons Strategie im Jahre 1813. Von C. v. W. Berlin, 1827. 8.

Histoire de la campagne de 1815. Par C. de W. Stuttgart et Tubingne, 1817. 8.

> Der große Werth der Müffling'schen Schriften ist anerkannt. Doch wird man da, wo die Auffassung der Thatsachen auch Personen betrifft, und besonders solche, denen der Autor Abneigung hegt, ihm nur mit großer Vorsicht folgen dürfen.

Beiträge zur Geschichte des Jahres 1813. Von einem höhern Offizier der Preußischen Armee. Potsdam, 1843. 2 Bde. 8.

> Vom General von Prittwitz. Die gewissenhafteste Erforschung und genaueste Zusammenstellung aller Einzelheiten der Truppenbildung und Kriegsführung des Generals von Bülow bis zum Waffenstillstande. Ein für militairische Belehrung unschätzbares Werk.

Darstellung des Treffens bei Luckau den 4. Juni 1813. Von Baron von Burstini. Berlin, 1813. 4.

Ueber die Schlachten von Groß=Beeren und Dennewitz. Von einem Augenzeugen. Münster, 1814. kl. 8.

> Vom General von Auer.

Geschichte des Krieges in den Jahren 1813 und 1814. Mit besonderer Rücksicht auf Ostpreußen und das Königsberger Landwehrbataillon. Von Karl Friccius. Altenburg, 1843. 8.

> Ein tapfres Buch, eingegeben von rücksichtsloser Wahrheitsliebe; die allgemeinen Betrachtungen aber gehen öfters von befangenen Standpunkten aus. Schreiend ungerecht gegen den Fürsten von Hardenberg!

Napoleon im Jahre 1813, politisch=militairisch geschildert von Karl Babe. Altona, 1839—41. 4 Thle. 8.

Zur Geschichte des Feldzuges von 1813. Vom Generallieutenant von Hofmann. Berlin, 1843. 8.

Denkwürdigkeiten aus dem Feldzuge vom Jahre 1813. Von A. Michailoffsky=Danileffsky. Aus dem Russischen von Karl Goldhammer. Dorpat, 1837. 8.

Erinnerungen aus den Jahren 1814 und 1815. Von A. Michailoffsky=Danileffsky. Aus dem Russischen von Karl R. Goldhammer. Dorpat, 1838. 8.

Diese Mittheilungen des russischen Generals haben für rein russische
Sachen großen Werth; wo letztere sich mit preußischen oder
andern fremden mischen, wird aufmerksame Prüfung erfordert.

Geschichte des Feldzuges von 1814 in dem östlichen und nördlichen
Frankreich bis zur Einnahme von Paris. Berlin, 1843. 44. 3 Bde. 8.

Geschichte des Feldzugs von 1815 in den Niederlanden und Frankreich.
Berlin, 1837. 8.

Diese beiden, nach den Vorträgen des Generals von Grolman
vom Major von Demitz verfaßten Werke gehören zu den gründ-
lichsten und lehrreichsten, die das Fach der Kriegsgeschichte aufzuweisen hat. In den Betrachtungen und Urtheilen lebt der
Heldengeist des Blücher'schen Hauptquartiers.

Mémoire pour servir à l'histoire de la campagne de 1814. Par
F. Koch. Paris, 1819. 8 Vols. 8.

Histoire des campagnes de 1814 et 1815. Par Alphonse de Beauchamp.
Paris, 1816. 17. 4 Vols. 8.

Histoire de la chûte de l'empire de Napoléon. Par Eugène Labaume.
Paris, 1820. 2. Vols. 8.

Campagne de dix huit cent quinze. Par le général Gourgaud.
Paris, 1818. 8.

Relation en ce qui concerne le maréchal Ney etc. Par M. Gamot.
Paris, 1818. 8.

History of the war in France and Belgium, in 1815. By capt.
W. Siborne. London, 1844. 2 Vols. 8.

Der Feldzug von 1815 in Frankreich. Hinterlassenes Werk des Generals Karl von Clausewitz. Berlin, 1835. 8.

Plane der Schlachten und Treffen ꝛc. Berlin, 1821—25. 4 Hefte. 4.
Vom General A. Wagner.

The fall of Napoleon: an historical memoir. By Lieut. Col.
J. Mitchell. London, 1846. 3 Vols. 8.

Genaue Erforschung der Thatsachen, und unpartheiische Würdigung
derselben, in lebhafter, faßlicher Darstellung.

Aus meinem Leben. Friedrich Karl Ferdinand Freiherr von Müffling,
sonst Weiß genannt. Berlin, 1851. 8.

Sehr verschieden von den früheren Schriften Müffling's, die noch
bei seinem Leben erschienen sind. Lange verhaltener Groll gegen Blücher, Gneisenau und Boyen tritt hier ohne Scheu hervor und trübt Blick und Urtheil.

Erinnerungen aus den Jahren 1813 und 1814. Von Karl von Raumer. Stuttgart, 1850. 8.

Was ich erlebte. Von Heinrich Steffens. Breslau, 1841 ff. 8 Bde. 8.

Das Leben des Ministers Freiherrn vom Stein. Von G. H. Pertz. Berlin, 1849 ff. 4 Bde. 8.
> Ein Reichthum ohne gleichen von wichtigen Mittheilungen.

Lebensbilder aus dem Befreiungskriege. Jena, 1841. 44. 3 Bde. 8.
> Vom Freiherrn von Hormayr.

Das Leben des Feldmarschalls Grafen York von Wartenburg. Von J. G. Droysen. Berlin, 1851. 52. 3 Bde. 8.
> Ein Werk voll Tüchtigkeit und Eifer, reich an lebendiger Gestaltung und hoher Färbung.

Erinnerungen aus meinem Leben. Von Wilhelm Ludwig Victor Grafen Henckel von Donnersmarck. Zerbst, 1846. 8.
> Wahrheitsliebend und derb, dabei milden Sinnes.

Aus dem Nachlasse Friedrich August Ludwigs von der Marwitz auf Friedersdorf. Berlin, 1852. 2 Bde. 8.
> Ein tüchtiger Kriegsmann, voll Vorurtheil und Leidenschaft.

Nachrichten und Betrachtungen über die Thaten und Schicksale der Reiterei. Berlin und Posen, 1823. 2 Thle. 8.
> Vom General Freiherrn von Canitz.

Das Leben des Generals Grafen Bogislaw Tauentzien von Wittenberg. Von C. von Gorzowski. Frankfurt a. d. O., 1832. 8.

Beiträge zur Kenntniß des Generals von Scharnhorst. Von H. von Boyen. Berlin, 1833. 8.

Der große Krieg. Von dem Generallieutenant Freiherrn von Valentini. Berlin, 1833. 34. 2 Bde. 8.

Theorie des großen Krieges. Von Wilhelm von Willisen. Berlin, 1840. 8.
> Wissenschaftliche Darstellung, für kriegsgeschichtliches Urtheil sichre Quelle und Leitung.

Soldaten- Kriegs- und Lagerleben. Von J. C. Kretzschmer. Danzig, 1838. 2 Thle. kl. 8.
> Lebhafte und ergötzliche Schilderungen, die überall, wo der Verfasser das Selbsterlebte erzählt, das Gepräge vollkommener Glaubwürdigkeit tragen.

Pantheon des preußischen Heeres. Von L. Freiherrn von Zedlitz. Berlin, 1835. 36. 2 Thle. 8.

Militair-Wochenblatt. Berlin, 1816—1848. 4.
> Ein reicher Schatz authentischer Mittheilungen.

Preußischer Korrespondent. Berlin, 1813. 14. 4.
> Vom Geheimen Staatsrath Niebuhr, dann von Ludwig Achim von Arnim und zuletzt von Schleiermacher herausgegeben.

Haude- und Spener'sche Zeitung. Berlin, 1813—1816. 4.

Königsbergische Hartung'sche Zeitung. 1815. 16. 4.

Denkschriften und Briefe zur Karakteristik der Welt und Litteratur. Berlin, 1838 ff. 5 Bde. 8.
> Vom Hofrath Dr. Dorow. Im ersten Band ein Aufsatz vom General von Eisenhart, die Verhältnisse zwischen Bülow und Tauentzien betreffend; im dritten Band eine Berichtigung vom Freiherrn von Barbeleben auf Rinau.